FERDINAND ANDERS
MAARTEN JANSEN
SCHRIFT UND BUCH
IM ALTEN MEXIKO

SCHRIFT UND BUCH

FERDINAND ANDERS — MAARTEN JANSEN

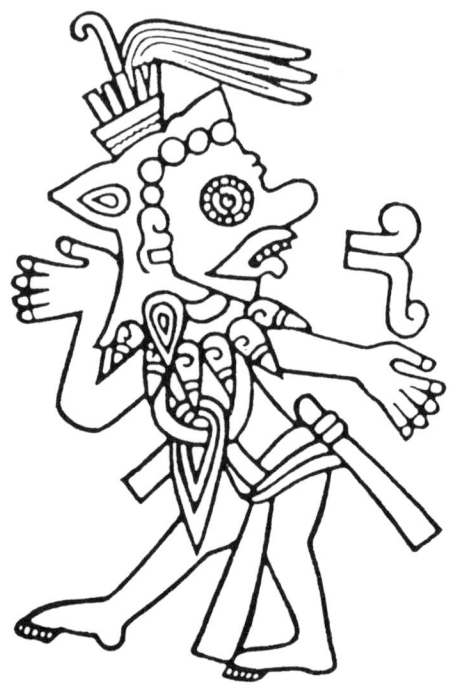

IM ALTEN MEXIKO

Akademische Druck- u. Verlagsanstalt
Graz /Austria

Quitquique yn tlilli yn tlapalli
yn amoxtli yn tlacuilolli,
quitquique yn tlamatliliztli,
mochi quitquique
yn cuicaamatl yn tlapitzalli.

Sie tragen die schwarze, die rote Farbe,
die Bücher, die Bilderschrift,
sie tragen die Weisheit,
alles tragen sie,
die Liederbücher, die Flöten.

„De los Mexicanos". Sahagún, lib. 10, cap. 29

Die Zeichnung stammt aus einem Hymnus zu Ehren des mixtekischen Kulturheros 9 Wind „Quetzalcoatl" und stellt diesen als Schreibkundigen oder Tlacuilo dar.
Codex Vindobonensis, Österreichische Nationalbibliothek, Seite 48.

VORSATZ vorne: Auf der „Tira de peregrinación" oder „Wanderungsrolle" ist die Wanderung der Azteken von ihrer Urheimat in Aztlan, der weißen Stadt, bis an ihren späteren Wohnsitz im Hochtal von Mexiko gezeigt. Im Jahre „1 Flint (Feuerstein)" setzen sie von der Insel nach Colhuacan, dem „Berg mit der gekrümmten Spitze", über. In einer Höhle empfangen sie ihren Gott Huitzilopochtli in Gestalt eines sprechenden Bündels. Fußspuren zeigen den zurückzulegenden Weg an; Voluten bezeichnen die Rede. Die acht als verwandt geltenden Stämme begleiten die Azteken (von unten nach oben zu lesen): UEXOTZINCA, CHALCA, XOCHIMILCA, CUITLAUACA, MALINALCA, CHICHIMECA, TEPANECA und MATLATZINCA.
Codex Boturini, Museo Nacional de Antropología, México, D. F., Seite 1.

VORSATZ hinten: Karte von Mesoamerika mit Angabe der im Text vorkommenden Orte und Völkerschaften.

Die Schlußvignette (S. 219) zeigt den Gott Chac beim Lesen und Schreiben eines Hieroglyphentextes.
Maya-Codex Madrid, Museo de América, Seite 73.

Schutzumschlag: Ortshieroglyphe mit Gründungsdatum „2 Haus 10 Jaguar" und Herrin 9 Rohr. Codex Vindobonensis, Seite 3.
Schlange und Adler kämpfen um ein Kaninchen. Codex Vaticanus 3773, Seite 27.

© Akademische Druck- u. Verlagsanstalt, Graz 1988
Rechte, auch die auszugsweise Wiedergabe
einzelner Abbildungen oder des Textes
vorbehalten.

Reproduktion und Druck: Akademische Druck-
u. Verlagsanstalt, Graz/Austria
ISBN 3-201-01426-5
837.88

INHALT

6

Ja, dies ist die Wahrheit ...
Die Toten sind um sechs Uhr angekommen und sie gehen morgen um acht. Ich habe zu ihrem
Empfang einen Stier geschlachtet. Ich bin zufrieden und zugleich betrübt; zufrieden, weil
sie hier sind, traurig, weil sie morgen gehen werden... Sie kommen aus Himmel, Hölle und
Fegefeuer. Alle kommen mit Erlaubnis.

Ricardo Pozas, Juán Pérez Jolote (1964)

„Den Seelen der Ahnen, die draußen umherschweifen, hat der Indianer im Schiff der Kirche
ein Asyl gegeben, in dem sie immer gern weilen. Sie sind es, zu denen es die Hunderte zieht, die
– unbekümmert ob der Pater am Orte weilt oder nicht – an Markttagen, also Sonntags, die Kirche
füllen. Längs durch die Mitte des Schiffs laufen Bretter am Boden, auf denen sie den Seelen
Blumen, Kerzen und oft auch Branntwein opfern, während draußen auf der Plattform am Ende der
Freitreppe, die zum Portal der Kirche herauführt, Harzqualm in dicken Wolken aus den
geschwungenen Räuchergefäßen wirbelt; er mischt sich mit den Rauchschwaden des Rollen-
kopals aus dem Feuer der Opferstätte, die in die untersten Stufen der Freitreppe eingebaut ist.

So eindrucksvoll für den spät Vorübergehenden in diesem architektonischen Rahmen die Sil-
houetten der betenden Indianer im Flackerlicht des schwelenden Opferfeuers vom Hintergrund
der Nacht sich abheben, – tiefer noch prägt sich im Innern der Kirche ein seelisches Bild ein: wie
sie gedrängt vor ihren brennenden Kerzen knieen, hier gebeugt den Blick auf die Blumen gesenkt,
dort den Kopf erhoben, mit leichteinladenden Gebärden der Hand und mit einem Ausdruck in den
Mienen, als sähen sie sie vor sich schweben, die Seelen der Toten anrufen. Ein ununterbrochenes
Raunen und Murmeln, bald von da-, bald von dorther in einer kräftigeren Stimme anschwellend,
geht durch ‚das Haus‘, wie sie die Kirche nennen.“

Vom Heiligen berührt, drückte so Leonhard Schultze Jena in tief empfundener Ergriffenheit
als Forscher sein Erlebnis in Santo Tomás Chichicastenango aus, dem religiösen Zentrum der
Quiché-Maya in Guatemala. Hier hatte im frühen 18. Jahrhundert der Pfarrherr Francisco
Ximénez das „Heilige Buch der Quiché“ aus einer älteren Handschrift übertragen. Dieses in der
Quichésprache abgefaßte Popol Vuh oder „Buch des Rates“ bildet als indianische Vision von
Kosmologie und Geschichte ein einzigartiges historisches und literarisches Dokument. Seit der
erstmaligen Veröffentlichung in Wien 1857 wird es als eines der eindrucksvollsten geistigen
Monumente der Menschheit betrachtet, zu der jede Generation auf ihre Art Zugang sucht. Es
spricht uns das geschlossene fremde Weltbild in fesselnder Darstellung an. Das Drama der

7

Welterschaffung wie die Dämonen- und Heroenzeit werden mit den Epochen der Urväter und der Könige des Quichévolkes in ausgesprochen dichterischer Urgewalt dargeboten. Die Inhalte entstammen vorkolumbischem Gedankengut wie die altindianischen Plastiken und Malereien.

Schultze Jena war auf den Spuren des Popol Vuh mit archäologischen Absichten 1929 ins Land gekommen. Er erkannte bald „die Gefahr, welche dem geistigen Gut des indianischen Altertums drohte, der Volksüberlieferung und ihrer Trägerin, der Sprache." Die Ergebnisse seines zweijährigen Aufenthaltes in dem Bereich von Mexiko und Mittelamerika, den wir heute Mesoamerika nennen, ergab eine Reihe monographischer Studien. Einer Übersetzung des Popol Vuh folgten später noch weitere Quelleneditionen. In zeitumspannender Gesamtschau verschmolzen Geschichte, Sprachwissenschaft und Ethnographie sinnvoll zu einer Einheit. Seiner Arbeitsweise kommt Vorbildscharakter zu, den unsere Zeit dann ermessen kann, wenn sie willens ist, fast ein halbes Jahrtausend Fehleinschätzungen und Mißverständnisse zu überwinden.[1]

Die indianische Welt und wir

Der Landung des Kolumbus 1492 folgte alsbald die Eroberung und Kolonisierung weiter Teile Amerikas. Bis heute wirken die Prozesse von Kontakt, Konflikt und Kulturwandel traumatisch weiter. Zwei fremde Welten trafen aufeinander. Die neuen Herren versuchten von ihrem naturgemäß eurozentren Blickwinkel aus die Erfassung und Bewältigung des Anderen. Durch die Verschmelzung mit europäischen Elementen gingen auch die einheimischen Kulturen in eine neue Phase ein. Der Konquista folgte eine Zeitspanne versuchter „geistiger Eroberung", welche später, in der Zeit der sogenannten „Aufklärung", in einen nicht enden wollenden Disput münden sollte. Einerseits sah man die „Neue Welt" als inferior an, der „Alten Welt" in jeder Hinsicht unterlegen, andererseits erfolgten romantische und frühnationalistische Idealisierungen.

Bewußt oder unbewußt übernahmen die Träger der jungen „lateinamerikanischen" Republiken die europäische Sicht als Wesenskern in ihre nationalistischen Ideologien. Der kreolisch-„weißen" Grundhaltung steht ein aus der Mischbevölkerung entwachsenes Eigengefühl gegenüber. Von der Vision einer „kosmischen Rasse", die das spanisch-„apollinische" Element mit dem indianisch-„dionysischen" verbindet und dem die Zukunft gehört (José Vasconcelos), reicht das Spannungsfeld bis zum „Labyrinth der Einsamkeit" (Octavio Paz).

In dem Ringen um kulturelle Identität und Entwicklung des Kontinents treffen einander Bestrebungen nationalen Selbstverständnisses mit von außen kommenden Interessen von wirtschaftlicher bis folkloristischer Art. Die Einbindung des abstrakt betrachteten „Indianers" erfolgt zumeist als sinnentleertes exotisches Medium. Hier liegt ein Dilemma sondersgleichen begrün-

8

det, das sich oft bei ethnisch verschiedenen Bevölkerungsgruppen findet. Zahlenmäßig werden sie im eigenen Land zur Minderheit, an den Rand gedrängt oder stehen in der Marginalzone der Macht ohne Möglichkeiten zur direkten Einflußnahme auf die großen ökonomischen und kulturellen Entwicklungslinien des Staates. Nur zu leicht greift Diskriminierung um sich und Verelendung tritt ein. Nationalistische Staatsideologien tendieren zur Fiktion völkischer Einheit. In der bunten Sprachen- und Völkermischung Amerikas sind die Nachfahren der alten Kulturvölker zum Objekt geworden, nicht nur politisch und wirtschaftlich, auch im kulturell-edukativen und im wissenschaftlichen Bereich. Die Erforschung der indianischen Sprache wie der alten Kultur und Geschichte ist Monopol einer kleinen Gruppe nichtindianischer Fachleute, ohne daß die Nachkommen der Völker daran beteiligt sind. Resultate der Forschungen – bei denen die bodenständige Bevölkerung höchstens als Gewährsleute befragt wurden – bleiben für sie im allgemeinen auch unzugänglich und sie können daher kaum überprüft werden.

Alarmierend erscheint die Situation deshalb, weil sie kaum zur Diskussion gestellt wird. Sie hat grundsätzlich zwei negative Auswirkungen :

● 1. Die Forschung ist noch immer europazentrisch (auch wenn sich Nordamerikaner oder Japaner an ihr beteiligen); deshalb birgt sie Fehlverständnisse und Verzerrungen in sich –
ein **wissenschaftliches** Problem.
● 2. Die Resultate nützen den Trägern der untersuchten Kultur wenig oder nichts –
ein **ethisches** Problem.

Die Weiterentwicklung in der Forschung sollte den Zustand überwinden helfen, der treffend als „interner Kolonialismus" bezeichnet wurde. Es herrschen noch Zustände widersprüchlicher Natur, die aus der Kolonialzeit überkommen sind und nun schon fast zwei Jahrhunderte in der republikanischen Zeit fortdauerten und die noch immer unser Verhältnis zum Indianer bedingen. Vielfach waren die Volksgruppen auch in alter Zeit zahlenmäßig nicht umfangreicher als sie es heute sind. Die im 20. Jahrhundert erfolgte Bevölkerungsexplosion, welche die Hauptstadt Mexiko City zur größten Menschenansammlung der Erde anschwellen ließ, zeigt deutlich Gefahrenmomente auf. Nicht in der Größe liegt die Gefahr, sondern in der Entwurzelung durch uneingedämmte Landflucht und das gleichmacherische Grau in Grau pseudozivilisatorischer Vorbilder. Massenmedien gaukeln solche auch bei uns landweit vor. Zentral straff organisierte Unterrichtsprogramme ohne Einfühlung auf regionale und völkische Sonderheiten bringen nivellierende Tendenzen mit sich. Durch die Unterschätzung des wahren Reichtums eines Landes an seiner bunten Völkervielfalt tritt eine spürbare Verarmung ein. Bemerkt wird sie wahrscheinlich erst dann voll und ganz, wenn es zu spät ist, eingetretene Veränderungen als Verlust irreversibel sind. Nicht Ghetto und Reservatenbildung darf angestrebt werden. Das indianische Bevölkerungselement wird nur im Bewußtsein eigener Werte den nötigen Rückhalt bekommen.

Die Indianer selbst – als Beispiel für andere Völkerschaften oder Ethnien – müßten an der Erforschung i h r e r Kultur aktiv teilhaben können. Mit ihrer Kenntnis alter Kulturelemente im noch lebendigen Verband vermöchten sie das Studium anzureichern. Sie lernten ihr kulturelles Erbe kennen, das sich in den als kostbarer „Weltkulturbesitz" erkannten Handschriften der Museen, Bibliotheken und Sammlungen in Europa und Amerika erhalten hat. Als Fundament der Erkenntnis eigener kultureller Identität ergäbe sich die Chance, den Ausgangspunkt für eine selbst bestimmbare, angemessene Entwicklung zu finden. Die räumlich so ferne Problematik wird uns hautnah bewußt, wenn wir an die Nationalitätenprobleme europäischer Vielvölkerstaaten in Vergangenheit und Gegenwart denken. Mehrheiten setzen sich leichtfertig und verständnislos über zahlenmäßig kleine Bevölkerungseinheiten hinweg. Der Ausdruck „Minderheit" wird fast zum Makel, wie der Begriff „Entwicklungshilfe" einen negativen Beigeschmack erhalten kann. Nicht romantische Schwärmerei oder politische Vorurteile führen zum Verständnis, sondern die prinzipielle Auseinandersetzung mit der Frage der Menschenrechte und das eingehende Studium der kulturellen und gesellschaftlichen Verhältnisse. Die Zusammenarbeit mit den Indianern selbst ist dazu eine unabdingbare Notwendigkeit.

Hier vermag unser aktiver Beitrag einzusetzen, etwa wenn Stipendien für indianische Studenten vergeben und Solidarität durch Verständnis für indianische Bewegungen bezeugt werden. Konkrete Unterstützung brauchen beispielsweise der zweisprachige Schulunterricht und die Ermöglichung gezielter Erwachsenenbildung; auch die Beistellung von Exemplaren der bei uns wohlfeil erhältlichen Faksimileausgaben oder publizierter Geschichtswerke würde etwa in diese Richtung zielen.

Mesoamerika

In Amerika haben sich nur in zwei Regionen Hochkulturen entwickelt, die sich mit dem alten Orient und dem fernen Osten vergleichen lassen, ebenso mit dem Raum der klassischen Antike, welche in lebender mittelalterlicher Tradition bis zu uns als deren universale Erben weiter führt. Die auf intensivem Ackerbau aufbauende Stadtkultur bot die Grundlage zur Ausbildung kleinerer und größerer Staatsverbände mit weitreichenden Handelsbeziehungen und Tributsystemen. Ein privilegiertes Spezialistentum brachte den gehobenen Ansprüchen von Herrenschicht und Priesterschaft entsprechend eindrucksvolle architektonische Anlagen und Werke des Kunsthandwerks hervor. Institutionalisierte Verwaltungseinrichtungen wie Kulterfordernisse verlangten nach der Entwicklung von Schriftsystemen.

Wie sich im mittleren Andenraum die altperuanische Hochkultur herausbildete, besteht in Mexiko und Mittelamerika eine über viertausendjährige gleichartige Entwicklung. Weil in diesem

Bereich geographisch, kulturell, sprachlich und politisch vielfache Überschneidungen in den Bezeichnungen bestehen, wurde als terminologische Notwendigkeit 1943 der Ausdruck M e s o a m e r i k a geprägt. Durch ihn können die kulturellen Gemeinsamkeiten des Großraumes klar umrissen werden. Er verliert sich in den Wüstensteppen Nordmexikos den nordamerikanischen Großräumen gegenüber und hat im Süden durch Wanderungen bis zum Rio Uloa in Westhonduras einerseits und der Nicoya-Halbinsel in Costa Rica andererseits seinen Ausstrahlungsbereich.[2]

Der Entstehungsprozeß der mesoamerikanischen Hochkultur ist mit dem Pflanzenbau und der Seßhaftwerdung untrennbar verbunden; Mais, Bohne, Chilipfeffer und Kürbis sind die Charakterpflanzen, mit denen sich die Menschen dieses Raumes in Wechselabhängigkeit wissen. Besonders der Mais wurde zum Symbol einer fast schicksalshaften Bindung, die Sonne, Erde und Regen als zentrale Kräfte des religiösen Denkens einschließt. Zwischen dem 7. Jahrtausend und der Mitte des 2. Jahrtausends vor Christus vollzog sich der Wandel von der Jäger- und Sammlertradition in die mesoamerikanische Bauerngesellschaft mit all ihren unverwechselbaren Zügen. Sie führt in ungebrochener Traditionskette bis in unsere Zeit. Obwohl das Zeitalter der Konquista große Änderungen mit sich brachte, bot Altmexiko keineswegs „das Beispiel für einen gewaltsamen Tod, zerstört wie eine Sonnenblume, der ein Vorübergehender den Kopf abschlägt". Spengler drückte auf anschauliche Weise das von ihm übernommene irreführende Konzept des Traditionsbruches in einer „geköpften Kultur" aus[3]. Heute symbolisiert dieses naiv-simplifizierende Bild noch immer die negativen Folgen des europäischen Kolonialismus schlechthin. Es bietet aber gerade die direkte kulturelle und historische Kontinuität den Schlüssel zum Verständnis der altindianischen Welt.

Schrift und Schriftbesitz

Einer alten Definition entsprechend ist Schrift eine Mitteilung an zeitlich und räumlich Abwesende. Der berühmte „Knopf im Taschentuch" stellt jedoch lediglich einen persönlichen Erinnerungsimpuls dar. Es geht ihm ein wichtiges Element ab, um Schrift zu sein: der konventionell bestimmte Symbolwert. Geschürzte Knoten lassen sich wohl zu Mitteilungssystemen verwenden, und ihr Gebrauch war weiter verbreitet, als geflissentlich bekannt ist. Wenn Laotse im 6. Jahrhundert vor Christus seine Landsleute zur Rückkehr zu einfacherer Lebensweise mit den Worten ermahnt: „Laßt wieder Knoten aus Stricken knüpfen und sie gebrauchen als Schrift", wird an eine durch die damalige Kulturentwicklung überholte, an sich schwer lesbare Schreibform aus „Goldener Zeit" erinnert.

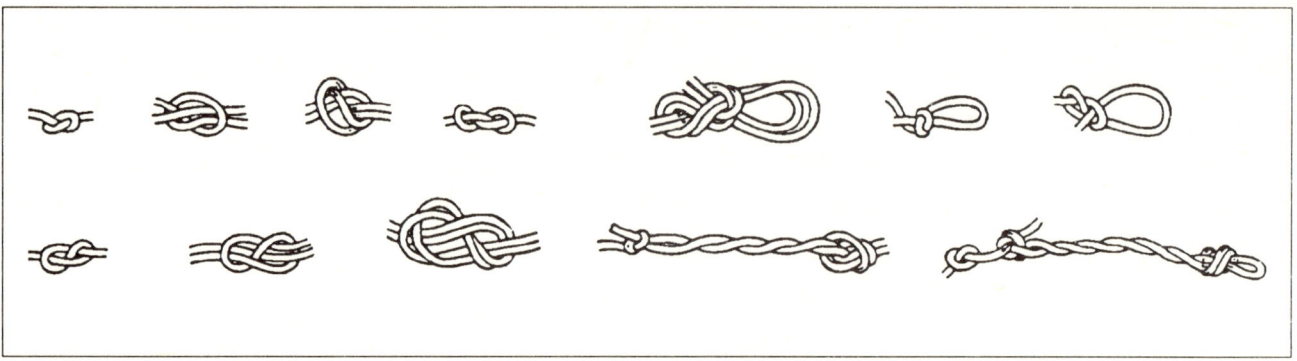

„Müllerknoten" waren in Südwestdeutschland noch bis zu Beginn des 20. Jahrhunderts in Gebrauch. Bestimmte in der Sackschnur geknüpfte Knoten, Schleifen und Zöpfe bezeichneten Mehlart und Menge.

Die ethnographische Literatur kennt eine Fülle gekerbter und geknüpfter Mitteilungssysteme, von denen die Quipu als Träger der altperuanischen Knotenschrift wohl die bekanntesten sind. Farben- und Zahlenkombinationen können zu statistischen Zwecken benützt werden. Die Vermerke lassen den Kundigen auch religiöse Texte rezitieren, weil sie als Gedächtnisstütze Wortlaute, Satzmelodie und Versform vermelden. Mnemotechnik und Zahlencode als Aussage kennen auch wir, wenn beispielsweise von „4711", „08/15" oder „14/18 - 38/45" gesprochen wird: „Kölnisch-Wasser", „militärischer Bürokratie" und „zwei Weltkriegen" können wohl als für uns allgemein lesbare Inhalte bezeichnet werden.

Scheitern muß eine außerhalb der Konvention stehende, der Kulturüberlieferung fremde Aussage. So wird uns laut dem Chronisten Garcilaso de la Vega von einem verwirrten Knotenschriftdeuter berichtet, der das Mysterium der Dreieinigkeit – d r e i einiger und e i n Gott – folgend las: „Drei Götter und einer sind v i e r ". Mit dem Aufgehen des Territoriums des Inkareiches in das Vizekönigreich Peru brachte die europäische Schrift die Aufzeichnungen durch Knoten fast zum Verschwinden. Bis heute überdauerten die Chimpu bolivianischer Hirten.

Aus Altmexiko kennen wir tatsächlich Schrift in unserem Sinne, doch hat nur eine beschränkte Zahl der auf vergängliches Material geschriebenen Handschriften die Zeit der Konquista überlebt. Alle entstammen einer verhältnismäßig kurzen Zeitspanne aus dem endenden 15. und dem beginnenden 16. Jahrhundert. Umfangreicher und einem größeren Zeitraum angehörig sind Schriftdokumente auf Skulpturen in Stein und Holz, eingemeißelte und gemalte Wandinschriften, wie dekorierte Keramik, Beingravierungen und Schnitte in Muschelschale. Über drei Jahrtausende läßt sich die Entwicklung einer Schreibschrift mit Bildelementen verfolgen. Die trotz allem viel zu wenigen und inhaltlich zumeist allzu kurzen Schriftangaben lassen den Versuch einer Entzifferung schwerlich zu. Bilder werden von vorgegebenen ideogrammartigen Zeichen begleitet. Sie boten die Grundlage der späteren Bilderschriftsysteme. Erinnerungsmale an Herrscher – eingebunden in den Zeitlauf –, und der Kult göttlicher Mächte bildeten den häufigsten Vorwurf.

Das durch bildliche Darstellungen und Schrift Wiedergegebene stellt lediglich einen kleinen Ausschnitt aus dem Kulturganzen dar. Lassen wir Petrus Martyr de Angleria zu Worte kommen, einen der frühesten Chronisten, der über mexikanische Codices berichtete; wahrscheinlich hatte er Handschriften aus dem Mayabereich vor sich: „Wenn man das Buch offen liegen sieht, so hat man zwei Seiten vor Augen ... die Schriftzeichen sind von den unsrigen völlig verschieden. Es gibt gerade Striche, Haken, Schleifen, Stäbchen, Sterne und ähnliche Symbole, die wie bei uns in Zeilen geschrieben sind, aber wie ägyptische Schriftzeichen aussehen. Zwischen den Zeilen bilden sie Menschen und Tiere ab, besonders Könige und bedeutende Persönlichkeiten. Es ist daher anzunehmen, daß die Taten der Vorfahren und von Königen beschrieben sind, wie es in unseren Tagen üblich ist. Wir sehen oft, daß sie mit den allgemeinen Geschichtswerken und Legendenbüchern das Bild des Autors der erzählten Geschichte einfügen ... Sie beschreiben in diesen Büchern Gesetze und Opferhandlungen, zeremonielle Riten, astronomische Beobachtungen und Berechnungen, ebenso die rechte Art und Zeit der Aussaat."

Faszinierend und fremdartig anmutend muß der Eindruck gewesen sein, den die Faltbücher aus der fernen Welt hinterließen, von denen aber nur wenige die Zeitläufe seit der Konquista überlebten; sie sind heute wertvollster Sammlungsbesitz in Europa und Amerika. Erstaunlich genau bestätigen die Bemerkungen eines gebildeten Abendländers seiner Zeit den Inhalt der Handschriften, besser jedenfalls als es spätere Epochen wissen wollten. Wie inkrustiert wirken die Seiten mit der Darstellung in einem eigenen Duktus, der die Köpfe eben so groß zeigt wie die Körper der wiedergegebenen Personen. Kopftracht und Gesichtsbemalung geben verschiedene Aussagen wieder, etwa deren charakteristische Eigennamen. Wie wir den König Richard Löwenherz oder den Dichter Walther von der Vogelweide in sprechender Piktographie wiedergeben können, läßt sich auch ein „Jaguar von Tlaxiaco" ausdrücken. Wenn Gestalten und Ortszeichen Kalendernamen beigesetzt haben, handelt es sich um Geburts- und Gründungsdaten, nicht um getarntes astronomisches Geheimwissen der Priester, wie lange gedacht wurde. Kombinationen von Frontal- und Profilansichten in Art der chinesischen T'ao-t'ieh-Masken, mit menschlichen Zügen gepaarte Tierelemente, vor allem von Reptilienursprung, wie die Einverleibung oder Inkorporierung konventionell vorgegebener Elemente scheinen als angewandte Stilmittel auf. Ikonographische Einzelheiten lassen sich abkürzen, abstrahieren und generalisieren, ebenso können sie angereichert werden bis zur für uns überladen wirkenden Wucherung.

Zwei Hauptzüge der Entwicklung sind feststellbar:

● 1. eine p i k t o g r a p h i s c h e Tradition – dominant in Zentral- und Südmexiko – mit einer vielsprachigen Welt allgemein lesbarer Bilder unter Verwendung von Elementen, die nur in einer bestimmten Sprache zu verstehen sind. Beispiele für hieroglyphische Elemente in der Piktographie sind etwa die Verwendung von Lokalsuffixen im Codex Mendoza oder die Lesung „Colhuacan" (Vgl. S. 193 und 194, bzw. auf dem Vorsatz).

Von prähistorischer Symbolik zur Geschichtlichkeit. Links: Die Wandmalerei aus dem frühdynastischen Oberägypten in Hierakonpolis stellt einen drei („viele") Feinde niederschlagenden Häuptling in der Zeitlosigkeit des „Mythologems" dar. Wir können die Szene ansprechen, wissen jedoch nicht um das Detailgeschehen. Mitte: Das rituelle „Niederschlagen des Feindes" wird in ereignis- und personenbezogener Einmaligkeit Ausdruck faßbarer „Geschichte". Auf einer Prunkschminktafel erobert König Narmer (Lautwerte oben: „nar"/Fisch - „mer"/Meißel) das Papyrusland, persönlich gezeigt, dazu im übertragenen Sinn als Horusfalke. Die Beischriften bedeuten Namen; sie erinnern im Duktus an die mexikanischen Danzantes-Reliefs von Monte Alban. Rechts: Auf dem Stein des aztekischen Herrschers Tizoc (1481-1486) ist eine typologisch gleichartige Szene der Unterwerfung dargestellt. In der Tracht des Gottes Tezcatlipoca erobert er Städte, deren Namen beigesetzt sind (hier piktographisch Xochimilco, „Am Blumenacker").

● 2. eine H i e r o g l y p h e n -Tradition, – dominant im Maya-Gebiet – welche Bilder, Bildteile und ikonographische Elemente oft losgelöst von der ursprünglichen Bedeutung zur Bildung von Wörtern und Texten benützt. Solche sind nicht Beschriftungen von Bildern, vielmehr helfen Abbildungen Textpassagen näher auszuführen und zu erläutern. Den Pessimismus, den der Maya-Pionier Paul Schellhas 1945 in seiner letzten Arbeit „Die Entzifferung der Maya-Hieroglyphen – ein unlösbares Problem?" äußerte, konnten neue Sichtweisen wesentlich entkräften, seit ungeahnte Einbrüche in die schwierige Materie gelangen (Vgl. S. 115).

Schleifende Übergänge zwischen den beiden Gruppen bestehen ohne scharfe Trennung zwischen den beiden Formen. Es hat sich erwiesen, daß sich die mesoamerikanischen Schriftsysteme nicht mit einem Bilderrätsel oder Rebus vergleichen lassen, ebenso unterscheiden sie sich sehr von mnemotechnischen Behelfen. Auf ihre Weise sind sie als V o l l s c h r i f t anzusprechen, nicht nur in Beziehung auf den erzielbaren Einbruch in das frühere „Buch mit sieben Siegeln" der

Maya-Hieroglyphik. Der erzählend-narrative Charakter der piktographischen Codices historischen Inhalts erlaubt fortlaufende Lesung, teils vielsprachig oder frei gemäß der Rezitiergabe des
Interpreten, teils sprachlich genau festgelegt mit Wortspielen und freirhythmisch gebundener
Erzählung. Hierin gleichen die altmexikanischen Dokumente den modernen Cartoons, wie den
mittelalterlichen Bildquellen in Art des Teppichs von Bayeux, den Bilderfolgen der Biblia
moralisée oder der Biblia pauperum. In der dekorativen Wirkung übertrifft die mexikanische
Buchmalerei die europäische, weil nirgends das in Europa wirksame Ringen um Ausdruck und
Naturalismus beherrschend wirkt.

Unter dem Einfluß der Buchstabenschrift entstanden wiederholt Schriftsysteme, von denen
etliche nur kurzlebig blieben. Bei derartigen nicht allgemein angenommenen Erfindungen wird
besser von „Inventionen" gesprochen.

Sinnbild, Piktogramm und Symbolschrift. Aus dem europäischen Mittelalter wie aus der neuspanischen europäisch-
indianischen Hybridkultur des 16. Jahrhunderts besitzen wir bemerkenswerte Beispiele des Genres. Rechts: Eine süddeutsche
Graphik (15.Jahrhundert) bietet den Dekalog in sinnbildlicher Darstellung: 1-Rosenkranz, 2-Schwurhand, 3-Glocke, 4-
Elternpaar, 5-Speer (auch zwei Schwerter), 6-Hahn als Symbol der Unkeuschheit, 7-Strang (oder Galgen) für Diebsbestrafung,
8-Schreibfeder, 9-Herz mit Frau, 10-Herz mit Geldstück. Mitte: Die Heidelberger Handschrift des Sachsenspiegels (14.
Jahrhundert) zeigt piktographische Schreibweise mit teilweiser Lautung: vor dem König stehen ein Sachse (kenntlich am Sachs,
dem Krummesser), ein Franke (in Mantel mit Pelzkragen) und ein Thüringer (als „Heringesser" gekennzeichnet). Links: In
einem bilderschriftlichen Katechismus des 16. Jahrhunderts aus Mexiko beziehen sich 7 Glaubensartikel auf „unsern Herrn
Jesus Christus": links steht das „Erlösungsopfer" in christlicher Art wiedergegeben, rechts in altindianischer Weise durch ein
Opferdaunenfeder angezeigt - es besteht also gedankliche „Zweisprachigkeit". Unten: Missionare setzten den Katechismus
in Bilderschrift um. Hier läßt sich eine Passage wie folgt lesen: „Herabgekommen um zu richten diese alle, die Lebenden und
die Toten". Die Invention nützt vorhandene Schriftkenntnis und überbrückt die Alphabetisierungdauer.

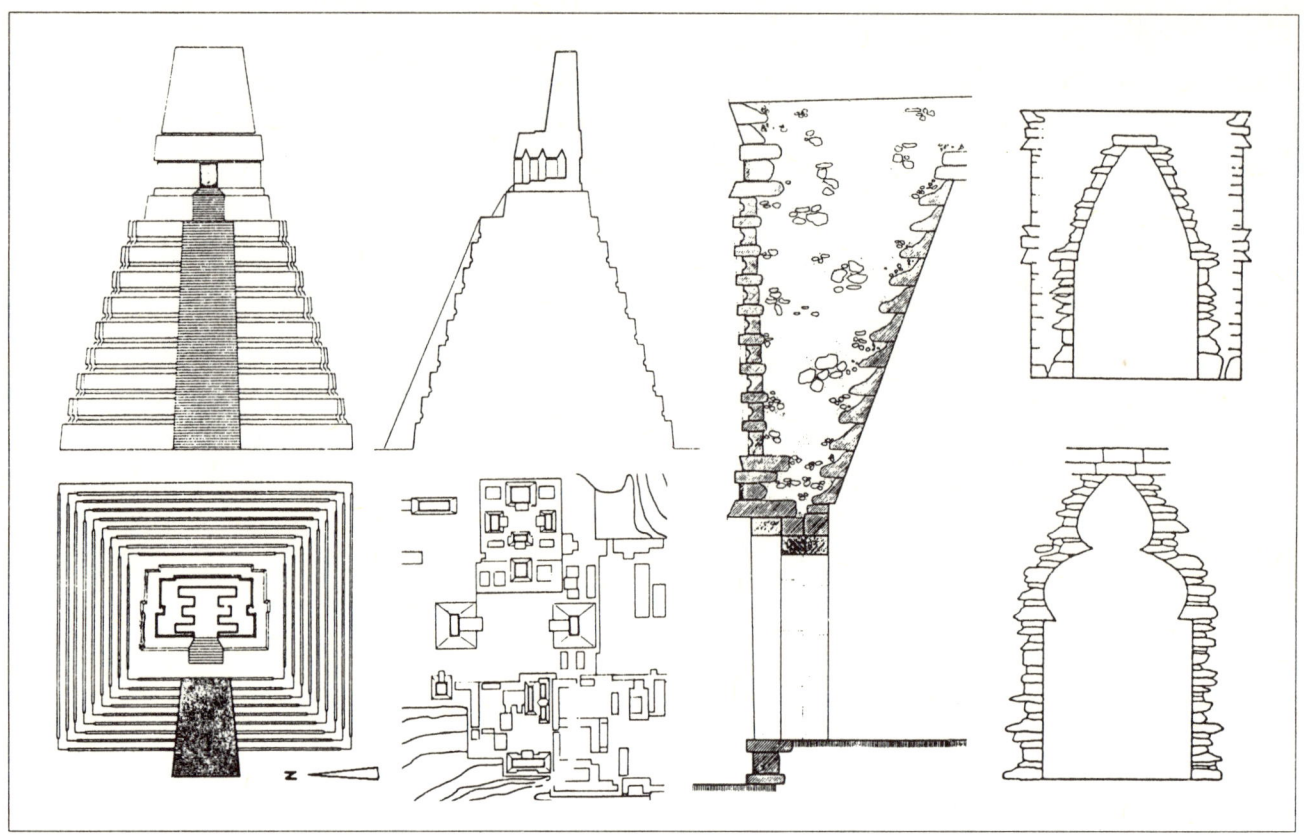

Links: Der Tempel 1 von Tikal in Vorderansicht, Seiten- und Grundriß, ferner seine Lage im Sakralzentrum. Rechts: Querschnitte durch Vorkraggewölbe der Maya. Der unechte Gewölbebau verlangt wegen des großen Seitendruckes dickes Mauerwerk und ergibt schmale, hohe Räume. Mehr als ein Jahrtausend hat sich die Grundstruktur bei allen „modischen" Varianten nicht geändert.

Weitere Vergleiche Altmexikos mit dem europäischen Mittelalter sind noch zu ziehen. Hier wie dort herrschte eine feudale Herrenschicht, neben der eine im Zölibat lebende Priesterschaft bestand. Wie im Abendland die Klöster waren auch die Tempel mit Schulen verbunden, die nicht nur für den eigenen Nachwuchs Sorge trugen, sondern auch als Ausbildungsstätte des Adels dienten. Mutterklöster mit weithin reichender Autorität unterhielten Schreibstuben, denen jahrhundertelang Traditionspflege oblag. Während in Europa noch Zehntausende illuminierte Handschriften bestehen und weitreichende Vergleiche ermöglichen, blieben aus Mesoamerika keine zwanzig Manuskripte aus vorspanischer Zeit erhalten. Mit frühkolonialen Handschriften oder Codices im weitesten Sinn bestehen rund 500 solcher Bildquellen, zu denen dann noch reine Texthandschriften zu zählen sind.

1,2 Stufenpyramiden als künstliche Berge: die Sonnenpyramide von Teotihuacan (oben) weist im Profil die gleiche Form auf wie die Erhebungen ihrer Umgebung. Wie Kalkklippen hingegen muten die Tempelpyramiden von Tikal (unten) an. Friestragende Aufbauten („Tableros") zeigen Hochlandeinfluß.

1

2

3

4

5
6

7

8

Links: Federschlangen-Relief von Xochicalco mit Datenangaben und sitzenden Priestern. Unten: das „Auge des Reptils" kommt in den Inschriften von Xochicalco wie von Teotihuacan als Tageszeichen vor. Rechts: Die Stele 2 von Xochicalco zeigt neben den Götterbildern und Erdrachen weitere Hieroglyphen - z. B. „Regen", „Rohr" und „Feuerstein". Die geringe Zeichenanzahl erschwert die Entzifferung.

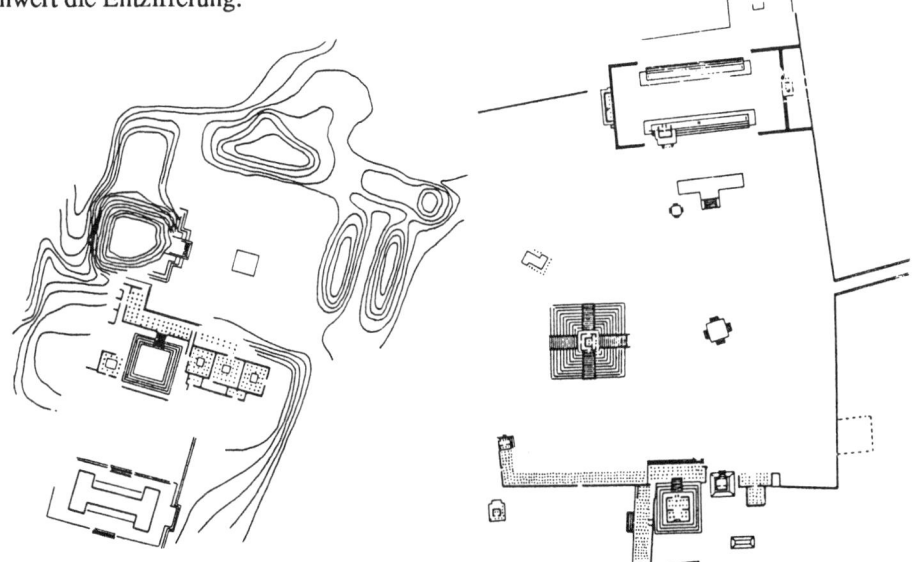

Ausschnitte aus dem Grundrißplan von Tula (links) und von Chichén Itzá (rechts). Der Morgensterntempel entspricht dem Tempel der Krieger; das Castillo und einige Ballspielplätze sind gezeigt (geographisch nicht orientiert).

3,4 Xochicalco gehört zu den seit 200 Jahren besuchten Ruinenstätten, berühmt vor allem wegen der Pyramide der Federschlange. Die Zeichnungen stammen vom Schweizer Reisenden Lukas Vischer aus dem Jahre 1836; sie verraten im Duktus den Amateurkünstler.

5-7 Die einst das Dach tragenden Atlanten auf dem Morgensterntempel von Tula zeigen Kriegergestalten. Ähnliche bewaffnete Krieger sehen wir in Chichén Itzá (6) dargestellt (Vgl. auch die Darstellung von Tizoc, S. 14).

8 Vom Tempel der Krieger aus schweift der Blick über das Castillo (links) bis zum großen Ballspielplatz; als künstliche Erhebungen stehen sie in den unermeßlichen Weiten Yucatáns.

17

3000 Jahre Geschichte

Teotihuacan lag bereits in Trümmern, als die Azteken im Hochland von Mexiko zur Macht kamen. Die Ruinenstätte schien diesen so gigantisch, daß sich ihrer Meinung nach nur dort das Geschehen abgespielt haben konnte, daß die Götter einst durch ihr Selbstopfer zu Sonne und Mond wurden. Ähnlich gewaltig mutet uns heute der Große Ballspielplatz in Chichén Itzá an. Er mußte ebenfalls göttlichen Wesen dienen oder in der Verehrung an solche geschaffen worden sein – mythische Geschichte, zur Realität geworden. Wie den Göttern einst als Schöpfungsakt alles durch bloßen Hauch gelingen konnte, genügte auch bloß die Nennung eines Namens zu Zauberkraft. Selbst die Schrift als große geistige Errungenschaft hatten deshalb die Götter ersonnen. Orakel werfen, Loskörner zählen und die Tage ordnen gehören zu göttlichen Potenzen.

Um Mensch-Gottvorstellungen rankt sich ein ausgeprägter Herrscherkult, mit dem uns die mesoamerikanische Basiskultur greifbar wird. Wir kennen ihre Träger nicht, sie wurde mit einem Hilfsausdruck benannt als die O l m e k e n , „die aus dem Gummiland", den feuchtheißen Niederungen des Golfgebietes. Um 1500 vor Christus werden sie uns archäologisch faßbar als höhere Kultur- und Gesellschaftsform, entwachsen aus einer seßhaft gewordenen Ackerbaubevölkerung, welche durch Domestikation von Pflanzen zwischen dem 5. und dem 2. Jahrtausend den Übergang von Jäger- und Sammlertum vollzogen hatte. Der mesoamerikanische Mensch war durch Selbstdomestikation eine Schicksalsgemeinschaft eingegangen, die ihn selbst zum Gefangenen des Mais, seiner Brotfrucht, werden ließ. Ausstrahlung und Stilverbreitung reichen zeitlich tiefer und greifen räumlich weiter aus, als man einst die La Venta-Kultur bezeichnet hatte. Sie beziehen auch das Hochtal mit ein, umfassen olmekische und olmekoide Züge, die Ignacio Bernal treffend vom *„nuklearen Mesoamerika"* sprechen ließ, etwa so, wie wir die Sumerer als Mutterkultur Altmesopotamiens bezeichnen. Die Kenntnis der Olmeken bringt die Auflösung einer zum unfruchtbaren Streit im Treibsand der Hypothesen gewesenen Frage nach der älteren Kulturform des alten Mexikos, ob das „Hochland" oder die „Maya" kulturbefruchtend an der Basis gestanden seien.[4]

Monumentale Köpfe in Rundplastik als Standbilder prägen die Kultur der „metropolitanen Olmeken" ebenso, wie die Vorliebe zur Verwendung von Obsidian und Jade bezeichnend ist, weiters Altäre und Throne mit reicher religiöser Ikonographie, in der neben figürlichen Darstellungen auch hieroglyphenartige Zeichen aufscheinen. Neben dem Element der „Unterwerfung" finden wir verschiedene Götter vor, alle mit den Grundzügen von Jaguar-Kleinkind - Elementen. Sie unterscheiden sich nach ihren Gesichtsformen, wie eine Plastik aus Las Limas, Veracruz, treffend zeigt. Eine Reihe dieser göttlichen Kräfte scheint nebeneinander gesetzt auf: vielleicht Wind, Regen, Tod, Krieg.

In Las Limas, Veracruz, wurde die Figur einer Sitzenden mit einem Kind in den Armen gefunden, das halb menschliche, halb Jaguarzüge zeigt — ein typisches Olmeken-Motiv, wie es auch die Grünstein-Figur rechts aufweist. Bemerkenswert ist es, daß nicht ein Element für sich auftritt, sondern fünf gleichzeitig: Xipe-Typus und Feuerschlangenmotiv oben, Windgott- und Totengott-ähnliche unten, ferner die Züge des Regengottes in der Mitte. Die Gestalten vereinen sich in Art einer Fünffaltigkeit der göttlichen Elemente zu einer geschlossenen Einheit.

Höhlen werden in den eindrucksvollen Felsenreliefs von Chalcatzingo als Monsterrachen dargestellt und mit dem Regenkult verbunden. Pflanzen wachsen aus ihnen empor, wie aus den Köpfen bestimmter Göttergestalten. Die kultische Notwendigkeit des Menschenopfers wird sichtbar, und elementare Geister steigen vor uns auf.[5]

Die Weiterentwicklung des olmekischen Horizontes brachte lokale Sonderformen hervor, für welche die Tuxtla-Statuette aus dem Golfgebiet, Monte Alban in Oacaca und Izapa in Guatemala bezeichnend sind. Vorhandene Texte entziehen sich leider durch ihren geringen Umfang möglicher Lesbarkeit. Zwei Großräume oder k l a s s i s c h e Traditionen bildeten sich heraus, die M a y a - Kultur im Petén einerseits und die Hochland-Tradition andererseits, geprägt vom metropolitanen T e o t i h u a c a n und zeitgenössische Zentren wie die altbekannten von Xochicalco und Mitla oder das erst Ende der 70er-Jahre bekannt gewordene Cacaxtla in Tlaxcala.

Die klassische Maya-Kultur entfaltete sich mit ihrem Stelenkult und umfangreichen Steininschriften, oder dem sogenannten Codexstil, der auch auf Gefäßen aufscheinen kann. Eine große Schwierigkeit bei den Versuchen zur Lesung der phonetischen Schreibung besteht, weil als wahrer Notbehelf aus den heute gesprochenen Idiomen ein rekonstruiertes Maya des 1. Jahrtausends einzusetzen ist. Was die Gemeinsamkeiten mit dem Freskostil von Teotihuacan und dessen stilistische Töchter anbelangt, herrschte der gleiche Kalender, etwa hinsichtlich der 260 Tage-Periode in ihrer mantischen Detailfülle, bei gleichzeitiger Monotonie, wenn wir die beiden erhalten gebliebenen postklassischen Maya-Codices in Dresden und Madrid betrachten. Teoti-huacan-Fresken zeigen bereits stilistische und piktographische Konventionen der um 1000 Jahre späteren aztekischen und mixtekischen Handschriften. Auch die bildlichen Szenen und Hiero-glyphentexte auf den klassischen Maya-Gefäßen sind als direkte Vorläufer oder Parallelen der erhalten gebliebenen Codices anzusprechen. Auf den Darstellungen sind tatsächlich Codices als Objekte präsent. In vielen Zügen klaffen die beiden Traditionen trotz aller Parallelität hinsichtlich anderer Namensbedeutungen und wechselnder Grundzüge auseinander. Vielleicht wirkt sich hier eine lange Zeit zurückliegende Trennung aus. Den Inschriften mit ihrer komplizierten „langen Rechnung" von einem fiktiven Null-Datum aus und der Vielfalt an Ausgleichszyklen hat Hoch-land-Mexiko nichts Entsprechendes an die Seite zu stellen.

Die bestehenden Unterschiede kehren sich noch mehr hervor, wenn wir das sogenannte P o s t k l a s s i k u m (±900–1521) betrachten, in dem zunächst vor allem die T o l t e k e n führend wirkten. Ihre Zeit sollte für die Epoche des Jahrhunderts vor der spanischen Eroberung das „Goldene Zeitalter" schlechthin bedeuten. Es war dies der dann auch für die europäische Sicht langfristig maßgebende Blickwinkel auf eine verhätnismäßig kurze Zeitspanne mit dem histo-risch verschwimmenden Horizont oraler Tradition. Teotihuacan ist der Toltekensage anzupassen versucht worden. Das Archaikum oder die Präklassischen Kulturen mußten erst archäologisch erschlossen werden, und die Olmeken erhielten letzlich durch die Altersbestimmung mit Radio-karbon ihre geschichtliche Tiefendimension – wodurch ein um etwa zwei Jahrtausende früherer Zeitansatz gegeben war und zur zeitlichen Annäherung an die Hochkulturen der Alten Welt führte.

Die Tolteken von Tula gelangten durch Wanderungen bis nach Yucatán, was etwa darin Spuren hinterließ, daß das Maya-Toltekisch von Chichén Itzá als häretisch empfunden wurde. Neue Traditionen jägerischer Prägung aus dem Norden kamen in das Hochland. Vor allem waren es C h i c h i m e k e n und dann die A z t e k e n mit ihrer staatenbildenden Kraft. Bei aller herrschenden Vielsprachigkeit und dem Bestehen lokaler Sonderformen bestand eine gewisse Einheitlichkeit. Sie reichte von den Tarasken im Westen, einer sprachlich isolierten Gruppe, bis zu den Huaxteken und Totonaken in der Golfregion, von den vielen Nahua-sprechenden rund um das Seengebiet des Hochtales im Einflußbereich des von Tenochtitlan aus majorisierten Dreibun-des oder etwa den in strikter Gegnerschaft verharrenden Tlaxkalteken bis zu den Fürstentümern der Zapoteken und Mixteken wie den mexikanisierten Territorialherrschaften von Yucatán.

Neben dem Stolz auf traditionsreiche Stammesgeschichte stellte die genealogisch-dynastisch begründete Darstellung von Herrschaftsbereichen und ihrer abhängigen Tributbezirke auf Land-karten oder in Faltbüchern Rechtsdomumente dar. Solche bestanden aus religiösen wie aus dynastischen Gründen in mythisch-historisch verbrämter Darstellung bereits in vorspanischer Zeit, vergleichbar mit der Herleitung griechischer Stadtgründungen von Göttern- und Heroen-sprossen. In der frühen Kolonialzeit erwiesen sie sich als überaus nützlich und notwendig, weil sie als Unterlagen für die Beglaubigung etwaiger Rechtstitel durch die spanische Krone dienlich

20

sein konnten, ehe die alte Schreibform vom europäischen Alphabet verdrängt, überholt wurde. Noch 1582 heißt es: „Sie hatten geschriebene Berichte über wichtige Begebenheiten in der Vergangenheit, über Vorhersagen ihrer Propheten und über das Leben ihrer Herrscher."

Wir hören wiederholt von Bücherverbrennungen durch Spanier; namentlich werden an der Spitze die beiden Bischöfe Juan de Zumárraga für den Marktplatz von Tetzcoco und Diego de Landa für Maní in Yucatán genannt. Ein Vermerk, daß neben rund 5000 Idolen und 200 Vasen 27 Rollen mit Zeichen und Symbolen auf Hirschhaut „voll der Lügen und Dingen des Teufels" durch Landa vernichtet worden wären, läßt uns auf die geringe Zahl einst vorhanden gewesener Bücher schließen. War es hier der Missionar, wissen wir um die Vernichtung von Schriften durch Eingeborenenhand. Die Tlaxalteken waren es, die als Verbündete der Spanier das Archiv von Tetzcoco brandschatzten, und vom vierten Herrscher der Azteken Itzcoatl verlautete, daß er die Handschriften der unterworfenen Stadtstaaten verbrennen ließ, damit nicht deren Ruhm jenen Tenochtitlans überschatte...[6]

Die Erforschung mexikanischer Schriftsysteme

1625 geschah in England ein Ereignis, das einen Markstein in der Geschichte des Buchwesens Altmexikos darstellt: Samuel Purchas publizierte in Holzschnitten einen Großteil des Codex Mendoza. Das nach dem ersten Vizekönig benannte Manuskript gelangte nie in die Hände seines Empfängers, des Kaisers Karl V. Korsaren fingen den Bericht ab, der in den Besitz des französischen Kosmographen Thevet und später nach England kam.[7] Die vielen Hieroglyphen von Ortsnamen sollte die Grundlage für die Beschäftigung mit mesoamerikanischer Schrift bis ins 19. Jahrhundert bieten (Vgl. S. 193).

Der Zeitpunkt etwa ein Jahrhundert nach den Eroberungszügen des Hernán Cortés markiert eine Zäsur für die Schriftkunde. Wie keine Codices mehr angefertigt wurden, standen auch keine indianischen Gewährsleute unmittelbar für Auskünfte zur Verfügung. Die Hinterlassenschaften wurden zur *antigualla* , zur Antiquität. Eine kleine Gruppe von Interessierten betrieb Untersuchungen, fern weg von der lebendig gebliebenen indianischen Welt. Für die angestellten Untersuchungen war es gleichgültig geworden, ob sie im Lande oder im fernen Europa erfolgten. Sie standen beidseits des Ozeans in bester humanistisch-abendländischer Tradition.

Nicht glossierte, komplexe Codices konnten aus sich heraus kaum mehr verstanden werden. Eine Pionierarbeit der Sammeltätigkeit verdanken wir dem italienischen Reisenden Lorenzo B o t u r i n i Benaduci im 18. Jahrhundert. Angeregt von der Legende über die Erscheinung der Jungfrau in Guadalupe wurden Dokumente zur indianischen Geschichte gesammelt. Sie sollten ihre Ordnung, entsprechend der Konzepte in der „*Scienza nuova*" seines Zeitgenossen, des italienischen Philosophen Giambattista Vico, finden, nach denen jede Kultur eine logische Folge von Kindheit (Götter, Theokratie), Jünglingsalter (Heroen, Militärgewalt) und Erwachsensein (Menschen, Republik und Monarchie) in sich unterscheiden läßt. Die Thesen wirkten bis in das Kulturkonzept des 19. Jahrhunderts fort.[8]

Das Interesse für die Virgen de Guadalupe ließ den Ausländer als suspekt erscheinen, nachdem deren Kult Verknüpfung mit Unabhängigkeitstendenzen aufwies. Die entstandene Sammlung wurde konfisziert und ging teilweise aus Nachlässigkeit verloren. Ein beachtlicher Restbestand gelangte über Friedrich von W a l d e c k in den Besitz von Joseph A u b i n ; heute bildet er das Herzstück des Fonds Mexicain der Pariser Nationalbibliothek. Direkt oder indirekt waren Wissen und Sammlung Boturinis Grundlage und Anregung für Mariano Fernández de Echeverría y V e y t i a , dem wir wichtige Synthesen zum altmexikanischen Kalenderwesen wie zu Religion und Geschichte verdanken.

Durch die Aufhebung ihres Ordens schrieben zwei nach Italien verbannte Jesuiten wichtige Studien. Francisco Javier C l a v i g e r o gab 1780/81 in seiner „Storia antica del Messico" den bis dahin umfassendsten Überblick zur Kultur Altmexikos. Voll in den Disput um die Wertschätzung der Neuen Welt eingebunden, bekämpfte er die Ansichten über Amerika als inferiores Kulturgebiet. José Lino F á b r e g a hatte Gelegenheit zu einem ausgiebigen Detailstudium der im Besitz des Wissenschaftsmäzens Kardinal Borgia befindlichen vorkolumbischen Handschrift. Er verglich sie mit dem im Vatican aufbewahrten, reichlich mit Beischriften versehenen Codex Vaticanus 3738, was ihn zu der Feststellung veranlaßte, daß es sich um ein religiöses Manuskript mit Angaben über Götter und Feste handle. Sein Kommentar erlebte aber erst 1899 eine Veröffentlichung.

Versuche zur Verbindung der neuweltlichen Kulturen mit den altweltlichen sind so alt wie die Kenntnis von einer „Neuen Welt" überhaupt. War es für Kolumbus selbstverständlich, in Asien gelandet zu sein, wollte man später dann der altamerikanischen Kulturwelt keine echten „Eigenheiten" zubilligen; alles mußte aus der Alten Welt mitgebracht und nachgebildet worden sein. Erklärungsversuche suchten Ähnlichkeiten immer wieder mit dem vorderasiatisch-ägyptischen oder dem indisch-chinesischen Raum in Zusammenhang zu bringen. So ist es über dreihundert Jahre her, daß man die „Verlorenen Stämme Israels" im neuen Kontinent Amerika wiederentdeckt haben wollte. Der Engländer Edward King Lord K i n g s b o r o u g h setzte sogar sein gesamtes Vermögen dafür ein, Belege für die Annahme zu finden. In allen großen Bibliotheken Europas ließ dieser durch den italienischen Maler Agostino Aglio in vieljähriger Arbeit altmexikanische Handschriften kopieren, welche in dem zuletzt neunbändigen Monumentalwerk „Antiquities of Mexico" (London 1831 - 1848) veröffentlicht wurden. War auch der schlüssige Beweis mißlungen, hatte auf der Grundlage dieser Sammlung als neuer Forschungszweig die mexikanische Altertumskunde oder Mexikanistik aufblühen können. Bemühungen zur Deutung der Codexinhalte begleiteten diese wie ein roter Faden.

Eine Reihe weiterer Handschriften wurde seit den Nachforschungen Kingsboroughs noch entdeckt, keine zwanzig jedoch stammen aus vorkolumbischer Zeit. Gegen Ende des 19. Jahrhunderts erlebten wichtige Codices weitere Ausgaben. Es war vor allem das verdienstvolle Mäzenatentum des Herzogs Joseph Florimond de L o u b a t , der die Manuskripte auf seine Kosten publizieren ließ und die Beschäftigung mit der so fremdartigen Materie überaus befruchtete. In Frankreich, Italien, Spanien, England, Deutschland und Österreich, wie in Mexiko und den Vereinigten Staaten können wir auf etwa ein Jahrhundert intensiver Codex-Studien zurückblicken. Eine wesentliche Feststellung ist die Abhängigkiet der Forschung einerseits von der Ideengeschichte ihrer jeweiligen Zeit, andererseits von der Verfügbarkeit über die Quellen. Neben der Publikation von Codices und historischen Manuskripten steht die langwierige, zeit- und materialaufwendige Dokumentation der Ruinenstätten, in erster Linie des Inschriftenmaterials. Namen wie Teobert M a l e r , Alfred Percifal M a u d s l a y oder Sylvanus Griswold M o r l e y sind hier beispielsweise als Pioniere zu nennen; heute bestehende Langzeitprojekte in der Art der Ausgaben in den Reihen „*Codices Selecti*" oder die „*Fontes Rerum Mexicanarum*" führen die Tradition ebenso weiter wie das „*Corpus of Maya Hieroglyphic Inscriptions*"[9].

Das beginnende 19. Jahrhundert hatte die politische Unabhängigkeit Mexikos gebracht. Aus der Aufklärungszeit geboren, entstand allmählich auch ein mehr formales Interesse für die alte Geschichte des Landes. Fußend auf den Ergebnissen der Forschungen Alexander von Humboldts wurde das noch weitgehend unbekannte Land von Reisenden erkundet. Aufsehen erregten besonders die Reiseberichte von John L. S t e p h e n s und des ihn begleitenden Zeichners Frederick Catherwood, welche die Mayakultur für ein breites Publikum erschlossen. Die Wissenschaft erkannte Eigenständigkeit und Bedeutung der Maya-Kultur.

Auf Humboldts Spuren wie eigenem romantischen oder humanistischen Antrieb folgend, erkundete und sammelte Charles Etienne B r a s s e u r de Bourbourg eine erstaunliche Anzahl bedeutsamer Quellen, wie den Codex Troano als Teil der Madrider Maya-Handschrift, das Drama Rabinal Achi aus dem Maya-Hochland und Landas umfassenden Bericht über Yucatán. In den Ruhm der Entdeckung des Popol Vuh, des heiligen Buches der Quiché-Indianer teilt er sich mit dem Österreicher Carl S c h e r z e r. Vom historischen Standpunkt aus wird hier aus einer Reihe von nordamerikanischen Forschern lediglich auf Hubert Howe B a n c r o f t und sein für seine Zeit epochales Werk „*The Native Races*" verwiesen. Die Reihe der mexikanischen Historiker beginnt mit Carlos María B u s t a m a n t e und José Fernando R a m í r e z , um über Manuel O r o z c o y B e r r a und Joaquín G a r c í a I c a z b a l c e t a bis zu Alfredo C h a v e r o und Francisco del P a s o y T r o n c o s o zu führen. Ihnen verdanken wir Quellensammlungen und Bearbeitungen, die zum dauernden Rüstzeug der Forschung geworden sind. Als Fixpunkt für den Beginn intensiver Beschäftigung mit der mesoamerikanischen Schrift kann das Jahr 1875 gelten, in dem der erste Internationale Amerikanistenkongreß in Nancy stattfand. Zehn Jahre später begann Eduard S e l e r seine Publikationstätigkeit zur amerikanischen Sprach- und Altertums-

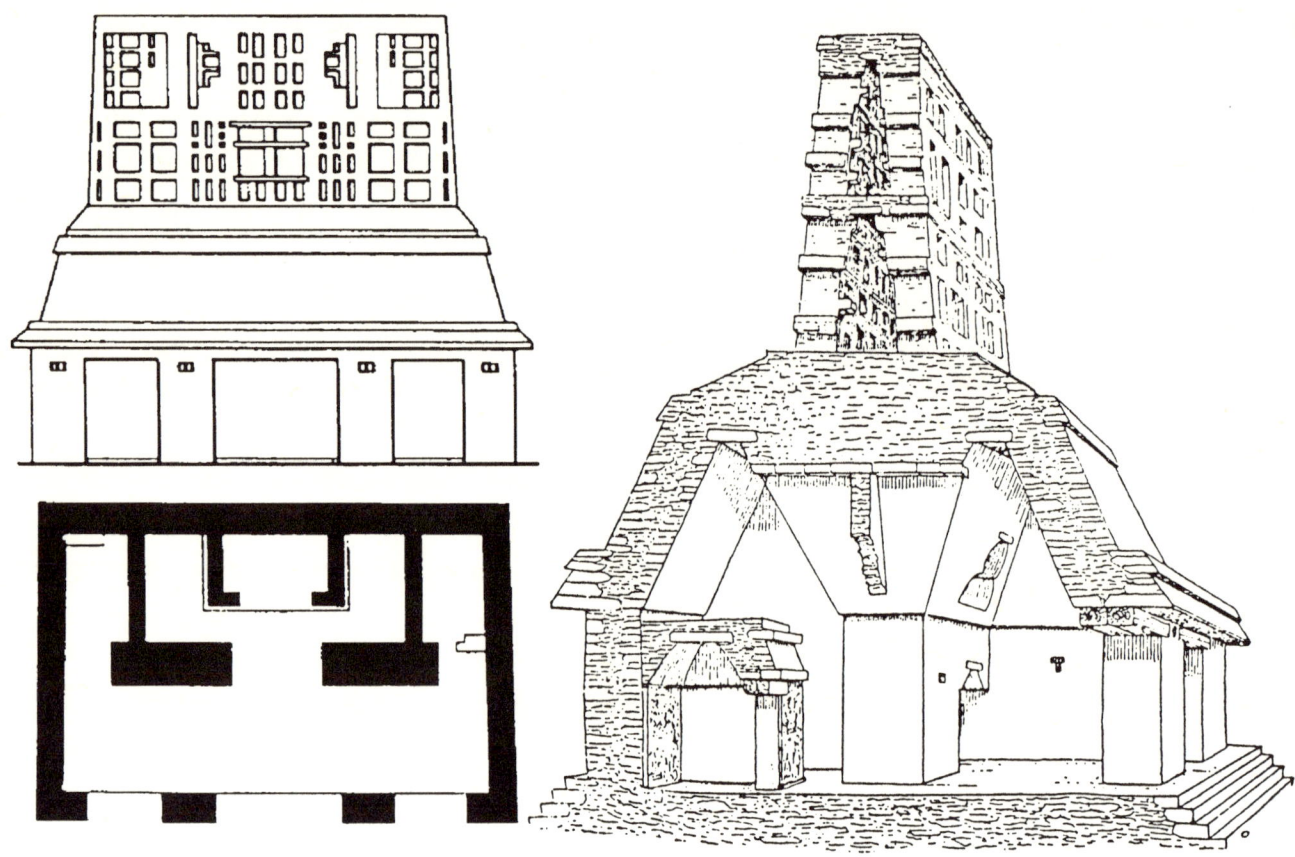

1775 begann das Abenteuer der Mayaarchäologie mit der ersten vom spanischen König ausgesandten Expedition unter Kapitän Antonio del Rio nach Palenque. Die Ruinenstadt war später das bevorzugte Ziel von Forschern und Reisenden - wie Teotihuacan, Xochicalco und Mitla. Die Aufdeckung der Grabkammer im Tempel der Inschriften und die Erkenntnis. daß die Anlage der drei Tempel (Sonne, Kreuz und Blattkreuz) mit der Begräbnisstätte des Fürsten „Schild" (Herr Ah Pacal) eine Einheit bilden, gehört zu den bedeutendsten archäologischen Entdeckungen in Mesoamerika überhaupt. Risse und Schnitte des „Tempels des Kreuzes" zeigen wieder die Kleinheit der Tempelräume mit ihren Vorkraggewölben und dem bemerkenswerten kammartigen Aufbau, der das Bauwerk noch steiler und wuchtiger erscheinen läßt.

9 Regengottmasken stehen nebeneinander gesetzt auf den Bauten des Puuc-Stils. Sie sind ein einziges Flehen um den kostbaren Regen.

10 Strahlendweiß erhebt sich das Kastell des mauerumgürteten einstigen Pilgerzentrums Tulum über der blau-grünen Karibe, in kontrastreicher Harmonie zum tiefblauen Himmel.

11 Ausblick vom Tor des Nonnenvierecks von Uxmal über die Reste des Ballspielplatzes hinweg zum Schildkrötenhaus und den sogenannten Gouverneurspalast, der in seinen Proportionen als das bemerkenswerteste Beispiel der Maya-Architektur in Yucatán gilt.

12 Typisches Maya-Haus in Muna, Yucatán, unweit von Uxmal. Durch die Fugen der Knüppelwände kann die Luft ungehindert streichen und bringt Kühlung.

13 Das „Nonnenviereck" von Uxmal ist in Wirklichkeit eine Palastanlage von vier getrennten rechteckigen, um einen Innenhof angeordneten Gebäuden.

24

9

11

10

12

13

14

15

16

kunde. Bald konnte der später als „Altmeister der Mexikanistik" bezeichnete der jungen Wissenschaft den Stempel aufdrücken. Durch die auf intensiven Sprach- und Quellenstudien aufbauenden Kommentare zu den Handschriften ließ er seine Forscherkollegen weit hinter sich. Unzählige seiner Bestimmungen und Zuschreibungen sind zur unverrückbaren Grundlage der Beschäftigung mit Altmexiko geworden. „Seine Leistungen sind ein Gut, von dem noch die fernsten Geschlechter zehren werden", hatte Konrad Theodor Preuss 1923 in seinem Nachruf formuliert.[10] Eine Tragik war die, daß Seler, der selbst viele Fragen als wissenschaftlich noch nicht aufbereitet erachtet hatte und seine Zeit noch nicht so weit fühlte, eine allgemein verständliche Kulturgeschichte des vorspanischen Mexiko zu schreiben, im großen Stil astralmythologische Deutungen versuchte. Solche haben sich als ungerechtfertigte Annahmen erwiesen und sie bedurften in der Folge der Richtigstellung.

Ende des 19. Jahrhunderts gelang es den beiden deutschen Forschern Ernst F ö r s t e m a n n und Paul S c h e l l h a s , auf der Grundlage der Dresdener Maya-Handschrift Kalenderangaben und Göttergestalten herauszuarbeiten. Der Vorschlag Schellhas, die Götter zu deren eindeutigen Bezeichnung mit Buchstaben zu benennen, blieb allgemein angenommener Brauch bis zum heutigen Tag. Sensationell war die Entdeckung einer astronomisch-mantischen Tabelle, in der die Phasen von Sichtbarkeit und Unsichtbarkeit des Planeten Venus im Ausgleich mit dem Sonnenjahr hinweg verzeichnet sind. Der Einbruch in die Maya-Astronomie schien gelungen, mit weitreichenden Folgen für die nachkommende Forschergeneration.

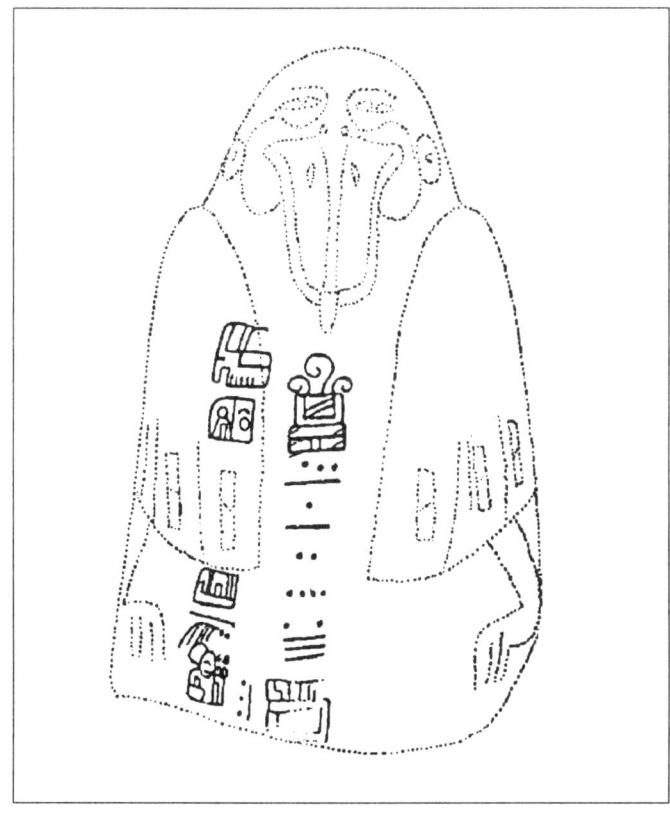

14 Tuxtla-Statuette, gefunden in San Andres Tuxtla, Veracruz. Die entenschnabelige, Flügel tragende Priestergestalt aus Jade trägt ein Datum, das nach dem Maya-Kalender gelesen das Jahr 162 nach Christus ergibt. Nationalmuseum, Washington (derzeit in Dumbarton Oaks ausgestellt).

15 Die 1864 nahe von Puerto Barrios, Guatemala, gefundene Nephritplatte zeigt vorne einen reich ausgestatteten, auf einem Gefangenen stehenden Fürsten, hinten trägt sie eine der frühen Maya-Inschriften: „8 Baktun, 14 Katun, 3 Tun 1 Unial, 12 Kin [nach 4 Ahau 8 Cumku] am Tag 1 Eb, unter dem 5. Herrn der Nacht, beim Einsetzen [des „Monats"] Yaxkin setzte sich [als Herrscher] Balam Ahau Chaan, von Tikal (?)" [i.e. 17. September 320 nach Chr.]. Photo J. Brussee, Copyright Museum für Völkerkunde, Leiden.

16 Das Fresko in Tetitla (Teotihuacan) zeigt einen reich geschmückten, als Jaguar verkleideten Priester auf dem Weg zum Tempel. Charakteristisch sind Farbkombination und Stil für das Klassische Teotihuacan.

Planetenbahnen und Sternzeichen als astrologisches Wissen vermeinte man aus den Tafeln der Maya-Codices wie auf den verschiedenen Steinmonumenten herauslesen zu können. Die Versuche zur Rekonstruktion und Aufhellung der priesterastronomischen Himmelsbeobachtung wurde mit „Panbabylonismus" verquickt. Rezente Computereingaben der angeblichen Planetenumläufe von Mars, Jupiter oder Saturn und die Finsternisvorhersagen haben ein – zu erwartendes – negatives Ergebnis gezeitigt.[11]

Eine Aussage Selers über die Columbus-Festschriften 1892 mag als Beleg dafür stehen, daß die Anbringung notwendiger Korrekturen keiner Profilierungslaune späterer Zeiten entspringt: „Das Original des Codex Colombino stammt aus dem Bergland der Mixteca. Es ist mit zahlreichen Legenden in mixtekischer Sprache versehen, die aber, scheint es, nur zur Irreführung etwa inquirierender Mönche eingetragen worden sind. Denn der Codex ist unzweifelhaft mythologischen, kalendarischen, astrologischen Inhalts. Die Legenden sind aber im wesentlichen Ortsnamen, wollen also augenscheinlich den Anschein erwecken, als ob es sich nur um eine unschuldige Flurkarte oder dergleichen handle". Alle Inhalte bezögen sich auf „getarntes" kodiertes astronomisches Geheimwissen, die dargestellten Personen symbolisierten demnach göttliche Wesen, vornehmlich Sterne und Planeten. Elemente und Motive entsprächen daher Zahlenwerten und Hinweisen zur Berechnung des Laufes der Gestirne, vom Einfluß ihrer Patronatsgötter auf das irdische Geschick kündend.

Die Astraldeutungen wurden weitgehend akzeptiert, besonders von Schülern Selers wie Walter L e h m a n n , wenn dieser im Begleitheft zur ersten Faksimile-Ausgabe des Codex Vindobonensis (Wien 1929) ausführt: „Erst Seler ist es gelungen, den im wesentlichen rein astronomischen Gehalt in Teilen des Codex Zouche-Nuttall nachzuweisen", aber kritisch auf „Entschlüsselungsversuche" von Damian K r e i c h g a u e r in der Wiener Handschrift eingeht, der „begleitenden Darstellungen zu geringe Bedeutung beilegt und sie teilweise zu Substraktionen und Additionen verwendet"[12]. Diese Irrwege der Forschung, der in Wien Friedrich R ö c k und in Mexiko teilweise auch Hermann B e y e r folgten, mußten zum Verstummen der Quellen führen. Neben der „Kalenderastronomie" schien auch die astralistische Mythenforschung wenig ergebnisreich.[13]

Wesentliche Züge der mixtekischen Geschichtsschreibung, wie Genealogien und Eroberungszüge, erkannten jedoch um die Jahrhundertwende völlig klar lokale Historiker in Oaxaca wie Mariano L ó p e z R u í z , Manuel M a r t í n e z G r a c i d a oder Abraham C a s t e l l a n o s . An Hand einiger Codices und von Dokumentationsmaterial rekonstruierten sie die alte Geschichte, wobei sie sich auf lebendige Traditionen stützten und mit viel Phantasie in der romantisch-kreativen Deutung bei ihren mehr novellistischen als wissenschaftlichen Ansprüchen zu Werke gingen. Ausgehend von Untersuchungen Zelia N u t t a l l s führte die Analyse des Inhalts der Codices ebenfalls James C o o p e r C l a r k , Richard C. E. L o n g und Herbert J. S p i n d e n in den Vereinigten Staaten wie in England zur Erkenntnis, daß in diesen und anderen Handschriften die Lebensgeschichte von Herrschern wiedergegeben steht. Es blieb ihnen aber noch undeutlich, um welches Volk es sich in den Dokumenten handelt und wie weit die Geschichtsdarstellung in die vorkoloniale Zeit zurückgreift.

Der wissenschaftliche Durchbruch begann im Jahre 1940, als Wigberto J i m é n e z M o r e n o in Mexiko eine mixtekische Handschrift aus frühkolonialer Zeit herausgab. Der ausführliche Kommentar des „*Codex von Yanhuitlan*" bot reiches Material über Religion und Geschichte der Mixteken, ohne auf vorkolumbische Handschriften einzugehen. Die monographische Studie bildete einen Grundstein der modernen ethnohistorischen Untersuchungen in der Art, wie später Barbo D a h l g r e n und Ronald S p o r e s ein allgemeines Bild des mixtekischen Kulturraumes in vorkolumbischer und frühkolonialer Zeit erstellten.

Alfonso C a s o publizierte 1949 in Mexiko eine indianische Karte, auf der im traditionellen piktographischen Stil Ortshieroglyphen und Personenreihen gezeichnet waren. Laut der Beischriften in spanischer Schrift handelte es sich um die Kaziken der mixtekischen Stadtstaaten von Tilantongo und Teozacoalco. Die „*Mapa de Teozacoalco*" erwies sich als eine Art „Stein von Rosette" für die altmexikanischen Bilddokumente (vgl. S. 197ff). Die gleichen Personengruppen erscheinen nämlich im Codex Vindobonensis auf der Rückseite wiedergegeben und kommen auch in weiteren Handschriften vor, für welche zusammenfassend die Bezeichnung „Codex Vindobonensis - Gruppe" geprägt war. Detaillierte Kommentare Casos konnten Basis und Ausgangspunkt der modernen Forschung werden. Die nunmehr als mixtekisch erkannten Handschriften dieser Gruppe geben Genealogien wie Biographien von Herrscherfamilien der mixtekischen Stadtstaaten wieder; von Bilderbüchern mit astronomisch-phantastischem Inhalt wurden sie zu Dokumenten der vorkolumbischen amerikanischen Geschichtsschreibung.

Karl Anton N o w o t n y in Wien verdanken wir grundlegende Studien über die altmexikanischen Bilderhandschriften. Vor allem untersuchte er die religiösen Handschriften der „Codex Borgia-Gruppe". Er schrieb aber auch Kommentare zu den in Wien aufbewahrten mixtekischen Dokumenten. Die Forschungen stellten die Unhaltbarkeit der Astraldeutungen sowohl für die religiösen wie für die historischen Handschriften unter Beweis. Hervorgehoben wurde der mantisch-rituelle Charakter dargestellter religiöser Zeremonien. Kultische und mythologische Züge spielen tief in die historischen Berichte hinein. Es tritt uns eine eigentlich vertraute Welt entgegen ähnlich der Erzählungen vom Kampf um Troja, wo Götter und Menschen gleichzeitig agieren.

Die moderne Forschung bemüht sich um die Sicherung der bisherigen Resultate, stellt Analysen an und versucht zu korrigieren. Große spezialisierte Arbeitsbereiche sind erwachsen. So konnte sich neben dem Feld der Maya-Forschung die Kunde von den Olmeken als eigener Forschungszweig herausbilden, und neben der Beschäftigung mit den von einem breiten Publikum schlechthin als „die Mexikaner" betrachteten Azteken und deren Nachbarn im Hochland von

Mexiko ist als eigener Arbeitsbereich etwa die Mixtekenforschung erwachsen. Wie das Eindringen in die einst rätselhaften, als unentzifferbar geltenden Hieroglyphentexte der Maya gelungen ist, können wir ebenso bereits größere Passagen der mixtekischen Bilderhandschriften lesen. Ortsnamenforschung und Festlegung von Ortshieroglyphen, die Untersuchung piktographischer Konventionen, die Erstellung von Herrscherbiographien, die Korrektur der Chronologie, Mythologische Forschung (z. B. die Befassung mit den Ursprungsmythen), weiters Quelleninterpretation im Lichte des heutigen traditionellen Brauchtums wie Archivstudien an Hand kolonialzeitlicher Dokumente sind Themenstellungen notwendiger Detailarbeit.

Wie die Beschäftigung mit den Sumerern, den Assyrern und den Babyloniern hochspezialisierte Arbeitsgebiete innerhalb der Kunde des Zwischenstromlandes bilden, besitzen auch die Arbeitsbereiche der alten „Mexikanischen Altertumskunde" eine Gemeinsamkeit im Großraum von M e s o a m e r i k a.

17 Lorenzo Boturini Benaducci (1702 - 1755)
Die zur Abfassung einer Geschichte der indianischen Völker vor der Eroberung durch den italienischen Reisenden 1736 in Mexiko gesammelten Werke in Spanisch wie in indianischen Sprachen sind eine unserer wichtigsten Quellensammlungen, wenn sie auch nur in Bruchstücken erhalten blieb. Aus der Hand des Sammlers besitzen wir eine „*Idea de una Nueva Historia General de la América Septentrional*" und einen „*Catálogo del Museo Histórico Indiano*".

18 Eduard Georg Seler (1849 - 1922)
Der deutsche Gelehrte wird gerne als „Altmeister der Mexikanistik" bezeichnet. Auf linguistischer und historischer Basis vermochte er eine ikonographisch fundierte Archäologie zu begründen. Seine Beschreibungen und viele Objektdeutungen gehören zum eisernen Bestand der Altmexikanistik, besonders der Handschriftenkunde.

19 Alfonso Caso (1896 - 1970)
Unter den archäologischen Ergebnissen eines langen Forscherlebens ragt die Aufdeckung des Grabes 7 von Monte Alban hervor, das „Tutenchamon-Grab Amerikas". Ebenso ist der Name des mexikanischen Meisters mit der Mapa de Teozacoalco verbunden, dem „Rosettestein der mixtekischen Codices". Posthum erschien das zweibändige Standardwerk „*Reyes y Reinos de la Mixteca*". Das Porträt stammt von David Alfaro Siqueiros.

20 Robert Weitlaner (1883 - 1968)
Der aus Österreich stammende Linguist und Ethnologe hat als Frucht zahlreicher Aufenthalte bei indianischen Völkerschaften neben Sprachaufnahmen wichtige Beobachtungen über das Weiterleben des vorkolumbischen Mexiko bis in unsere Tage anstellen können. Eine Vielzahl wissenschaftlicher Artikel belegt nicht nur seine umfassende Arbeitsweise, sie ist gleichzeitig ein Beispiel dafür, wie ethnohistorische Erkenntnisse aus multidisziplinärer Betrachtung gezogen werden müssen.

17

18

19

20

21

22

23

24

25

NACIMIENTO DE NESTRO
SEÑOR JESUCRISTO

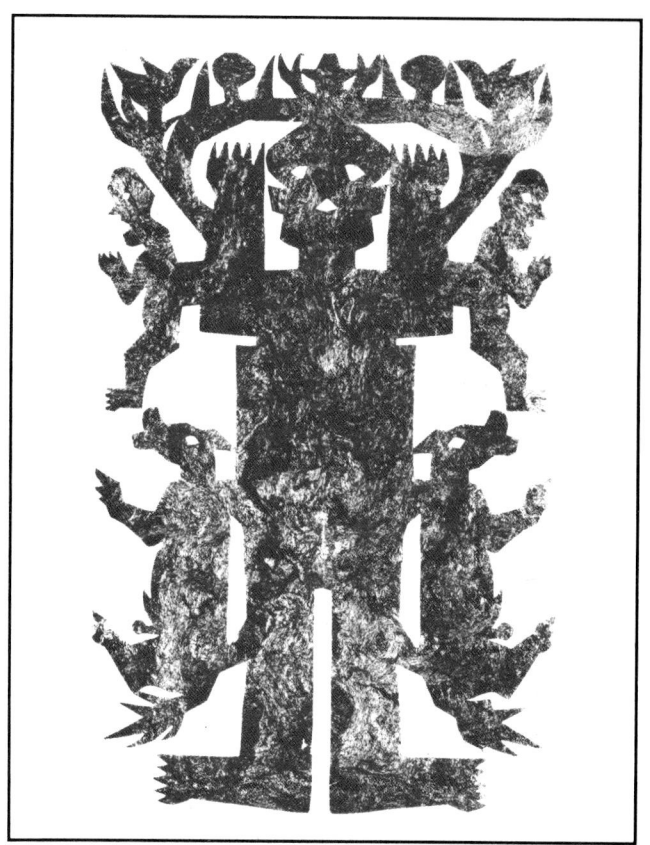

26

27

Das 16. Jahrhundert: der Indianer im Für und Wider einer neuen Zeit

1524 begann mit der Ankunft von zwölf Franziskanermönchen — den berühmten Zwölf Aposteln oder *Doce Apostoles* — in Neuspanien eines der denkwürdigsten Kapitel der indianischen und der nunmehr gemeinsamen europäischen Geschichte. Eschatologische Vorstellungen sahen die Indianer der vorkolumbischen Zeit in ägyptischer Gefangenschaft schmachten, aus der sie ein neuer Moses führen müsse. Hernán Cortés war in dieses Wunderland gezogen, von dem sein Chronist Francisco López de Gómara den Vergleich zog: „Die wichtigste Sache seit der Erschaffung der Welt, der Fleischwerdung und dem Tod dessen, der sie geschaffen hat, ist die Entdeckung der Indien, und deshalb nennt man sie die Neue Welt."

21 Yanhuitlan war Mittelpunkt der Dominikaner-Mission in der Mixteca Alta. 1528 langten die ersten Mönche an, bereits 1541 erfolgte die Gründung des Klosters. Wiederholt residierte der Bischof hier. Wichtig für uns ist die Nachricht, daß P. Burgoa um 1650 hier verweilte, dem wir viele Nachrichten über die Mixteken verdanken.

22 Codex von Yanhuitlan, Seite 19. Fray Domingo de Santa Maria, der Vikar von Tepozcolula, bei der Abfassung eines Schreibens. Ihm kleiner zur Seite gesetzt sind zwei Indianer, durch Tracht und Geburtsdatum („7 Hirsch" und „10 Affe") ausgewiesen. Die Hieroglyphe von Tepozcolula ist unten dargestellt (Kupferaxt und Berg). Wir finden sie wie jene von Yanhuitlan auch in der Matrícula de Tributos (**134**) wiedergegeben.

23 Das Colegio San Nicolás von Patzcuaro in Michoacan wurde 1540 von Bischof Vasco de Quiroga gegründet, dessen Bestrebungen dahin gingen, unter seinen Tarasken die *„Utopia"* des Thomas Morus zu verwirklichen. Jeder Ort sollte seine handwerkliche Besonderheit besitzen. So wurde Patzcuaro zum Zentrum der Federmosaikarbeiten. Europäische Werkzeuge verhalfen die gerühmte Feinheit präkolumbischer Arbeiten noch zu übertreffen. Die Mitra (**24**) ist aller Wahrscheinlichkeit nach um 1545 hier entstanden.

24 Mitra oder Infel, Palazzo Pitti, Florenz. Taraskische Federmosaikarbeit, etwa 1545. Auf seiner Reise nach Europa, um die Bewilligung der Verlegung seines Bischofssitzes nach Patzcuaro bei Papst und König durchzusetzen, nahm Bischof Vasco de Quiroga neben indianischen Begleitern auch Proben ihrer Arbeiten mit. Zumindest sieben Mitren sind noch nachweisbar (Escorial, Mailand, New York, Lyon, Toledo, Ambras-Wien). Sie gehören neben einer Reihe von Federbildern zu den bedeutendsten Werken der christlich-indianischen Kultur des 16. Jahrhunderts.

25 Die „Geburt Christi", Scherenschnitt aus Amate oder Feigenbast-Papier, ausgeführt von Alfonso García Tellez in San Pablito, Pahuatlan, Puebla, 1975. Es zeigt sich der rasant vor sich gehende Kulturausgleich und die schrittweise Anpassung. In einem selbst gefertigten Büchlein beschreibt der Curandero, der sich gesprächsweise einen „sehr katholischen Zauberer" (*Brujo muy católico*) nennt, seine angewandten Heilungszeremonien und illustriert sie mit verkleinerten Wiedergaben seiner Zauberfiguren. Reizvoll ist im Text zu lesen, daß das Jesuskind etwas Wachs und Weihrauch erhält, welches ja das „Parfüm unseres Herrn Jesus Christus" ist.

26 Der Herr des Berges oder *„Señor del Monte"* erinnert stark an eine der großen Göttergestalten der altmexikanischen Welt, an das „Herz des Berges". Auch die Verbindung mit dem Jaguar ist beachtenswert (Vgl. bei Tezcatlipoca).

27 Opferstätte des Berggottes Turukach. Hoch über Chichicastenango, dem Ort, an dem im 18. Jahrhundert das Popol Vuh aufgefunden wurde, steht ein Heiligtum mit Elementen beider Religionen. Auf der Höhe wie im Kircheninneren wird die Verbindung mit den Ahnen gesucht.

In Traum und Wirklichkeit wollten franziskanische Missionare gemeinsam mit den Indianern das perfekteste Christentum schaffen, das je auf Erden bestanden hatte, ein Ereignis, das angesichts des bevorstehenden Endes der Welt seine Schatten vorauswerfen ließe und in dem der mystische Eifer des Kardinals Cisneros seine Früchte tragen könnte. An das Missionswerk der Franziskaner (ab 1523/24) reiht sich das der Dominikaner (ab 1526) und das der Augustiner (ab 1533) an. Der Tätigkeit vor allem dieser drei Bettelorden verdankt die Kirche in Mexiko ihre Fundierung. Der Schutz der Eingeborenen war damit verbunden und die Einrichtung von Schulen, wie die Heranziehung der indianischen Elite. Auf eine Phase des ersten Schwunges mit allem Elan der Gründerzeit, in der die Wurzeln des kolonialen Mexiko gelegt wurden, folgte eine Periode der Konsolidierung, gleichzeitig aber auch eine Zeit des Erlahmens und dann, durch allerlei Widrigkeiten ausgelöst, eine Phase der Stagnation. Die Epoche ist gekennzeichnet durch die beiden Inhaber des Bistums von Mexiko in diesem halben Jahrhundert: den Franziskaner Fray Juan der Zumárraga (1528-48) und den Dominikaner Fray Alonso de Montufar (1551-69). Nach 1572, zeitlich markiert durch die Ankunft der Jesuiten, stellten sich neue Ziele. Nicht mehr den Eingeborenen galt das große Interesse, sondern der Kreolen-Bevölkerung. Die Säkularisierung der Indianerpfarren setzte ein. Mit der Eliminierung der alten Orden kehrten deren Angehörige in ihre Klöster heim oder trugen die Mission in heidnische Gebiete weiter. Hatten sich die ersten großen Missionare dem Studium der Indianer und ihrer Sprachen verschrieben, ging nun der allgemeineWeg dahin, die Hispanisation anzustreben. In der Glanzzeit der Evangelisation in anderen Idiomen war es vornehmlich das Nahuatl, die Sprache der Azteken, das zur Verkündigung benützt wurde. Ein Verbot der Verwendung der Eingeborenensprachen mußte noch in einer weiteren Untersagung seine letzte Konsequenz finden, über Sitten und Gebräuche der Indianer zu schreiben.

Zur Schulung der Missionare wie zum praktischen Gebrauch bei der Missionierung entstand eine größere Zahl von Grammatiken (*artes*) und Wörterbüchern (*vocabularios*), wie Katechismen (*doctrinas*) und Beichtspiegeln (*confesionarios*). Bibelübersetzungen, Heiligenlegenden und Handbücher wurden für den täglichen Gebrauch angelegt. Viele dieser Schriften kamen lediglich in handgeschriebenen Kopien in Umlauf. Sie waren Verbrauchsgut, gingen von Hand zu Hand, und fielen, unansehnlich geworden, der Vernichtung anheim. Die erhalten gebliebenen Exemplare stellen heute unschätzbare Werte für die Sprach- und Kulturforschung dar. Welche Rangstellung der Orden des heiligen Franziskus einnahm, zeigt sich darin, daß von rund 100 bekannt gewordenen Drucken 80 von Franziskanern stammen. Die Druckpresse war auf Betreiben Bischof Zumárragas ins Land gelangt. Das erste Druckwerk, auf dessen Kosten, war eine Glaubenslehre in Spanisch und Aztekisch. An Interpreten bestand zu allen Zeiten fühlbarer Mangel. Da seit dem Beginn der Kolonisation in den Konventen Spanisch und Latein gelehrt wurde, war die Möglichkeit gegeben, über die leichtere Aufnahmefähigkeit von Kindern zu Sprachkundigen zu gelangen. Ein solcher Fall war der spanische Knabe Alonso de Molina, der schon als Kind Nahuatl erlernte, um Lehrmeister seiner späteren Franziskanerbrüder zu werden. Ihm verdanken wir das bedeutendste Wörterbuch des Aztekischen, das 1571 in Mexiko erschien.

Den Indianern gegenüber bestanden seit Anbeginn des Kontaktes zwei Tendenzen, eine freundliche und eine feindliche. Sehr suspekt erschien die Beschäftigung mit dem alten Heidentum. Nicht nur ein Weiterleben des alten Kultes konnte gegeben sein, noch schlimmer wäre die Begünstigung zur Entwicklung eines neuen heidnischen Idolkultes. Spanien fühlte sich berufen, Hort und Führer des rechten Glaubens in der Welt zu sein und hatte Häresie immer verurteilt. Es begann die Missionsbewegungen seiner eigenen jungen Kirche in Mexiko voll und ganz zu einem Gefangenen des Geistes von antinativistischer Prägung zu machen.

Der Franziskaner Fray Maturino Gilberti hatte wegen seines „Diálogo de doctrina cristiana" einen 17jährigen Streit auszufechten, sein Mitbruder Fray Bernardino der Sahagún mußte sein Sammelwerk in Art einer umfassenden Kosmographie, die heute als „Historia general de las cosas de Nueva España" wohl das bedeutendste Werk über Mexiko überhaupt ist, nach Spanien einsenden. In der Dreiheit der Aspekte des schier unausschöpfbaren Inhalts als „göttliche, menschliche und irdische Dinge" war Sahagún keineswegs einer der Vorläufer der heutigen Ethnologie, wie er immer wieder hingestellt wird. Das angewandte Verfahren mutet wohl überaus modern an, denn durch Befragung seiner Gewährsmänner wurde praktisch die Geistigkeit Altmexikos festgehalten, die Sprache „wie in einem Fischernetz" aufgefangen, zum Nutzen seiner Mitbrüder im Felde der Mission. Noch völlig dem Mittelalter seinen Vorbildern nach verhaftet, weist der Versuch zur Bewältigung des Neuen bereits in die Zeit der angebrochenen Renaissance.

Mit Massentaufen und Kurzpredigten kann kein Dauererfolg für Bekehrungen gegeben sein. Angesichts der wenigen Priester mußten Wege und Methoden ersonnen werden, die Kräfte zu vervielfachen. Schreibkundige heranzuziehen kostet Jahre des Aufwandes. Man ersann Wand-bilder mit Darstellungen der Verkündigungsinhalte, ebenso Systeme auf bilderschriftlicher Basis (Vgl. S. 13). Nicht nur Memorierhilfen waren es, sie ließen sich richtiggehend „lesen". So genial all die Methoden und Wege der Verkündigung waren, endete das hoffnungsvoll begonnene Werk. Es erlahmte ebenso wie die Bestrebungen zur Schaffung von Theaterstücken in Indianersprachen. Die Stagnation brachte Neuspanien-Mexiko auch um die Möglichkeiten einer eigenständigen Literatur in Eingeborenensprachen für die verschiedenen Wissensbereiche. Rund ein Jahrhundert nach der Konquista — oder ein halbes nach dem Niedergang der ersten Missiontätigkeit — verstummte Altamerika im offiziellen und im wissenschaftlichen Schrifttum. Die archivalischen Hinterlassenschaften der Zeitspanne gehören zu den spannendsten Dokumenten der Kulturbe-gegnung.

Die spanische Kolonialverwaltung bediente sich vorwiegend des Aztekischen als eingeborene Verkehrs- und Verwaltungssprache. Nicht nur aus den praktischen Gründen der Autorität und der Kontinuität wurde die aus der Metropole kommende offizielle Sprache genützt. Sie hatte über den einstigen Machtbereich des Aztekischen hinaus Verbreitung gefunden und über dialektische Zersplitterung hinweg kam ihr eine Mittlerrolle zu. Da sie im Gegensatz zu vielen Sprachgruppen keine Tonsprache war, scheint auch die leichtere Erlernbarkeit für die Spanier ihre Rolle gespielt zu haben.

In einer Dokumentensammlung mit indianischen Klagen anläßlich einer Visitation im Jahre 1565 ist ein indianischer Vornehmer mit dem spanischen Nahuatlato vor dem Vizekönig Luis de Velasco (1550-64) dargestellt. Codex Osuna, Madrid, Seite 471v.

Der Nahuatlato als Dolmetscher ist zum Synonym für den Umgang der Kolonialbehörden mit dem indianischen Bevölkerungselement geworden. Dies führte dazu, daß große Teile des offenen Landes erst im Laufe der Kolonialzeit nachhaltig aztekisiert wurden. Die kurze Zeitspanne der Eingliederung in das Aztekenreich hätte beispielsweise bei den Mixteken, den Cuicateken oder den Zapoteken nicht ausgereicht, die alten Bezeichnungen für Orte und Berge größtenteils vergessen zu lassen. Daß die verwaltungstechnischen Umbenennungen oft einfach wort- und sinngetreue Übersetzungen in die *Lingua franca* waren, läßt sich als Glücksfall für die moderne Forschung bezeichnen, nachdem sich nunmehr die Mehrzahl der erhalten gebliebenen „altmexikanischen Handschriften" als nichtaztekisch erwiesen haben und ein Eingang in ihren Inhalt nur durch Kenntnis dieser Sprachen möglich ist. Praktisch durch Rückübersetzungen lassen sich viele alte Sinnzusammenhänge erkennen und lesen. Der gemeinsame Besitz gesamtmesoamerikanischer Elemente erlaubt es bei allen Vorbehalten und Geboten der Vorsicht für unsere Beschäftigung technisch-methodisch, die uns durch die vielen erhaltenen Quellen leichter zugänglichen aztekischen Namen in Bezeichnungen fast synonym einzusetzen. Es erscheint sogar besser, aus der „eingeborenen" Kulturwelt stammende Ausdrücke zu verwenden als eine vielleicht noch so gut geprägt scheinende künstliche Terminologie.

Die mexikanische „Codex"-Literatur

Seit dem 19. Jahrhundert wurde es zum allgemeinen Gebrauch, mit „C o d e x" oder „Códice" als Begriff für „alte Handschrift" jegliche aus der Eingeborenentradition Mesoamerikas stammende schriftliche Hinterlassenschaft zu bezeichnen, seien es bilderschriftliche oder mit europäischer Schrift abgefaßte Dokumente. Die charakteristische Form einer altmexikanischen Handschrift ist das F a l t b u c h oder Leporello-Album, bei dem es sich eigentlich um eine Zickzackgeknickte Rolle handelt. In der Kolonialzeit waren auch die Begriffe „m a p a" oder „p i n t u r a" gebräuchlich, ohne daß eine Darstellung im kartographischen Sinn vorlag. In einigen Fällen besteht ein „Codex" sogar nur aus einem Einzelblatt. Eine ursprünglich ungefaltete schmale, lange Rolle (spanisch „r o l l o") heißt auch „t i r a", bestens geeignet für chronikartige Darstellungen. Wir wissen aus Berichten, daß solche Bildtafeln häufig an Wänden in den Adelswohnsitzen zur Schau standen, offenbar Schmuck und Dokument zugleich. In diesem Falle heißt man einen solchen großflächigen Wandbehang „l i e n z o", gleichermaßen ob es sich um eine Gewebebahn oder um Eingeborenenpapier handelt. Hier ist zumeist nur einseitige Bemalung gebräuchlich, während alle anderen Manuskripte in den häufigsten Fällen beidseitig beschrieben wurden.

Für die Namensgebung der Manuskripte konnten die Aufenthaltsorte (Codex Dresden), angenommene Herkunftsbestimmungen (Códice de Tlaltelolco), frühere Besitzer (Codex Boturini, Codex Borgia, Codex Cospi), Entdecker (Codex Nuttall), Erstbearbeiter (Codex Tudela) oder politisch bedingte Ehrenwidmungen (Codex Porfirio Díaz) maßgeblich sein; selbst Diebstähle und Plünderungen wie illegale Verbringungen fanden heroische Dokumentation in den Benennungen; der Codexbesitz verleiht einer Sammlung entsprechend Glanz.

Vornehmstes Schreibmaterial war Hirschhaut, allerdings nicht in der Art präpariert wie das europäische Pergament. Bei der Zurichtung der Membran durch Schaben und Glätten dürfte etwas Öl Verwendung gefunden haben, wofür der leichte gelbliche Farbton spricht. Das Gerbemittel wirkte sich auf Teile der Flächen ungünstig aus, weil es diese weich werden ließ und dort ihre gestuckte Oberflächenschicht leicht abbröckelt, zudem scheuern bei der geringsten Bewegung die Seiten aneinander. Einzelne Hautstücke wurden sorgfältig überlappend geklebt. So besteht der Codex Borgia bei einer Länge von rund 10 Metern aus vierzehn, der 7,25 Meter lange Codex Vaticanus 3773 aus zehn Streifen. Der am häufigsten verwendete Klebestoff wurde aus Orchideenarten gewonnen, auf aztekisch *Tzacuhtli* genannt, volkstümlich auch als „Fledermausmist" bezeichnet. Die Außenseiten der Handschriften erhielten zum Schutz oft Holzdeckel aufgesetzt, in die als Schmuck oder Benützungshinweis für die Vorder- oder Rückseite Steininkrustationen eingelassen waren. Mikroskopische und chemische Untersuchungen stehen leider noch ebenso aus, wie die Stuckschichte des Schreibgrundes und die verwendeten Farben bisher hauptsächlich durch optischen Befund festgestellt wurden. Lediglich die im 19. Jahrhundert vorgenommenen Rasuren durch einen indianischen Besitzer beim Codex Becker 1 (Wien) lockten zu Probenbestimmungen.

Der die Seiten überdeckende Untergrund wird unbedacht analog zur aus der Wandmalerei bekannten Freskotechnik als „gekalkt" bezeichnet. Richtigerweise handelt es sich um eine mehr oder weniger dicke Gipsauflage mit geringen Verunreinigungen durch Eisenoxyde. Dem strahlenden Hellton des Codex Borgia steht das vergilbte Bindemittel des Codex Cospi gegenüber. Die Zeichnungen sind durch satte Schwarzstriche markant geprägt. Ruß fand Verwendung, der durch den aufgelösten Untergrund manchmal als Grauton erscheint. Von Strahlendweiß über unreine Weißtöne und Grauwerte reicht die Palette bis zu fast absolutem Schwarz. Gelb, Rot, Rosa, Braun, Grün, Blau und Violett sind die Grundfarbwerte. Gelb ist sicher ein organischer Farbstoff aus vielfach harziger Basis. Oft spielen Gelbtöne direkt in Braunwerte über, nicht selten untrennbar in der beabsichtigten Verwendung übergreifend. Gelbrot ist die als das eigentliche Rot empfundene Farbe, neben der Purpur steht, aus rotem Ocker mit Cochenille-Zugaben gewonnen. Rosa entsteht so wie die Grautöne durch Weißbeimengungen. Neben dem dünkleren Blau der mexikanischen Handschriften steht das sogenannte Maya-Blau. Olivgrüne Töne entstanden nicht durch Blau/Gelb-Mischungen, sondern durch solche von Gelb/Schwarz. Neben dem Olivgrün kann stumpfes Blaugrün stehen. Das ursprüngliche Grün hat sich verschiedentlich zu Braun verwandelt. Mehr als Türkisstaub werden Kupferverbindungen die Grundlage der Farbe abgegeben haben. Grün und Blau scheinen überhaupt überschreitender Ikonographie gemäß häufig in farb-synonymer Verwendung. Brauntöne und Blau greifen beispielsweise im Codex Vaticanus 3773 überaus schlecht in ihrer Verbindung mit dem Untergrund, während sich Rottöne richtiggehend in das Leder verbissen haben.

Hinsichtlich der Farbenharmonie gilt die Seite 50 des Codex Dresden, die den Maisgott im Disput mit dem Tod zeigt, als vom ästhetischen Eindruck her zum bedeutendsten in der präkolumbischen Kunst zu gehören. Kunsthistorische Aussagen werden immer noch nach Schwarzweiß-Vorlagen und auf solchen basierenden kolorierten Drucken getroffen. Die beiden Förstemann-Editionen des Codex Dresden bilden wohl eine Pionierleistung in der Wiedergabetechnik, die Farben beruhen jedoch technisch bedingt auf manuell erstellten Auszügen. Durch die dem Original 1945 zugefügten argen Beschädigungen sind die alten Ausgaben unerläßliche Basis jeglicher Untersuchung, für Schlußfolgerungen hinsichtlich der Farbenkombinationen aber sind sie mangelhafte bis irreführende Unterlagen.[14]

Schon die ersten Kontakte mit den Schriftwerken der Neuen Welt ergaben in Europa ein schwieriges Problem. Wo beginnt die Lesung eines unlesbaren Buches? Die mexikanische Handschrift, welche heute als Codex Vindobonensis Mexicanus 1 eines der wichtigsten historischen Dokumente aus Altmexiko überhaupt darstellt, schlug der inventarisierende Bibliothekar im 17. Jahrhundert wie ein europäisches Buch links auf und nahm die Paginierung vor. So läuft

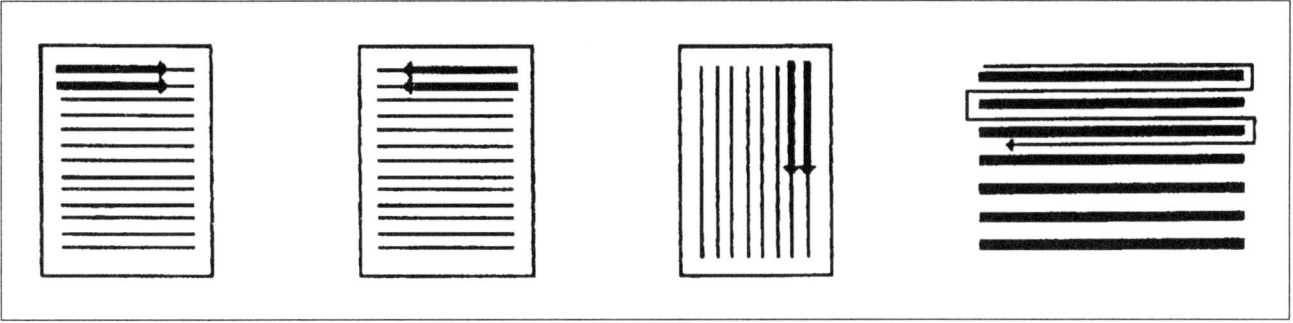

Im Unterschied zu unserer Schreibart mit von **links nach rechts** laufenden Zeilen sind die orientalischen Schriften von **rechts nach links** zu lesen.

Bei ostasiatischen Schriftsystemen verläuft die Leserichtung von **oben nach unten** und von **rechts nach links**. Alte Schreibweisen waren auch **bustrophedon** - wie man mit dem Ochsen pflügt.

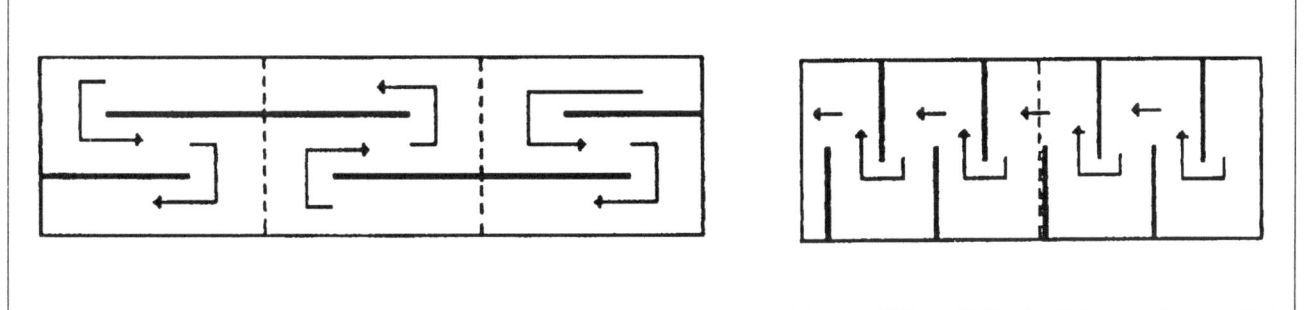

Im vorkolumbischen Mesoamerika schrieb man auf großen Wandbehängen oder auf leporelloartig gefalteten Rollen.

Durch Trennungsstiche ist die Leserichtung erkennbar: in beliebiger Weise entweder von **links nach rechts** und von **oben nach unten** (oder umgekehrt).

die Numerierung der Seiten heute gegen die erkannte Leserichtung: der „Prolog im Himmel" steht rechts auf Seite 52 (Vgl. **112**). Ähnliche Schwierigkeiten bereitete es Aglio und Lord Kingsborough, die Seitenfolge zu bestimmen. Ohne Seitenkonkordanzen stünden wir mit den „Kingsborough'schen Zählungen" in einem heillosen Durcheinander.

Trennungsstriche markieren den Lauf der Erzählungen oder die Abfolge tabellarischer Darstellungen. Die Richtungen können von vorne nach hinten oder umgekehrt verlaufen, sie sind auch an- und absteigend möglich. Durch die Blickrichtung der agierenden Gestalten haben wir zudem Hinweise gegeben. Da es sich um Rollen handelt, kann der Lauf der Handlung auch von unten nach oben geschildert sein. Knoten an den Trennungslinien lenken den Lesefluß wie Leitschienen. Die Episode von der wehrhaften Braut im Codex Selden gibt ein Beispiel hierfür (Vgl. S. 178ff). Wie sehr das Denken in Rollenform die Handschriftentexte beherrscht, können wir aus den Sammelhandschriften ersehen, wo ungleichlange Passagen jeweils zu Ende laufen. Die Übertragung alter Manuskripte von der Rollenform in den umgebrochenen Seitenspiegel europäischer Bücher zeigt der Vergleich einer Seite der sogenannten „Matrícula de Tributos", ein auf Amate-Papier geschriebenes Dokument, das bereits die Anordnung eines europäisch geschriebenen Buches hat. Wie verloren stehen die Ortshieroglyphen an den Rand gesetzt (Vgl. S. 192, **134**).

Die flächige Wiedergabe und die überproportional großen Köpfe als Aussagenträger werden im Vergleich mit frühkolonialen Darstellungen besonders deutlich (Danzante von Monte Alban, mixtekischer Codexstil und Codex Durán).

Unter den rund 500 „Codices", zu denen noch einmal so viele Quellen anderer Art kommen, sind als die wichtigsten zunächst folgende aufzuzählen:

Kalendarisch-religiöse Hss.
CODEX BORGIA - GRUPPE
  Codex Borgia (Vatican)
  Codex Vaticanus 3773 (Vatican)
  Codex Cospi (Bologna)
  Codex Fejérváry-Mayer (Liverpool)
  Codex Laud (Oxford)
  Codex Porfirio Díaz (Mexiko)
  Fonds Mexicain 20 (Paris) [Einzelblatt]

Theken / Sammlungen
  Tonalamatl Aubin (Paris, dzt. Mexiko)
  Codex Borbonicus (Paris)
  Codex Telleriano-Remensis (Paris)
  Codex Vaticanus 3738 (Vatican)
  Codex Mendoza (Oxford)
  Matricula de Tributos (Mexiko)
  Codex Magliabechiano-Gruppe
  Codex Durán-Gruppe

Mythisch-historische Hss.
CODEX VINDOBONENSIS -GRUPPE
  Codex Vindobonensis Mexic.1 (Wien)
  Codex Nuttall (London)
  Codex Bodley 2858 (Oxford)
  Codex Selden 3135 [A.2] (Oxford)
  Codex Becker 1 (Wien)
  Codex Columbinus (Mexiko)
  Selden Roll (Oxford)
  Codex Egerton (London)

Maya - Handschriften
  Codex Dresdensis (Dresden)
  Codex Tro-Cortesianus (Madrid)
  Codex Peresianus (Paris)

Verschiedene
  Lienzos, Rollos, Historias
          und Einzelblätter

Baron Eiseles „Kreuz- und Querzüge durch Deutschland" in der Zeitschrift „Fliegende Blätter" brachten in der Zeit um 1848 neben bemerkenswerten Sonderheiten sozial- und gesellschaftskritische Bemerkungen an. Zu den köstlichsten Beiträgen gehört die Darstellung „mit der letzten Hieroglyphenschrift Europas" in Gestalt des steirischen „Mandlkalenders". Die Prognosen gleichen den mantischen Vorhersagen in Mexiko; die europäische Kalenderliteratur besitzt noch weiter erstaunliche Gleichartigkeiten. Solche Prognosen sind bis weit in das 17. Jahrhundert häufig gedruckt worden – das steirische Beispiel überdauerte bis heute und erfreut sich wachsender Beliebtheit als Kuriosum, wie der unbeirrbare Glaube an den „100jährigen Kalender".

Des Herrn Barons Beifele und feines Hofmeifters Dr Eifele
Kreuz- und Querzüge durch Deutschland.
(Fortſetzung.)
Graz.

G l a c i s.

„Herr Doctor, dürfen denn die Kinder und Leute ſo in der Reitſchule herum laufen?“

„Das iſt keine Reitſchule, ſondern ein Vergnügungsort für Spaziergänger und Kinder, die Reiter nur ſind obligat.“

„Da ſehen Sie her, Herr Doctor, iſt Ihnen im Leben ſchon ſo etwas vorgekommen?“ —

„Das iſt ein Steyeriſcher Kalender, junger Freund. Steyer iſt das einzige Land in Europa, wo ſich die Hieroglyphenſchrift bis auf unſere Tage erhalten hat. In dieſer Hieroglyphenſchrift ſteht ein Witterungsbericht ſo aus:

Es war an einem △ ☉ ſchien 8 man durfte ✳ hoffen, allein nach Mittag wurde es ⌂ und 🜨 und bald kam ⚡ und heftigem ▤ worauf es ſo 🖐 wurde, daß ſogar ▯ fiel, aber bald war es wieder ⊕

das heißt auf deutſch:

Es war an einem F e i e r t a g e, die Sonne ſchien warm, ſchön und angenehm, man durfte anhaltende Witterung hoffen, allein nach Mittag wurde es neblig und windig und bald kam ein Gewitter mit Donner und Blitz und heftigem Regen, worauf es ſo kalt wurde, daß ſogar Schnee fiel, aber bald ward es wieder hell und temperirt.“

Zum Inhalt religiös-kalendarischer Handschriften

Das Verständnis mexikanischer Bilderhandschriften erfordert einige grundlegende Kenntnisse des mesoamerikanischen Kalenders, der uns nicht nur in der Art der Namensschreibung entgegentritt, sondern auch in den wiedergegebenen religiösen Festen und den rituell - mantischen priesterlichen Zeitdeutungen und Prophezeiungen.

Über die Funktionsweise des Kalenders sind wir durch eine Reihe von Berichten zeitgenössischer Chronisten unterrichtet. Allgemein in Verwendung war ein 260-tägiger Ritualkalender, der in Nahuatl T o n a l p o h u a l l i (Tageszählung) hieß. Solche heilige Jahre laufen ohne Unterbrechung durch die Zeit. Als T o n a l a m a t l oder „Buch der guten und der bösen Tage" bestanden Nachschlagbehelfe zu den Vorhersagen. Das System bestand in der Verbindung von 1 3 Z a h l e n mit 2 0 T a g e s z e i c h e n . Ihnen kommt durch deren eigenen Charakter und die Einwirkung der Patronatsgötter jeweils eine unterschiedliche Wertung zu, die „gut", „böse" oder „indifferent" sein konnte. Da auch die Zahlenwerte entsprechend „positiv" oder „negativ" bestimmt galten, reichte die Palette von „extrem gut" bis „außerordentlich schlecht".

Die Anzahl von „20" dürfte auf das in Mesoamerika allgemein gebräuchliche Zwanziger- oder Vigesimalsystem zurückgehen. Eine 13er-Reihe scheint vielleicht noch älter zu sein. Sie fand möglicherweise mit "sieben" zur neuen Einheit Ergänzung. Nach Veytia wären zwei 13tägige Perioden zusammengenommen als ein Mondzyklus gesehen worden.

Zahl und Tagesname waren untrennbar. Es gab also kein „1" und kein „Krokodil", sondern nur einen Tag „1 Krokodil", dem dann „2 Wind", „3 Haus" usw. folgten. Auf den Tag „13 Rohr" muß daher die Zahlenreihe neu beginnen und der 14. Tag wieder „1 Jaguar" heißen, der 21. Tag in Weiterführung der Tagesreihe „8 Krokodil". Nach 13 x 20 Tagen ist somit mit dem 261. Tag die Ausgangsstellung erreicht; der Tag heißt wieder „1 Krokodil".

1578 schrieb Juan de Córdova seine *„Arte en lengua Zapoteca"* nieder. Sie sollte Missionszwecken dienlich sein, weshalb sie eingehend auf die Vorstellungswelt der zu Missionierenden einzugehen hatte, weil mit Sprachkenntnissen allein viele Gesprächsinhalte unverständlich wären. Seine Aussagen sind ein treffender Beleg für die Anschauungen, die in den alten Handschriften bildlich dargestellt sind.

Nach dem 260tägigen Zyklus werden geregelt [15]:

Die **Namen der Kinder**. Der Tag der Geburt eines Kindes ergab den K a l e n d e r n a m e n , der den Menschen sein Leben lang begleitete. Die beiden vorhergehenden und nachfolgenden Tage galten als Vorzeichen besonders wichtig und wurden bei der Vorhersage des künftigen Geschickes entsprechend berücksichtigt. Zusätzlich numerierte man – ähnlich wie im alten Rom – die Kinder, wobei jene Zahlwörter benützt wurden, die beim Zählen mit den Fingern üblich gewesen zu sein scheinen (Vgl. S. 41 und 159).

Die **Heirat.** Kalendernamen des jungen Paares wurden zusammengezählt und mit Hilfe von Bohnen verschiedene Vorhersagen getroffen über ein glückliche, das heißt kinderreiche Ehe. Kinderlosigkeit konnte zur Scheidung führen (Vgl. S. 157).

Die **Auslegung der Vorzeichen.** Wie Tiere, besonders Schlange, Eulen und Tagvögel, dann Eichhörnchen und Skorpione, als Götterboten Nachrichten verkünden, achtete man auf Spinnenfäden und Geräusche, deren Ursache nicht ergründbar war. Kreuzwege, hohe Bäume wie Finsternisse erschienen als Ereignis und Ort wichtiger Ankündigungen (Vgl. S. 73).

Die **Traumdeutung.** Als wichtig galt der Tag des geschauten Traumgesichtes (Vgl. S. 41).

Die **Krankenbehandlung.** Diagnose und Heilmittel richten sich nach dem Anfangstag der Erkrankung (Vgl. S. 49).

Prognosen für alle Unternehmungen. Alle Vorhaben haben sich nach günstigen oder ungünstigen Prognosen zu richten, wobei magischen Heilmitteln große Bedeutung zukam, so Opferspenden, Blutentziehung und dem Wachtelopfer; Sonnenfinsternissen konnte man mit Krieg begegnen, wie sich das Opfern von Zwergen anbot (Vgl. S. 57).

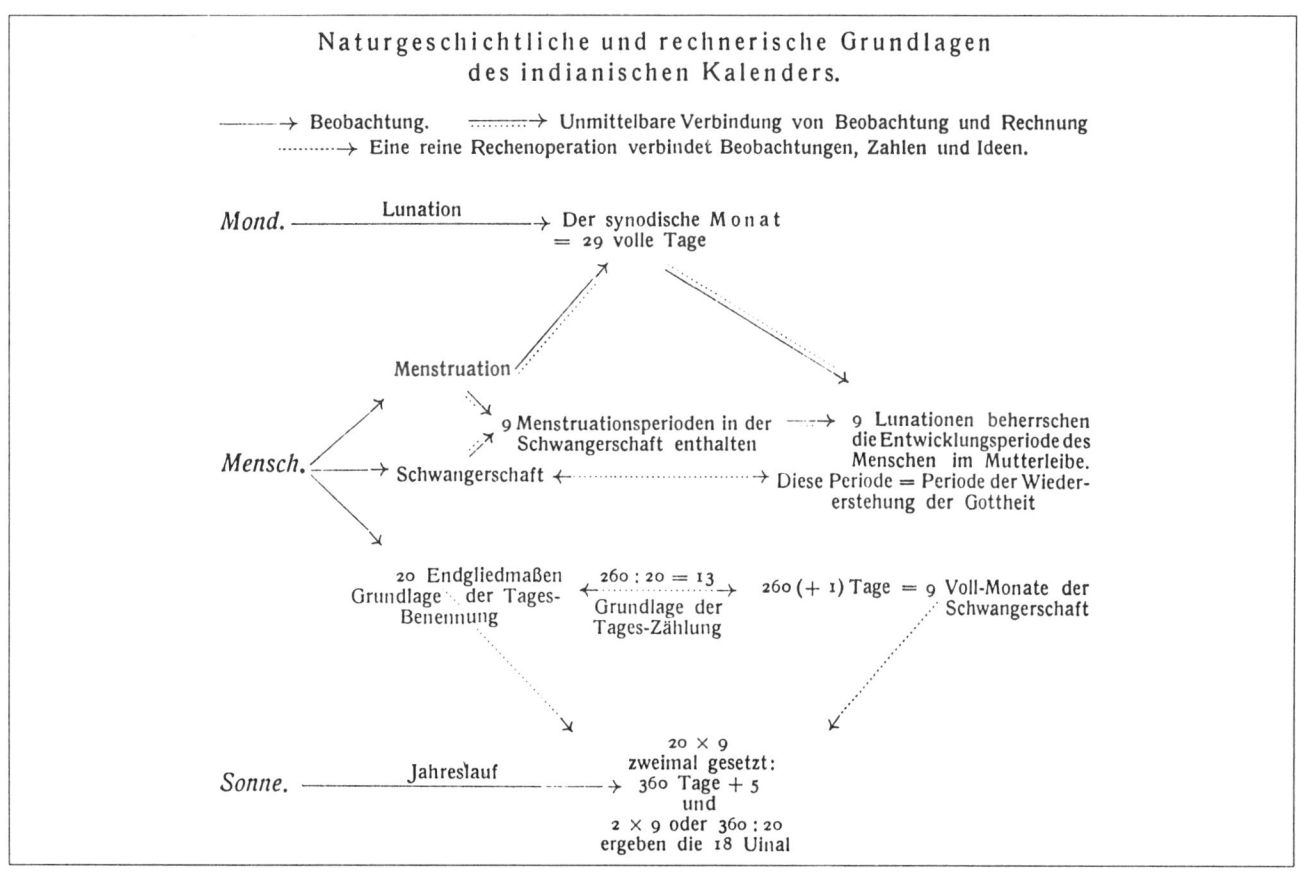

Den Versuch einer Erklärung des 260tägigen Kalenderzyklus gibt Schultze Jena auf der Grundlage angestellter Befragungen bei Gewährsleuten vor allem bei den Quiché im Umkreis von Chichicastenango. Die Graphik mit aufgezeigten Beobachtungen und den daraus gezogenen Folgerungen sei kommentarlos wiedergegeben. Sie zeigt die Schwierigkeiten auf, wenn Deutungsversuche bei einer so heiklen Materie vorgenommen werden (aus: Indiana I [1933], S. 38).

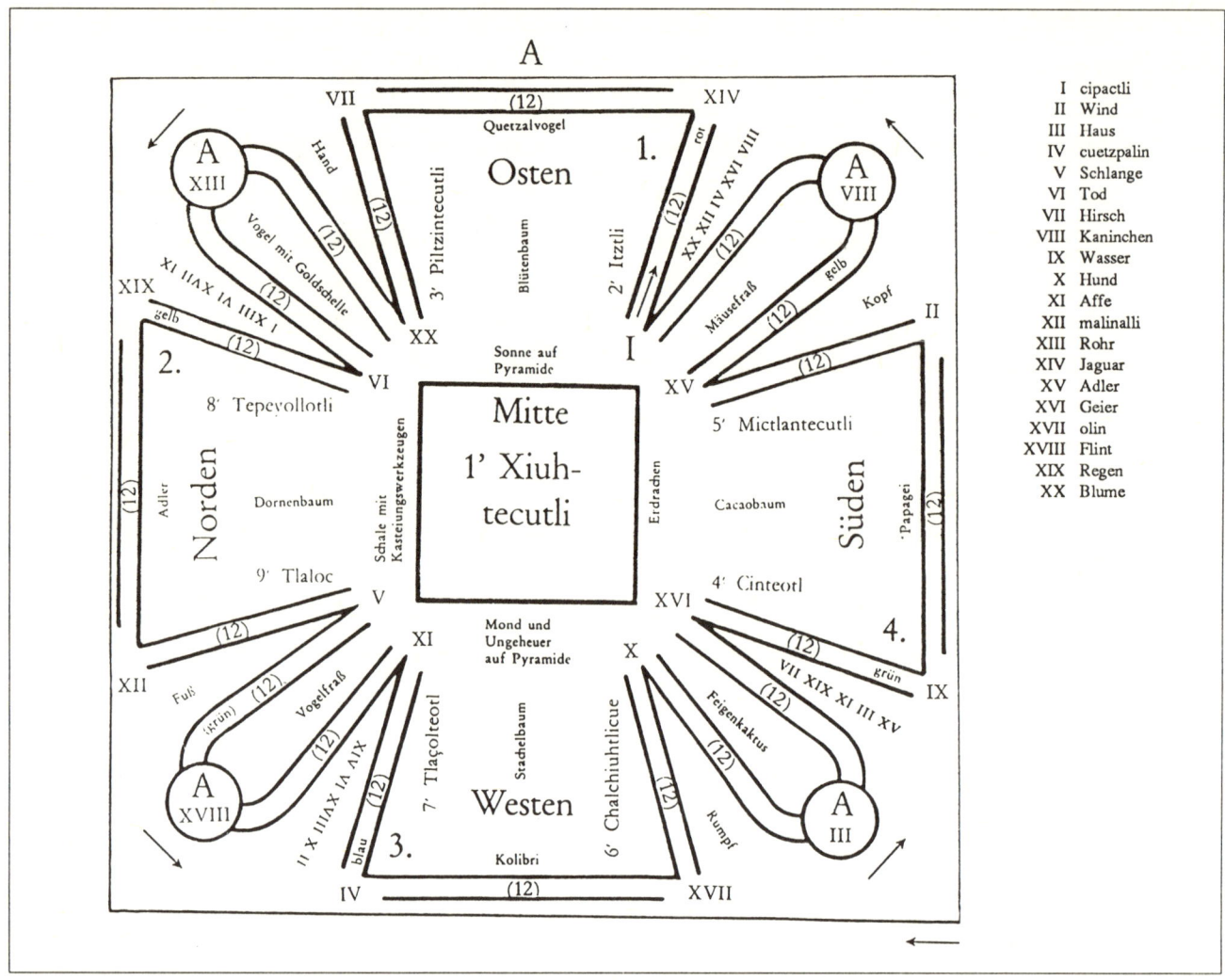

The figure contains the following labels:

A

VII (12) XIV
Quetzalvogel

Osten 1.

A XIII

Hand

Vogel mit Goldschelle (12) (12) Piltzintecutli 3'

Itztli 2' rot

XX XII IV XVI VIII (12)

A VIII

Mäusefraß (12) gelb

XIX XI XVIII XVI XIV XII I gelb XX

2.

8' Tepeyollotli VI Sonne auf Pyramide I Kopf II

Adler (12) Norden Dornenbaum Mitte 1' Xiuh-tecutli 5' Mictlantecutli (12) Papagei XV (12)

Schale mit Kasteiungswerkzeugen Erdrachen Cacaobaum Süden (12)

9' Tlaloc V Mond und Ungeheuer auf Pyramide 4' Cinteotl XVI 4.

XII Fuß (grün) (12) XI X grün IX

Vogelfraß (12) VII XIX XI III XV

II X XVIII VI XIV 7' Tlaçolteotl Stachelbaum Westen 6' Chalchiuhtlicue Feigenkaktus (12)

A XVIII blau 3. Kolibri Rumpf A III

IV (12) XVII

Daneben die Tabelle:

I cipactli
II Wind
III Haus
IV cuetzpalin
V Schlange
VI Tod
VII Hirsch
VIII Kaninchen
IX Wasser
X Hund
XI Affe
XII malinalli
XIII Rohr
XIV Jaguar
XV Adler
XVI Geier
XVII olin
XVIII Flint
XIX Regen
XX Blume

Die graphische Umzeichnung der Seite 1 des Codex Fejérváry-Mayer stammt aus dem zum Standardwerk der Auseinandersetzung mit den kalendarisch-religiösen Handschriften Mesoamerikas gewordenen „Tlacuilolli" von Karl Anton Nowotny (Berlin 1961). Die Komplexität des Inhalts, vermehrt durch viele Voraussetzungen verlangende Angaben, erschweren die Benützung beträchtlich.

28 Codex Fejérváry-Mayer, S. 1, gehört zu den bekanntesten Seiten aus der altmexikanischen Literatur. Sie stellt ein Weltbild dar, im Zusammenhang mit dem 260tägigen Sakraljahr und den neun Herren der Nacht gesehen. Möglicherweise ist als Konzept auch eine Zeremonie zugrundegelegt (Vgl. den ausführlichen Kommentar S. 152f).

29 Codex Madrid, S. 75/76. Das Bild gibt eine Parallele wieder und enthält gleichzeitig Abweichungen. So sind statt der Weltenbäume Opferhandlungen zu sehen; im Zentrum ist ein Paar dargestellt, die Anordnung der Himmelsrichtungen läuft nach der anderen Richtung.

30,31 Codex Vaticanus 3738, S. 12v, und Codex Telleriano Remensis, S. 19v, 20. Bildproben von zwei Trecenas: 1 [Tonacatecuhtli] bzw. 16 [Xolotl] (Vgl. S. 49ff).

32,33 Codex Vaticanus 3773, S. 87/88 mit Darstellung der ersten 6 Tageszeichen (von rechts nach links) mit ihren Patronen und mantischen Beizeichen.

34 Codex Cospi, S. 5 (6 rechts angeschnitten). Die Tafel setzt auf der Seite 41 unten ein; es ist der dritte Abschnitt der 13 Tage-Folge im 260tägigen Jahr. Die Tageszeichen werden von den Patronatsgottheiten der 9er-Reihe („Neun Herren", Vgl. S. 68) begleitet.

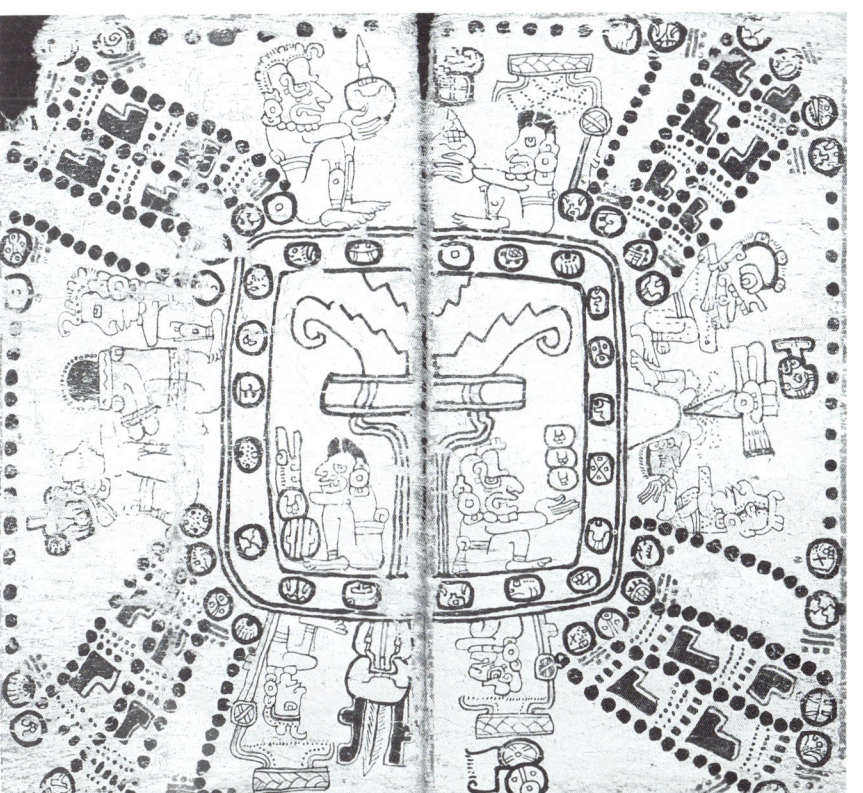

28

29

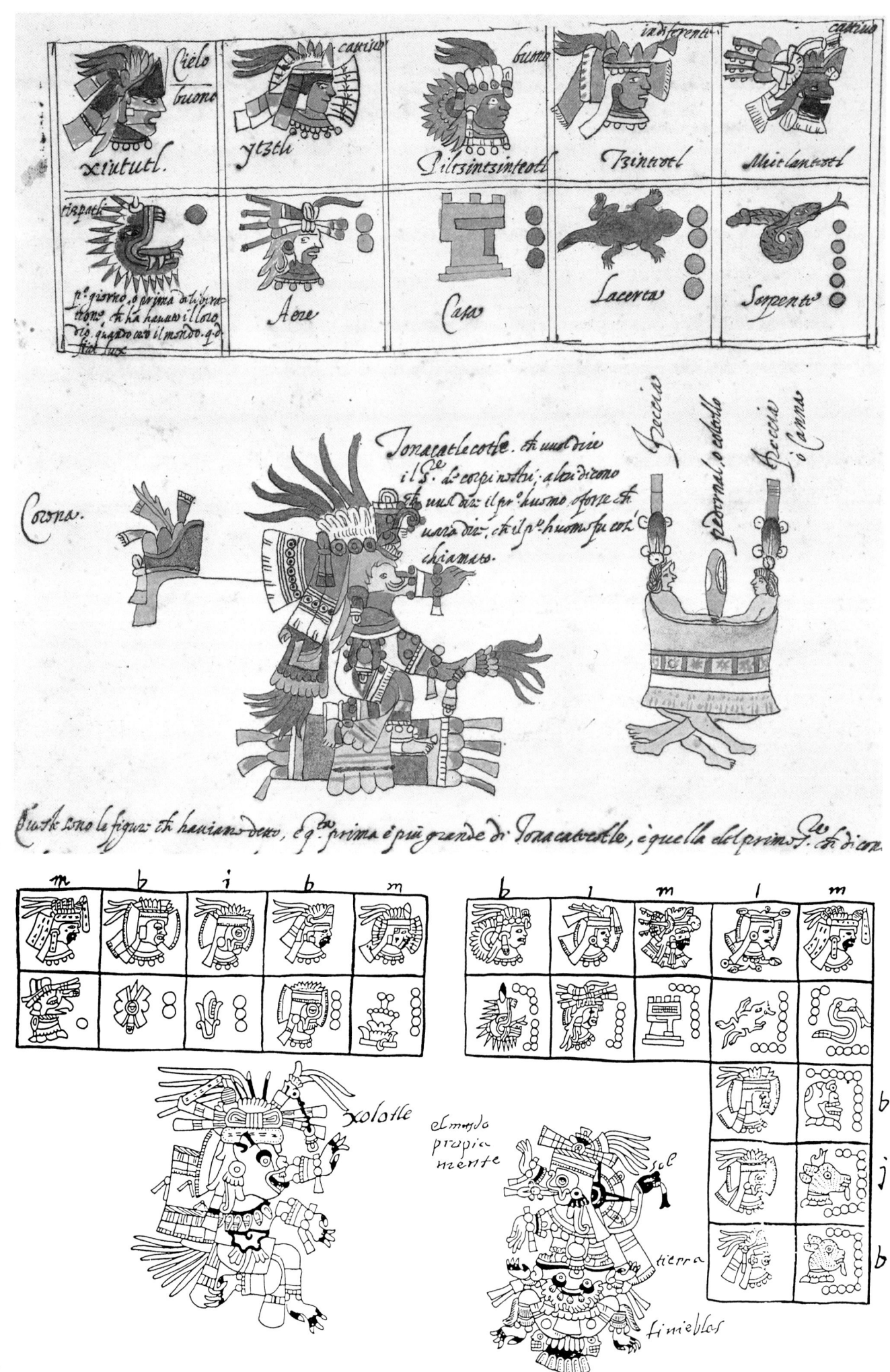

32

33

34

Das Tonalli: Tag und Charakter

Jeder Tag besitzt in altindianischer Sicht einen vielfachen mantischen Wert. Er gilt in seinem Charakter grundsätzlich als zweideutig, widersprüchlich und unbestimmt. Einbezogen in ein komplexes Netz von auf psychologischen Erfahrungen beruhenden Zusammenhängen, steht er vielfältig verwoben mit der Welt der Mythen. Die Abfolge der Tage im Kalender ist immer noch allgemein bekannt, zum Eindringen in den Symbolgehalt bedarf es aber des mantischen Wissens, das in alter Zeit Privileg von Spezialisten war, den „Tageszählern", aztekisch *Tonalpouhqui*. Ihre Aufgabe besteht darin, die in einem allgemein gültigen Modell stehenden Ereignisse zu interpretieren und bestimmte Tendenzen herauszulesen. Hintergrundkenntnisse stehen neben Aufgeschlossenheit, um die vielfach geschichtete, absurd scheinende Wirklichkeit zu erfassen.

Elemente aus Natur und Kultur stellen die Tage dar. Den jeweils beigemessenen Wert bestimmen die in ihrem Namen vorgegebenen Wesenszüge. Auch Patronatsgottheiten üben großen Einfluß aus. Unser Wissen beruht hauptsächlich auf Angaben von Durán, Sahagún und Serna, wie auf solchen des Codex Vaticanus 3738; Ergänzung und Bestätigung finden sie bis in rezente Zeit.

In üblicher Anordnung wurde ein vollständig wiedergegebenes Tonalpohualli in fünf horizontalen Bändern von jeweils vier 13tägigen Perioden dargestellt, also von 52 Tagen. Neben der gezeichneten Abfolge der Tage können Patronatsgottheiten angegeben sein. Im abgebildeten Codex Cospi verläuft sie von links nach rechts und wird von den „Neun Herren der Nacht" (besprochen ab S. 67) durch die Zeiten begleitet. Der gezeigte Ausschnitt aus der Seite 5 (34) setzt bei uns links unten an. Weil kosmomagische Zuordnungen Tage und Kalenderabschnitte mit den Himmelsrichtungen in Beziehung setzen, erhalten wir 52 vertikale „Tagessäulen" von je fünf Zeichen. Sie bilden die Grundlage für Periodisierungen und mantische Zuordnungen. In abgekürzter Schreibung treten uns solche Gruppierungen immer wieder entgegen. Ihre „Lesung" scheint uns zunächst fremd, weil sie ungewohnt ist. Sie gehorcht einer innewohnenden Automatik, die nicht komplizierter ist als der uns einigermaßen vertraute Kalender, von dem wir im alltäglichen Gebrauch nicht alle Einzelheiten nützen. Auf den folgenden Seiten werden die Tage mit ihren Namen in aztekisch, mixtekisch und yukatekischem Maya angeführt, wie ihre erwarteten Auswirkungen und die Patrone beschrieben.

Cospi 5 (**34**)

| 1 | 2 | 3 | 4 | 5 | 6 | 7 | 8 | 9 | 10 | 11 | 12 | 13 | 1 | 2 | 3 | 4 | 5 | 6 | 7 | 8 | 9 | 10 | 11 | 12 | 13 |

1 Krokodil
Lagarto
azt. **cipactli**
mix. **quehui**
(yuc. **imix**)

Krokodilskopf mit verkümmertem oder zur Volute reduziertem Unterkiefer, großen Zähnen und haifischartigen Zügen.
Aspekte: **Erde, Überfluß, Wachstum, Höhlen, Urzeit, Schöpfung, hohes Lebensalter.**
Symbol des Anfangs und des Ursprungs; bei den Maya und den Mixteken Bezug zum Mittelpunkt. Das Maya-Zeichen „Wasserlilie" hat dieselbe Bedeutung.
Patron: „Herr unseres Fleisches", Schöpfergott, Gott der Lebensmittel und der Nahrung.

Tonacatecutli

2 Wind
Viento
azt. **ehecatl**
mix. **chi**
(yuc. **ik**)

Schnabelmaske oder Gesicht des **Windgottes.**
Aspekte: das **Wechselhafte** und das **Vorübergehende.**
Patron: Die „**Gefiederte Schlange**" ist eine Metapher für den Wirbelwind (aztekisch „*Ehecatl*").
Der Windgott ist die Gottheit der Priesterschaft, des Fastens und der Kasteiung; er kann auch als Schöpfergott auftreten. Mit dem Gott Xolotl bildet er ein Zwillingspaar. Er gilt als der Wegbereiter des Regens.

Quetzalcoatl

3 Haus
Casa
azt. **calli**
mix. **cuau**
(yuc. **akbal**)

Steinerner **Tempel** oder **Palast** mit Strohdach, im Querschnitt wiedergegeben.
Aspekte: das **häusliche Leben** in Ruhe und Sicherheit, das auch Sterilität mit sich bringen kann. Verborgenheit, Dunkelheit, Intrigen. Das Maya-Zeichen heißt ebenfalls „Dunkelheit".
Patron: „Herz des Berges", Höhlen- und **Jaguargott**, gleichzeitig Herr der Tiere, des Echo und des Erdbebens, wie der Dunkelheit und der Nacht, als deren Symbol das dunkelgefleckte Fell gilt.

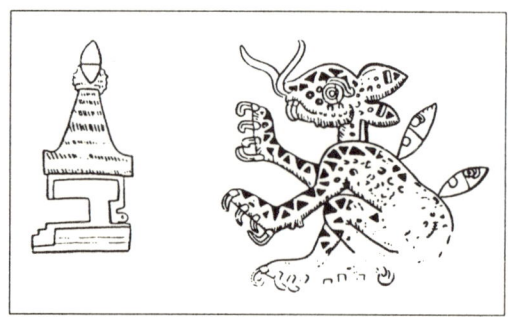

Tepeyollotli

4 Eidechse
Lagartija
azt. **cuetzpallin**
mix. **quu**
(yuc. **kan**)

Die rot-blau gefärbte **Eidechse** wird mit menschlichen Gliedmaßen dargestellt.
Aspekte: **Überfluß** - weil das Tier problemlos Nahrung findet- und **Unruhe;** die **Nacktheit.**
Bei den Maya erscheint das Tageszeichen **Maiskorn** als Bezeichnung für „tägliches Brot".
Patron: der „**alte Coyote**" ist der Gott des Zwiespaltes und des Konfliktes, der die Menschen zugrunde richtet und ihnen ihre erworbenen Reichtümer wieder rauben kann.

Huehuecoyotl

5 Schlange
Serpiente
azt. **coatl**
mix. **yo**
(yuc. **chicchan**)

Schlangenkopf mit Zähnen und gespaltener Zunge; auch Vollfiguren kommen vor.
Aspekte: **Nacktheit, Sexualität,** auch **Armut,** weil das Tier keine Wohnung besitzt.
Ungeheure Schlangen in den vier Himmelsrichtungen verursachen Donner und Blitz. Das Maya-Zeichen gibt eine solche Schlange wieder.
Patronin: „**Die mit dem Edelsteinrock**", die Göttin der Flüsse und Seen. Sie gilt als die Schwester des Regengottes.

Chalchiuhtlicue

6 Tod
Muerte
azt. **miquiztli**
mix. **mahu**
(yuc. **cimi**)

Statt dem **Totenschädel** wird oft lediglich ein Unterkiefer wiedergegeben.
Aspekte: kurzes, **trauriges Leben,** Angst und Furcht, der **Tod,** wie die durch Unterernährung verursachte Schwäche; schlechtes Gedächtnis.
Patronin: „**Die aus dem Lande der Meerschnecke**" hat als Mondgöttin Bezug zur Nacht; die Gottheit kann auch in männlicher Gestalt auftreten. Die auf dem Kopf getragene Muschel symbolisiert Fruchtbarkeit und Schwangerschaft.

Teccistecatl

7 Hirsch
Venado
azt. **mazatl**
mix. **cuaa**
(yuc. **manik**)

Statt dem **Hirschkopf** oft lediglich ein Geweih oder ein Lauf dargestellt.
Aspekte: **Leben im** wilden **Bergland,** weite **Reisen; Furcht** und **Nervosität.** Problemlose Ernährung. Tier der **Sonne** und Symbol der **Dürre.**
Neben dem Mayazeichen „Hand" (*manik*) tritt auch „Tier" (*ceh*) auf; es scheint so viel wie „schnell" und „Treiben des Windes" zu bedeuten.
Patron: „**Der in der Erde Wohnende**", der Blitz und Regengott, vom Hirsch gefürchtet.

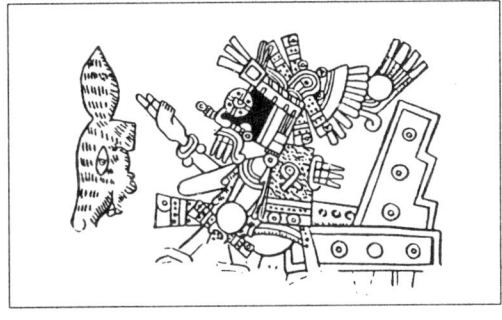

Tlaloc

8 Kaninchen
Conejo
azt. **tochtli**
mix. **sayu**
(yuc. **lamat**)

Kaninchenkopf mit langen Ohren und Nagerzähnen.
Aspekte: **Leben im** wilden **Bergland,** Tier des Mondes, Bezug zu **Fruchtbarkeit** und Pulque als **Rauschtrank.** Die Pulquegötter heißen die „400 Kaninchen": „unendlich" viel, vergleichbar mit unseren zahlreichen Weinsorten. Das Maya-Zeichen „Venus" spielt auch auf Trunkenheit an.
Patronin: **Göttin der Agave,** der Magueypflanze, aus der Pulque gewonnen wird.

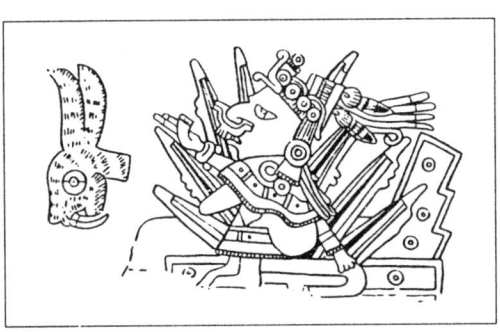

Mayahuel

9 Wasser
Agua
azt. **atl**
mix. **tuta**
(yuc. **muluc**)

Ein ausgegossenes Gefäß mit **Wasser** kann auch belebt sein als gefiederter Kopf oder stilisiertes Reptil.
Aspekte: **Vergänglichkeit**, flüchtiges Vorbeigehen, **kurzes, instabiles Leben**. Bezug zu **Jade** als kostbarer Grünstein.
Patron: der „**Herr des Jahres**", der **Feuergott**. Konträre Elemente wirken zusammen: Wasserwirbel gleichen Feuerzungen, „Feuer und Wasser" ist eine Metapher für „Krieg", Feuer bedeutet auch den Herd als das Zentrum häuslichen Lebens.

Xiuhtecutli

10 Hund
Perro
azt. **izcuintli**
mix. **hua**
(yuc. **oc**)

Hundekopf, hier mit gestutzten Ohren, manchmal wird nur ein beschnittenes Hundeohr dargestellt.
Aspekte: **Treue**, auch schamlose **Sexualität** und Fruchtbarkeit. Ein Hund begleitet die Seele seines toten Herrn über den Fluß an der Grenze zur Unterwelt. Das Tier erscheint auch als Bringer des Feuers und kann bei den Maya den Blitz personifizieren.
Patron: der „**Herr von Mictlan**", des „Totenreiches", der **Totengott**.

Mictlantecutli

11 Affe
Mono
azt. **ozomatli**
mix. **ñuu**
(yuc. **chuen**)

Affenkopf mit Ohrschmuck. Charakteristisch ist das runzelige Gesicht und die Felldarstellung.
Aspekte: **Freude** und **Freundschaft**, **Spiel** und **Kunst**, **Luxus** und **Faulheit** des Wohlhabenden.
Patron: Der „**Blumenprinz**" als Schutzherr der Künste und Spiele macht seine Schutzbefohlenen zu vielfach begabten Sängern, Malern oder Künstlern. Im Popol Vuh überlisten die Heroen ihre als Meister in den Künsten hervortretenden Rivalen und verwandeln sie in Affen.

Xochipilli

12 Gras
Hierba
azt. **malinalli**
mix. **cuañe**
(yuc. **eb**)

Aus einem **Totenunterkiefer** wächst „Besenkraut", dessen Gras zu Stricken geflochten wird, deshalb steht die Bezeichnung „**Gedrehtes**"; bei vielen Völkern heißt das Zeichen „**Zahn**".
Aspekte: **Austrocknung** und wieder zum Leben kommen, rasch vergehender **Überfluß**. Gras und Tod stehen miteinander in Verbindung.
Patron: Der Gott des **Rauschtrank**es; der halbmondförmige Nasenschmuck weist ihn als Pulquegott aus. Trunkenheit erzeugt Aggressivität und berserkerhafte Tollkühnheit.

Patecatl

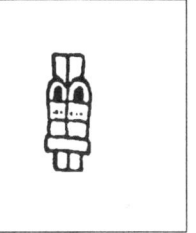

13 Rohr
Caña
azt. **acatl**
mix. **huiyo**
(yuc. **ben**)

14 Jaguar
Tigre
azt. **ozelotl**
mix. **huizu**
(yuc. **ix**)

15 Adler
Aguila
azt. **quauhtli**
mix. **sa**
(yuc. **men**)

16 Geier
Zopilote
azt. **cozca-quauhtli**
mix. **cuii**
(yuc. **cib**)

„**Rohr**", zu Pfeilen verarbeitet. Es kann auch der unreife, noch wachsende „Maisstengel" die Wortbedeutung abgeben, besonders bei den Maya.

Aspekte: Gleichzeitig **Stärke und Schwäche**, wie das schwankende Rohr. **Wachstum** der Kinder. Pfeilbündel und Stab sind Herrschersymbole.

Patron: „**Rauchender Spiegel**" und als Variante Itztlacoliuhqui, das „Gekrümmte Obsidianmesser", der als Blinder auftritt, der selbst den kostbaren Quetzalvogel auf seinem Haupt nicht sieht.

Der **Jaguar,** das typische Raubtier Mesoamerikas, in Vollfigur oder nur durch seinen Kopf gezeigt.

Aspekte: **Wilde Natur**, Kraft und Mut, Herrscherpersönlichkeit. Zauberei des Nahualismus, verbunden mit Waldesdunkel und Nacht.

Patronin: die „**Göttin des Unrats**", als Herrin über die Schuld gleichzeitig die Reinigende. Als Muttergöttin Bezug zur Erde, zu Geburt und Tod, wie zur Weiblichkeit und allen häuslichen Arbeiten, besonders der Weberei.

Der **Adler** als Kopf oder in Vollfigur, wie der Jaguar oft mit scharfen Steinmessern besetzt.

Aspekte: **Freiheit, Kraft, Raub**, Verbindung mit der Sonne und ihren Kriegern. Die Opferblutschale heißt *Quauhxicalli* oder Adlerschale.

Patron: Der **rote Tezcatlipoca**, meist identisch mit Xipe, als Gott von Krieg und Menschenopfer. Der abgetrennte Arm in seiner Hand steht als Symbol magischer Macht. Das Maya-Zeichen „*men*" drückt den „Gebetemacher" und Priester aus.

Der **Geier** oder Königsgeier wird „Halsbandadler" genannt und häufig geschmückt dargestellt.

Aspekte: als Kahlkopf Symbol für **Alter** und **Weisheit**, wie bedachtsame Ruhe.

Patronin: Die Göttin „**Obsidianschmetterling**" hat dämonische Züge; mit Messern besetzte Adlerschwingen, Jaguar- und Schmetterlingselemente und ein Totenschädel charakterisieren sie. Es besteht Bezug zur Zeit der Ahnen und zum Heiligen Bündel.

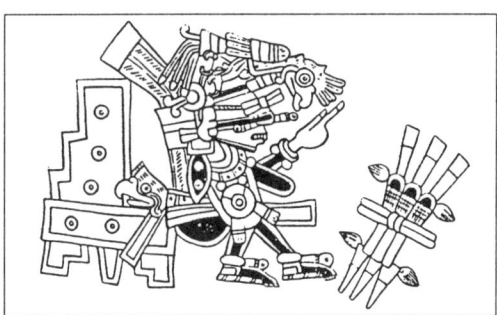

Tezcatlipoca - Itztlacoliuhqui

Tlazolteotl

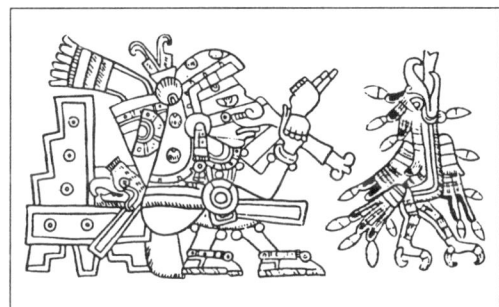

Xipe

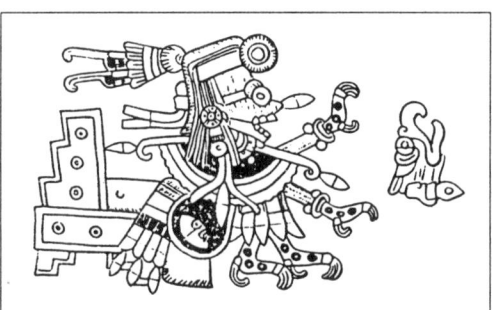

Itzpapalotl

17 Erdbeben
Movimiento
azt. **ollin**
mix. **qhi**
(yuc. **caban**)

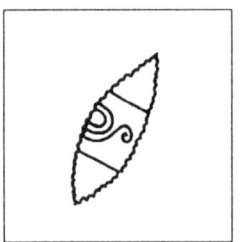

18 Flint
Pedernal
azt. **Tecpatl**
mix. **(cu)si**
(yuc. **etz´nab**)

19 Regen
Lluvia
azt. **quiahuitl**
mix. **co**
(yuc. **cauac**)

20 Blume
Flor
azt. **xochitl**
mix. **(hua)co**
(yuc. **ahau**)

„**Bewegung**" (rollende Bewegung) und „**Erdbeben**", als zwei ineinander verwobene Bänder dargestellt.
Aspekte: **Glück** und **Herrschaft**. Negativ für Frauen: Reichtum zieht Beschränktheit nach sich. Die **Sonne** des heutigen Zeitalters heißt „**4 Bewegung**".
Patron: Der verkrüppelte „**Mit Beulen Behaftete**" als Geschlechtskranker, welcher sich in der Vorzeit geopfert hatte und zur Sonne wurde. Geopferte Krieger gehen in das Haus der Sonne ein.

„**Feuerstein**" als lebendes, beißendes „**Opfermesser**", das vom Blut des Geopferten trinkt.
Aspekte: **Sterilität, Tod**, nachteilig für die Gemeinschaft. Die Maya kannten das Zeichen des Tages als „**Messer**", die „**Hand des Gottes**".
Patron: Das „**Edelsteinhuhn**" als Truthahn ist eine Verkleidung des Tezcatlipoca, der auch als Tecpatl (Feuerstein) oder Itztli (Obsidian) das Opfermesser personifiziert. Die Fußspuren des Geflügels zeigen den Vorbeigang des unsichtbaren Gottes an.

„**Regen**" als maskenhaftes Gesicht des Regengottes, langzähnig, Jadescheiben um die Augen.
Aspekte: **Ackerbau**, die unberechenbaren Naturgewalten Sturm und Donner bestimmen Ernteüberfluß und Mangel. **Haut-** und **Geschlechtskrankheiten**. Das Maya-Zeichen „**Regentropfen**" findet sich auf dem Körper des Himmelsdrachens.
Patron: Der „**Strahlende**", der Sonnengott, welcher gemeinsam mit dem Regen das Wachstum bestimmt.

„**Blume**", auch „**Blüte**" oder „**Blütenbaum**".
Aspekte: **Kunstsinn** und **Sinnesgenuß, kurzes Leben,** freudenreich und intensiv. Das Maya-Zeichen „**Herr**" verweist auf die Welt der Götter, vor allem den Sonnengott, und bezieht sich auf die Elite und das höfische Leben.
Patron: „**Blumen-Schmuckfeder**", Göttin der jungen Vegetation, als weibliche Entsprechung des Xochipilli („Blumenprinz") ist sie Schutzherrin von Kunst und Spiel.

Nanahuatzin

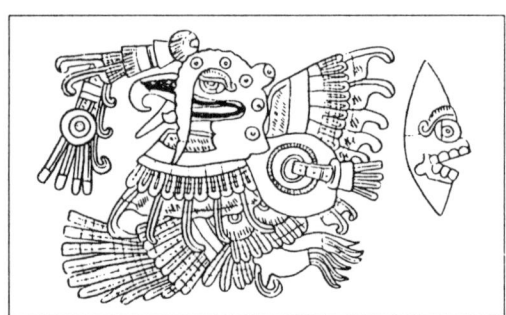

Chalchiuhtotolin

Tonatiuh

Xochiquetzal

Neben der besprochenen Gliederung in die 5 Tagessäulen und die Trecenas (S.49ff) erwies sich noch die Organisierung in einer anderen Blockordnung als wichtig. Dabei war die Zuordnung der Trecenas zu den Himmelsrichtungen entscheidend.

Osten	Norden	Westen	Süden
17 (1 Wasser)	18 (1 Wind)	19 (1 Adler)	20 (1 Kaninchen)
13 (1 Bewegung)	14 (1 Hund)	15 (1 Haus)	16 (1 Geier)
9 (1 Schlange)	10 (1 Flint)	11 (1 Affe)	12 (1 Eidechse)
5 (1 Rohr)	6 (1 Tod)	7 (1 Regen)	8 (1 Gras)
1 (1 Krokodil)	2 (1 Jaguar)	3 (1 Hirsch)	4 (1 Blume)

Vier Weltrichtungen oder – die Mitte mitgezählt – deren fünf, vier (oder fünf) Weltenbäume – wobei der fünfte wieder dem Baum der Mitte entspricht – können dargestellt sein. Ebenso sind es Tempel, mythische Tiere oder Feuerbohrer, auch Göttergestalten, entweder einander entsprechend oder in Gegensatzpaaren. Gleiche Götter treten in ihren Entsprechungsfarben auf. Analog zur christlichen Trinität ließe sich dann von einer Art „V i e r f a l t i g k e i t" oder – wieder unter Einschluß der Mitte- von einer „Fünffaltigkeit" sprechen: die vier (oder fünf) Gestalten treten einzeln auf, bilden aber genau so gemeinsam ein Ganzes, unterschieden durch ihre jeweiligen Aspekte, dies wieder im Sinne herrschender Dualität oder als Gegensatzpaare, ebenso durch ihre unterscheidbaren Richtungsfarben. Die Bilder boten dem deutenden Kalenderkundigen eine Ideenfülle an Assoziationen zur Bewältigung seiner divinatorischen Aufgaben. Sie strahlen auch noch auf uns ihre innewohnende ästhetische Faszinationskraft aus.

Europäische Astrologie und indianische Mantik

Für die verschiedenen Lebensstationen, in denen eine mantische Aussage als notwendig empfunden wurde, gab es entsprechende bildlich niedergelegte Anordnungen der Tage. Bei oberflächlicher Betrachtung scheinen sie den europäischen Aderlaßbildern zu gleichen, bei denen die Körperteile eines Menschen von astrologischen Zeichen beherrscht sind. Es erstrecken sich daher 12 Tierkreiszeichen gemäß des mittelalterlichen Entsprechungsdenkens einflußmäßig vom Haupt (Widder) bis zu den Füßen (Fische). Ihre drei Gruppen von je vier guten, bösen und neutralen Zeichen hatten für den Zeitpunkt eines Aderlasses Bedeutung und sie wurden bei der Wahl von „Laßzeit" und „Laßstelle" berücksichtigt.

In Altmexiko treten die 20 Tageszeichen auf dem Körper oder der Haut eines Hirsches angeordnet auf. Der vorspanische Codex Vaticanus 3773 zeigt ein solches Bild, ebenso der frühkoloniale Codex Tudela (35, 36). Beischriften erklären die Darstellung eindeutig. Das Tier wird „Hirsch unseres Körpers" („*tonacayo mazatl*") genannt. Die Ortung auf dem Fell ergibt die Bedeutung der Zeichen: wer an einem der bedeuteten Tage geboren wurde, besitzt den mit dem entsprechenden Körperteil verbundenen Charakter. Der Hirsch ist zum Träger oder Modell der sympathetischen Zuordnung seelischer Qualitäten geworden. Jeweils in Paaren treten die Zeichen auf, rechts unten beginnend, hinaufführend und schließlich in der Mitte wieder zum Schwanzende herabkommend:

1 und 2 (Krokodil, Wind) verbindet mit den Hinterläufen „Leute, die viel reisen" (*andadores de caminos*). Wenn „Krokodil" für „energisches Arbeiten" und „Wind" für den „unruhigen, unsteten Wanderer" stehen, wäre links das Ungünstige, rechts das Günstige lokalisiert; der Codex Vaticanus 3773 hat die Position gerade spiegelverkehrt. - 3 und 4 (Haus, Eidechse) mit dem Hinterteil bezeichnet „Lasterhaftigkeit, Ehebrecher" (*viciosos, adulteros*) - 5 und 6 (Schlange, Tod) sind mit den Lenden als „abscheuliche Leute" (*aborrecibles*) verknüpft - 7 und 8 (Hirsch, Kaninchen) verbindet mit der Brust die „Besitzenden" (*guardadores de su hacienda*) - 9 und 10 (Wasser, Hund) verknüpft die Vorderläufe mit „Dieben" (*ladrones*) - 11 und 12 (Affe, Gras) tragen mit den Schultern „Hehler" (*encobridores*) - 13 und 14 (Rohr, Jaguar) setzt die Ohren mit „gut Verstehen" (*bien entiendidos*) gleich - 15 und 16 (Adler, Geier) sieht die Augen mit „lebendigen, weisen Männern" (*onbres vivos y sabios*) verbunden - 17 und 18 (Bewegung, Feuerstein) ebenso in Analogie den Mund mit „Schwätzern, Klatschern" (*habladores y chismosos*) und die Zähne mit „Weisen, schaffenden Frauen" (*sabios y mujeres hechibuenas*) - 19 und 20 (Regen, Blume) sind mit dem Bauch „Wollüstige" (*luxuriosos*) und mit dem Schwanz „Lasterhafte, Ehebrecher" (*viciosos, adulteros*).

35 Codex Vaticanus 3773, Seite 96.
Hirschfell tragende menschliche Gestalt mit sympathetischer Zuordnung der zwanzig Tageszeichen.

36 Codex Tudela, Seite 125.
Hirschfell mit Zuordnungen und Entsprechungen der mexikanischen Tageszeichen als „Hirsch unseres Körpers".

37 Aderlaßmännchen.
(Aus: Albertus Magnus, *Daraus man alle Heimligkeit deß Weiblichen geschlechts erkennen kann*. Frankfurt am Mayn 1581, S. 57).

38 Aderlaßmännchen. Astrologisches Manuskript in aztekischer Sprache im Besitz des Tropenmuseums, Amsterdam (Inv.Nr. 3523-2).

39 Codex Vaticanus 3738, Seite 54.
Synkretistisches Bildnis, Verbindung eines Aderlaßmännchens aus der europäischen Tradition mit den zwanzig mexikanischen Tageszeichen.

35

36

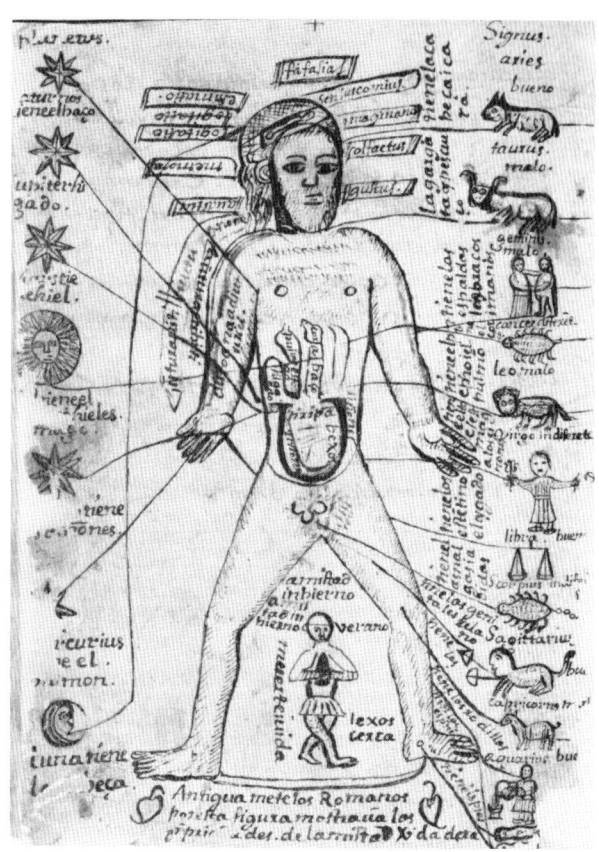

37

38

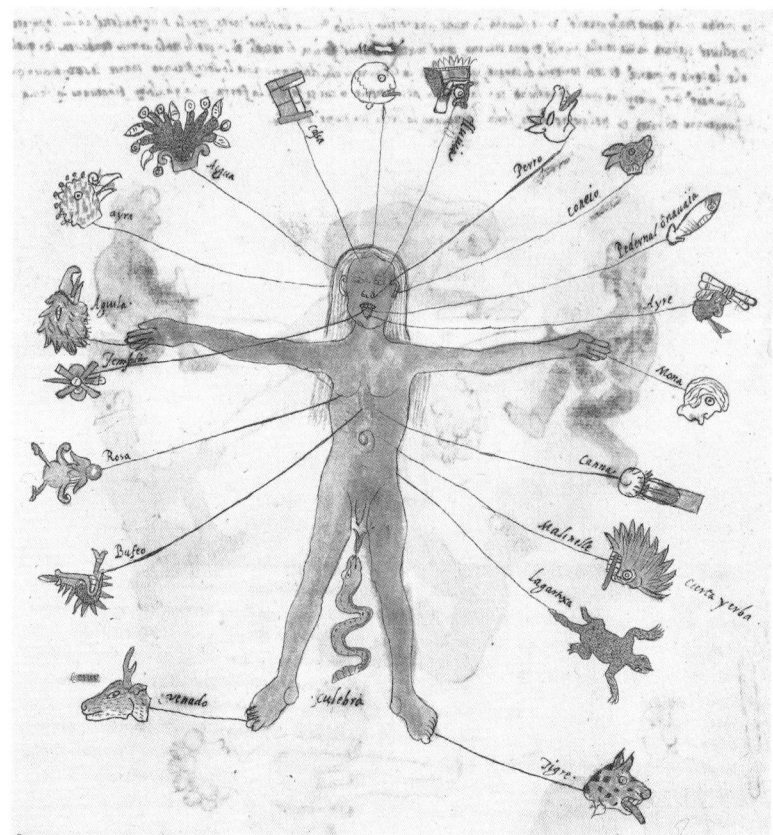

39

Die Entsprechung mit dem Menschen in der Hirschfellverkleidung des Codex Vaticanus 3773 ist trotz etlicher Abweichungen gegeben: Krokodil, Wind / Füße - Haus / Lendenschurz - Eidechse / Penis - Schlange / Schwanz - Tod, Hirsch, Kaninchen, Wasser, Hund / Gürtel - Affe / Halskette - Gras, Rohr / Hände - Jaguar, Adler / Menschenohren - Geier, Bewegung / Hirschohren - Feuerstein / Zähne - Regen / Augen - Blume / Mund. Bei einem gleichartigen System wechseln die konkret den Tagen zugeordneten Eigenschaften aber beträchtlich. Zum Vergleich heranziehbar sind die in einem Kranz von Tageszeichen stehenden Götterbilder wie das von Tezcatlipoca (**42**), von Tlaloc (**49**) oder von Quetzalcoatl-Mictlantecuhtli (**48**).

In der Kolonialzeit gelangten auch astrologische Bücher aus Europa nach Neuspanien und erlebten sogar Übersetzungen in Indianersprachen. So besitzt das Tropenmuseum in Amsterdam ein aztekisches Manuskript. Der Inhalt ist jedoch rein europäisch, wie es die den Planeten und die dem Tierkreis zu- und untergeordneten Körperteile eines Menschen zeigen (**38**). Eine Verbindung beider Geisteswelten gibt die Abbildung des Codex Vaticanus 3738, der seine Redaktion etwa 1564 erhielt. Die Zeichen des mesoamerikanischen Kalenders wurden einem astrologisch angelegten Aderlaßmännchen zugeordnet und mit den Körperteilen verbunden (**39**). Der Begleittext verweist auf die zwanzig Tageszeichen, welche bei allen Berechnungen Verwendung fanden. Weil sie den Menschen beherrschten, wurden sie zur Heilung von Krankheiten herangezogen: Krokodil für die Leber, Rose für die weibliche Brust, Bewegung für die Zunge, Adler für die Rechte, Affe für die Linke, Geier und Kaninchen für die Ohren, Wasser regiert die Haare, Haus das Gehirn, Tod den Schädel, Regen die Augen oder die Tränen, der Hund die Nase, das Opfermesser steht für die Zähne, Wind für den Atem, Rohr für das Herz, Gras für die Eingeweide, Eidechse für die Gebärmutter, Schlange für das männliche Glied, Jaguar und Hirsch für die Beine. "Die Heilkundigen benutzen eine solche Zeichnung für ihre Kuren. Nach Stunde und Tag der Erkrankung sahen sie nach, ob die Krankheit dem regierenden Zeichen entsprach. Es erweist sich, daß dieses Volk keineswegs so wild war, wie einige glaubten. Sie übten Zahl und Ordnung in ihren Angelegenheiten, und sie benutzten die gleichen Mittel, wie sie unsere Astrologen und Ärzte anwenden" heißt es in der Beschreibung, welche ein klares Beispiel für den um die Mitte des 16. Jahrhunderts herrschenden Synkretismus bietet.

Die 13tägigen „Wochen" oder Trecenas

Die schönste Darstellung der 13tägigen Wochen, die wir spanisch mit dem Wort *„Trecenas"* bezeichnen, bietet der Codex Borgia. Es sind die Patronatsgottheiten mit den augurischen Beizeichen und den von ihnen jeweils regierten Kalendertagen hier wiedergegeben. Der Richtung der Handschrift gemäß erfolgt die Lesung unten von rechts nach links, wendet dann und kehrt zum Ausgangspunkt zurück. In der Textierung wurde eine Diktion gewählt, die dem Geschauten entspricht. Parallelpassagen aus anderen Quellen wurden fallweise hinzugefügt. Zum optischen

11. *TRECENA* : **1 A f f e**
PATECATL Adler / Jaguar

12. *TRECENA* : **1 E i d e c h s e**
ITZTLACOLIUHQUI schwarzer Tezcatlipoca

Zu 11: An der Stelle von Patecatl, dem Gott der Würze des Pulque-Trankes, erscheint eine im Kindbett verstorbene Frau als Pulquegöttin. Waffen und Opferschale, Krieger in Opfertracht..
SAHAGUN: Die zu Göttern gewordenen im Kindbett verstorbenen Frauen kommen als gefürchtete Gespenster zur Erde herab. In Gestalt junger Mädchen spornen sie die Krieger zum Kampfe an.
BORBONICUS: Die Geborenen werden tapfere Krieger und sterben im Krieg.

Zu 12: Das „Gekrümmte Messer" [hier deutlich als Obsidian erkennbar] sitzt auf dem Thron. Der schwarze Tezcatlipoca steht bewaffnet auf einer Höhle. Der Pfeil hat sein Gegenüber getroffen und bricht ab. Pulquegefäß mit Opferfahne, umgestürzte Opferschale. Ein Mensch strauchelt.
TELLERIANO: „Gekrümmtes Messer" ist Gott der kalten Jahreszeit; auch ein rückläufiger Stern. Deshalb gilt er als blind, er wird als Omen für Krieg und Geburt gedeutet. Eine an diesen Tagen vorgelegte Zeugenschaft kann nicht überprüft werden, die Urteilskraft des Richters ist gehindert.
BORBONICUS: Die Geborenen sind unbefähigt und sterben als Lügner.

10. *TRECENA* : **1 F l i n t**
MICTLANTECUTLI Tonatiuh

9. *TRECENA* : **1 S c h l a n g e**
XIUHTECUTLI Tlahuizcalpantecutli

Zu 9: Der Feuergott auf dem Thron, gegenüber auf dem Jaguarsitz der Herr der Dämmerung, der Gott der Venus. Leerer Thron; Wasser und Feuer drohen mit Krieg. Pfeile bedeuten Eroberung, Skorpion und Unrat hingegen Gefahr und Schande.
BORBONICUS: Die Geborenen werden Herren und Anführer.

Zu 10: Der Totengott auf dem Sitz aus Knochen und Herzen. Der Sonnengott auf dem Thron. Feurig ist sein Wort. Die Blumenflöte fällt aus seiner Hand. In das Wasser stoßen. Leichenbündel mit Papierfahne und Geflechtkreuz.
BORBONICUS: Die Geborenen konnten von niemand verabscheut werden.

13. *TRECENA* : **1 B e w e g u n g**

IXCUINA Tezcatlipoca

14. *TRECENA* : **1 H a u s**

XIPE

Zu 13: Die Göttin des Unrats sitzt auf dem Thron. In Nacht und Rauch steigt die Korallenschlange auf. Im Palast steht ihm ein Raubvogel (Geier) gegenüber [der Codex Vaticanus 3738 erklärt diesen als Verkleidung von Tezcatlipoca].
BORBONICUS: Die Geborenen werden jung sterben, als junge Männer finden sie den Tod.

Zu 14: Auf dem Thron sitzt Xipe, der Geschundene. Er hält ein Pfeilbündel in der Hand. Vor ihm liegen Pfeilbündel und Rasselstab neben einer geschmückten Opferschale. Die Federschlange frißt einen Menschen.
Nach TELLERIANO: Zeichen für ein Fest allgemeiner Furcht.
BORBONICUS: Die Geborenen werden reiche Männer.

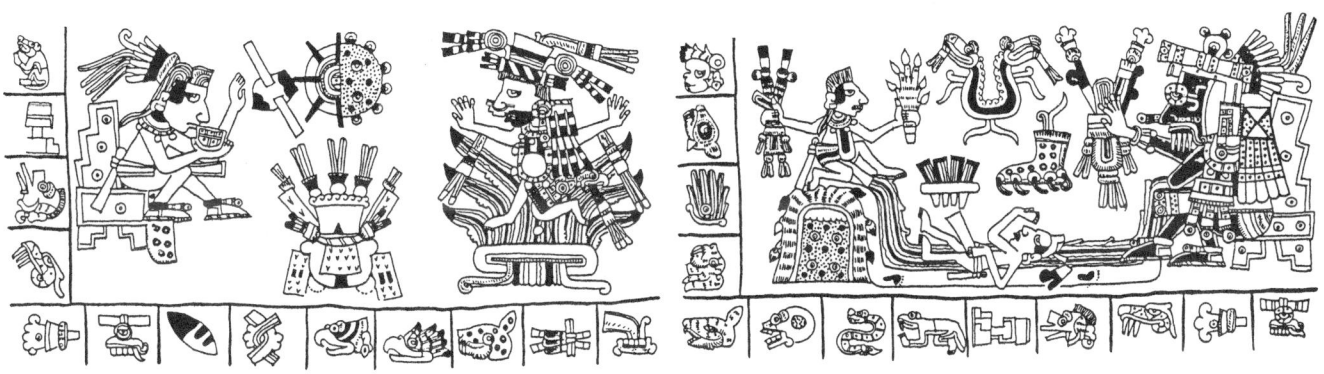

8. *TRECENA* : **1 G r a s**

MAYAUEL

7. *TRECENA* : **1 R e g e n**

TLALOC

Zu 8: Die Göttin der Agavenpflanze in der Maguey thronend. Halb Sonne, halb Nacht. Ein Herz wird durchbohrt, Pulquetopf mit Opferfahnen. Trinker auf dem Thron.
SAHAGUN: Da der namensgebende Tag „1 Gras" als „sehr schlecht" galt, wurde erst zwei Tage später (3 Jaguar) getauft.
BORBONICUS: Die Geborenen werden Säufer.

Zu 7: Aus einer Berghöhle fließt der Strom zum thronenden Regengott. Opfer und Kasteiung auf der Höhe, Gefahr am Weg; der Kasteiungsdolch bricht. Der Mann wird fortgerissen. Beidendköpfige Wolkenschlange am Himmel, Gewitter. Jaguarspuren des Nahual.
TELLERIANO: Kaufleute gingen nicht aus, keine Tänze, keine Spiele werden abgehalten. Der Gefahr wegen schloß man sich am besten ein.
BORBONICUS: Die Geborenen werden reiche Männer.

15. *TRECENA* : **1 H u n d**
ITZPAPALOTL   Tamoanchan

16. *TRECENA* : **1 G e i e r**
XOLOTL

Zu 15: Der Obsidianschmetterling sitzt auf dem Thron. Dunkles Haus. Der Thron stürzt. Der Mensch wird geblendet. Der Baum ist gebrochen und blutet.
Im TELLERIANO wird dieser Baum als Symbol des verlorenen Paradieses gedeutet.
SAHAGUN: Amtsantritt des Herrn, indem er zum Krieg aufrief, auch Tag des Gerichtes über die zum Tode zu Verurteilenden, wie Augenblick zur Freilassung von Sklaven.
BORBONICUS: Die Geborenen werden zunächst reich, später verarmen sie.

Zu 16: Xolotl, der Gott des Ungewöhnlichen, des Anormalen, sitzt auf dem Thron. Gebrochen ist sein Kasteiungsdolch. Ein Hirschfuß liegt in der Opferschale. „4 Bewegung", der Name der Sonne steht oberhalb der Erde. Die Korallenschlange der Lust liegt gebrochen. Das Gefäß mit Federschmuck ist umgefallen.
BORBONICUS: Die Geborenen werden sich als Sklaven verkaufen.

6. *TRECENA* : **1 T o d**
TONATIUH und **MEZTLI**

5. *TRECENA* : **1 R o h r**
CHALCHIUHTLICUE

Zu 5: Von der thronenden Wassergöttin aus ergießt sich ein Strom, der Reichtümer, Frauen und Krieger fortreißt; von den an diesen Tagen Geborenen werden einige Sklaven, etliche sterben im Krieg, andere in Armut.
SAHAGUN: Übel und von Unbill verfolgte Tage.
BORBONICUS: Die Geborenen werden keine Kinder bekommen.

Zu 6: Der Sonnengott eilt. Ein Junger trägt Pfeile, ein Alter mit dem Krummstab thront; zwischen beiden mit Opferschalen und Feuerschmetterling ein belebtes Feuersteinmesser, dazu das Tageszeichen „12 Kaninchen".
TELLERIANO: Menschen von magischen Kräften, die sich in Tiere verwandeln können.
BORBONICUS: Die Geborenen werden tapfere Männer, die aber keine Gefangene machen konnten.

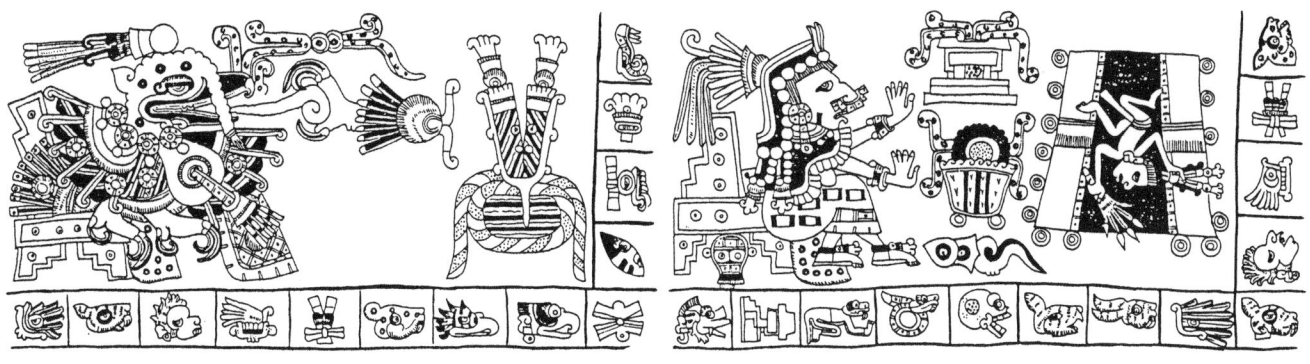

17. *TRECENA*: 1 W a s s e r
CHALCHIUHTOTOLIN Buße

18. *TRECENA*: 1 W i n d
CHANTICO

Zu 17: Tezcatlipoca als Edelsteinvogel spricht Worte von Rauch, Unrat und Gespenstischem. Blutopfer und Kasteiung: Agavenspitzen und das durch die Zunge gezogene Seil.
SAHAGUN: Opfer am Wasser, namentlich durch jene, die dort ihren Unterhalt finden, wie Schiffsbauer und Handelstreibende: Die meisten Tage bringen unstabiles Glück.
BORBONICUS: Die Geborenen werden arm sein.

Zu 18: Die gelbe Frau als Herrin des Chilipfeffers. Der Jadetopf unter ihrem Thron ist umgestülpt. Das Haus brennt. Trinkgefäß für „Rauchenden Spiegel", Meerschnecke als Zeichen der Fruchtbarkeit. Die kostbare Truhe öffnet sich, der Büßer stürzt herab. TELLERIANO verbindet die Truhe mit dem goldenen Haus Quetzalcoatls von Tula, dem legendären Vorbild der Kasteiung und Buße.
BORBONICUS: Die Geborenen werden zu essen haben.

4. *TRECENA*: 1 B l u m e
HUEHUECOYOTL

3. *TRECENA*: 1 H i r s c h
TEPEYOLLOTL Tlazolteotl

Zu 3: Der Berggott auf einer Höhle. Waffen. Überfluß an Mais und Getränken. Die Muttergöttin [sonst steht an dieser Stelle Quetzalcoatl] bringt einen Gefangenen (Neugeborener ?) ein. Kostbares Juwel, Schlange der Lust.
SAHAGUN: Wer an diesem Tag geboren ist, wird ein tapferer Mann. Niemals errötet er vor Scham. Er strebt an, anderer Führer zu werden, konnte aber immer nur Angst erleiden, dies auch ohne Grund zu haben.
BORBONICUS: Die Geborenen werden tapfere Männer.

Zu 4: Der alte Coyote in Tanztracht. Waffen, ein fallender Mensch. Maskierter singender Tänzer. Weinende Frau im einstürzenden Haus.
SAHAGUN: Talentvolle Sänger und Künstler werden geboren, wenn sie aber keine Opfer darbringen, hochmütig und prahlerisch sind, kommen Unglück, Elend, Krankheit oder Tod über sie.
BORBONICUS: Die Geborenen werden Sänger.

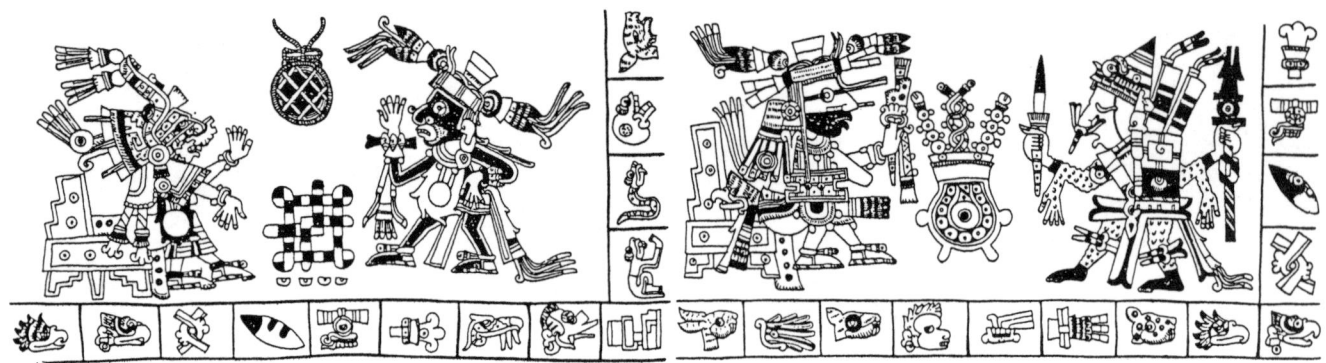

19.TRECENA : **1 A d l e r**
XOCHIQUETZAL

20. TRECENA : **1 K a n i n c h e n**
XIUHTECUTLI Xipe

Zu 19: Die Blumenschmuckfeder sitzt auf dem Thron, ihr gegenüber ein geschmückter Tänzer. Kautschukball, ein Patollispiel.
SAHAGUN: Zeit der auf die Erde herabkommenden Schreckgespenster.
BORBONICUS: Die Geborenen werden Spieler

Zu 20: Der Feuergott sitzt auf dem Thron, eine kostbare Speerschleuder in der Hand. Ihm gegenüber steht Iztapaltotec, „Unser Herr blutiges Messer" [Bekleidet mit der Haut eines Geschundenen hält er als Personifikation des Schindens ein solches Messer in der Hand]. Zwischen beiden ein bauchiges Dreifußgefäß mit Reichtümern.
BORBONICUS: Die Geborenen werden alt und reich.

2. TRECENA : **1 J a g u a r**
QUETZALCOATL

1. TRECENA : **1 K r o k o d i l**
TONACATECUTLI

Zu 1: Der „Herr der Nahrung" trägt priesterliche Kasteiungsgeräte und gebiert eine Kiste mit Kostbarkeiten. Das Gebäude raucht und brennt. Eine Korallenschlange erhebt sich. Das erste, noch geschlechtslose Menschenpaar kopuliert mit der Zunge, darüber ein Kautschukball als Opfergabe.
SAHAGUN: Wer an einem solchen Tag geboren wurde, wird es zu Ehren bringen, ein Würdenträger werden, reich sein, im Überfluß leben und voll des Glückes sein.
BORBONICUS: fehlende Seite.

Zu 2: Der thronende Windgott gibt Pfeile. Ein dunkles Haus; halb Sonne, halb Nacht. Verzweifelter Mann, die Blume im Nacken [bedeutet Opfer]. Pfeilbündel und Opferschale.
SAHAGUN: An diesem Tage Geborene kommen durch das „mörderische Zeichen" im Krieg um oder werden als Gefangene abgeführt, sie gelten als preisgegeben, werden ins Gefängnis geworfen oder auf der Flucht erfaßt. Der Betroffene muß alles tun, um das ihm Zugedachte abzuwenden [Synkretistisch war hier eine Gelegenheit, um auf christliche Bußbereitschaft zu dringen].
BORBONICUS: fehlende Seite.

54

Vergleich bieten sich an: Telleriano-Remensis und Vaticanus 3738 (**31,30**), Tonalamatl Aubin (**40**) und Codex Borbonicus (**50**).

Die wichtigste Quelle zur Interpretation der Ikonographie dieser Trecena-Bilder bilden die kolonialzeitlichen Schwesterhandschriften Telleriano-Remensis und Vaticanus 3738, in denen Beischriften die Darstellungen erklären. Handelt es sich auch um Aussagen indianischer Kenner, wurden die Texte aber in einem christlichen Rahmen dargeboten. Die Kommentatoren versuchen teilweise, einen Ausgleich mit der neuen Religion herzustellen. Eine Art „mexikanische Genesis" wird mit der Reihe der Patronatsgötter zu erstellen versucht: der Windgott erscheint als der schaffende Atem Gottes, der Berggott als die Erde nach der Sintflut, der alte Coyote als Adam, die „Blumen-Schmuckfeder" als Eva usw. Hatte sich die „*interpretatio christiana*" schon beim ersten Bearbeiter ergeben, setzte sie vermehrt auch der letzte Schreiber fort, welcher der Dominikaner Fray Pedro de los Rios war.

Wenn die Tageszeichen nun im Tonalpohualli mit den 13 Zahlen verbunden sind, ergibt sich als logische Einheit die 13tägige Periode, welche jeweils mit einem Tag 1 beginnt und bis zu einem Tag 13 läuft. Weil wir keinen alten Ausdruck für eine solche wochenartige Zeitspanne kennen, hat sich als technische Bezeichnung die Benennung „*Trecena - Dreizehner(-Woche)*" eingebürgert. Wie jeder einzelne Tag hatte auch jede der Trecena ihren Patron; die Reihe ist nahezu identisch mit den Tagespatronen. Als wichtigster Unterschied tritt der Befund auf, daß an der 11. Stelle Xochipilli verschwunden ist. Der Pulquegott rückte um diese Position vor. Alle anderen Patrone folgten nach, wodurch also gegenüber der Tagesreihe die Verschiebung besteht.

Für die gesamte Tagesfolge einer Trecena wirkt der erste Tag bestimmend. Es treten also diese jeweiligen Trecena-Patrone in Verbindung mit den Tagespatronen auf. Dazu stehen mantische Beizeichen als Deutungshilfen angeführt, wozu dann noch als dritte bestimmende Kraft die Bedeutung der Zahlenwerte kommt (Vgl. **32/33**).

Die Position der Tage im Tonalpohualli

			1	2	3	4	5	6	7	8	9	10	11	12	13
1.	cipactli	Krokodil	1	41	81	121	161	201	241	21	61	101	141	181	221
2.	eecatl	Wind	222	2	42	82	122	162	202	242	22	62	102	142	182
3.	calli	Haus	183	223	3	43	83	123	163	203	243	23	63	103	143
4.	cuetzpalin	Eidechse	144	184	224	4	44	83	124	164	204	244	24	64	104
5.	coatl	Schlange	105	145	185	225	5	45	85	125	165	205	245	25	65
6.	miquiztli	Tod	66	106	146	186	226	6	46	86	126	166	206	246	26
7.	mazatl	Hirsch	27	67	107	147	187	227	7	47	87	127	167	207	247
8.	tochtli	Kaninchen	248	28	68	108	148	188	228	8	48	88	128	168	208
9.	atl	Wasser	209	249	29	69	109	149	189	229	9	49	89	129	169
10.	itzcuintli	Hund	170	210	250	30	70	110	150	190	230	10	50	90	130
11.	ozomatli	Affe	131	171	211	251	31	71	111	151	191	231	11	51	91
12.	malinalli	Gras	92	132	172	212	252	32	72	112	152	192	232	12	52
13.	acatl	Rohr	53	93	133	173	213	253	33	73	113	153	193	233	13
14.	ocelotl	Jaguar	14	54	94	134	174	214	254	34	74	114	154	194	234
15.	quauhtli	Adler	235	15	55	95	135	175	215	225	35	75	115	155	195
16.	cozcaquauhtli	Geier	196	236	16	56	96	136	176	216	256	36	76	116	156
17.	olin	Erdbeben	157	197	237	17	57	97	137	177	217	257	37	77	117
18.	tecpatl	Steinmesser	118	158	198	238	18	58	98	138	178	218	258	38	78
19.	quiahuitl	Regen	79	119	159	199	239	19	59	99	139	179	219	259	39
20.	xochitl	Blume	40	80	120	160	200	240	20	60	100	140	180	220	260

Ein **Tonalpohualli** oder 260tägiges Jahr – Codex Florentinus, Buch 4, Seite 79v

Außenspalte (52‑Jahre‑Kreis), von oben nach unten:

1 Acatl / 2 tecpatl / 3 Calli / 4 Tochtli / 5 Acatl / 6 tecpatl / 7 Calli / 8 Tochtli / 9 Acatl / 10 tecpatl / 11 Calli / 12 Tochtli / 13 Acatl / 1 tecpatl / 2 calli / 3 Tochtli / 4 Acatl / 5 tecpatl / 6 Calli / 7 Tochtli / 8 tecpatl / 9 calli / 10 Tochtli / 11 Acatl / 12 tecpatl / 13 calli …

Tonalpohualli-Grid (Tageszeichen und die 13 Zahlen):

Cipactli	1	8	2	9	3	10	4	11	5	12	6	13	7
Hecatl	2	9	3	10	4	11	5	12	6	13	7	1	8
Calli	3	10	4	11	5	12	6	13	7	1	8	2	9
Cozcap. (Cuetzpalin)	4	11	5	12	6	13	7	1	8	2	9	3	10
Coatl	5	12	6	13	7	1	8	2	9	3	10	4	11
miquiz(tli)	6	13	7	1	8	2	9	3	10	4	11	5	12
maçatl	7	1	8	2	9	3	10	4	11	5	12	6	13
Tochtli	8	2	9	3	10	4	11	5	12	6	13	7	1
Atl	9	3	10	4	11	5	12	6	13	7	1	8	2
Itzcuintli	10	4	11	5	12	6	13	7	1	8	2	9	3
oçomatli	11	5	12	6	13	7	1	8	2	9	3	10	4
malinalli	12	6	13	7	1	8	2	9	3	10	4	11	5
Acatl	13	7	1	8	2	9	3	10	4	11	5	12	6
ocelotl	1	8	2	9	3	10	4	11	5	12	6	13	7
quauh(tli)	2	9	3	10	4	11	5	12	6	13	7	1	8
Cozcaquauh(tli)	3	10	4	11	5	12	6	13	7	1	8	2	9
Olin	4	11	5	12	6	13	7	1	8	2	9	3	10
tecpatl	5	12	6	13	7	1	8	2	9	3	10	4	11
quiauitl	6	13	7	1	8	2	9	3	10	4	11	5	12
Suchitl	7	1	8	2	9	3	10	4	11	5	12	6	13

Die dritte Trecena „1 Hirsch" (Umzeichnung):

	Vögel	„13"	„9"	Tage
TRECENA 3	1	1	IX	1 Hirsch
Patrome	2	2	II	2 Kaninchen
Tepeyollotl	3	3	III	3 Wasser
Quetzalcoatl	4	4	IIII	4 Hund
und Tlazolteotl				

Vögel	13	12	11	10	9	8	7	6	5
„13"	13	12	11	10	9	8	7	6	5
„9"	IIII	III	II	IX	VIIII	VIII	VII	V	IV
Tage	13 Regen	12 Flint	11 Erdbeben	10 Geier	9 Adler	8 Jaguar	7 Rohr	6 Gras	5 Affe

Ein **Tonalpohualli** oder 260tägiges Jahr. Sahagún, Codex Florentinus, Buch 4, Seite 79v
Von oben nach unten zu lesen ergibt sich die Mechanik des mesoamerikanischen Kalenders hinsichtlich der zwanzig Tageszeichen und der dreizehn Zahlen (20 x 13 = 260). Die Zeile links außen gibt einen 52 Jahre-Kreis an (Vgl. S. 78).

Die **dritte Trecena** „1 Hirsch" als Erklärung zur nebenstehenden Seite in Umzeichnung.

40 Tonalamatl Aubin, Seite 3.
Die 3. Trecena „1 Hirsch" mit ihren Patronen, dem Berggott Tepeyollotl und die Erdgöttin Tlazolteotl (sonst: Quetzalcoatl). Die Tageszeichen (äußere Reihe) werden begleitet von den „9 Herren" (römische Zahlen), weiters den „13 Herren" und den 13 Vögeln (arabische Zahlen). Die Position der Woche innerhalb der 260 Tage kann aus der Tabelle von Sahagún (oben) abgelesen werden (Vgl. S. 53, bzw. 68, 70 und 73).

41 Nach Sahagún zeichnete Alberto Beltrán die Szene eines Wahrsagepriesters mit seinem Tonalpohualli vor dem Neugeborenen mit seinen Eltern losend: das Lebensschicksal des Kindes wird vorausgesagt (Vgl. S. 159).

40

41

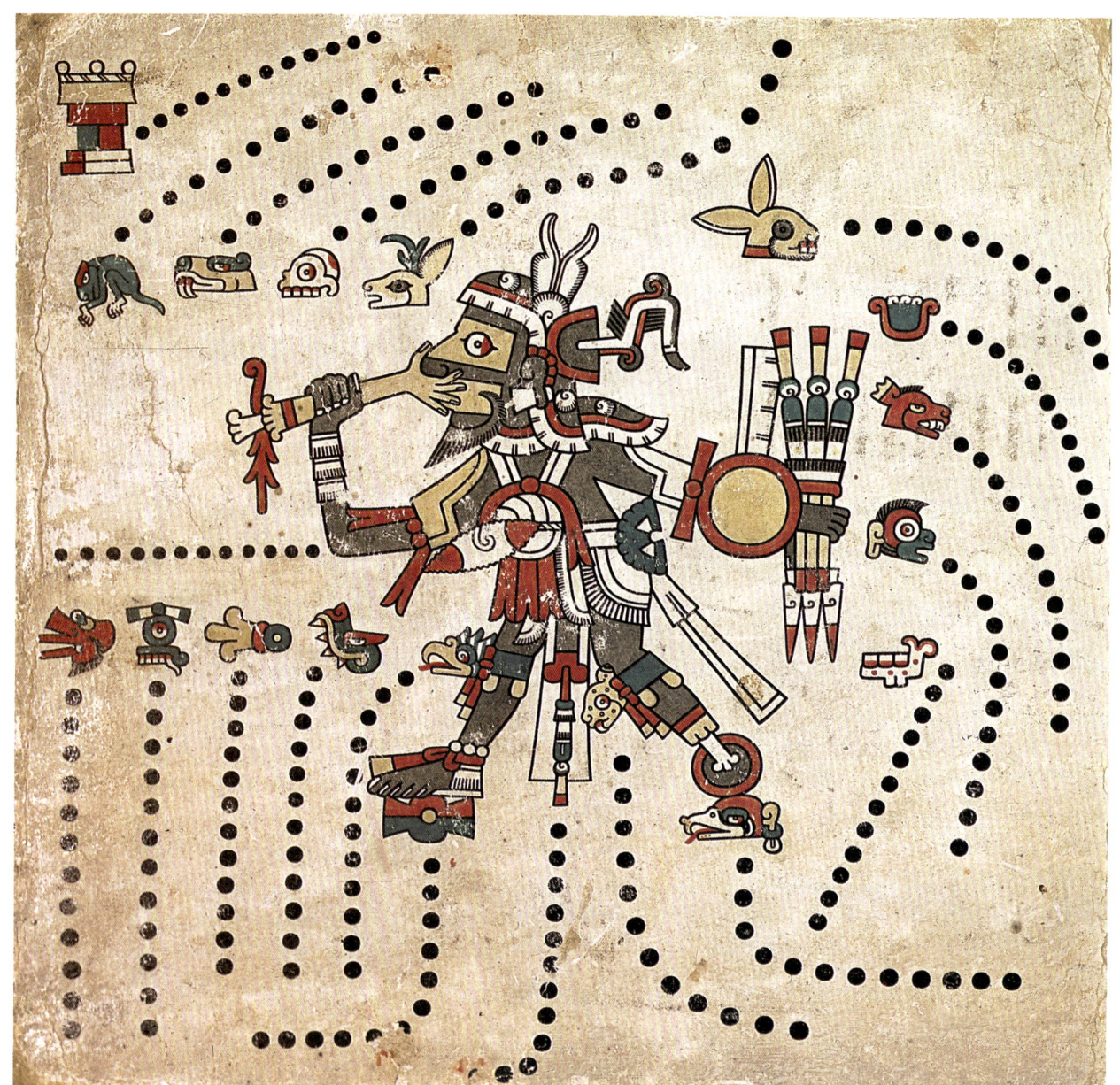

42

43

Die Vielzahl der Götter

Als verwirrende Fülle seltsamer Gestalten und ungewohnter Mischwesen aus menschlichen und tierischen Elementen wurde die altägyptische Götterwelt empfunden. In der symbolischen Einkleidung der Mysterien haben die *hundsköpfigen Götter* bei Goethe in den *Zahmen Xenien* ebenso Ablehnung erfahren wie zeitgenössisch der *Affe Hanuman* aus Indien. Götzenbilder und Fetische als Abgötter belebten allzeit die Phantasie. So dauert die „Karriere" des aztekischen Gottes Huitzilopochtli-*Vitzliputzli* in Europa durch die Jahrhunderte (Vgl. S. 103). Neben der Fremdheit als beherrschendes Element ist der Polytheismus als Vorstufe zur Entstehung des Monotheismus aufzuspüren versucht worden, oder Vielgötterei als Entartung, welche einstigen Urmonotheismus verschüttet hätte. Bezeichnenderweise benannte Erik Hornung eine seiner Abhandlungen über die ägyptische Gottesvorstellungen „Der Eine und die Vielen"[16].

Die Götterwelt Altmexikos kann in ihrer schier unüberschaubaren Vielfalt Ägypten und Indien an die Seite gestellt werden. Das Gefühl für das Göttliche, Allgegenwärtige steht auch hier über dem uns so wichtig erscheinenden System. Durch umschreibende, ehrende Beinamen und die Anrede göttlicher Wesen nach fiktiven Geburtstagen schwoll die Fülle der Namen noch an. Im Bewußtsein des zyklischen Laufes hat sich in Mesoamerika sogar eine wahre „Philosophie der

42 Codex Fejérváry-Mayer, Seite 44.
Die zwanzig Tageszeichen auf Tezcatlipoca als ihren Herrn bezogen. Der Gott erscheint in Kriegertracht. Er trägt einen Muschelring als heiliges Bündel um den Hals und hält in der Rechten eine Totenhand, Symbol des heiligen Schreckens und des Geheimnisvollen. Bei der Besprechung der Omen für den Tag „1 Wind" erläutert Sahagún: Leichenhand-Tänzer schmücken ein Bildnis von „1 Wind", ehe sie auf Raub ausziehen. Heimlich hatten sie sich des Nachts den linken Unterarm einer jüngst im Kindbett Gestorbenen verschafft. Mit diesem als magische Waffe dringen die Räuber in Häuser ein, ohne daß sich die hilflos erstarrten Bewohner wehren können. Vom Tag „Wind" (ganz links) aus führen im Bogen die Zeichen bis „Gras", um dann auf dem Körper an Penis, Knien, Füßen und Brust plaziert zu sein; die restlichen drei vollenden den Kreis bis „Krokodil". Es sind ausdrücklich die Tage zugeordnet, die durch zwölf Punkte zu Trecenas ergänzt werden.

43 Codex Fejérváry-Mayer, Seite 43 oben.
Wegkreuzung mit Brennholzbündeln als Opfer, dazu eine winkende und eine zeigende Hand. Der rote Weg führt von „1 Tod" nach „1 Krokodil", der blaue von „1 Wind" nach „1 Bewegung". Als Tag des Opfers ist „1 Schlange" angegeben. Die vier Reihen stellen jeweils elf zu fünf abgezählte Halme oder Kiefernadeln dar, hinzu kommen nochmals elf Stück. Solche Extragaben sind zur Besänftigung der Gottheit bei Auftreten eines Irrtums bezeugt. Sahagún schreibt: Wenn das Zeichen „1 Schlange" in der Tageszeichenreihe erschien, schauten die Fernreisenden nach dem Zeitpunkt aus, da sie ans Werk gingen. ... Du mußt das Tageszeichen in Einklang bringen mit dem richtigen Weg, mit der großen Straße, der du folgen wirst, die du in Einklang bringen wirst mit ihrer Bestimmung, dich hinauszuführen ins Feld, in die weite Welt. ... Ob du womöglich irgendwo im Innern oder am Rande einer tiefen Schlucht, in Rutengestrüpp, am Fuß eines Felsens, am Fuß eines Baumes schlafen, ob du dich da irgend hinlegen wirst, und unser Gott dich umbringen wird, – oder ob es dahin kommt, daß du deine Heimkehr, deine Rückkunft noch bewerkstelligen kannst, das weiß wahrlich niemand.

Zeit" herausgebildet: unaufhörlich münden kleinere in große Perioden ein, Reihen von Patronen gehen in umfassendere, mächtigere Gottheiten über. Die Dualität Gut – Böse als Gegensatzpaar, ferner die kosmomagische Zuordnung von Farben, Elementen und Himmelsrichtungen regierten Wohl und Wehe der Welt, ließen Götter auch in Vier- oder Fünffaltigkeit auftreten. Bevorzugte Patrone von Stämmen, Städten und Ständen traten noch hinzu.

„Geschichte als Fest" hat wieder Hornung in der Struktur des archaischen Geschichtsbildes als beherrschendes Element gesehen. Das religiöse Gefühl war mehr als eine starre Denkschablone und bildete ideologisch, weitaus stärker als uns heute geläufig wird, die treibende Kraft im Weltgeschehen. Die Mißachtung dieser Erkenntnis führt zu Fehldeutungen, ja läßt die alten Kulturen als antikes Fossil stumm bleiben. Aus Relikten der Vergangenheit werden unverstandene Kuriositäten ohne Gefühl für den eigenen Standort.

Hernando Ruiz de Alarcón verglich die von göttlichen Wesen belebte Welt Mexikos mit der altperuanischen Vorstellung vom Heiligen als H u a c a, die überall in der offenen Landschaft gegenwärtig sind; Berge und Quellen, Flüsse, Seen oder Brunnen sind eben solche *Huaca*, die an besonderen Tagen ihre Opfer empfangen, etwa am Tag des Heiligen Johannes oder des Heiligen Michael, im Glauben, daß aus ihnen Glück, Gesundheit oder Krankheit hervorkommen.[17]

Aus der Naturverbundenheit entspringt das tiefe religiöse Empfinden des Indianers, aus dem Respekt für die Natur erwächst das Kernstück der indianischen Religion überhaupt. Im Konzept einer ständigen, einer zyklischen Wiederkehr herrschen Leben und Tod als untrennbare Einheiten: der Mais stirbt, auf daß er in einem gewaltigen Naturprozeß wiedergeboren werde, wie Sonne und Mond. Der Mensch seinerseits soll als Teil der Natur den Göttern dienen, in denen die kosmischen Kräfte verkörpert sind. Persönliches Visionserlebnis stellt die Verbindung zwischen der menschlichen und der göttlichen Welt dar. Der ganzheitlich ausgerichteten Betrachtungsweise – fast würde man „ökologische" Aspekte sehen – steht die von den Spaniern gebrachte lineare Sicht der eschatologisch-christlichen Vision von Sündenfall und Erlösung gegenüber. Die beiden andersartigen Weltbilder bilden an sich keinen Widerspruch. Ineinander verschmolzen stellen sie in einem Fluß ohne Wiederkehr das Kernstück rezenter indianischer Weltsicht dar.

Dualität schafft Götterpaare, eine Parallelität in der Entsprechung wie im Gegensatz. Paarheit kann auch Zwiespältigkeit bedeuten, die göttliche Potenz unberechenbar erscheinen lassen. So mögen männlich-weibliche Paare „Bruder-Schwester" wie „Mann-Weib" sein: Xiuhtecutli-Chantico, Xochipilli-Xochiquetzal, Cinteotl-Chicomecoatl/Xilonen, Patecatl-Mayahuel, Tonacatecutli-Tonacacihuatl (Ometecutli-Omecihuatl), Tlaloc-Chalchiuhtlicue und Mictlantecutli-Mictlancihuatl sind Beispiele. Brüder treten als Paare auf wie Quetzalcoatl-Xolotl, Tezcatlipoca-Tlacahuepan oder Huitzilopochtli-Paynal. Sie können auch ein Gegensatzpaar bilden wie Quetzalcoatl-Tezcatlipoca im Schöpfungsakt oder als zerstörende Kräfte in der Sage vom Untergang des Toltekenreiches. Hier ist jedoch alle Vorsicht durch Namensgleichheit und Göttertitel geboten; genug Verwirrung hat die unentwirrbar scheinende Überschneidung in den

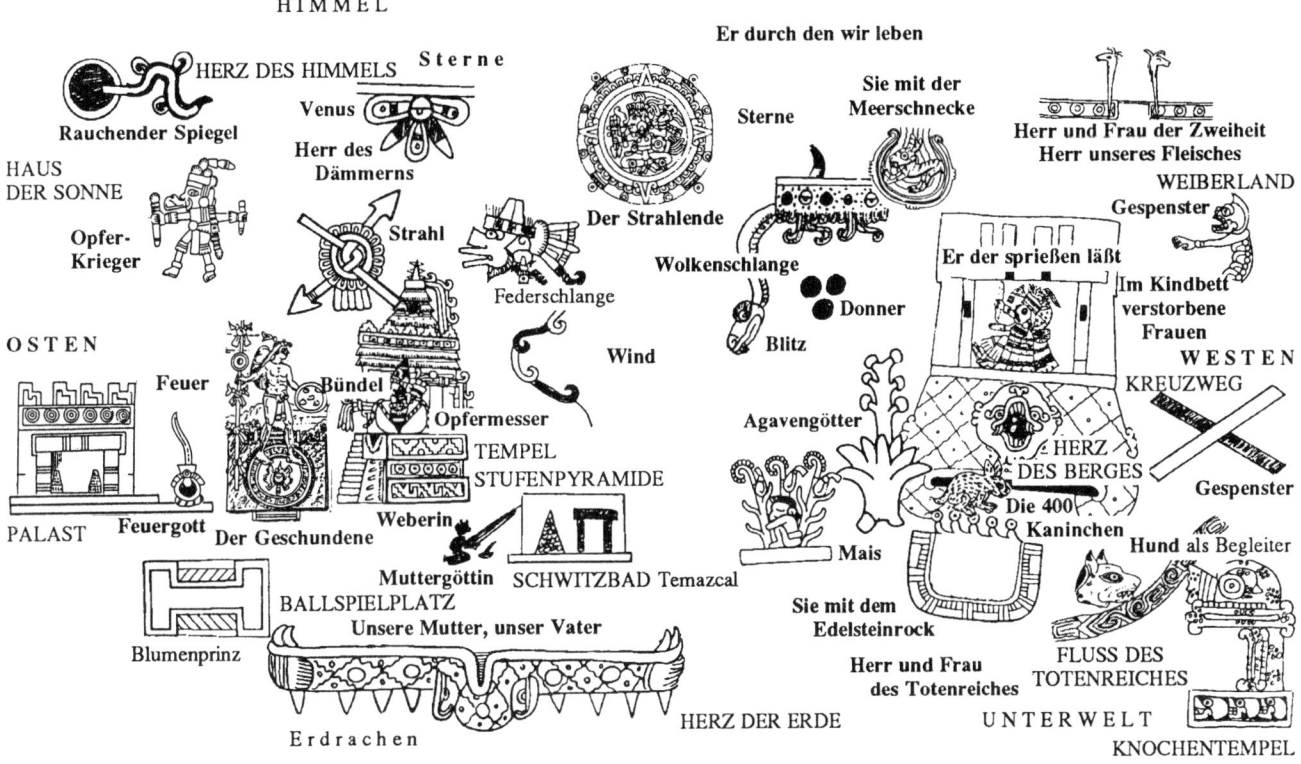

Quellen schon angerichtet. Der Priesterfürst Quetzalcoatl steht mit aller Sicherheit einer „wahrhaften Gottheit" gegenüber, unsichtbar gegenwärtig in Himmel, Erde und Unterwelt, wie es bei Sahagún in der Besprechung des Gottes heißt, welcher als Herr der Zwietracht „nach beiden Seiten Feind" Böses sendet, genau so aber bei Herren und Häuptlingen in seiner Eigenschaft als Spender des Reichtums eine Ehrenstellung eingeräumt hat. Diesem universellen Zug entsprechend, scheinen sich die verschiedenfärbigen Tezcatlipocas auffassen lassen, die der Codex Borgia zeigt (103). Der Regengott kann seinem Charakter nach in den vier Richtungen zu Hause sein, mit der Mitte als weiterem Bezugspunkt sogar fünffältig (93). Das gleiche gilt für die Pulquegötter als ausgesprochene Lokalgottheiten, die unzählig sind und deshalb den Sammelnamen „Centzon totochtin" tragen, die „400 Kaninchen". Vierhundert bedeutet „ungezählt, unzählbar", in der Art unseres „tausendfach"; „gleich den vielen Sorten edlen Rheinweins" drückte sich Nowotny einmal poesievoll aus.

Leider sehr wenig wissen wir über das Prinzip der Dualität unter Brüdern in Hinsicht auf einen Zweitgeborenen. Die bisher mißachteten Glossen im Codex Borbonicus geben wertvolle Hinweise, zum Beispiel darauf, daß der Zweite im Staatsverband der Azteken, der Cihuacoatl, ein solcher Zweitgeborener zu sein hatte, wenn er auch nicht unbedingt ein jüngerer Bruder des Herrschers sein mußte (Vgl. S. 91). Huitzilopochtli stand in einem einander ergänzenden, komplementären Paar dem Cihuacoatl gegenüber wie der Mann als Krieger der Frau als Weberin, das Leben dem Tod, der Himmel der Erde.

Im *tonalli* und im *nahualli* besteht, auf die seelische Ebene übertragen, ein weiteres Gegensatzpaar. Dem Tonal gehören die Tageszeichen zu, es entspricht dem Licht und der „Tagesseele"; das Nahual bezieht sich auf das Doppelwesen im Traum, die „Nachtseele", oft gesehen als *Alter Ego*, das im Traum erfahrene Tier, mit dem man sich in Schicksalsverwandtschaft verbunden fühlt. Wenn allgemeiner Wortgebrauch die beiden Begriffe auch miteinander oft mischt, bleibt dennoch das *„Nahual"* das Zauberhafte, das gerne in Verbindung mit nahualistischen Zauberern gesehen wird. Das *„Tonal"* erscheint oftmals mit der christlichen *„Anima"* verschmolzen.

Durch Ehrenbezeugungen und kosende Beinamen erfährt die Reihe der Göttergestalten eine gewaltige Erweiterung. Wenn Namen wie Toçi, „Unsere Großmutter" oder Ixcuina (vielleicht „Baumwoll-Frau") synonym für Tlazolteotl stehen, wie Tonantzin, „Unsere Mutter" für Cihuacoatl oder Yáotl, „Feind" für Tezcatlipoca, erweitern diese Bezeichnungen die Götterliste auf gleiche Weise wie Spielarten der Gottheiten. Itztli, das „Steinmesser" oder Itzlacoliuqui, das „Gekrümmte Obsidianmesser" sind Varianten oder Surrogate für Tezcatlipoca, der ebenso die Gestalt des Chalchiuhtotolin, des „Edelsteinhuhns" annehmen kann. Bei den Mixteken kommt „1 Tod" vor als Kalendername des Sonnengottes und „1 Bewegung" als Venus. Tezcatlipoca wird als „2 Rohr" angesprochen, und „4 Bewegung" heißt die jetzige Sonne, wie „2 Kaninchen" allgemein gleichbedeutend mit den Pulquegöttern ist. Torquemada bezeichnet den Oberpriester des Pulquegottes als „2 Kaninchen-Sonnengott" (Ometochtli-Tonatiuh). „1 Rohr" als Venus oder Morgenstern steht in allgemeiner Verwendung neben bildlichen Darstellungen „geschrieben".

Zwei Gottheiten führen vor allem ihre Kalendernamen: die Göttin Chicomecoatl, was „7 Schlange" heißt - sie ist die Göttin des Mais und damit schließt sie die Vegetation allgemein ein – oder Macuilxochitl („5 Blume"), der Herr des Sommers, Gott der Spiele und der Liebe. Wie die Menschen haben somit die Götter ebenfalls den Tag ihrer Geburt festgelegt, vergleichbar mit den Festen des christlichen Heiligenkalenders.

Der Haupttempel jeder Stadt war zumeist auch jener der Patronatsgottheit. Von wichtigen Orten seien diese angeführt: Tenochtitlan-*Huitzilopochtli*, Texcoco-*Tezcatlipoca*, Tlaxcala-*Camaxtli*, Cholula-*Quetzalcoatl*, Cuauhnahuac-*Xochiquetzal*, Xochimilco-*Cihuacoatl*, oder

Zaachila (Oaxaca)-*Xipe*. So war der mixtekische Gott *Qhyo Sayo* „4 Schlange 7 Schlange" Patron von Tilantongo. Auch Länder besaßen ihre Patronatsgötter. Das Volk der Mixteken hatte sich selbst dem Regengott zugehörig bezeichnet, wie sich die Cuicateken „Menschen des Strahles" nannten.

Jede Gottheit konnte an ihren Trachtelementen oder Attributen erkannt werden. So besitzen die Götter des Rauschtrankes einen halbmondförmigen Nasenschmuck als wichtigstes Merkmal. Dieser kehrt auch auf den getragenen Schilden wieder. Eine Textprobe aus dem ersten Buch Sahagúns in der Übersetzung durch Eduard Seler zeigt eine solche Götterbeschreibung:

5. *Totochtin ynechichiuh*	Putz der Pulquegötter. (Vgl. Abb. 5.)
mixchictlapanticac	Im Gesicht ist er zweifarbig bemalt.
yyaztatzon	er hat eine Krone aus Reiherfedern.
yyacametz	er trägt einen Halbmond in der Nase.
yyamanacuch	er hat einen Ohrpflock aus Bastpapier.
ycueçalvitoncauh quimamaticac	seinen rothen Guacamayoflügel trägt er auf dem Rücken.
ytlachayavalcuzqui	er trägt das Flockenhalsband.
colotlalpili ic motzinapanticac	das skorpionfarbene (oder mit Skorpionfiguren an den Knoten versehene) Netztuch hat er um die Hüften geschlungen.
tzitzili oyoali inicxic contlaliticac	Glöckchen und Schellen hat er am Fuss befestigt.
yyometochcac	er trägt die Sandale der Pulquegötter.
ometochchimalli ymac mani	der Schild der Pulquegötter hängt an seinem Arm.
ytztopolli ymac ycac	das Obsidianbeil hält er in der Hand.

Abb. 5. *Totochtin*, die Pulquegötter

Bernardino de Sahagún läßt in seiner „*Historia General*" die Götter zweimal abbilden, in der Urfassung der „*Codices Matritenses*" (oben steht als Beispiel einer der Pulquegötter) und in der Reinschrift des „*Codex Florentinus*". Diese 24 Götterbilder werden mit Kurzbeschreibungen auf den Folgeseiten angefügt.

Die Darstellungen beider Handschriften zeigen deutlich, daß Priester mit den Attributen der Gottheiten bekleidet sind. Besonders deutlich ist dies bei Tezcatlipoca, dem „anderen Jupiter". Als Gott ist ein abgerissener Fuß sein Erkennungsmerkmal, der Priester erscheint aber mit b e i d e n Füßen wiedergegeben. Seine Namenbedeutung „Brennender (Rauchender) Spiegel" können wir an dem Fußstumpf in den Handschriften gut erkennen (Vgl. **103** und S. 62). Nach Sahagún ist der Ausdruck „Er geht rauchend, er geht brennend" eine Metapher für eine stolze, tadelnde Redeweise, die Zuhörer einzuschüchtern vermag; der „Spiegel" ist seinerseits Wortzeichen für den Herrscher. Tezcatlipoca findet seine Entsprechung in Hurakan-„Einbein", dem Blitzgott der Quiché-Mythen. Schultze Jena vermerkt *Huracan* als Name des 28. Januar im übernommenen altweltlichen Kalender. Der Mythos von einem Sturmgott Huracán bei den Arauaks und Kariben ist in Europa seit dem ersten spanischen Hofchronisten Petrus Martyr bekannt. Vor einer Gleichsetzung der beiden namensgleichen Gottheiten warnt Georg Friederici nachdrücklich, weil sie nirgends bewiesen sei.[18] Um so hartnäckiger hält sich die Vorstellung von einem Sternbild des Orkans und dem einbeinigen Gott in Mythensammlungen.

2, 4

6, 8

1 **Huitzilopochtli** („Kolibri links", „Südlicher Kolibri"). Hauptgott von Tenochtitlan, aztekischer Stammesgott, Sonnen-, Kriegsgott. Junger Gott (nach Gesichtsbemalung) mit Feuerschlangen- oder Kolibriverkleidung.

2 **Paynal** („Der Eilige"). Bote Huitzilopochtlis, gilt als jüngerer Bruder Huitzilopochtlis (vgl. S. 91), trägt kostbaren Schmuck (Federmantel, Mosaikschild).

3 **Tezcatlipoca** („Rauchender Spiegel"). Himmels-, Schöpfergott, universal gedacht, jung dargestellt; Quetzalkrone, Korb mit Quetzalfedern, Schild mit Federbällen, Stab mit „Sehwerkzeug", auf Wissen und Weissagekraft hinweisend (Darstellung als Gott vgl. S. 139 und **103**).

4 **Tlaloc** („Der in der Erde Wohnende"). Berg- und Regengott, Gesicht kautschukbemalt, weißes "Binsenbanner" in der Hand. Reiherfederkrone, Blumenschild; hier ohne die charakteristische Gesichtsmaske aus Schlangenwindungen (vgl. S. 132 und **98**).

5 **Quetzalcoatl** („Schmuckfeder-Schlange"). Windgott, Hauptgott von Cholula. Jaguarfellmütze, bedeckt mit Windzeichen (Schneckenhäuser und geschnittene „Windgeschmeide"), gekrümmter Ohrpflock. Rote Federflügel, gekrümmter Stab.

6 **Cihuacoatl** („Schlangenfrau") oder **Quilaztli**. Göttin von Colhuacan, Patronin der im Kindbett verstorbenen Frauen. Adlerfederschmuck, goldener Ohrpflock, weißer Rock, Webemesser (vgl. S. 94).

7 **Chicomecoatl** („Sieben Schlange"). Erdgöttin, verbunden mit dem Mais, wie der Vegetation allgemein. Trägt die papiergeschnittene Krone der Berggötter, rote Gesichtsbemalung, Blumenschild und zwei Maiskolben in den Händen führend.

8 **Teteoinnan** („Göttermutter"), auch **„Toçi"** („Unsere Ahnin") genannt. Als große Erdmutter im Innersten der Erde wohnend, Gemahlin des Himmelsgottes, Patronin der Weiblichkeit. Kopfbinde aus Baumwolle, Schild mit Goldscheibe, Besen in der Hand tragend.

9 Tzapotla tenan („Die Mutter") als Göttin von Tzapotlan, am Nordufer des Sees von Xochimilco. Erdgöttin, gilt als Entdeckerin einer heilkräftigen Salbe aus Fichtenharz. Sie trägt eine aus Papier geschnittene Krone, hält Rasselbrett und Adlerfuß-Schild in den Händen.

10 Cihuapipiltin („Die Prinzessinnen"), die im Kindbett Verstorbenen, hausen unheilbringend an den Kreuzungen nächtlicher Wege. Begleiter der Sonne ab Mittag. Weiß bemalt, die Hauptgestalt trägt die „Weiberfrisur" mit hochgebundenen Zöpfen.

11 Chalchiuhtlicue („Die mit dem Edelsteinrock"). Göttin des fließenden Wassers, der Brunnen und Quellen. Trägt den Kopfschmuck der Regengötter, dazu ein Halsband aus Grünsteinperlen, gelbgesichtig. Wasserbemalung am Rock, hält ein Rasselbrett.

12 Tlazolteotl („Göttin des Unrats"). Als Erdmutter auch mit dem Mond verbunden, die Weberin, Göttin der Liebe, der Beichte. Baumwollgewand, Spinnwirtel und Besen mit sich führend.

13 Xiuhtecutli („Herr der Edelsteine"). Alter Gott des Feuers, des Erdbebens, des Jahres, der Künste. Mit Feuerschlangenelementen und Schild versehen gleich Huitzilopochtli.

14 Macuilxochitl („Fünf Blume"). Gott des Tanzes, des Gesanges und des Spieles. Fahne in der Rückentrage, dazu Stab mit Herzen; Schild mit dem Vier Kugel-Muster.

15 Omacatl („Zwei Rohr"). Gott der Festlichkeit, Form des Tezcatlipoca. Trägt einen Kriegerfederhelm und ein Festgewand gleich Paynal.

16 Ixtlilton („Kleines Schwarzgesicht"). Dunkler Bruder des Macuilxochitl, ebenfalls Gesangs- und Tanzgott, Heilkundiger. Federkamm mit Steinmessern, rote Rückendevise, Fahne und Stab mit Opferherzen.

17 Opochtli („Der Linke"). Jagdgott der Chinampa-Gegend. Erfinder des Fischernetzes und des Werfens der Vogelspeere. Papierbänder, Rasselbrett und Wasserrosenschild.

18 Xipe Totec („Der Geschundene"). Gott der Yope, der Tlapaneken („Rot-Leute"). In einer Menschenhaut schreitend, trägt er einen Spitzhut mit schwalbenschwanzartig geschnittenen Bandenden, dazu den Schild mit roten Kreisen und eine Tanzrassel.

19 Yacatecutli („Der an der Spitze"). Kaufmannsgott. Führt den Handelszug an, deshalb als Krieger mit der Stirnpfeiler-Frisur, hochgebunden mit Quetzalbändern dargestellt. Prunkmantel, Schild mit Mäandermuster.

20 Nappatecutli - Pulquegott der Chinampa-Gegend, einer der Tlaloques, Gott der Mattenflechter. Trägt die Papierkrone, den Binsenstab und den Seerosenschild.

21 Tezcatzoncatl („Der vom Spiegelfirst-Tempel"). Pulquegott aus der Region von Colhuacan, erkennbar am Nasenmond und dem Pulquegott-Schildmuster.

22-24 Tepictoton („Die Kleinen vom Berg"). Gehilfen des Regengottes; als Berggötter personifizieren sie die einzelnen Bergmassive. Dargestellt sind sie mit kautschukbestrichenen Papierfahnen und Bergkronen, Binsen- und Blitzstäbe haltend. Namentlich erscheinen Chalchiuhtlicue, Popocatepetl, Quetzaltepetl, Iztactepetl und Matlalcueye. Ihre Zeichen erinnern an die aus Amate geschnittenen Berg-Servietten der rezenten Otomí von San Pablito.

Ikonographisch werden die Göttergestalten vor allem durch ihre Gesichts- und Körperbemalung gekennzeichnet, weiters durch Haartracht, Schmuck- und Beiwerk. Manche Elemente treten überaus allgemein in Überschneidungen auf. Solche sind Kleidungsstücke und der meiste Körperschmuck an Arm, Bein, Knöchel oder Wade, wie Sandalen. Sie geben eher „kostbar" an, als daß sie charakteristische Merkmale symbolisierten. Gesichtsbemalung (Sterne, Streifen, Mund- und Augenumrahmungen) und Kopfputz, vor allem Federkronen, sind bezeichnend, ebenso Rückentragen mit symbolträchtigen Devisen oder in Händen getragene Stäbe und Schilde. In Kombination können Einzelelemente bestimmend sein, etwa Lippenpflöcke und Ohrgehänge, wie das sogenannte „Windgeschmeide" als längsgeschnittene Schneckenschalen oder die blasende Maske des Windgottes. Auch Brustschmuck kann Besonderheiten ausdrücken. Hier sind wieder geschnittene Muschelzierate bezeichnend. Rosetten verweisen auf Beziehung zu Opfer und Tod. Manche der Trachtstücke bedeuten fremde Herkunft, etwa daß sie von der Küste stammen. Welche Bedeutung vielen Trachtelementen beigemessen wurde, zeigen die Mantelmuster auf, von den wir eine Reihe dargestellt haben. Nicht nur den Göttern stehen spezielle Motive zu, solche werden ebenso an verdiente Krieger vergeben. Auf die Zugehörigkeit zu bestimmten Gruppen verweisen die in der Hand gehaltenen Tanzstäbe (Rasselholz, Kürbisrassel, Federstab, Herzstab), Waffen (Wurfholz, Feuerschlange, Schlangenstab, Wurfholz, Beil) und verschiedene Gerätschaften (Webeschwert, Besen, Maiskolben, Binsen).

Manche der „großen Götter" der Tezcatlipoca- oder Huitzilopochtligruppe sind durch ihre Bemalung als jung ausgewiesen. Für Quetzalcoatl wieder kann alt und bärtig vermerkt sein. Uralt erscheinen die Schöpfungsgottheiten, die keineswegs otios, weltabgewandt leben müssen. Fruchtbarkeitsgottheiten führen als gemeinsame Attribute Feldfrüchte mit sich, häufig treten sie mit Todessymbolen auf, wieder sich in bipolarer Bedeutung mit den Totengöttern überschneidend. Edelsteine und Kostbarkeiten sind Wassertropfen, ebenso der Mais als Brotfrucht. Aus dessen Rolle im Leben ergibt sich eine ganze Reihe von Vegetationsformen. Eine alte Gottheit ist der Feuergott, schon in Beziehung darauf, daß Feuerbrand und Vulkane bereits vor den Gestirnen bestanden hatten. Jägerische Elemente wieder haben ihren Bezug auf die alten Jagdtraditionen, sie können auch übertragen auf astrale Komponenten hinweisen, auf den verblassenden Sternenglanz im hellen Licht der Sonne. Nächtlich-Dämonisches hängt mit Tier- wie Vogelelementen zusammen; Bezug zum Nahual einer Göttergestalt ist gegeben. Der Jaguar und der Adler können irdisch-unterweltliche wie himmlische Bezüge haben. Die zahlreichen Schlangen- und Reptilienzüge gehören wieder hierher. In der Maya-Ikonographie sind sie sogar eine der hauptsächlichen Erscheinungsformen des Göttlichen.

Deutungsversuche kranken häufig daran, daß sie eine der altweltlichen Archäologie, der Orientalistik oder der Ethnographie entlehnte Terminologie verwenden. Wir haben haben uns jedoch nicht nur von den durch eine wahre Hypothesen- und Theorienflut entwerteten Denkschablonen freizuhalten; die uns aus der Hand der Chronisten erhalten gebliebenen Dokumente müssen nach ihren Inhalten verstanden werden. Viele Einzelheiten hatte der fragende Europäer nicht erkundet, andere sind deshalb nicht überliefert, weil sie als nicht mitteilenswert befunden oder in ihrer Bedeutung nicht erkannt wurden. Der ordnende Geist geschulten Forschungsdranges unserer Zeit strebt in anderen Denkbahnen nicht erreichbare Vollständigkeit an. Wenn wir Sahagúns umfangreichen Aufzeichnungen folgen, gab es augenscheinlich keine festgefügten Göttersysteme. Es war ein Pantheon ineinander übergehender Inhalte ohne Fixierung auf genau festgelegte Gedankengebäude.

Durch die rezenten Nachfahren bestehen noch genug an Zugangsmöglichkeiten. Daß die so überaus zahlreichen göttlichen Wesen nach der Bemerkung Ruiz de Alarcóns *huaca*-artige Züge tragen, beweist wohl am besten die erste Götterliste Sahagúns mit 37 Beschreibungen. Die zweite als Reinschrift, auf 24 reduziert, enthält immer noch eine Anzahl lokal verehrter Patrone.

Die Zahlenwerte

Die Zahlen von 1 bis 13, die mit den zwanzig Tageszeichen kombiniert werden, haben ihre eigene mantische Bedeutung. Jede von ihnen besitzt ihre Patronatsgottheit und es entspricht ihr eine Vogelart. Bei den Quiché gelten die Zahlen 1, 2 und 3 als freundlich, da sie noch „jung" sind; 11, 12 und 13 stehen im Ruf, „alt, verbittert und gewalttätig" zu sein. Die mittleren Werte 7, 8 und 9 sind als wertneutral bezeichnet. In den Ansichten und Auffassungen bestehen zwar große Unterschiede, doch existiert ein zugrundeliegendes gleichartiges System. Für Altmexiko beschreibt Motolinía: „Sie hielten einen geraden Tag für ‚böse', ebenso die Zahlen 4, 6 und 8. Weil sie immer vom Zahlenwert des Tages der Geburt weiter zählten, wählten sie für das Fest der Namensgebung einen ungeraden Tag, denn *Gerade* und *Ungerade* ergeben dann zusammen genommen immer eine ungerade Zahl, und diese betrachteten sie dann als gut".[19]

Ausführliche Angaben verdanken wir zumeist Sahagún: Die Zahl 1 mit dem Feuergott als Patron verändert das mit ihr kombinierte Tageszeichen nicht, sondern sie verstärkt dessen Wirkung sogar noch. 2, 4, 6 und 8 gelten als negativ, wobei allerdings 2 und 8 ebenso als neutral gelten können, denn Tlaltecuhtli, der Herr der Erde, ist Patron von 2, der Regengott Tlaloc jener von 8. Die Zahl 4 gilt als schlecht, obwohl der Sonnengott ihr Patron ist, 6 mit dem Totengott wieder muß schlecht sein, weil er Elend und einen frühen Tod mit sich bringt. Die Wassergöttin Chalchiuhtlicue wieder macht ihre Zahl 3 günstig für Verdienste und Würden. Den geopferten Kriegern und den im Kindbett verstorbenen Frauen, den *Tonallêquê* und den *Cihuapipiltin*, untersteht die Zahl 5 mit einem „ambivalenten" oder „bösen" Omen. Ein an einem solchen Tag Geborener kann entarten, aber es ist auch Besserung möglich, wenn man sich die ungünstige Ausgangslage zu Herzen nimmt. Logischerweise kommt es aber zur Überschneidung mit dem Gott 5 Blume (Macuilxochitl), ebenso zu Nanahuatzin, der zur Sonne wurde, bestehen Verbindungen. Genau so sind die Cihuapipiltin der Muttergöttin Tlazolteotl ikonographisch gleich. „Herr und Herrin der Zweiheit" verleihen ihrer Zahl 7 Überfluß und Reichtum, wie ja auch „7 Schlange" (Chicomecoatl) der Name des Mais ist. Der Windgott bringt seiner Zahl 9 keine guten Prognosen mit, weil Verbindung mit der Zauberei besteht und sie die Anzahl der Unterwelten ausdrückt. 10 hat trotz ihrer Stellung als gerade Zahl mit ihrem Schutzgott Tezcatlipoca sehr gute Bedeutung, verspricht dieser doch Erfolg, wie er Geschenke und Belohnung bringt. Der gute Einfluß strahlt sogar noch auf die nächste Zahl 11 mit dem „Herrn Nacht" (Yoaltecuhtli) weiter, genau so entsprechend auf 12 mit dem „Herrn der Dämmerung" (Tlahuizcalpantecuhtli). Die Schlußzahl 13 dann ist wieder ganz gut, denn ihre Aspekte sind Vollendung, Zufriedenheit; das Patronatspaar „Herr und Herrin der Zweiheit" (Ometecuhtli, Omecihuatl) übt eine entsprechende Wirkung aus.

Deutlich wird sichtbar, wie weit übertragene Eigenschaften und Affekte sich auf Zahlen und Zeichen in der Kombination auswirken sollen. Als Beispiele hierfür hätte der Tag 2 Hirsch das Omen von Feigheit und Elend, denn das ängstliche, überaus sensible Tier tritt in Verbindung mit der bösen Zahl 2. Der Tag 3 Hirsch hingegen bedeutet Verdienst und Einkommen; hier treten zur guten Zahl 3 die Eigenschaften des Rotwildes hervor, sich in den Bergen ohne Probleme sein Futter zu finden. Auch ein Tag 7 Rohr vermag Einkommen zu verschaffen, weil sie die gute Zahl 7 mit dem Rohr als Würdezeichen zu Kraft und Autorität verbindet. Rohr für sich kann aber ebenso als hohl und schwach in die Richtung von „leicht" und „nachgiebig" führen. Während der Tag 9 Wind, wie bereits ausgeführt, ganz schlecht ist, man an ihm nichts zustande bringt, weil sich die beiden negativen Elemente der Zahl des Todes mit dem alles mit sich forttragenden Wind verbinden, erscheint ein Tag 10 Wind wieder als gut, denn hier vermag der Wind den Erfolg sogar herbeizuwehen. 1 Krokodil ist in jeder Hinsicht günstig, ein Tag des Überflusses und sprühender Kreativität, 9 Krokodil jedoch muß ganz schlecht sein, weil alle Energie negativ ausgerichtet ist, wodurch Zank und Lüge als Folge auftreten.

„Neun Herren", „Dreizehn Herren" und dreizehn Vögel

Zwei Serien von Göttern begleiten den Lauf der Tage durch die Zeit: eine Reihe der neun „Herren der Nacht" und eine Reihe der dreizehn „Herren des Tages", aztekisch *Yohualteuctin* bzw. *Tonalteuctin*, wobei die letztere Götterfolge noch dreizehn Vögel beigesetzt hat. Der Neunerreihe begegnen wir in den Codices Cospi (**34**), Fejérváry (**44**), Borgia (**45**), Vaticanus 3738 und Telleriano-Remensis (**30/31**), wie in den Trecenas des Tonalamatl Aubin (**40**) und des Codex Borbonicus (**50**). Die 13 Vögel umrahmen das Opfer für die Sonne (**46**). Sonst erscheinen sie noch in den beiden Trecenas (**50, 40**) und im Codex Tudela.

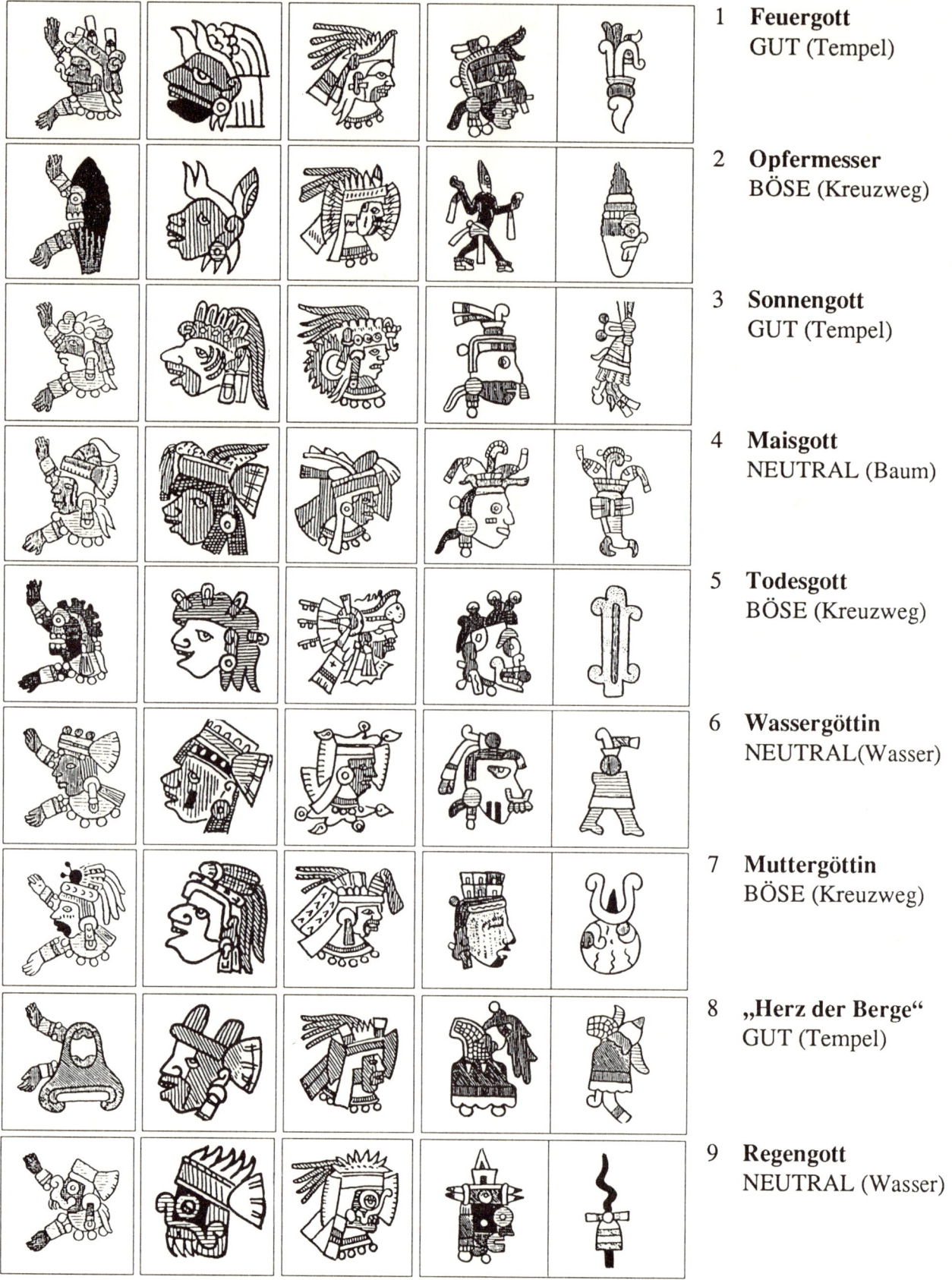

1 **Feuergott**
GUT (Tempel)

2 **Opfermesser**
BÖSE (Kreuzweg)

3 **Sonnengott**
GUT (Tempel)

4 **Maisgott**
NEUTRAL (Baum)

5 **Todesgott**
BÖSE (Kreuzweg)

6 **Wassergöttin**
NEUTRAL (Wasser)

7 **Muttergöttin**
BÖSE (Kreuzweg)

8 **„Herz der Berge"**
GUT (Tempel)

9 **Regengott**
NEUTRAL (Wasser)

3 2 1

6 5 4

9 8 7

44

9	8	7
4	5	6
3	2	1

46

47

13	12	11	10	9

(zentrales Bild:)
links im Ausschnitt
wiedergegeben

8

7

6

1	2	3	4	5

Die 13 Vögel im Codex Borgia
[Bestimmungen nach Seler]

13 - bunter Papagei
12 - Quetzal
11 - roter Arara
10 - Käuzchen
9 - Truthahn
8 - Adler
7 - Schmetterling
6 - Eule
5 - Adler
4 - Wachtel
3 - Waldhuhn
2 - grüner Kolibri
1 - weißer (blauer) Kolibri

44 Codex Fejérváry-Mayer, Seite 2 - 4 oben.
Die Reihe der „Neun Herren" in Vollfiguren, nach rechts schreitend. Die Tageszeichen sind als Numerierung verwendet. Reizvoll ist der Vergleich der klaren, fast generalisierten Darstellung mit der gleichen Gruppe im Codex Borgia.

45 Codex Borgia, Seite 14.
Die gleiche Reihe der „Neun Herren" in Vollfiguren, gemäß Blickrichtung in Serpentine von unten rechts nach oben links schreitend, die Tageszeichen sind wieder zur Numerierung verwendet. Möglicherweise beziehen sich Tempel (1,3,8), Kreuzwege (2,5,7) und Wasser/Baum (4,6,9) auf „gut", „negativ" und „indifferent".

46 Codex Borgia, Seite 71 (Ausschnitt) und die umrahmenden Vögel (oben).
Von einem Wesen in Raubtiergestalt empfängt der auf dem Thron sitzende Sonnengott, der Herr des gegenwärtigen Weltalters „4 Bewegung", ein Wachtelopfer. Am Himmel ist das Kaninchen im Mondgefäß zu sehen, unten der geöffnete Erddrachen. Neben dem Sternenhimmel steht die Jahresangabe „1 Rohr".
Der Festtag für „4 Bewegung" (nach Sahagún, Buch 7; gekürzt): Schon ehe der Festtag kam, fastete man vier Tage lang. Wenn das Fest anbrach, den Menschen zum Geschenk sich bot, brachte man Weihrauch dar, setzte ihn in Glut, und entzog sich viermal Blut: Früh, wenn es noch dunkel war, wenn die Sonne in Mittag stand, wenn sie sich seitwärts wandte und endlich, wenn sie nach Hause ging, untertauchte. Manchmal zeigt sie sich ganz blutfarben, tiefrot, dunkelrot und manchmal ganz fahl, bleichgesichtig; ganz leichengelb wird sie von Wolken und Wolkennebeln.

47 Codex Vaticanus 3773, Seite 27. In einer symbolischen Passage kämpfen Schlange und Adler um ein Kaninchen. Astral als Darstellung einer Finsternis gedeutet: Sonne / Adler - Mond / Kaninchen und Erde / Schlange.

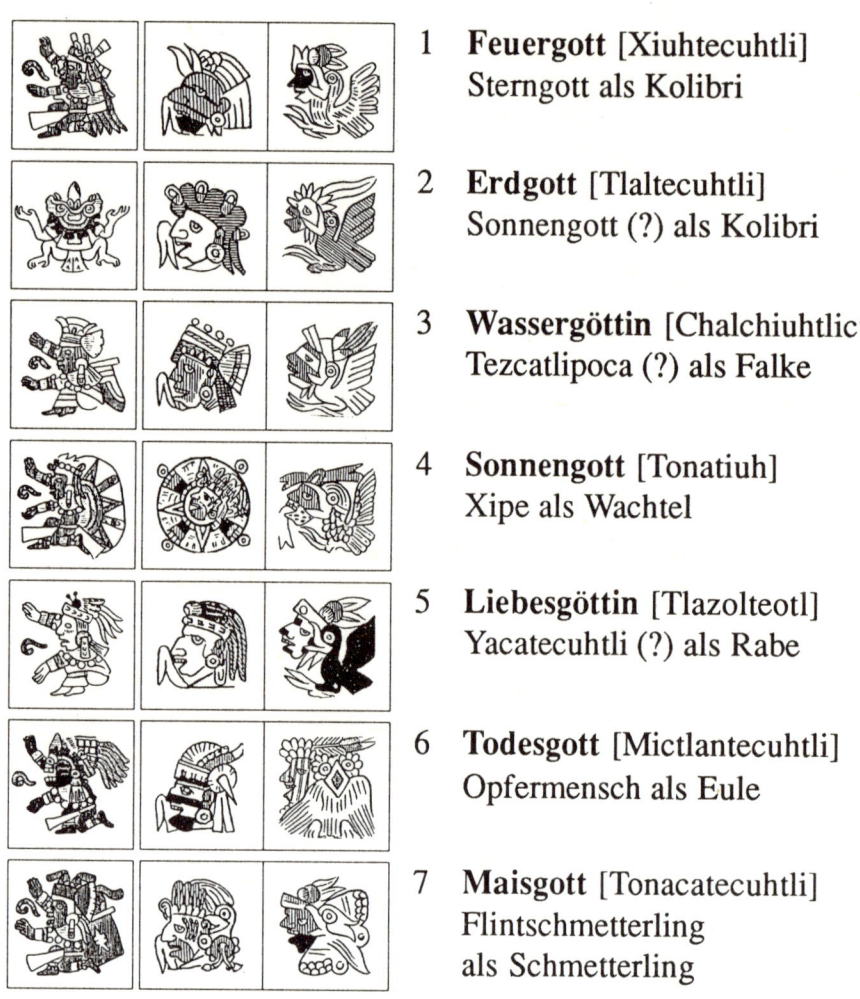

1 **Feuergott** [Xiuhtecuhtli]
Sterngott als Kolibri

2 **Erdgott** [Tlaltecuhtli]
Sonnengott (?) als Kolibri

3 **Wassergöttin** [Chalchiuhtlicue]
Tezcatlipoca (?) als Falke

4 **Sonnengott** [Tonatiuh]
Xipe als Wachtel

5 **Liebesgöttin** [Tlazolteotl]
Yacatecuhtli (?) als Rabe

6 **Todesgott** [Mictlantecuhtli]
Opfermensch als Eule

7 **Maisgott** [Tonacatecuhtli]
Flintschmetterling
als Schmetterling

Sonne und Mond, die Opfer in der Nacht …

Die Sonne ist der Adler mit den feurigen Pfeilen, des Jahres Herr und Gott. Der Mond, der mit dem Steinhaus der Tecciztli-Schnecke, ist bleich vor Kälte, ist ganz weiß … dann ist's, wie wenn ein kleines Kaninchen in sein Gesicht geworfen wäre.
(Sahagún, Buch 7)

Etliche Leute sagen, der Mond sei voll Wasser; und wenn dieses Wasser herauskomme, käme es zusammen mit den Wolken. Und wenn wir nicht zu Gott beteten, würden wir ertrinken.
(Gewährsmann Schultze Jenas aus Zitatla, Guerrero, 1930)

Wenn die Sonne fortgegangen, brachte man das erste Brandopfer dar, ein zweites, sobald es völlig Nacht geworden, ein drittes, wenn man sich schlafen legte. Ein viertes war die „Stunde des Trompetens" bei Hochstand der Sterne, um Mitternacht, beim fünften Opfer, entzog man sich Blut. Ein sechstes Opfer war zur Zeit des Aufgangs des Morgensterns, ein siebentes wenn die Erde sich ganz erhellte. Der Morgenstern bringt die „Vielen", die Sterne der Nacht, zum Verschwinden …
(Sahagún, Buch 7)

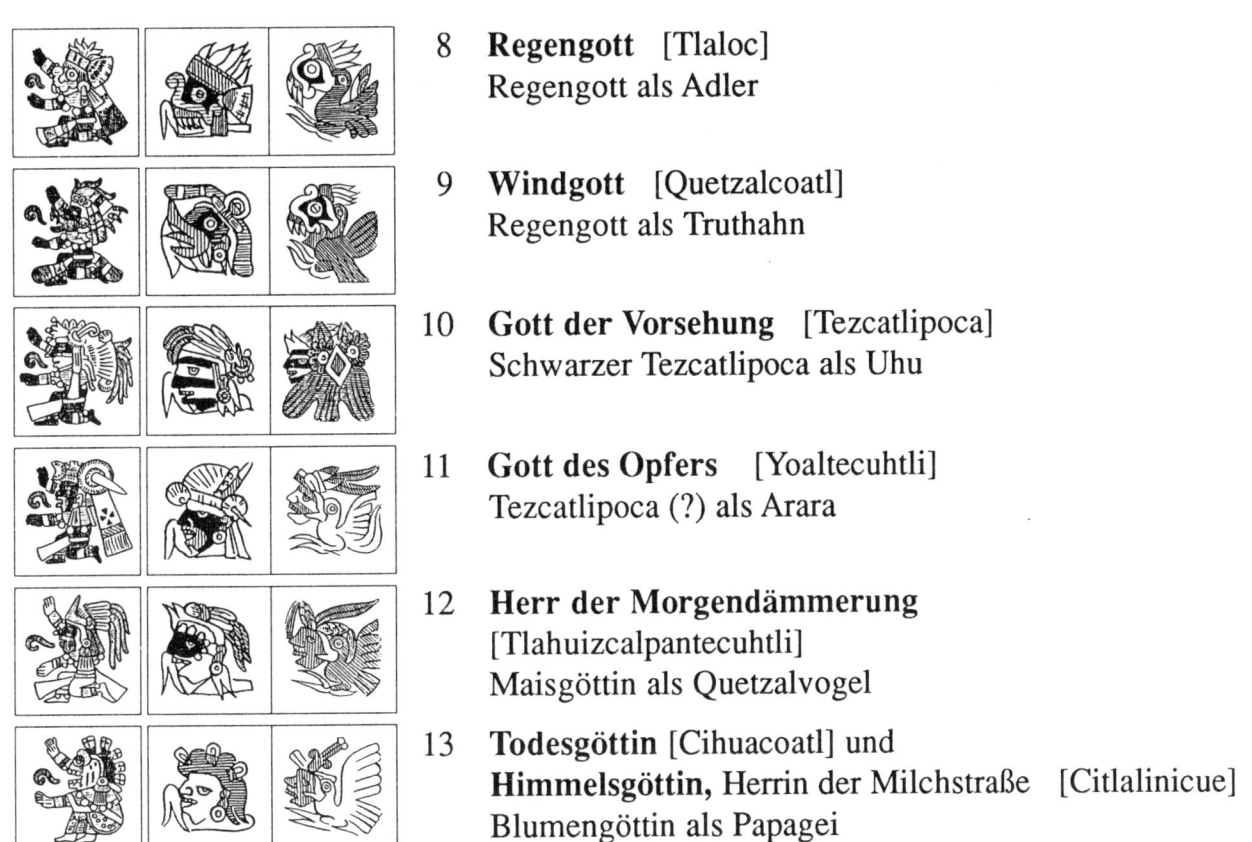

8 **Regengott** [Tlaloc]
Regengott als Adler

9 **Windgott** [Quetzalcoatl]
Regengott als Truthahn

10 **Gott der Vorsehung** [Tezcatlipoca]
Schwarzer Tezcatlipoca als Uhu

11 **Gott des Opfers** [Yoaltecuhtli]
Tezcatlipoca (?) als Arara

12 **Herr der Morgendämmerung**
[Tlahuizcalpantecuhtli]
Maisgöttin als Quetzalvogel

13 **Todesgöttin** [Cihuacoatl] und
Himmelsgöttin, Herrin der Milchstraße [Citlalinicue]
Blumengöttin als Papagei

Die „13 Herren" im Codex Borbonicus und (zweifach) im Tonalamatl Aubin. Nur aus dem Tonalamatl Aubin kennen wir aus Vogelschnäbel blickende Gottheiten, wahrscheinlich das *Nahualli* ausdrückend. Zur leichteren Orientierung wurden die aztekischen Götternamen beigefügt.

Wahrsager und Abwehr

Bei bösen Vorzeichen wurde unmittelbar ein Wahrsager aufgesucht, denn die Alten hatten den Menschen wenig Günstiges und Erfreuliches vorausgesagt. Um nun Mühsal, Last und Elend abzuwenden, hat das entsprechende Zeichen in der Tagestafel nachgeschlagen zu werden. Wenn ein Gott den Menschen treffen wollte, war ein wildes Tier ohne Zweifel der Mittler oder Künder. Versprochene Abhilfe bot der Zauberkundige an: „Fasse Mut, sei nicht traurig! Wage alles, denn noch ist dein Herz erstarrt. Nur auf dem ersten Blick ist es hoffnungslos. Ich lasse die Sache gut für dich auslaufen, mache dich fest wie ein Fels. Verdiene dir's! Es gehe die Zurichtung der Opferpapiere schnell der Vollendung zu. Nimm den Aderlaß an dir vor. Kaufe sogleich all die Sachen, das Papier, das Räucherharz, den Kautschuk. Ist dies geschehen, werden wir es zu wissen bekommen: Das ist der Kalendertag, an dem wir dem Opfer heischenden Toten Speise verabreichen werden. Du wirst mitkommen, an Ort und Stelle werde ich selbst die Sache in die Hand nehmen. Ich will alles zurichten, werde alles Nötige anordnen. Für unsere Götter soll unsere Blutentziehung sein."

(Sahagún, Buch 5)

71

Der Vogel ist die Manifestation des Gottes des jeweiligen Tages als dessen *Nahualli* oder Verkleidung. Wer an einem bestimmten Tag dem „Vogel des Tages" begegnete, ließ seine Arbeit liegen und ging, um dem Patron ein Opfer darzubringen.

1 Nexuitzil
aschenfarbener Kolibri
[auch: weißer (blauer) Kolibri]

8 Tlotli
Sperber
[auch: Adler]

2 Quetzalhuitzil
grüner Kolibri

9 Chalchiuhtotolin
Edelsteinhuhn
(Truthahn)

3 Cocotzin
kleine Taube

10 Tecolotl
Uhu

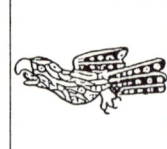

4 Tzolin
Wachtel

11 Quetzaltototl
Quetzal*

5 Cacalotl
Rabe

12 Chiconcuetzali
Bunter Quetzal*

6 Chicoatli
Baumeule

13 Toznene
(junger) Papagei

7 Papalotl
Schmetterling

* 11 und 12 sind in den Codices Borgia und Telleriano Remensis vertauscht [dann: roter Arara und Quetzal]

Die 13 Vögel als Begleiter der Zahlen und ihre Schutzgötter finden sich namentlich angeführt im Codex Tudela, Seite 98/99. Die bildliche Wiedergabe hier ist den Trecenas des Codex Borbonicus entnommen. Abweichungen in den Vogellisten stehen vermerkt.

Beladen mit „göttlicher Strafe" und „Krankheit" scheinen die Frauengestalten (= Mond-göttin) einer augurischen Passage in der Dresdner Handschrift zu sein, die Vögel auf sich sitzen haben, offenbar als bildhafter Ausdruck für Krankheiten. Die hakenförmige Hieroglyphe wird als *mut* gelesen, was in Maya sowohl „Vogel" wie „Vorzeichen" bedeutet. Vögel geben in übertragener Bedeutung einzelne Krankheitsnamen wieder.

Codex Dresden, S. 16/17c. Die Krankheiten sind in Vogelgestalt wiedergegeben und bedeuten die Traglasten oder Vorzeichen („*mut*") der Mondgöttin: Muan-Vogel, Quetzal, Arara, Truthahngeier, Geier, Truthahn. Nur drei Textpassagen der augurischen Tabelle sind mit Bildern versehen.

Von Vorzeichen und Träumen

Das zeitliche Moment mit seinem empfundenen Gut und Böse beherrschte alles Tun, ließ alles Geschehen in kausale Abhängigkeit treten. Als lebendige Wesen begegnen die Tage dem Indianer. Deshalb spricht er sie entsprechend an: Tonalli – die Seele, der Geist, die Sonnenwärme – dekliniert deshalb als „Lebendiges" in den Plural als *„tonaltin"*. Die Arbeitsleistung des Sonnenlaufes, wie die Umdrehung der Gestirne erfordert Zufuhr an Kraft und Jugendfrische. Durch Opferleistung kann der Mensch über den toten Punkt der Kulmination hinweghelfen, damit nicht wieder die Nacht eintritt, wie sie einst in grauer Vorzeit geherrscht hatte. Mißachtung und Nachlässigkeit straft die Gottheit durch Übelwollen. Von Haus aus dem Menschen negative Kräfte mögen in ihrer Auswirkung milder gestimmt oder besänftigt werden. Gut oder feindselig-übel, kann ein Tag also sein, daneben gibt es unbestimmte oder „schief-gute" Zeiten. Vorbe-stimmtes Glück wie Unglück vermögen rasch umzuschlagen. Deshalb ist die Beachtung aller Anzeichen angezeigt. Solche Omen wirken als Künder kommender Ereignisse. Feinsinnige Tiere fühlen es, die Menschen müssen nur zu hören verstehen.

Das Brüllen eines wilden Tieres, der Vogelschrei, das Geräusch von Holzspalten weit her, das Echo wie von fernem Flötenspiel, wenn die Eule das Haus umfliegt, ein Beutelwiesel den Weg kreuzt oder jemand ein Heulwolf begegnet, ein plötzlicher Ameisenzug im Hof, all das kann schlimme Vorahnungen erwecken. Dutzenden solcher Ankündigungen läßt sich zur rechten Zeit begegnen. Der Traum von einem brennenden Haus, einem einstürzenden Berg oder einem umstürzenden Baum künden den Tod, ebenso der Albtraum, von einem Tier gefressen zu werden. Verfinsterung der Sonne heißt Erblindung oder Verkauf in Sklaverei, der Biß einer Schlange Lähmung. Wer fliegen kann, wird im Kriege umkommen. Solchen und ähnlichen Traumgesichten gilt es rechtzeitig zu begegnen.

Der „altmexikanische Olymp"

Eine Zwölfheit griechischer Götter als Patrone von Stadtstaaten hatte im Athen des 6. Jahrhunderts vor Christus seine Ausformung erfahren. In einer solchen Funktion übernommen, blieben sie in Rom bis ins 4. nachchristliche Jahrhundert bestehen. Durch Synkretismus trat zusätzlich eine Verbindung mit den ägyptischen Mondgöttern ein, welche oft den Olympischen synonyme Gleichsetzung erfuhren. Solche Gedankengänge vereinheitlichender Maßnahmen, um die fremde Welt faßbar zu machen, lagen im Sinne von Bestrebungen, um die man sich in der Renaissancezeit bemühte. Voll der naiven Lebensfreude zunächst, dann aus dem Gefühl heraus, sich nicht mehr als den harmonisch-göttlichen Mikrokosmos zu wissen, wähnte man geheimnisvolle Mysterien ergründen zu können als willkommene Heilssuche nach einem verlorenen Paradies. Eines der Schlüsselwerke zum Verständnis der Bildsprache von Apotheosen und Allegorien der Zeit, Musterbuch, Nachschlagewerk, Lehrbuch und Kompendium zugleich, besitzen wir in Vicenzo Cartaris um die Mitte des 16. Jahrhunderts erstmals erschienenen „Imagini delli dei de gl'antichi", das eine Anzahl von Wiederdrucken erfahren hat. Auch die indianische Welt fand ihren Eingang, versehen mit erläuternden Versuchen zu Vergleichen mit der Welt der ägyptischen Gottheiten.[20]

Astrologie ordnete man zeitgemäß im 16. Jahrhundert der Naturwissenschaft zu. Für Bernardino de Sahagún galt die gesamte mexikanische Kalenderwahrsagung deshalb als „dämonische Nekromantie", weil sie nicht auf den Bewegungen der Gestirne beruhte. Deutlich wurde der Kalender als das Strukturprinzip der indianischen Religion erkannt und wie ein astrologisches Modell betrachtet.

Der Bau des mesoamerikanischen Kalenders selbst beschäftigte die alten Autoren kaum. Einschließlich Sahagún und Durán haben wir lediglich Chronistenberichte im Sinne außenstehender Betrachter, die Eindrücke schildern, ohne auf den Kern einzugehen. Der bereits eingetretene Zeitabstand und die vor sich gehende Verschmelzung wird noch seinen Teil für die Aussagen der

Gewährsleute bedeutet haben, großenteils Angaben aus zweiter Hand, bar der Frische und Unmittelbarkeit. Daß Sahagún als Franziskanermissionar nach seinen Vorstellungen Redaktion führte, ist aus seiner *„Historia general"* vielfach belegt. In der Endfassung seiner Götterbeschreibungen führt er selbst einen interessanten Vergleich an (vgl. S. 61-64) :

Huitzilopochtli - *Herkules*

Tezcatlipoca - *Jupiter*

Chalchiuhtlicue - *Juno*

Chicomecoatl - *Ceres*

Xiuhtecuhtli - *Vulkanus*

Tlazolteotl - *Venus*

Tezcatzoncatl - *Bacchus*

Cihuapipiltin - *Nymphen*

Paynal, der „Vikar" Huitzilopochtlis (S.62: 2), wäre wohl noch als Götterbote — angeführt als „andere Form des *Hermes*" — hinzuzufügen; Macuilxochitl oder Xochipilli (S. 63: 14) entspräche *Apollo*, Tlaloc wieder *Neptun* und so fort.

Wie weit Einbau und Umformung der alten Gedankenwelt in christlichem Gewand erfolgte, zeigt sich sinnfällig bei den Maya Yucatans:

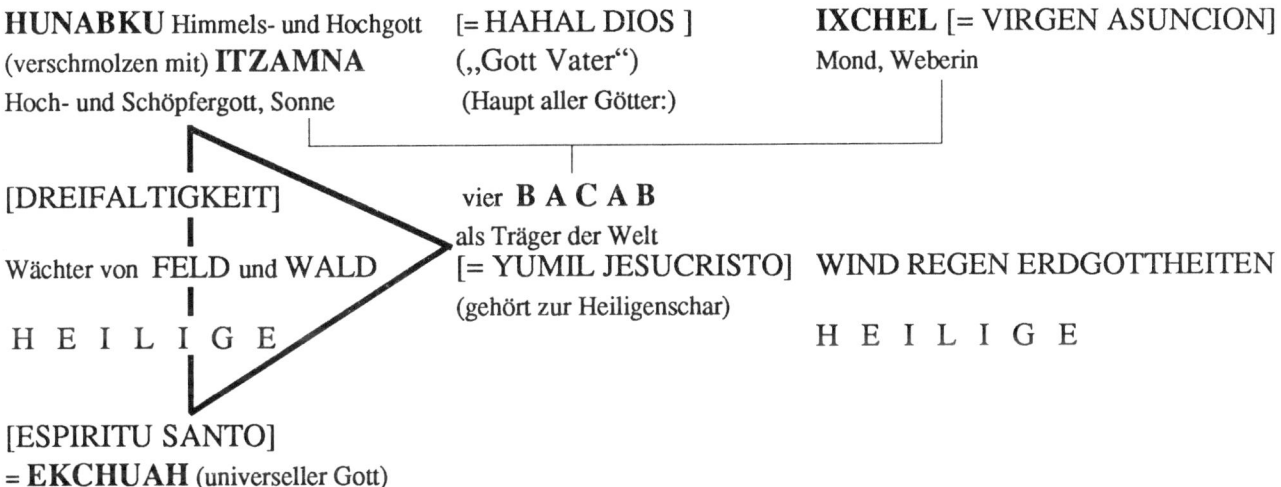

HUNABKU Himmels- und Hochgott (verschmolzen mit) **ITZAMNA** Hoch- und Schöpfergott, Sonne

[= HAHAL DIOS] („Gott Vater") (Haupt aller Götter:)

IXCHEL [= VIRGEN ASUNCION] Mond, Weberin

[DREIFALTIGKEIT]

Wächter von FELD und WALD

H E I L I G E

vier **B A C A B** als Träger der Welt [= YUMIL JESUCRISTO] (gehört zur Heiligenschar)

WIND REGEN ERDGOTTHEITEN

H E I L I G E

[ESPIRITU SANTO] = **EKCHUAH** (universeller Gott)

Es läßt sich wohl mit Recht bezweifeln, daß solche Glaubensinhalte in vorkolumbischer Zeit je bestanden hatten. Altindianischer metaphysischer Vorstellungswelt entwachsen, sollen Gedanken an eine umfassende Schicksalsmacht sein, die in Ausdrücken wie *Ipalnemoa* („Der, durch den man lebt") oder *Tloque Nahuaque* („Herr des Bei und Mit") ihre Fassung finden. Wenn hier in Anklängen an Tezcatlipoca gedacht wird, oder Nezahualcoyotl, dem berühmten königlichen Philosophen von Tezcoco (1402-1472), der Satz „In der neunten Sphäre des Himmels wohnt die Endursache alles Seienden" zugeschrieben werden, wird der *„Dios"* der Christen und gleichzeitig der Lebensspender im heidnischen Sinn angesprochen. Dichtkunst und religiöse Inhalte sind offenbar zu einer symphonischen Einheit verschmolzen, an der Altamerika ebenso beachtlich seinen Part spielt wie europäische Mönchsweisheit.

48 Codex Vaticanus 3773, Seite 75.

„Leben-Tod" als mantische Doppelgestalt im Gegensatz des Wind- und des Totengottes. In der Art der Hirschgestalt (35) tritt uns das von 15 Tageszeichen umgebene Doppelwesen entgegen. Der Rahmen zeigt, links unten beginnend, entgegen dem Uhrzeigersinn die zwanzig Tageszeichen und weiterführend nochmals die ersten fünf. Eine ähnliche Darstellung kehrt in Codex Borgia, S. 73 wieder, allerdings mit einer Reihe von Varianten (seitenverkehrte Gestalt mit gleicher Tageszeichenordnung, 46 Tagessymbole). Bemerkenswert ist die Verteilung in je drei zusammenhängende Zeichen: 1-2-3 = Augen, Scheitel, Auge; 4-5-6 = Hand, Mund (Schlange als Atem) [vgl. die Windhauch / Atem-Volute beim Windgott], Hand; 7-8-9 = Armbeuge, Brust, Armbeuge; 10-11-12 = Knie, Schoß, Knie; 13-14-15 = Fuß, Schurz, Fuß [Borgia hätte noch 16-17 über den Ohren, 18 am Totenschädel, 19 am Schoß, 20 als Atem des Totengottes] .

49 Codex Laud, Seite 2.

Der Regengott im Kranz frei angeordneter Tageszeichen, zwischen „kostbarem" Himmelband mit Regenwolken und dem belebten wellenschlagenden Gewässer (Schlangenwesen im Schneckenhaus, Krokodil mit Juwel, Schlangenwesen in Muschel), dazu ist einer seiner kleinen Gehilfen in Froschgestalt dabei, Wasser aus einem Regenkrug auszuschütten. Aus seinem Mund steigt eine Nebel- oder Wolkenvolute empor, wie sie auch bizarr vom Himmel herabhängt oder der Gott eine Wolkenaxt in der Linken hält. Die andere Hand schwingt eine Blitz- oder Feuerschlange. Üppig gedeiht der Mais. Überaus reizvoll ist der Farbton der Seite. Zweierlei Blau kontrastieren zum zart gehaltenen Rotbraun und leichten Grautönen auf dem weißen Grund (vgl. **93/94**).

50 Codex Borbonicus, Seite 5.

Die 5. Trecena „1 Rohr" wird von Chalchiuhtlicue, der „Frau mit dem Edelsteinrock" als Patronin verkörpert. Sie ist selbst das fließende Wasser, das im Schwall ihrem Thronsessel entströmt und alles mit sich fortreißt. Unter anderem trägt er den Kopfschmuck der Göttermutter (Teteoinnan) fort, welche menschliche Fruchtbarkeit symbolisiert (vgl. S. 52); Menschenleben und Besitz sind vergänglich. Einen besonderen Hinweis verdienen die für Mais- und Wassergottheiten charakteristischen Nackenschleifen aus gefaltetem, kautschukbetropftem Amatepapier, der dreieckförmige Schulterüberwurf mit Troddelbesatz und die muschelbesetzte Kopfbinde mit der mehrmals um den Schädel gewundenen Schnur. Neben den Opferschalen sind Stein und Holz als Zeichen richterlicher Gewalt beigesetzt. Zu den Kolonnen der Patronatsgötter vgl. die Seiten 68, 70f und 72 .

51 Codex Borbonicus, Seite 13 (Ausschnitt).

Die Patronin der 13. Trecena „1 Erdbeben" ist Ixcuina - Tlazolteotl. Sie trägt eine übergezogene Menschenhaut. Um den Mund fressen bereits Würmer von dem Überzug. Reich geschmückt ist die Göttin mit ungesponnener Baumwolle. Den schwarz-roten Sitz, Lendenschurz und Scheitelschmuck zieren weiße Mondsicheln. Das von oben in die Göttergestalt eingehende Kind verläßt den Leib der Mutter unten wieder. Nach dem Kopfputz scheint es die verjüngte Göttin selbst zu sein. Allerlei Opfergerätschaften runden das Bild ab. (vgl. S. 51).

52 Codex Borgia, Seite 72.

Vier Viertel, vier Feuerschlangen – ein Weltbild. Wegen der Vielzahl seiner Aussagemöglichkeiten – Tageszeichen kommen aus Auge, Ohr, Herz und Leib hervor oder zeigen ihre Bindungen und Entsprechungen an – nannte Nowotny in seinem Kommentar das Bild ein Kryptogramm, dessen „Auflösung den alten Mexikanern sicher denselben intellektuellen Genuß bereitete wie heute den Mexikanisten"[21]. Vier Feuerschlangen in Ost (grün), Nord(bunt), West(blau) und Süd (knochenfarbig) tragen die 12 Scheiben des Weiterzählens von einem Tageszeichen bis zum nächsten im Folgeviertel [1.Viertel : 1⁺-5°-9°-13*-17˙ / 2.Viertel : 2⁺-6°-10°-14*-18˙ / 3.Viertel : 3⁺-7°-11°-15*-19˙ / 4.Viertel : 4⁺-8°-12°-16*-20˙] wie Ornamente auf ihren Leibern. 5 x 13 = 65, 4 mal gesetzt = 260, also ein volles Ritualjahr wie im berühmten Weltbild des Codex Fejérváry-Mayer, Seite 1 (28). Je zwei Gegensatzpaare sind betont: Grün und Blau (Quetzalfederschlange, Türkisschlange) mit günstigen Gottheiten (Windgott, Regengott) stehen Bunt und Fahl (Buntschlange, Knochenschlange) mit ungünstigen Gottheiten (weiblichen und männlichen Toten) gegenüber. In Verbindung der Körperteile mit den Anfangstagen der 20 Wochen eröffnete eine unabsehbare Möglichkeit für Orakelsprüche. Rauschtrankgefäß, Kautschukopfer, Knochendolch und Mais oder Korallenotter verweisen auf Heilmittel bei Gefahren.

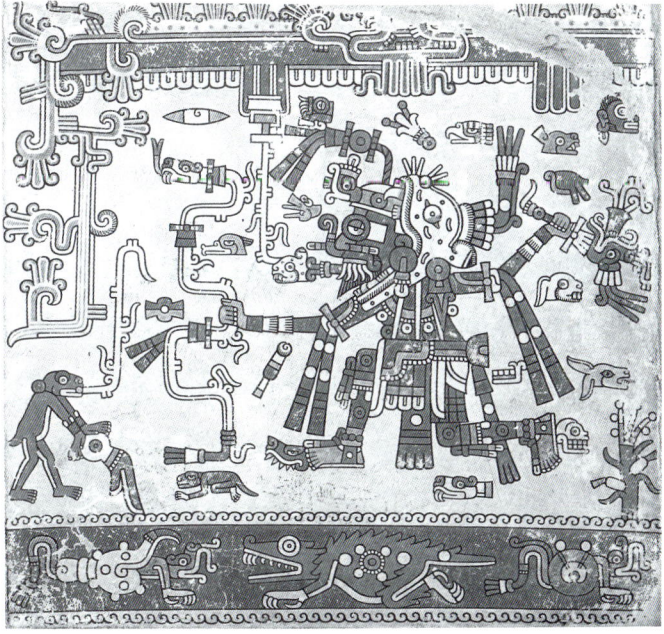

48

49

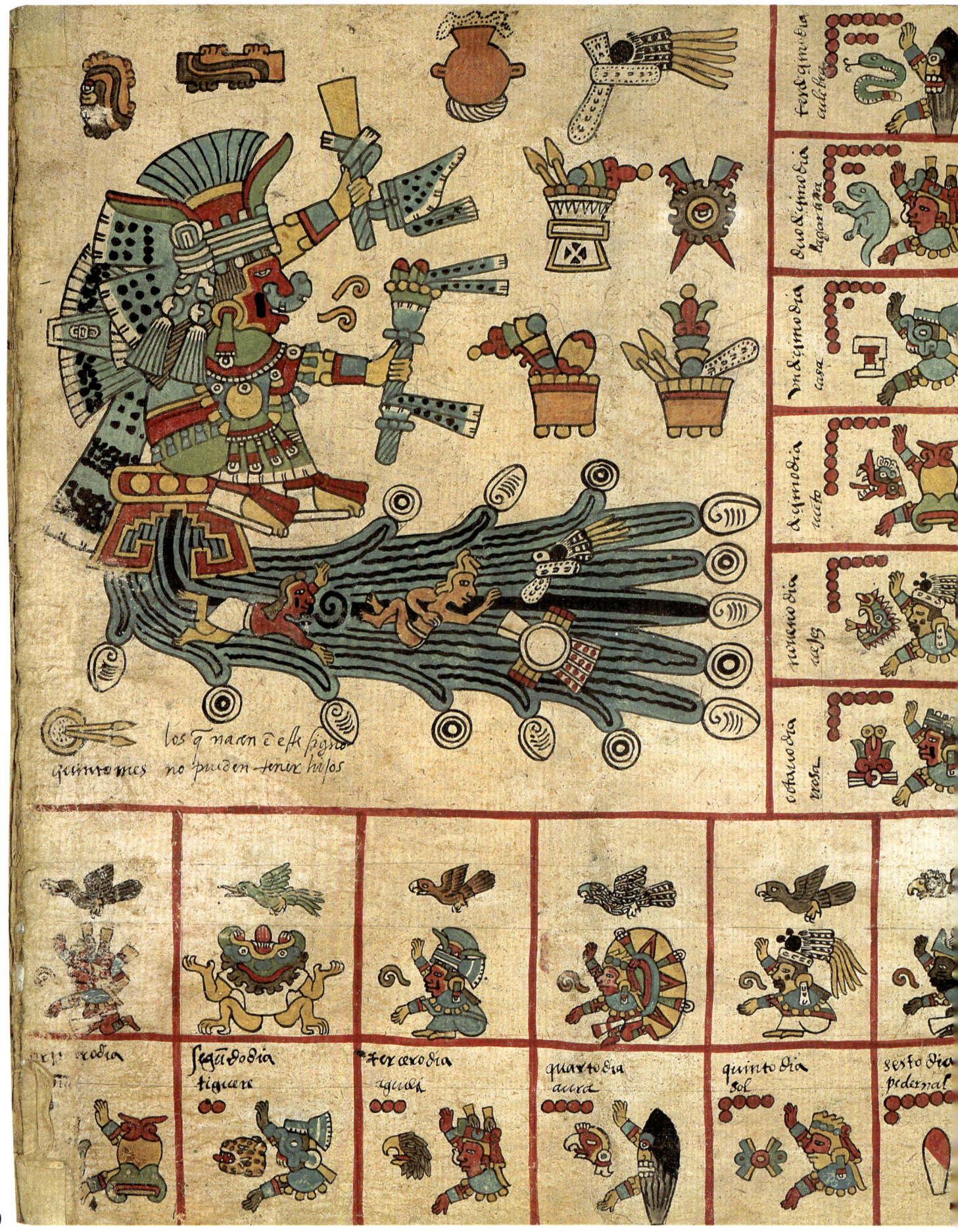

los q̃ nacen ē este signo
quiuromes no pueden tener hijos

forcimōdia
culebra

enodcimodia
lagartija

on dcimodia
casa

dcimodia
viento

nueno dia
aguila

octauo dia
rosa

primero dia
flor

segūdo dia
tiguere

tercero dia
aguila

quarto dia
aire

quinto dia
sol

sesto dia
pedernal

septimodia
Rcnax

los q̃
mon

51

52

Vom Jahr, den Jahresträgern und den „Jahresbündeln"

Der mesoamerikanische Kalender kannte keine Schalttage, weil solche das immerfort laufende Zeitenrund in Unordnung gestürzt hätten. Wie die Perlen einer Kette folgen einander die Tage, steht ein Jahr hinter dem anderen. Dies schon zu einer noch sonnenlosen Zeit. Neben dem 260-Tage-Jahr bestand ein solches von 365 Tagen in Angleichung an das Sonnenjahr mit achtzehn Jahresfesten zum Ende der unseren Monaten vergleichbaren 20-tägigen Abschnitten. Nach den 360 Tagen bleiben nun 5 Tage über. Da sie keine vollständige Einheit bildeten, wurden sie als die „Überschüssigen" (aztekisch „nemontemi") bezeichnet; die Maya nannten sie „Tage ohne Wert" („xma kaba kin"). Die Tageszählung schritt um 5 Tage weiter, nach vier Jahren trat folglich erst wieder das gleiche Tageszeichen auf. Die Automatik des Kalenders verband diese vier Tageszeichen mit den 13 Zahlen. Somit ergeben 13 x 4 oder 52 Jahre von 365 Tagen Dauer, (aztekisch xihuitl) ein abgeschlossenes mexikanisches „Jahrhundert" oder Jahresbündel (xiuhmolpilli). Es hatte sich ergeben, daß der Jahresbeginn lediglich auf die Tage c a l l i , t o c h t l i , a c a t l und t e c p a t l fiel. Wir nennen sie deshalb die vier Jahresträger. Mit einem Jahre „2 Rohr" begann für die Azteken ein neues Jahresbündel, sinnigerweise durch zusammengebundene Stöcke symbolisiert. 52 „Sonnenjahren" zu je 365 Tagen entsprechen 73 „Ritualjahre" zu je 260 Tagen; ein solches Bündel bilden daher 52 x 73 x 5 oder 18.980 Tage.

Im Duktus der aztekischen Handschriften werden die vier Tageszeichen in Vierecke gesetzt. Die mixtekischen Codices verwenden einen durch eine Schlaufe gezogenen „Sonnenstrahl". Das so entstandene Zeichen ist unserem „A" ähnlich.

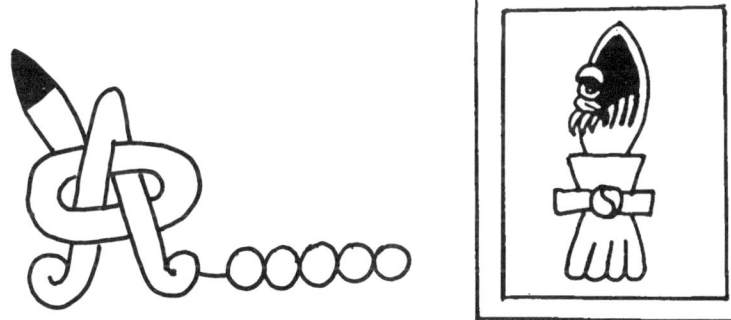

"5 F l i n t" oder Feuerstein geschrieben im mixtekischen und im aztekischen Stil

Weil man den Angaben über das Bestehen historischer Berichte mißtraute, wurden von den Interpreten in die Daten astronomische Aufzeichnungen hineingeheimnist. Der Streit ist zugunsten der Ereignisgeschichte entschieden. Von mehr als einem Jahrtausend präkolumbischer Geschichte künden uns die indianischen Chroniken und Steininschriften, wie wir schrittweise in die Bedeutung der priesterlichen Nachschlagbehelfe einzudringen vermögen.

Die Position der Jahresträger im 52 Jahr-Zyklus (beginnend mit „1 Rohr")

	1.	2.	3.	4.	5.	6.	7.	8.	9.	10.	11.	12.	13.
acatl	1.	41.	29.	17.	5.	45.	33.	21.	9.	49.	37.	25.	13.
tecpatl	14.	2.	42.	30.	18.	6.	46.	34.	22.	10.	50.	38.	26.
calli	27.	15.	3.	43.	31.	19.	7.	47.	35.	23.	11.	51.	39.
tochtli	40.	28.	16.	4.	44.	32.	20.	8.	48.	36.	24.	12.	52.

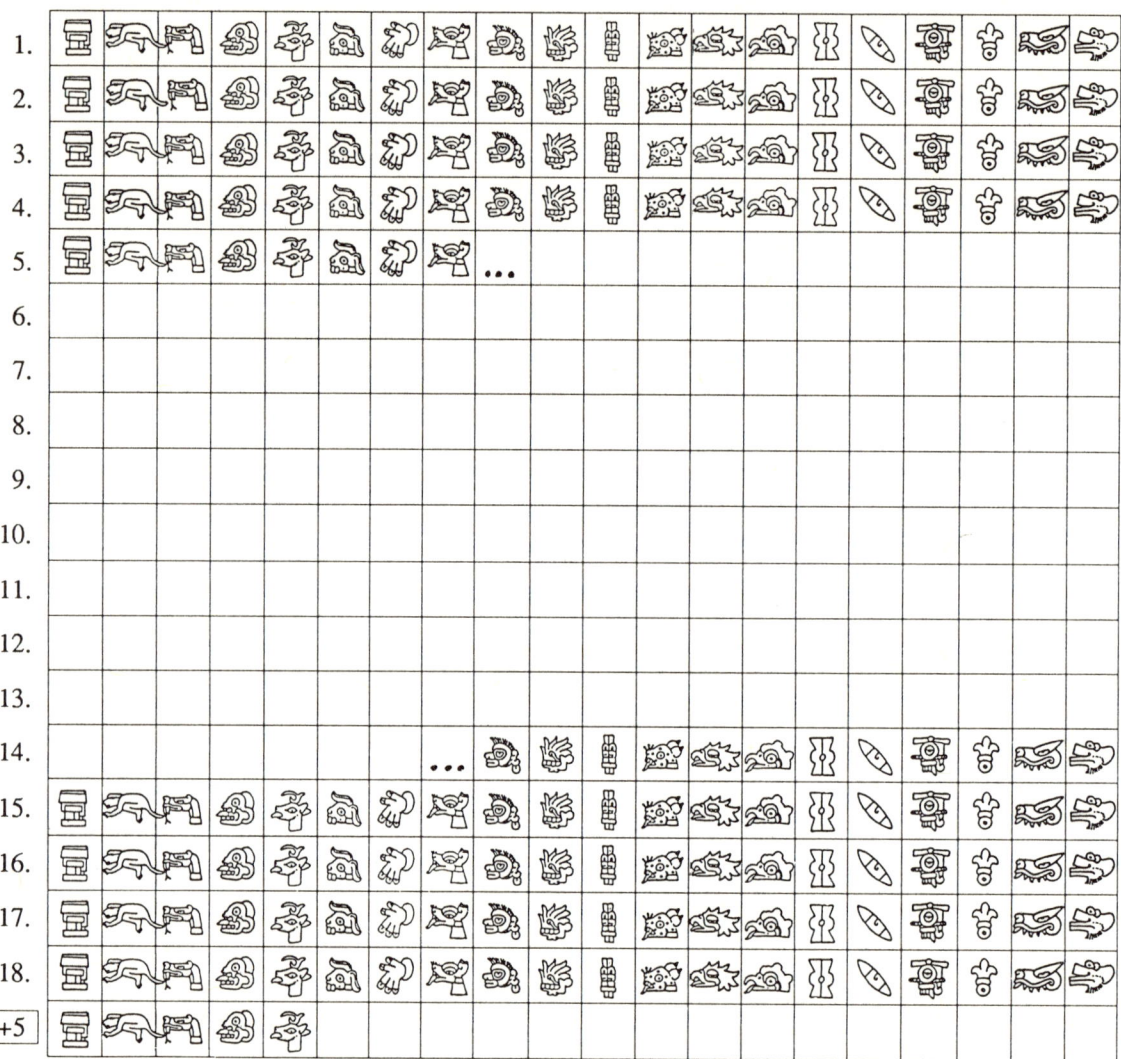

78

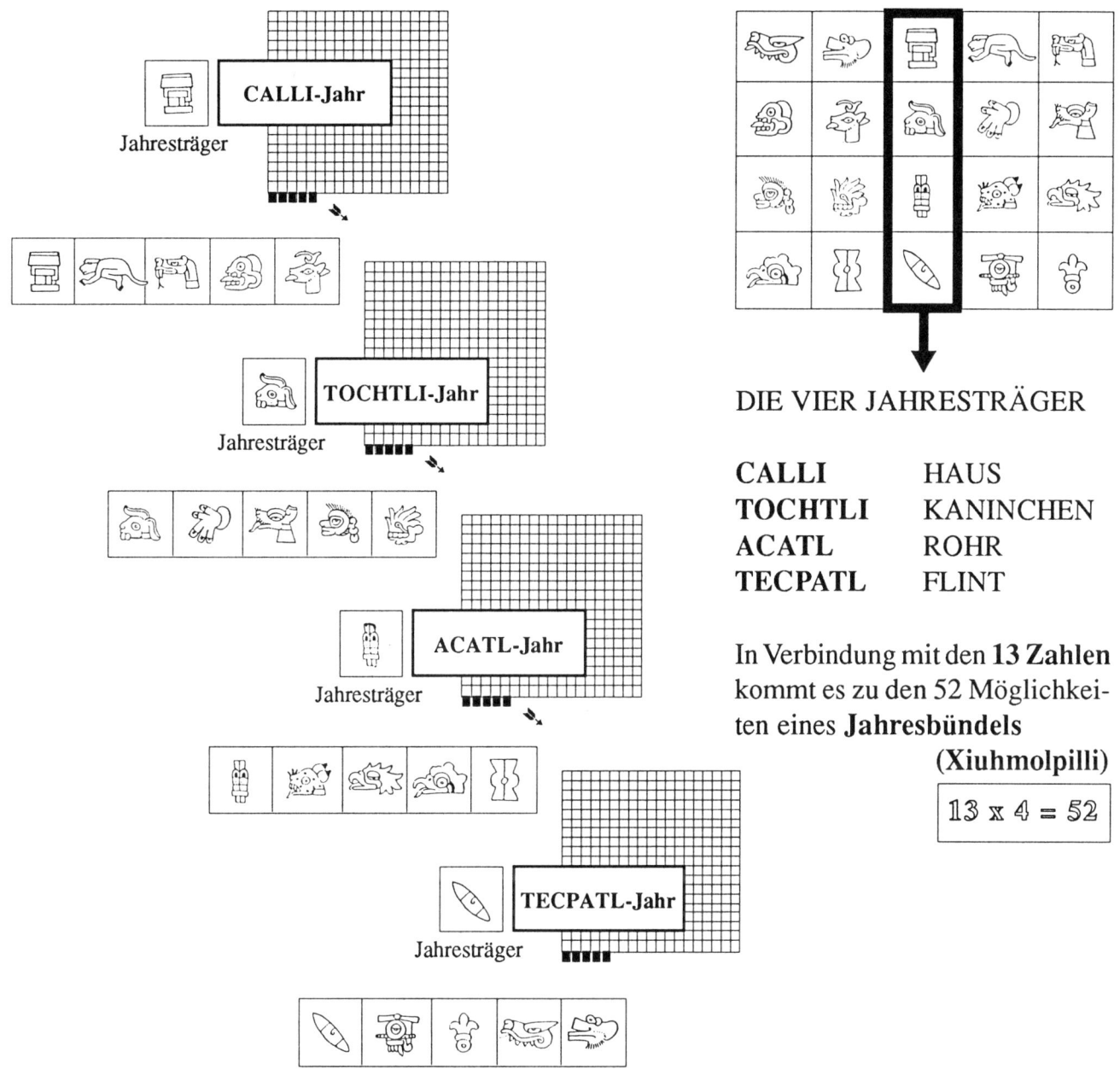

DIE VIER JAHRESTRÄGER

CALLI   HAUS
TOCHTLI   KANINCHEN
ACATL   ROHR
TECPATL   FLINT

In Verbindung mit den **13 Zahlen** kommt es zu den 52 Möglichkeiten eines **Jahresbündels**

(Xiuhmolpilli)

$$13 \times 4 = 52$$

In der Tabelle links wurde ein vollständiges Jahr graphisch dargestellt. Es ist ein CALLI-Jahr (Haus), deshalb beginnen alle 20tägigen „Monate" mit dem gleichen Zeichen Haus: 18 x 20 = 360. Um die fünf Tage der NEMONTEMI läuft die Tageszeichenreihe naturgemäß weiter. Der 366.Tag ist der erste des nächsten Jahres; es ist Tochtli/Kaninchen, somit setzt ein TOCHTLI-Jahr ein. In gleicher Automatik folgt wieder (beachte die Verschiebung um die 5 Tage) ein ACATL (Rohr), dann ein TECPATL (Flint, Feuerstein) -Jahr, auf das erneut ein CALLI-Jahr kommt.

Wieder durch die Automatik rückt die Zahl des Jahresträgers jährlich um 1 weiter. Da die vier Tage der Jahresträger sich mit 13 Zahlen kombinieren, gibt es 13 x 4 = 52 Kombinationsmöglichkeiten, bis wieder die Ausgangszahl erreicht wird. Die Mexikaner sprachen von einem „Jahrbündel" (aztekisch *Xiuhmolpilli*). Es kommt faktisch unserem Jahrhundert gleich. Besondere Zeremonien mußten abgehalten werden. Im Hochtal von Mexiko fand die Abhaltung der „Neufeuerzeremonien" im Jahre „2 Rohr" statt. Die letzte dieser Feuerbohrung war im Jahre 1507. Für diesen Anlaß wurde ein Codex geschaffen, der sich jetzt in Paris befindet: der Codex Borbonicus, über dessen Inhalt und Geschichte vgl. im nächsten Kapitel.

Kalenderrad im Durán-Atlas (Fray Diego Durán, *Historia de las Indias de Nueva España* , México 1880). Die Automatik der Jahresfolge kann an dem Swastika-artigen Rad gut abgelesen werden. Es entsprechen die CALLI- oder Haus-Jahre (*Casas*) dem Westen und sind gelb gefärbt, die TOCHTLI- oder Kaninchen-Jahre (*Conejos*) dem Süden (blau), die ACATL- oder Rohr-Jahre (*Cañas*) dem Osten (grün) und die TECPATL- oder Flint-Jahre (*Pedernales*) dem Norden (rot). In europäisch-mittelalterlicher Manier sind die vier Hauptwindrichtungen durch blasende Köpfe wiedergegeben. Ebenfalls europäisch ist in der Mitte eine Sonne dargestellt; diese Darstellung ist ebenso indianisch, wenn wir den Kalenderstein heranziehen wollen. Daß gerade dieses alles Leben umfassende Symbol der Richtungen und der Zeit von den frühen Franziskanermissionaren als Bildzeichen für „Fe" , den Glauben, gewählt wurde, zeugt von einer psychologischen Einfühlungsgabe ohnegleichen.

Die Wiedergabe des Jahresfestkreises der Tageszeichenreihe in Kombination mit den 18 Monatsfesten und dem 52 Jahr-Zyklus gehört zu der bevorzugten Beschäftigung barockzeitlicher Autoren. Eine Reihe von sieben solcher Darstellungen blieb in der Sammlung von Mariano Fernández de Echevarría y Veytia (1718-1780) erhalten, dessen Materialsammlung zu seiner „*Historia Antigua de México*" (erstmals in Mexiko 1836 publiziert) eine der wichtigsten Quellen für Francisco Xavier Clavigero (1731-1787) wurde. Wahrscheinlich gehen die Kalender großenteils auf den Polyhistoriker Carlos de Sigüenza y Góngora (1645-1700) zurück, ebenso auf die Sammlung Boturinis. Eine der schönsten Wiedergaben ist die von einer Schlange umwundene Tafel (S.102, vgl. auch **17**).

Besondere Beliebtheit fand die Bearbeitungen deshalb, weil die europäischen Vorstellungen von den Entsprechungen im Zusammenhang der Elemente mit den Himmelsrichtungen eingebracht wurden. So ordnet Jacinto de la Serna († 1681) die mexikanischen Jahresträger den vier Elementen zu: Haus / Erde, Kaninchen / Luft, Rohr / Wasser und Flint / Feuer.

Der Codex Borbonicus - Kalender und Chronik

Die aus einem gefalteten Amatestreifen von einst 40 beschriebenen Seiten bestehende Handschrift enthält zwei Abschnitte, welche in einem logischen Zusammenhang stehen. Während sich die 20 Trecenas auf das mantische Jahr oder Tonalpohualli beziehen, wobei 13 Vögeln eine wichtige augurische Rolle zukommt, wird zunächst auf einer Doppelseite der 52 Jahr-Zyklus in der Art des Hochlandstils durch Kästchen und Zahlscheiben vollständig abgebildet. Hier erfahren wir, daß auch jede Hälfte dieses „mexikanischen Jahrhunderts" ein eigenes göttliches Patronatspaar besaß (vgl. S. 137). Der Hauptteil endlich gibt von den 18 Monatsfesten eines Jahresrundes ausgehend einen Zyklus von 52 Jahren wieder.

In der Forschungsgeschichte hatte der Codex ein eigenartiges Schicksal. Seit über einem Jahrhundert dienen eine Reihe seiner Bilder wegen ihrer leuchtenden Farben als beliebte Buchillustrationen, zumal er als d a s klassische religiöse Buch der Azteken von Tenochtitlan galt, das schon kurz nach dem Fall des Reiches von einem aus der vorspanischen Zeit stammenden verschollenen Original kopiert wurde. Nähere Umstände der Herkunft sind leider unbekannt. Seit 1826 jedenfalls ist er in Paris und soll während der napoleonischen Zeit aus der Bibliothek des Escorial entfernt worden sein. Das Fehlen der beiden Anfangs- und Schlußseiten als mögliche Träger einstiger Eigentumsvermerke könnte sich so erklären lassen.

Vorwiegend aus den Berichten von Sahagún und Durán besitzen wir umfangreiche Angaben über die Festkreise von Tenochtitlan, die aber mit dem Befund im Codex Borbonicus in vielen Aspekten nicht übereinstimmen, weshalb der Handschriftentext als „leider nur fehlerhaft überliefert" angesehen wurde. Besonders die beigesetzten Glossen meinte man mit Mißachtung strafen zu müssen; sie sollen nicht bloß „von keinem allzu großen Verständnis" zeugen, sogar als „töricht" wurden sie empfunden. Erst das photomechanisch erstellte Faksimile erlaubt die eingehende Lesung auch dieser verpönten Passagen mit einem überraschenden Einblick nicht nur in die religiösen Vorstellungen des Hochtals, sondern auch in ihre historisch-geographische Dimension.

Seite 82-89:
Die Chronik im Codex Borbonicus (Seite 23 bis 37) ist in der Seitenmitte in fortlaufender Darstellung in Form einer Umzeichnung wiedergegeben. Zwei Codexseiten stehen auf einer Seite, versehen mit den Trennungsstrichen des Originals. Beigesetzt wurden Erläuterungen und die Monatsfest-Bilder aus dem Codex Magliabechiano. Die Glossen des Originals wurden in Übersetzung kursiv eingetragen. Mit Asterisken (*) versehen sind die von Monatsbildern herrührenden, meist symbolischen Darstellungen, die nicht direkt zur narrativen Codexfolge gehören.

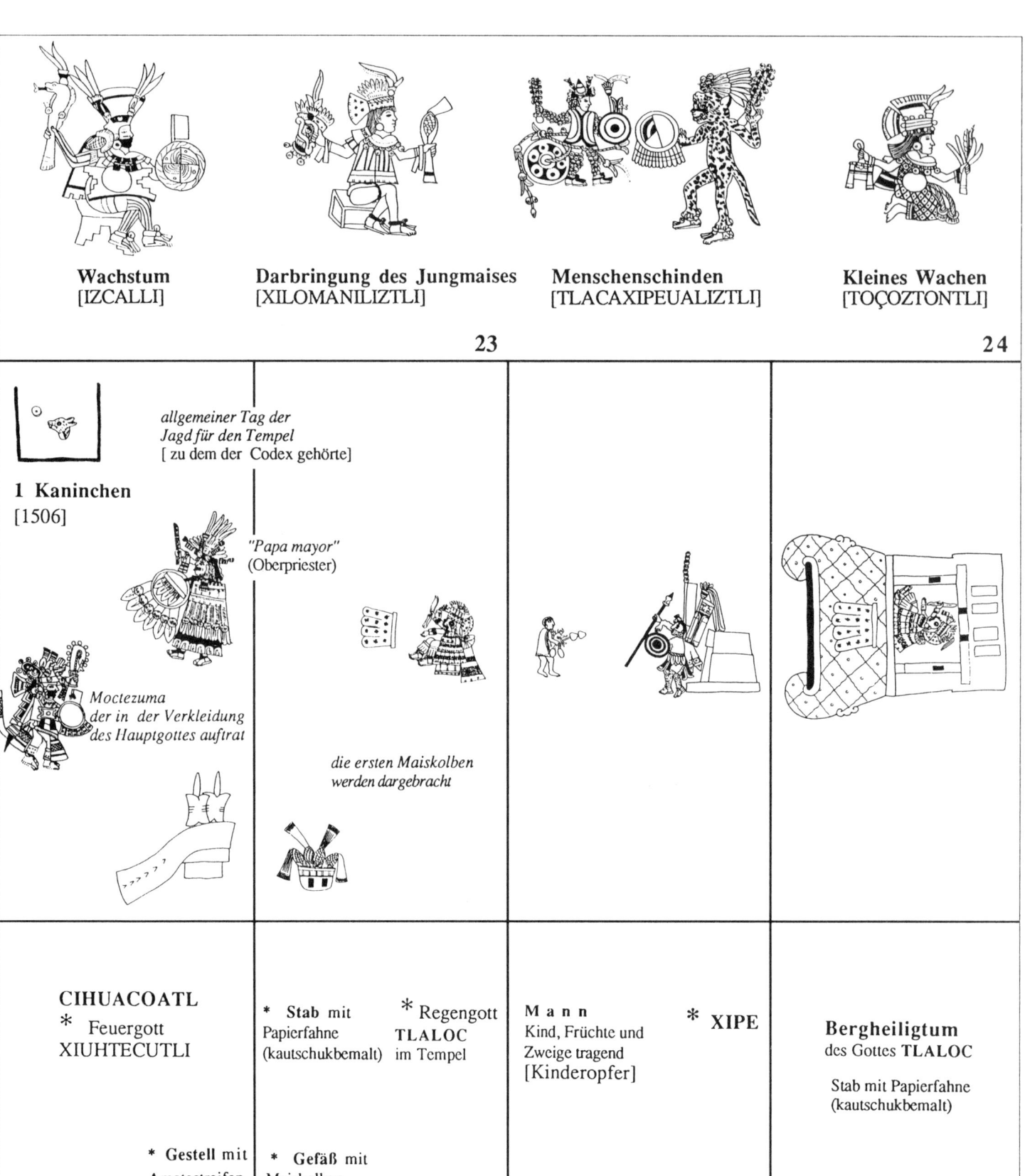

Wachstum [IZCALLI]	Darbringung des Jungmaises [XILOMANILIZTLI]	Menschenschinden [TLACAXIPEUALIZTLI]	Kleines Wachen [TOÇOZTONTLI]
		23	24

allgemeiner Tag der Jagd für den Tempel [zu dem der Codex gehörte]

1 Kaninchen [1506]

"Papa mayor" (Oberpriester)

Moctezuma der in der Verkleidung des Hauptgottes auftrat

die ersten Maiskolben werden dargebracht

CIHUACOATL
* Feuergott
XIUHTECUTLI

* **Stab** mit Papierfahne (kautschukbemalt)

* **Regengott TLALOC** im Tempel

Mann Kind, Früchte und Zweige tragend [Kinderopfer]

* **XIPE**

Bergheiligtum des Gottes **TLALOC**

Stab mit Papierfahne (kautschukbemalt)

* **Gestell** mit Amatestreifen

* **Gefäß** mit Maiskolben

82

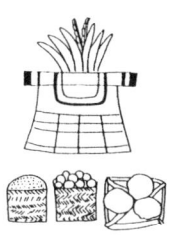

Großes Wachen [UEI TOÇOZTLI]	**Trockenheit** [TOXCATL]	**Bohnenspeisenessen** [ETZALQUALIZTLI]
25		**26**

Der große und vornehme Gott, der in Mexiko Tezcatepoca hieß. Er hatte einen großen und reichen Tempel.

Fest oder Trinkgelage unter Teilnahme aller Priester des Tempels; zeitweise wiederholt.

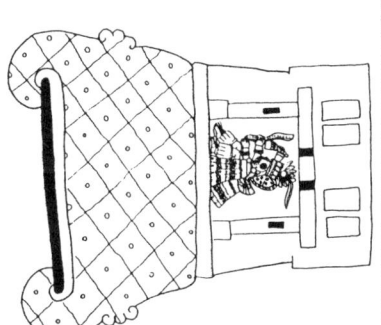

In Dankbarkeit für die Geburt eines Kindes legten sie Gelübde ab

zum Opfer Herbeikommende

Der Oberpriester trat nur zum großen Opfer auf

Tlapixque

Diese sind schon dem Gott des Tempels als Priester gewidmet. Es sind nur Zweitgeborene der Herren

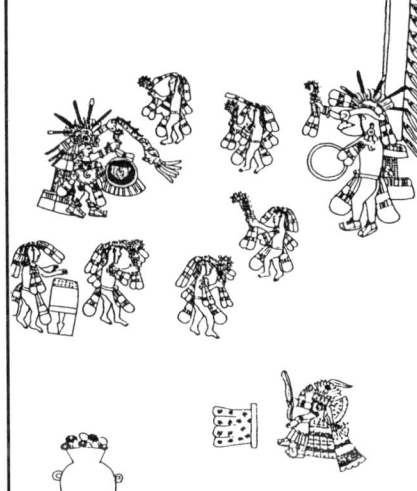

M a n n mit Papierfahne	**M a n n** mit papier- geschmücktem Stab, im Tragtuch reich geschmücktes Kind	**Bergheiligtum** des Gottes **TLALOC**	Räuchernder **Mann** 3 **Männer**, 2 **Frauen**	**QUETZALCOATL** in vollem Ornat	**XOLOTL** mit Feder- standarte
			PAYNAL	**5 P r i e s t e r** [Rundtanz]	
			CIHUACOATL	**Musiker** mit Standpauke	
F r a u mit Kind im Tragtuch und **Speisenkorb**	**M a n n** mit Rohr- oder Brennholzbündel		Räuchernder **ATLAUA** **Guardian**	* Papierfahne	* TLALOC
			* **TEZCATLIPOCA**	* Tongefäß (olla) mit Bohnen und Mais	

Kleines Herrenfest [TECUILHUITONTLI]	Großes Herrenfest [HUEY TECUILHUITL] 27	Kleines Totenfest [MICCAILHUITONTLI]	Großes Totenfest [HUEY MICCAILHUITL] 28

Vier Götter des Ballspiels, zu denen sie früher beteten und opferten

Gewinner brachten ihm Opfer dar. Gott der Gewinner

Als vorzüglich galten jene, denen ein Schuß durch den Ring gelang

Die Leute, die für Pulque und die Bälle sorgten, opferten diese zuerst

Gott des Wassers

Fest der Kinder für die drei Götter des Wassers, des Saatgutes und des Rohres. Keine Frau hatte Zutritt

Ballspielplatz mit 4 Göttern	*vornehmer **M a n n** [hier ohne Zeichen "Fest"]	*Girlanden aus Feldblumen zum Schmücken des Tempels	Gott der Kinder, der den Tanz bewertete. Der Teufel tanzte mit dem besten
Maisgott Medizin-/Tanzgott **CINTEOTL IXTLILTON**	***CINTEOTL** auf einem kostbaren **Traggestell,** gefertigt aus Maisstengeln	**PAYNAL**	**11 T ä n z e r** 2 Krieger schreiten voran, alle tragen Netzmäntel
rot Ringe schwarz	**XIPE**	**CIHUACOATL**	Aufgerichteter * **Pfahl** mit Papierfahnen geschmückt. Aus Meldenteig gefertigte Totenbündel und Opferherzen
QUETZAL- CIHUA- **COATL COATL** Windgott Todesgöttin	**2 M ä n n e r** mit Trinkschalen **2 F r a u e n**	Gott der Entenjäger **ATLAHUA**	geschmückter **Mann** **Stehender** mit Fellpauke vor **Tempel**

84

Besenfest
[OCHPANIZTLI]

*Die Göttin der Verliebten / Beräucherung
durch die vier vornehmsten Priester*

*Todos estos santos papas putos...
Alle diese homosexuellen Priester,
die den Tempel nicht verließen*

30

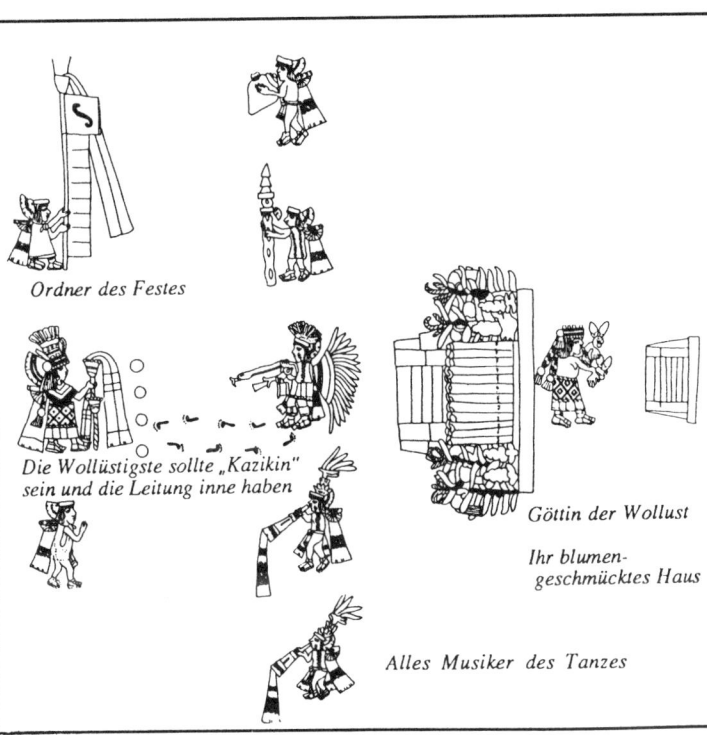

Ordner des Festes

*Die Wollüstigste sollte „Kazikin"
sein und die Leitung inne haben*

Göttin der Wollust

*Ihr blumen-
geschmücktes Haus*

Alles Musiker des Tanzes

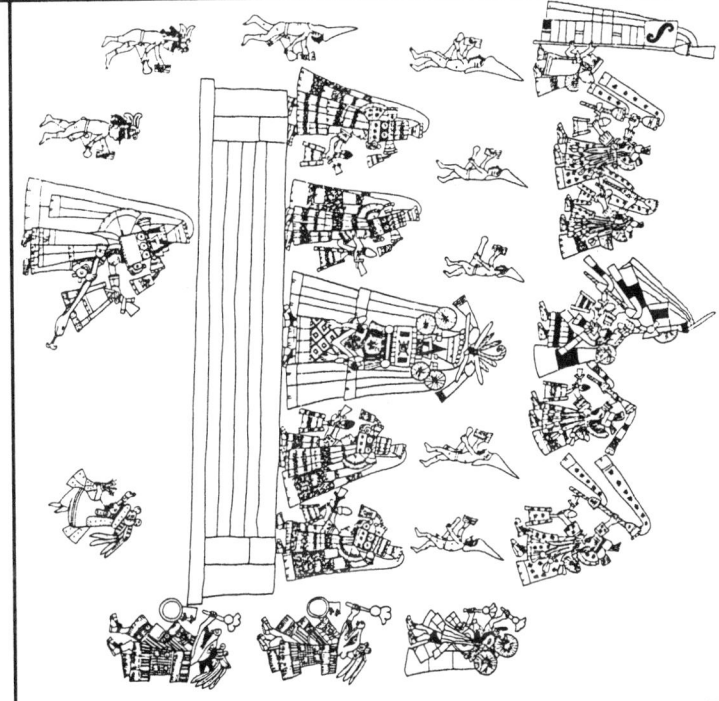

*Alle diese Tänzer sind in
wilder Ehe lebende Kaziken*

M a n n
in Festtracht
Papierstandarte haltend

Frau   Vier blaue
in Festtracht   **Zahlscheiben**
als Maisgöttin   (4tägiges Fest)

Fußspuren (Tanzschritte)

M a n n
in Festtracht
(Tanzmeister)

Musikant
mit Schneckentrompete

Musikant
mit Rasselstab

Priester(in)   **Tempel**   kleine
in Federschmuck   mit Mais   **Tempel-
mit Schlangen-   plattform**
     tanzstab   **weiblicher
               Xipe**

2 Musikanten
mit Flöten

Priesterinnen =
„Mais-Mädchen"
(Chicomecoa)

**Phallische
Tänzer**
[insgesamt acht]

Mais-Priesterin
mit Schlangentanzstab
mit Tragbeutel

* Tlazolteotl
mit Besen

große
Tempelplattform
mit weiblicher Xipe
und vier Priesterinnen
(Maisbeutel in Händen)

Standartenträger
[mit S-förmigem Symbol]

Tänzerreihe
von Adeligen in
Göttertrachten

5 in Maisgöttinnen-
Verkleidung

3 in Xolotl-
Verkleidung

(Die beiden Hauptgestalten tragen Jahrbündel-Symbole)

Besenfest [Fortsetzung]
[OCHPANIZTLI]

Rückkehr der Götter
[TEOTLECO]

31

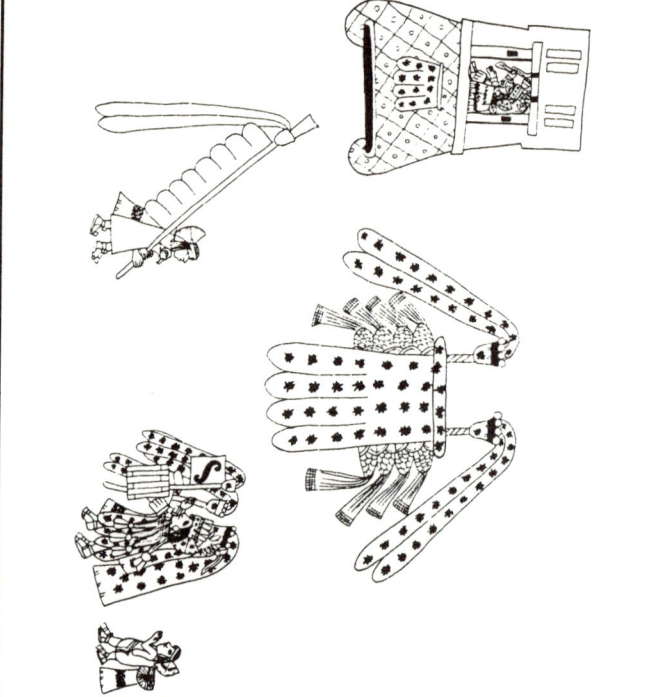

Bergfest
[TEPEILHUITL]

32

*Göttin der Zauberei, die sich
in Löwen und Tiger und
andere Sachen verwandelte*

4 Regenpriester
mit Tragbeutel und Quermesser
(die Kleiderfarben entsprechen den HIMMELSRICHTUNGEN)

weiblicher Xipe
(BLAU gekleidet)   W E I S S

in Opferhaltung
weiblicher Xipe
G E L B   (entkleidet)   S C H W A R Z

auf papierbedeckten Maiskolben
von vier Hilfspriestern gehalten

R O T

Standartenträger
* TEZCATLIPOCA * HUITZILOPOCHTLI

* **BERGHEILIGTUM**
des Gottes **TLALOC**

Standartenträger

papierbedeckte **Maiskolben**

Priester in Festtracht
Mann in Festtracht (vgl. Tanzmeister S. 29)

Jagdfest
[QUECHOLLI]

Hissen der Quetzalfeder-Fahnen
[PANQUETZALIZTLI]

Nächtliches Begräbnis eines großen Kaziken zu dem sich alle Priester v e r s a m m e l t e n und die damit zusammenhängenden Zeremonien und Riten

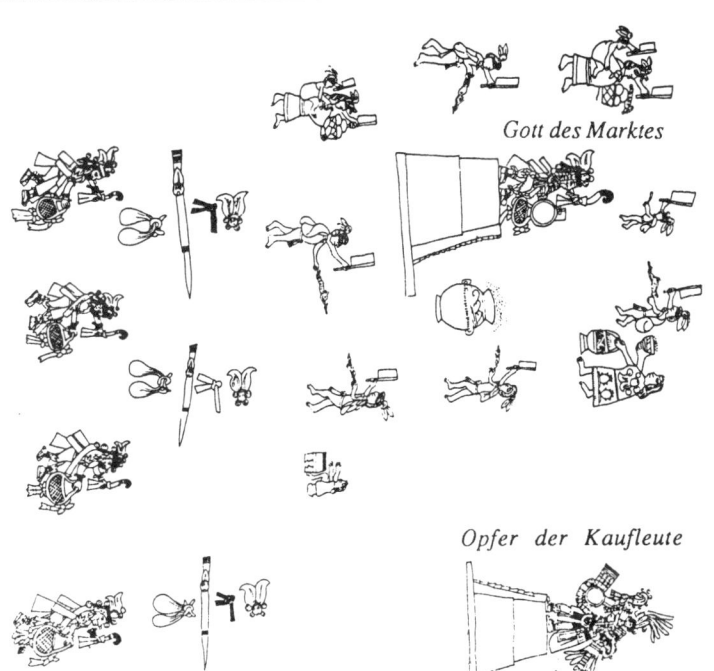

Gott des Marktes

Opfer der Kaufleute

Männer, Frauen und **Kinder** tragen Opferfahnen, Speisekörbe und an Stöcken festgebundene Kaninchen		
vier **Jäger** in Tracht des Gottes *** Mixcoatl**	dreimal Stirnbinde, Kopfputz, Wurfpfeil und Beutesack des Gottes **Mixcoatl**	Jagdgott **MIXCOATL** auf **STUFENPYRAMIDE** in Seitensicht **Pulquegefäß** Pulquedarbringung
Wurfpfeil und Beutesack des Gottes **Mixcoatl**		**Trommler**
		TEZCATLIPOCA auf **STUFENPYRAMIDE** in Seitensicht

Feuerpriester in Göttertracht			Ortshieroglyphe **Uixachtecatl**
	2 Rohr 1507		F e u e r b o h r u n g auf dem **Berg**
			Fußspuren (Weg)
	* HUITZILOPOCHTLI vor Tempel mit Papierfahne		**Volk** mit Pfeilen (im Haus)
TLAZOLTEOTL			
CINTEOTL	T e m p e l s z e n e vier Priester entzünden ihre Bündel als Brandfackeln		**Schwangere** im Maisspeicher und Wächter
IXTLILTON			
XIPE	Brennendes **Feuerbecken**		**Volk** mit Pfeilen (im Haus)
TEZCATL-IPOCA	PULQUE-GOTT	QUETZAL-COATL	
			[alle tragen Agavemasken]

Niederschlag des Wassers
[ATEMOZTLI]

[Bedeutung unklar/Bezug auf Kälte ?]
[TITITL]

Tempel [Cu] in der Lagune
Götter der Boote

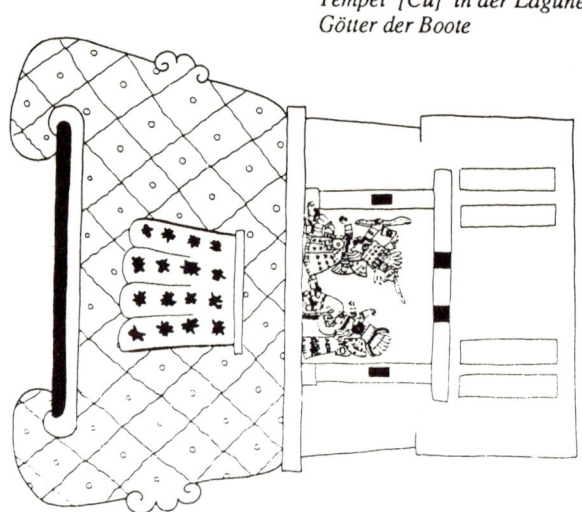

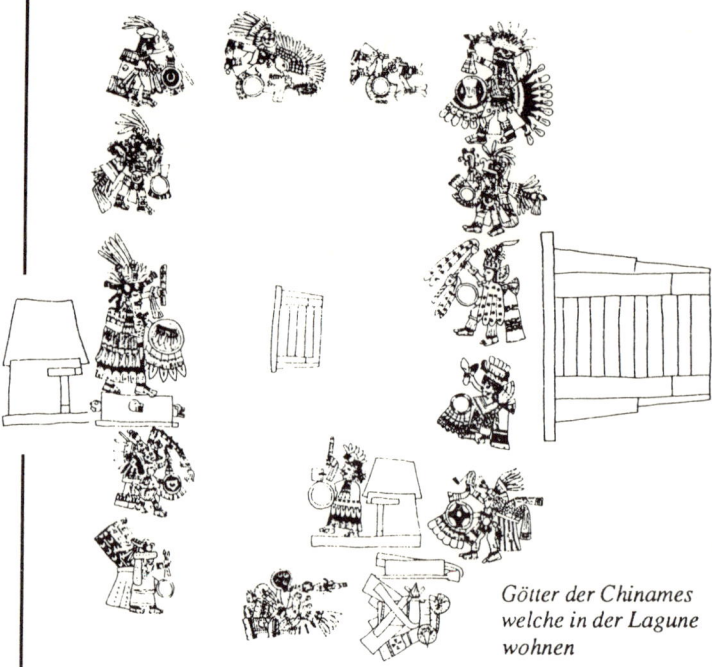

Götter der Chinames
welche in der Lagune
wohnen

B E R G H E I L I G T U M
des Gottes
T L A L O C
(mit Opferpapieren)

Neben dem Regengott sitzt
dessen Schwester
CHALCHIUHTLICUE -
„Die mit dem Edelsteinrock"

XIPE	PAYNAL	ATLAUA	PULQUEGOTT
TEZCATLIPOCA			HUITZILOPOCHTLI
			TLALOC
Tempel mit Schilfdach und **Totenplattform** mit CIHUACOATL		**Plattform**	**Stufenpyramide**
			MAISGÖTTIN
QUETZALCOATL	* CIHUACOATL vor dem Tempel		MAISGOTT
TLAZOLTEOTL	IXTLILTON		* Bündel, Papier-rosetten, Fahne

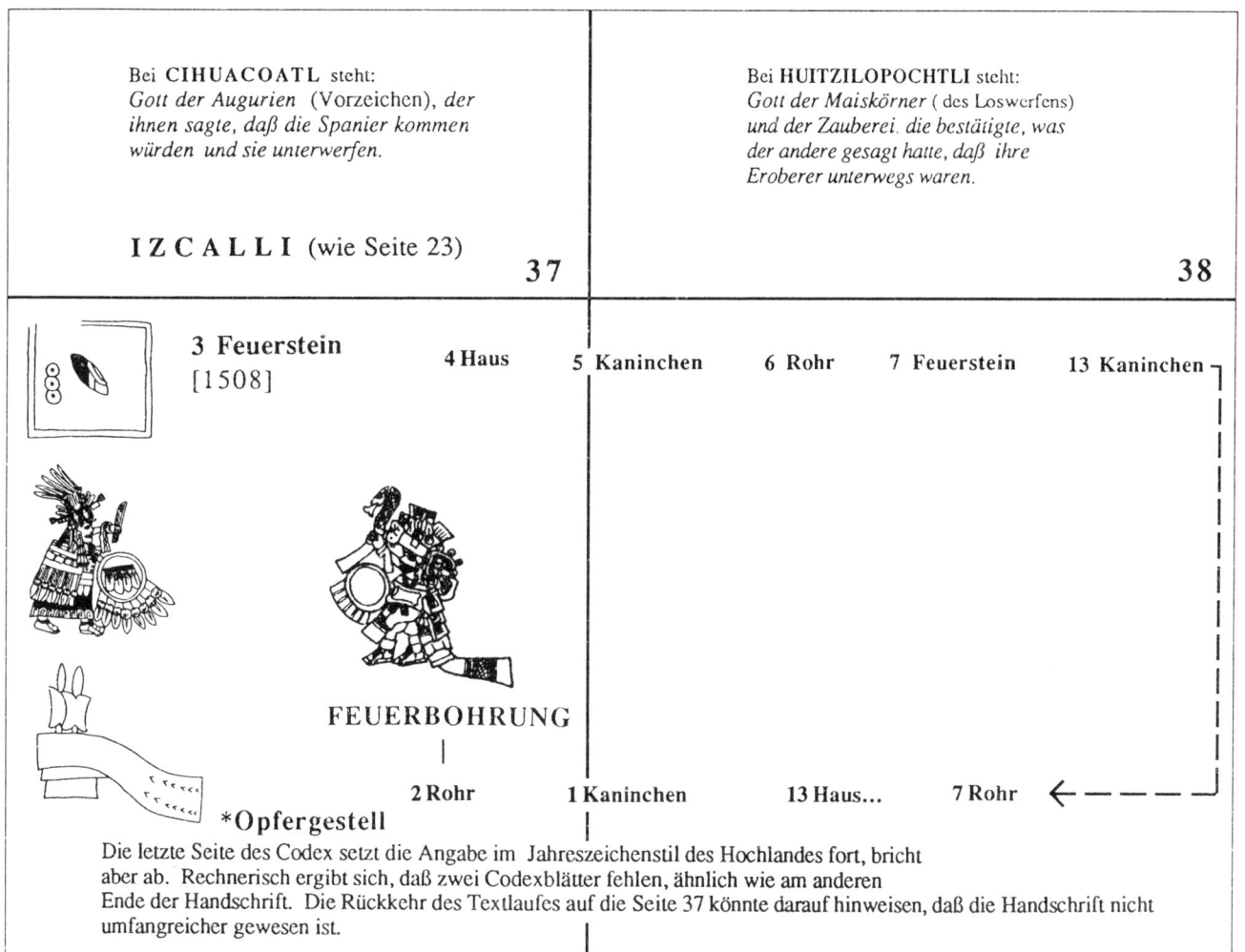

Bei **CIHUACOATL** steht:
Gott der Augurien (Vorzeichen), *der
ihnen sagte, daß die Spanier kommen
würden und sie unterwerfen.*

Bei **HUITZILOPOCHTLI** steht:
Gott der Maiskörner (des Loswerfens)
*und der Zauberei, die bestätigte, was
der andere gesagt hatte, daß ihre
Eroberer unterwegs waren.*

I Z C A L L I (wie Seite 23)

37

38

3 Feuerstein
[1508]

4 Haus

5 Kaninchen

6 Rohr

7 Feuerstein

13 Kaninchen

FEUERBOHRUNG

2 Rohr

1 Kaninchen

13 Haus...

7 Rohr

*Opfergestell

Die letzte Seite des Codex setzt die Angabe im Jahreszeichenstil des Hochlandes fort, bricht
aber ab. Rechnerisch ergibt sich, daß zwei Codexblätter fehlen, ähnlich wie am anderen
Ende der Handschrift. Die Rückkehr des Textlaufes auf die Seite 37 könnte darauf hinweisen, daß die Handschrift nicht
umfangreicher gewesen ist.

Der Codex stammt zweifelsfrei nicht, wie bisher immer wieder behauptet wurde, aus einem Tempelbezirk der Hauptstadt. Die Anmerkungen haben vielfachen Bezug auf die Region der Chinampas unweit von Xochimilco, welche unter der romantischen Bezeichnung „Schwimmende Gärten" bekannt sind. Von einem Fest für den Gott der Entenjäger ist die Rede, weiters von Göttern der Boote und einem Götterkreis des Wassers und des Rohres. Ausdrücklich sogar werden die Götter der an der Lagune wohnenden „*Chinames*" angesprochen. Am Wasser steht als örtlich wichtiger Tempel der des Regengottes, dessen lokale Bedeutung der Vergleich mit dem Tezcatlipoca Tenochtitlans unterstreicht. Allein schon diese Aussage bezeugt deutlich die Bestimmung des Manuskripts für einen auswärts gelegenen Ort.

Die politische Organisation in Mesoamerika war mit dem Tempelkult untrennbar verbunden. Der Codex Borbonicus gewährt uns wie eine Momentaufnahme klare Einsichten, weil er das Kultgeschehen an einem bestimmten Ort für einen wichtigen Zeitraum als Ereignisgeschichte wiedergibt. Historische Persönlichkeiten nahmen an Festen in dem für das Gemeinwesen überaus bedeutsamen Jahr „2 Rohr" teil, in dem die Neufeuer-Zeremonie vorzunehmen war. Weil das

Leben zum Ende eines Zyklus in indianischer Sicht der Erneuerung bedurfte, wurden alle Lichter gelöscht und neues, gereinigtes Feuer mußte entfacht werden. Eine solche „Weltenwende" barg die Gefahren eines Weltunterganges im Chaos in sich. Es muß als das wichtigste Ereignis einer Generation betrachet worden sein. Auf das Jahr 1507 unserer Zählung fiel der Beginn des 52 Jahr-Zyklus, welcher der letzte in vorspanischer Zeit sein sollte.

Vornehmster Ort einer solchen Feuerbohrungszeremonie war der Berg von Uixachtecatl, der heutige Sternberg oder Cerro de la Estrella nördlich von Xochimilco. Er lag offensichtlich in unmittelbarer Nähe des im Codex Borbonicus dargestellten Tempelbezirkes. Der Tlatoani von Tenochtitlan, Moctezuma II. (1502-1520) erscheint laut Beischrift persönlich in der Tracht des Hauptgottes und bildet ein Paar mit Cihuacoatl, einer hier als „Papa mayor" oder Oberpriester ausgewiesenen Gestalt. Der Name der Todes- und Kriegsgöttin „Cihuacoatl-Schlangenfrau" war Titel des zweiten Mannes im Reich; deshalb tritt er als personifizierte Gottheit eben selbst in ihren Insignien auf. Weil der „Stellvertreter des Herrschers" sich wiederholt in den dargestellten Zeremonien wiederfindet, sogar größer dargestellt wurde als der Tlatoani, scheint allem Anschein nach die Handschrift sogar für ihn — den Cihuacoatl von 1507 — geschrieben worden zu sein. Im Laufe des geschilderten Zeremonialjahres war er offenbar mehrmals persönlich anwesend.

Der Cihuacoatl wird oft von Durán, Tezozomoc und anderen Quellen als Berater und Stell-vertreter des Tlatoani erwähnt. Die erste große Gestalt in dieser Funktion, von der wir ausführ-liche Informationen besitzen, war der Bruder Moctezumas I. namens Tlacaelel. Seit 1431 bekleidete er diese Würde. Wir wissen, daß er nach der Niederlage von Xochimilco Ländereien in der Chinampa-Gegend als Lehen verliehen bekam. Nach seinem in die Regierungszeit von Axayacatl fallenden Tod fiel die Nachfolge in Amt und Würden dem Sohn Tlilpotonqui zu. Dieser lebte bis 1503 und konnte somit 1502 bei der Wahl Moctezumas II. zum Herrscher eine wichtige Rolle spielen. Es wurde jedoch keiner der Söhne Tlilpotonquis dessen Nachfolger, sondern ein anderer Adeliger. Er wird von den Chronisten nicht namentlich erwähnt, lediglich sein Titel „Cihuacoatl" steht jeweils angeführt. Diesen religiösen Staatsfunktionär bildet nun unser Codex ab. Angeblich handelt es sich um Tziuacpopoca, den Sohn von Chalchiuhnenetzin, eine Schwester des Vaters von Moctezuma II., welche mit Moquiuix, dem Herrscher von Tlaltelolco, verheiratet war. Dieser wurde 1473 von seinem Schwager Axayacatl bei der Eroberung der Stadt getötet. Tziuacpopoca seinerseits ist uns aus der Geschichte der Eroberung Mexikos wohl bekannt. Moctezuma II. hatte ihn dem heranrückenden Cortés entgegengesandt. Die Episode der Begegnung wird in der Sekundärliteratur als unverständlicher, lächerlicher Mummenschanz abgetan, als Versuch des verängstigten Moctezuma zur Irreführung der Spanier. Die Gesandt-schaft unter der Führung des zweiten Mannes im Reich spielte aber sehr wohl eine staatspolitisch bedeutsame Rolle. Nach dem Tode Tziuacpopocas, der 1520 in den Wirren der Konquista starb, wurde nunmehr ein Enkel des Tlacaelel neuer Cihuacoatl: Tlacotzin, ein Zeitgenosse von Cuauh-temoc, später getauft als Don Juan Velazquez. Er lebte bis 1526.

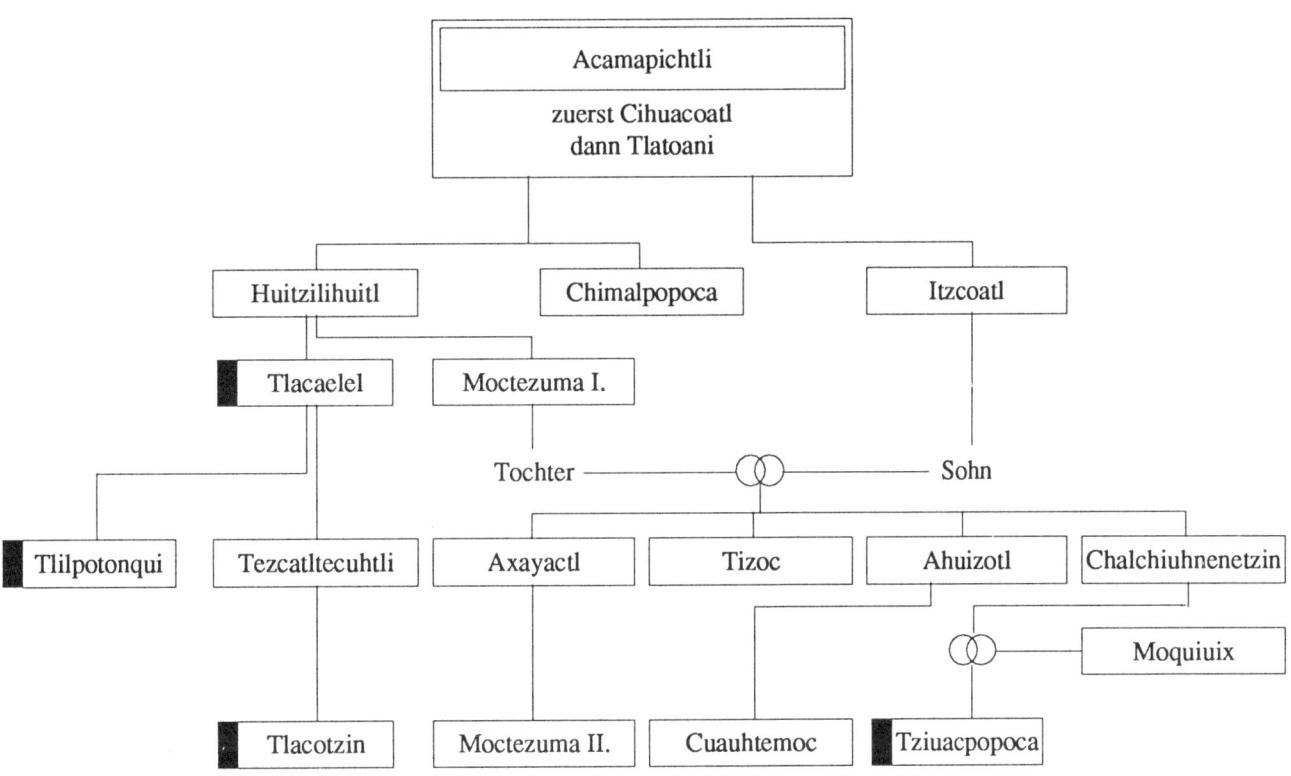

Graphische Darstellung der aztekischen genealogisch-dynastischen Verbindungen zur Verdeutlichung der Herkunft der Cihuacoatl-Funktionäre.

Dem Glossisten des Codex Borbonicus verdanken wir eine überaus wichtige Angabe für das Verständnis der Stellung des Cihuacoatl. Den Auftritt von Adeligen in Göttertracht versieht er mit der Bemerkung, daß „alle Dargestellten zweitgeborene Söhne von Herren seien" [S. 26]. Tatsächlich wissen wir von Tziuacpopoca, von Tlilpotonqui und dem Vater des Tlacotzin um deren Zweitgeburt als „Segundos", wobei die Zählung sich auf die Geburt von Söhnen bezog. Die meisten der in ihrer Fülle verwirrenden Angaben ergänzen sich erstaunlicherweise in diesem Sinne. Den Zweitsöhnen scheint ihrer familiären, wie biologisch-soziologischen Reihung gemäß auch im politischen System als Stellvertreterfunktion eine analoge Entsprechung zugekommen zu sein. Es öffnen sich Einblicke in die Struktur altmexikanischer Gedankenwelt, zu der uns trotz einer Einzelheitenfülle dennoch wichtige Aspekte nicht überliefert sind.

Wir stehen vor der Unmöglichkeit, eine allgemein gültige altmexikanische Mythologie zu entwerfen. Die einzelnen Völkerschaften verehrten verschiedene Götter, die sich in großem Maße in ihren Eigenschaften überschneiden konnten. Auch der Volksglaube und der Adel haben mit der Entstehung komplizierterer Staatsgebilde unterschiedlichen Grundideen gehuldigt. Ein abstraktes konstruierbares Göttersystem, unseren der fremden Kultur aufgepropften Ordnungen entsprechend, läßt sich nicht erzielen, da es niemals bestanden hatte. Den einigenden Ausgleich durch längere Zeitspannen wirksamer ordnender und reformierender Staatsgewalten, etwa wie in Ägypten oder in China, hat es nie gegeben. Zeitdauer und Umfang politischer Einigungsbestrebungen waren zu kurz, um tiefgreifend einzuwirken, zudem überleben trotz aller Änderungsversuche alte Vorstellungen ungebrochen, wenn sie dem Grundcharakter des Volksglaubens widerlaufen. Überaus treffend bezeichnete Nowotny solche zur Aussichslosigkeit verurteilte Bemühungen sarkastisch als unserer Umwelt entsprechender Versuch zur Erstellung eines „religionsmythologischen Dienstpostenplanes".

Die Bilder des Codex Borbonicus wurden als lose, unzusammenhängende Darstellungen gesehen, weshalb man sie unseren senkrechten Buchformaten entsprechend drehte. Dadurch geht nicht nur die Gesamtschau verloren, auch das Verständnis wird unmöglich. Der Codex ist kein Handbuch eines bestimmten Tempels, aber offenbar für einen bestimmten Anlaß geschrieben worden und läßt sich wohl am besten als historische Chronik für den übergreifenden Zeitraum eines guten Jahres bezeichnen – von einem Jahresschlußfest in Vorschau bis zum nächsten, oder von Izcalli des Jahres 1 Kaninchen mit Ausblick auf das Jahr 3 Flint. In der Folge erscheint der Verlauf des Jahresrundes der 52 Jahre bis zur nächsten Feuerbohrung in einem neuen Jahr 2 Rohr angegeben, das 1559 zu erwarten gewesen wäre. Demnach würde sich die neuerliche Darstellung des Feuergottes und der Cihuacoatl auf die beiden Herren dieser weiteren Feuerbohrung beziehen, zu der es durch die Ereignisse der Konquista nicht mehr kam. Als Gottheiten der Augurien stehen die beiden Gestalten durch die Glossen ausgewiesen, merkwürdigerweise mit Bezug auf die angeblichen Vorahnungen der Ankunft der Spanier. Sie lassen den Zeitpunkt der Niederschrift, zumindest der Glossen, für die Zeit nach1530 bestimmen.

Stilistische Widersprüche bestehen innerhalb der Darstellung von Monatsfesten. Beispielsweise sind die Göttin *Tlazolteotl* [S. 30] eine symbolhafte Schreibung für das „Besenfest" und *Bündelrosetten und Fahnen* [S. 36] für das Fest „Tititl". Hier stehen also Monatssymbole und die fortlaufende Schilderung nebeneinander gesetzt. Bei solchen Festen, die für den Tempel des Codex Borbonicus wichtig waren und die historischen Ereignisse rund um die Rituale schildern, war manchmal der „Cihuacoatl" tätig. Daß er nicht immer präsent ist, erscheint angesichts seiner nötigen Anwesenheit bei den Regierungsgeschäften in Tenochtitlan voll verständlich. Die Pracht des geschilderten Ochpaniztli- oder Besenfestes auf den Seiten 29 bis 31 gewährt uns einige wichtige Aufschlüsse. So können wir das Übergreifen des Festgeschehens auf nachfolgende Monatsfeste oder Veintenas ablesen. In den Drehungen der einzelnen Pyramiden, Tempelplattformen, Ballspielplätze und dazwischenliegender Höfe stehen diese einander deutlich zugeordnet. Wir finden den Blickwinkel des Betrachters angemerkt als eine Art „subjektiver Planskizze". Die Farbe der Priestertrachten auf den Seiten 30/31 hängen zudem deutlich mit kosmomagischen Orientierungen nach den Himmelsrichtungen zusammen: Rot (unten) / Osten - Weiß (oben) / Westen - Schwarz (rechts) / Norden - Gelb (links) / Süden.

92

Links: Aus der Bildchronik im Codex Telleriano-Remensis sind Ereignisse des Jahres 1507-„2 Rohr" (1) gezeigt: eine Sonnenfinsternis (2/3), wie ein Erdbeben am Orte (4) „Herr-Federgebinde-Berg"; in (5) Uixachtitlan („Ort der Akazien") erfolgt im Tempel (6) die Feuerbohrung (7). Im Fluß Tuzac (8) oder „gelber Papagei" (9) ertrinken 2000 Krieger (5 mal 400) bei einem Hochwasser (10).

Rechts: Über die Feuerbohrung im Jahre 1507 berichten Sahagún wie Durán ausführlich; bei letzterem findet sich ein Bild des in das Feuer zu werfenden Opfers, das vollständig in Asche verwandelt werden mußte.

Bezeichnend sind die Beischriften, die uns Einblicke in Praktiken gewähren, welche allgemein unter dem Sammelbegriff von „Ausschweifung" oder „Fruchtbarkeitskulten" laufen: homosexuelle Priester, Kaziken in wilder Ehe, wie die Liebesgöttin. Sie wurde nach Sahagún als Tlazolteotl der Göttin Venus gleichgesetzt und galt als Gottheit der Wollust. Die Entkleidung der zum Opfer bestimmten, reich geschmückten Gestalt einer weiblichen Form des Gottes Xipe wird vorgenommen. In deren geschundene Haut schlüpft ein Priester, wie der Brauch sonst beim Gott Xipe Totec üblich ist.

Als Paradebeleg für das Ende der 52 Jahr-Periode wird die Zeremonie betrachtet, die das „Begräbnis des Jahrhunderts" [*Entierro del siglo*] zeigen soll (Codex Borbonicus, Seite 34, vgl. **53**). Die Glosse spricht aber von dem Begräbnis eines Adeligen und hat offensichtlich Bezug darauf, daß auf dessen Brust vor dem Herzopfer das Feuer erbohrt wurde. Schließlich mußte das Opfer vollkommen verbrannt, also „im Feuer begraben" werden. Auf gleiche Weise war das Ende – oder der neue Anfang als Sonne – des Gottes Nanahuatzin, als er sich in Teotihuacan ins Feuer stürzte. Einen Bericht über das Werden von Sonne und Mond gibt uns Sahagún. Nach viertägigen Bußübungen sei Feuer in einem Herd auf einem Felsen angeheizt worden, der „Götterofen" oder

atlava

çiuacoatl, quilaztli

Yxaval moteolco̱pi,
centlacul chichiltic, centlacul tliltic,
yquauhtzon;
teucuitlatl ininacuch.
Yyaxochiavipil ypani,
intlani ipiloyo in ivipil,
yztaccue.
Ytzitzil, ycac.
Ychimal quapachiuhqui,
ytzotzopaz.

Die Chalmeca- oder Chinampaneca-Gottheiten Atlahua (links) und Cihuacoatl-Quilaztli (rechts), letztere mit der Angabe ihres Putzes nach Sahagún[22]: „Ihre Bemalung besteht aus einem Kautschuküberzug um die Lippen, das Gesicht ist halb schwarz, halb rot / Sie trägt eine Adlerfedernkrone / einen goldenen Ohrpflock. / Ihr oberes Hemd ist rot (in der Farbe der Frühlingsblumen) / das untere weiß und fransenbesetzt./ Sie trägt einen weißen Rock, / ihre Schellen, ihre Sandale, / einen Schild mit Adlerfedern/ das Webemesser". Für Atlahua als Gott der Fischer und Jäger charakteristisch ist die „Sternhimmel-Gesichtsbemalung", der Stirnschild, Papierrosetten und ein um die Schultern geschlungenes Band, weiters ein rot-weißer Schild und das in der Hand als Waffe geführte *timetl* , sein „gespaltenes Rohr".

Teotlecuilli heißt. Als nach vier Tagen endlich die Sonne am Himmel erschien und sich nicht fortbewegen wollte, hatten sich alle Götter selbst zu opfern. Erst danach begann das Tagesgestirn seinen Lauf über den Himmel anzutreten.

Ein solcher „göttlicher Herd" bestand nun auch im Heiligtum der Cihuacoatl, welche nach Durán ihren wichtigsten Tempel in Xochimilco besaß. Deshalb wurde sie auch „Göttin der Xochimilcas" genannt, obwohl ihr ebenso an anderen Orten, wie in Tenochtitlan oder in Tezcoco, große Verehrung zuteil wurde. Ihr Heiligtum heißt der „Schwarze Ort" (*Tlillan*) und ist im Codex Borbonicus deutlich zu erkennen. Der schwarze Streifen mit dem weißen Ständerkreuz scheint genau so im Codex Borgia (Seite 38) auf, wie es der Grundform des Weltbildes des Codex Fejérváry-Mayer 1 entspricht (**28**). Ein ähnliches Zeichen kennt die Mayaschrift als Vollendungszeichen, weshalb es vielleicht angezeigt ist, von einem „Tempel der Vollendung" zu sprechen.

Ikonographisch führen viele dargestellte Personen im Codex Borbonicus Trachtelemente der Chalmeken, das heißt Amatepapier-Rosetten. Sowohl Cihuacoatl wie Atlahua erscheinen so bekleidet, wie sie die Hymnen als Chalmeca-Götter ansprechen. „Chalmeken" heißen auch die Opferpriester. Gleichartige Rosetten kommen bei den Toten- oder Mumienbündeln vor. Alles weist wohl auf die Verbindung des Cihuacoatl-Kultes mit dem Tod hin.

Die Aussagen der mißachten und deshalb weitgehend unbeachtet gebliebenen Beischriften des Codex Borbonicus geben nicht nur zum Verständnis des zweiten Teils dieser Handschrift wertvolle Aufschlüsse, sie erleichtern uns auch den Zugang zu einer der schwierigsten und komplexesten Abschnitte der altmexikanischen Literatur, die sogenannte „Reihe der Tempelszenen" im Codex Borgia. Eduard Seler hatte die Passage als „Höllenfahrt der Venus" gedeutet, weil Gestalten mit Attributen des Quetzalcoatl gehäuft auftreten. Erst Karl Anton Nowotny erkannte richtig, daß es sich um eine Serie von Riten innerhalb eines großen Tempelkomplexes handeln müsse. Die Analyse des Inhalts des Borbonicus bestätigt nicht nur die Richtigkeit dieser Annahme, es läßt sich sogar eine Gleichartigkeit in der Darbietung erkennen: in beiden Handschriften sind Tempelanlagen dargestellt, wobei die Betrachtung der Kultbauten jeweils von einem bestimmten Standpunkt aus erfolgt. Diese Konvention erfordert es, daß der Leser von der Leserichtung abweichen muß und das Bild zu drehen hat.

Eine andere Parallele erscheint noch bedeutender. Es ist das Vorkommen des Cihuacoatl, welcher im Borbonicus als *„Papa mayor"*, als Oberpriester, die Zeremonien einleitet. Im Borgia übt eine *Cihuacoatl*-Gestalt eine ähnliche Funktion aus, weshalb in ihr wohl ebenfalls ein als Cihuacoatl auftretender Mann zu sehen ist. Die Annahme liegt nahe, daß in der gesellschaftlichen Organisation zahlreicher mesoamerikanischen Völkerschaften derartige Verkörperungen religiöser Potenzen eine bedeutsame Rolle spielten. Bei den Azteken verkörperte er die Schwester des Nationalgottes Huitzilopochtli, zugleich aber auch das allgemeine Prinzip der Weiblichkeit — symbolisiert durch das geschwungene Webemesser — neben dem kriegsführenden Tlatoani. Deshalb ist sie (oder er) verbunden mit Erde, Fruchtbarkeit und Tod, ähnlich Tlazolteotl. Ikonographisch läßt sich eine gleichartige Gestalt in den mixtekischen Handschriften feststellen: die Frau 9 Gras bildete eine wichtige kultische und politische Persönlichkeit in der frühen mixtekischen Geschichte. Noch weiter zurückreichend in mythisch-historischer Zeit haben das Urgötterpaar Herr 1 Hirsch und Frau 1 Hirsch skelettartige Züge.

Die Reihe der Tempelszenen beginnt im Codex Borgia in einem Cihuacoatl-Tempel [Seite 29] und geht über in ein großes Ritual des Heiligen Bündels in einer aufeinander folgenden Reihe [bis Seite 38; vgl. S. 82ff)]. Es folgen auf der Rückseite der Handschrift noch die Darstellungen von sechs weiteren Ritualen, die jeweils mit einem Bildnis der Göttin Cihuacoatl eingeleitet werden [Seiten 39 bis 46]. In Analogie zum Codex Borbonicus läßt sich das Bild verstehen. Dort läßt der Cihuacoatl als *„Papa mayor"* das Ritual beginnen; der Auftrag wird erteilt, sozusagen „aus seiner (gleichbedeutend mit ‚ihrer') Brust geht der Priester hervor". Damit ist nicht nur das wiederholte Vorkommen der Gestalt der Göttin erklärbar. Deutlich sind die einzelnen Abschnitte in einer aufeinander folgenden Reihe als selbständige Rituale unterschieden.

Die letzte dieser Zeremonien [Seite 46] gibt eine Feuerbohrung wieder, gut vergleichbar mit dem Codex Borbonicus. Bei aller grundsätzlichen Ähnlichkeit bestehen große Unterschiede in den Einzelheiten. Aus der Brust der Cihuacoatl kommt rechts (oder oben in der gewendeten

Bildseite) ein Priester in Quetzalcoatl-Verkleidung hervor. In einem kostbaren, belebt dargestellten Topf verbrennt ein Quetzalcoatl geweihter Mann in Feuer und Rauch. Vier Feuerschlangen in den Farben der Windrichtungen (weiß-rot-blau-gelb) umrahmen die Szene. Die Vermutung liegt nahe, hier den Sonnenmythos in Quetzalcoatl ausgedrückt zu sehen, analog zum Morgenstern-Mythos, wo sich dessen Herz in den Planeten Venus verwandelt haben soll.

An den Ecken des Feuerplatzes stehen vier Frauen mit dem Nasenschmuck der Göttin Chantico („Die in der Mitte des Hauses"), Herrin des Herdfeuers und des Pfeffers. Daunenfedern im Haar und der dunkle Farbstrich um die Augen — hier rot, sonst schwarz — erweisen sie als zum Opfer bestimmt, geweiht der Göttin. In den beiden Tempeln links und rechts halten Priester in der Tracht des Feuergottes Gestalten des Tezcatlipoca wie des Quetzalcoatl vor sich. Sie bringen sie dem Feuer dar, wahrscheinlich in einem Akt der Weihe.

Nach der Verbrennung bohrt ein Quetzalcoatl-Priester Feuer aus der mit dem Zeichen „Jade" gekennzeichneten Brust einer liegenden Chantico-Gestalt. Die rote Gesichtsbemalung und die Krallen weisen auf sie hin. In die Tracht des Feuergottes als Feuerschlange gekleidet, scheinen im Haarschmuck getragene Pfeile und Kolibris auf. Aus dem neu erbohrten Feuerrauch kommen kleine Feuergötter oder Geister hervor. Sie verbreiten sich in die vier Windrichtungen, wie die entsprechenden Färbungen anzeigen: von rechts nach links wieder weiß-rot-blau-gelb. Auf den Thronsesseln sitzen links Tezcatlipoca und rechts Quetzalcoatl, offenbar die Zeremonie beaufsichtigende Kaziken in Priester- oder Göttertracht.

53 Codex Borbonicus, Seite 34, verkleinerte Wiedergabe (Vgl. S. 87 und Text S. 94).

54 Codex Borgia, Seite 46.
Als Höhepunkt der Tempelzeremonie erfolgt die Feuerbohrung und die anschließende Verbrennung der Opfergestalt. Geister verbreiten sich in alle Richtungen, eine neue Ära beginnt (vgl. den Text oben).

53

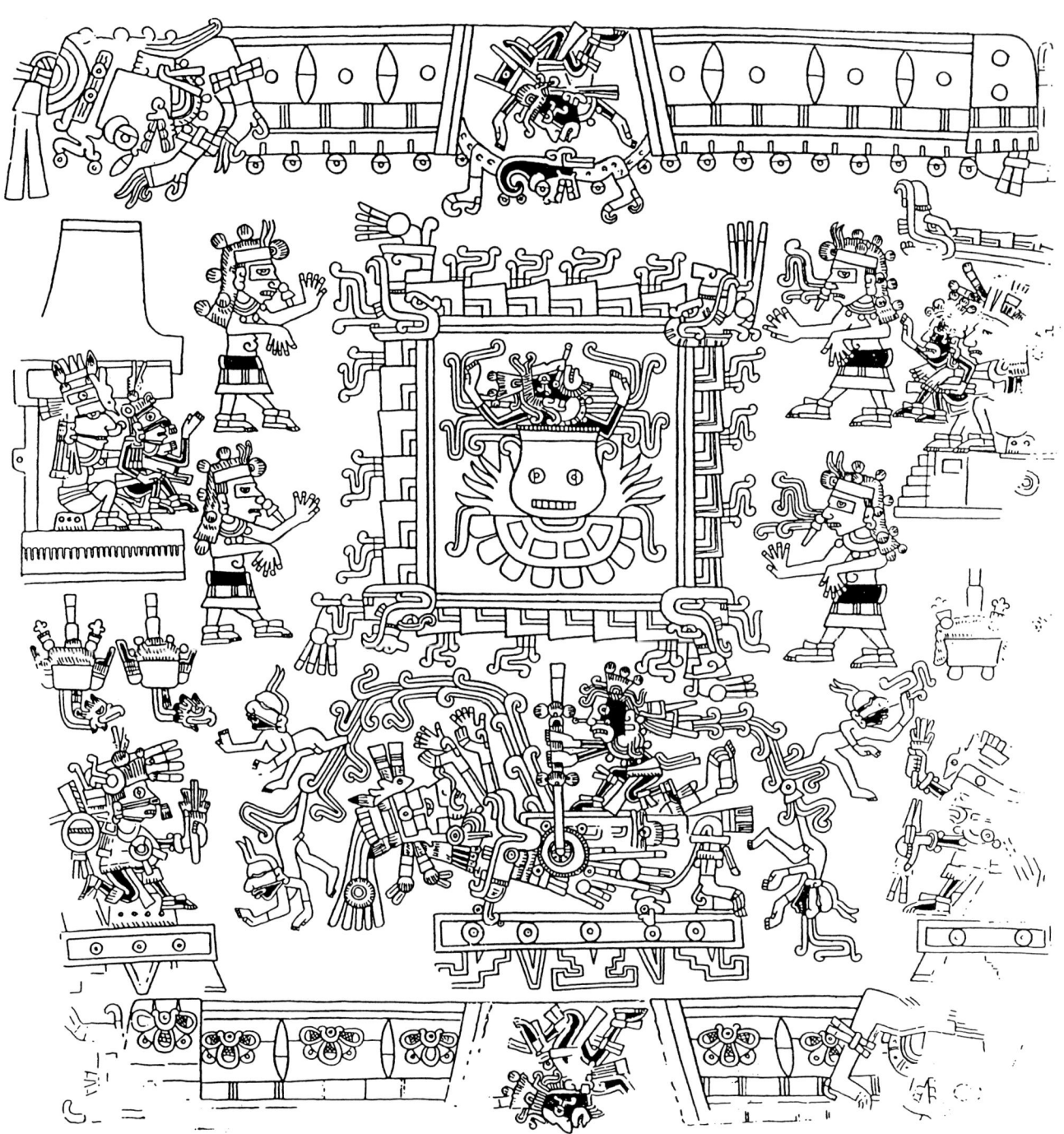

54

Der Jahresfestkreis der achtzehn 20tägigen „Monate" oder Veintenas

Gleich dem aus unserem Brauchtum vertrauten Jahreskreis bestand in Mesoamerika zunächst ein Festzyklus nach einem Rhythmus von 20 Tagen, wodurch sich 18 feststehende Jahresfeste ergeben. Wie sie am Hochland von Mexiko in Gebrauch waren, beschrieben Sahagún und seine Informanten ausführlich, ebenso Durán. Sie waren sich der Tatsache von der Lückenhaftigkeit ihrer Angaben trotz aller Fülle des Mitgeteilten voll bewußt. In mehreren Fassungen liegen die Ergebnisse vor und sie erhielten noch in Form von Appendices Ergänzungen. Wie bei den Götterlisten fehlt die Übersicht, denn es gab neben den mit fixen Daten sich wiederholenden Festen auch bewegliche, dann solche in längeren Zeitabständen, alle vier, acht, zwanzig oder zweiundfünfzig Jahre. Hinzu traten die Patronatsfeste verschiedener Gottheiten der Stadtviertel, der Städte, der Stämme und der Länder, ebenso feierten und verehrten Altersgruppen, Berufsgruppen und Stände ihren göttlichen Beschützer. Der Lebenskreis mit allen Anforderungen des Alltags verlangte entsprechende Einbindung in das allgemeine Kultgeschehen. Im Tempel verbrachte Elevenzeit, Entsühnungsrituale oder Rituale bei jeglicher Beunruhigung, wie es eine auftretende Erkrankung sein konnte oder das rituelle Kinderbad in Verbindung mit der Namensgebung, alles verlangte nach kultisch gegebenen Vorschriften unter Beachtung der offiziellen Einrichtungen und Kultstätten.

Die Feierlichkeiten verteilten sich schwerpunktmäßig auf bestimmte Tempel und Örtlichkeiten; etliche dauerten mehrere Tage an und erforderten entsprechende Vorbereitungszeit zur Beschaffung von Vorkehrungen und der Errichtung von Bauten, besonders wenn sie mit Dramatisierungen und blutigen Circenses verbunden waren. Ballspielertrupps zogen in Art unserer Champions von Ort zu Ort. Wettkämpfe und Spiele waren wichtige Kultelemente, dennoch ist es verfehlt, im kultisch gebundenen Ballspiel sportliche Veranstaltungen sehen zu wollen. Die Ausübenden hatten sich einzustimmen, vor allem durch entsprechende Sühne- und Bußvorbereitungen, wobei Enthaltsamkeit eine große Rolle spielte. Über zwanzig unterschiedliche Orte für kultische Ereignisse halten Durán und Sahagún fest. Es gab sicher noch bedeutend mehr. Wie mangelhaft unsere Information sein muß, zeigt der Umstand auf, daß wir über während der fünf *Nemontemi* stattgehabten Zeremonien nichts wissen. Im Mayagebiet kam ihnen als Jahresschluß- oder Neujahrszeremonien des *Uayeb* eine bedeutende Rolle zu. Diego de Landa verdanken wir ausführliche Angaben zu dem komplizierten Ritualgeschehen einer Fülle vergleichbarer Monatsfeste. Die beiden erwähnten Abschnitte im Codex Borbonicus wie im Codex Borgia geben wenigstens einen Eindruck davon, was einst bestanden haben mußte.

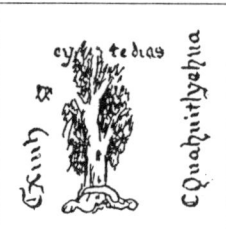 

CUAUITL EHUA (*„Der Baum* [i.e. die Stange] *erhebt sich"*)
ATL CAHUALO (*„Stillstand des Wassers"*)
XILOMANILIZTLI (*„Darbringung des jungen Mais"*)
(Vgl. S. 130)
Zeit der Kinderopfer für den Regengott Tlaloc und für die Tlaloques, die kleinen Berg- und Wassergötter als seine Diener und Helfer. *Xilotl* heißt der dargebrachte Jungmais.

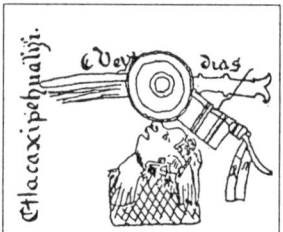 

TLACAXIPEHUALIZTLI (*„Menschenschinden"*)
Zu Ehren des Gottes Xipe, dessen Name „Der Geschundene" oder als Xipe Totec „Unser Herr, der Geschundene" heißt, wurden an dessen Fest Gefangene geopfert, die zuerst einen Scheinkampf gegen vier bewaffnete Krieger führen mußten. Bei diesem *„Sacrificio Gladiatorio"* band man die Opfer an einem scheibenförmigen Stein an, der „steinerner Spinnwirtel" hieß. Auf diesem hatte der Todgeweihte zu tanzen. In die Haut des Getöteten kleidete sich einer der Opferpriester.

TOÇOZTONTLI (*„Kleine Nachtwache"*)
Fest der Aussaat. Kinder und Blumen werden als Opfer für den Regengott bestimmt, auch in Form von Papierfiguren (Opferpapier in Menschengestalt). Weil der Mais mit dem grünen Edelstein, dem Jade, verglichen wurde, brachte man der Maisgöttin Perlenketten dar.
Die Tageshieroglyphe zeigt, kleiner und größer dargestellt, was in phonetischer Schreibweise (*toztli* - Papagei, *zoa* -durchbohren) das Wachen wiedergibt, ebenso „klein" und „groß".

HUEY TOÇOZTLI (*„Große Nachtwache"*)
Fest zu Ehren der Maisgötter. Blumen und Speiseopfer wurden in den Tempeln wie in Hausoratorien dargebracht. Prozessionen der jungen Mädchen fanden statt, wobei Maiskolben in den Tempeln der Göttin Chicomecoatl getragen wurden. Gerne verglich man die Kinder mit Jade und Mais, weshalb das Fest Gelegenheit bot, in Dankbarkeit für die Geburt eines Kindes ein Gelübde abzulegen. Gesang und Tanz wurden gepflegt.

TOXCATL (*„Trockenheit"*)
Fest des Gottes Tezcatlipoca. Der Höhepunkt war die Opferung eines Jünglings, der ein Jahr lang als Herr gelebt und die Gottheit verkörpert hatte. Deren Abbild war auch eine nächtlich umgehende Axt, die ihre Kerben hinterließ. Eine solche bildet das Symbol des Festes ab.

ETZALCUALIZTLI („*Bohnenspeisenessen*")
Etzalli ist ein Gericht aus Bohnen, mit ganzen Maiskörnern gekocht; *cualiztli* der Essensvorgang. Es ist ein Fest des Regengottes, dessen Kopf neben dem Speisegefäß als Symbol auftritt. Feste der Priester sind begleitet von Bußübungen. Menschenopfer beziehen sich auf Wasser- und Regengötter.

TECUILHUITONTLI („*Kleines Herrenfest*")
Das Fest weist enge Bindung zum Maisgott auf, welcher auf einer kostbaren Bahre getragen wird. Ein mitgeführter „Stab mit Herz" ist Symbol der Götter von Spiel und Kunst.
Die kleine Gestalt (S.132) scheint das „Klein" wiederzugeben; die beiden Elemente „Stirnbinde" und „kleiner bzw. großer Edelstein" sind klare Piktogramme der Festnamen.

HUEY TECUILHUITL („*Großes Herrenfest*")
Verteilung von Lebensmitteln wurden vorgenommen, wie man Tänze veranstaltete. Ein Fest für die Göttin des Salzwassers fand statt. In dieser Zeit opferte man auch eine den jungen Mais verkörpernde Frau.
Das Festsymbol ist symbolschriftlich klar lesbar.

TLAXOCHIMACO („*Blumenopfer*")
MICCAILHUITONTLI („*Kleines Totenfest*")
Feldblumen wurden gepflückt und der Tempel geschmückt. Obwohl es das Fest Huitzilopochtlis ist, erscheint Tezcatlipoca dargestellt. Man feierte ebenfalls das Totengedenken; die Seelen der in den letzten vier Jahren Verstorbenen wurden versorgt.

XOCOTL HUETZI („*Die Frucht fällt herab*")
HUEY MICCAILHUITL („*Großes Totenfest*")
Junge Leute klettern auf einen Pfahl mit in der Höhe befestigten Gebildbroten. Dem Feuergott wurden Menschenopfer dargebracht.
Die beiden Bildzeichen geben neuerdings „klein-groß" wieder.

99

OCHPANIZTLI (*„Besenfest"*)

Zum Fest der Göttinnen des Wachstums und der Erde wurde mit der Säuberung der Straßen eine symbolische Reinigung vollzogen. Scheinkämpfe fanden statt, die Opferung einer die Göttin des Wachstums verkörpernden Frau vollzogen. Die viertägigen Feiern bilden eines der Hauptereignisse im Tempel des Codex Borbonicus. Tenochtitlan erlebte zu dieser Zeit Vorbeizüge der Krieger am Herrscher, der Ehrengaben verteilte.

TEOTLECO (*„Rückkehr der Götter"*)
PACHTONTLI (*„Kleines Grasgirlandenfest"*)

Die Rückkehr der Götter zur Erde wurde in dieser Zeit erwartet, besonders jene Tezcatlipocas.
Gleichzeitig fiel in die Berichtszeit einiger Quellen das Hauptfest der Pulquegötter (2 Kaninchen), weshalb ein an sich bewegliches Fest im Kanon verzeichnet worden ist. In phonetischer Schreibung wurde *tetl* -Stein / *ye* -drei / *olli* - Kautschuk / *tecomitl* -Kugelgefäß (*Olla*) gesetzt.

TEPEILHUITL (*„Bergfest"*)
HUEY PACHTLI (*„Großes Grasgirlandenfest"*)

Kleine Teigfiguren wurden verfertigt, welche den Regengott und die Berggötter darstellten. Sie wurden nach dem Fest verspeist. Als Menschenopfer brachte man Verkörperer der Erdgötter dar. *Pachtli* ist wildes Gras, das als Tempelschmuck diente. Die Hieroglyphe des Namens läßt sich phonetisch lesen: *tepetl* -Berg / *ilhuitl* -Fest.

QUECHOLLI (*„Löffelreiher"*)

Das Jagdfest hat die Wolkenschlange oder Mixcoatl als Patron. In dieser Zeit wurden Pfeile angefertigt.
Eine der phonetischen Namensschreibungen ergibt *quecholli* -Reiher / *olli* - Kautschukkugel.

PANQUETZALIZTLI (*„Fahnen aufrichten"*)

Fest des Huitzilopochtli, gleichzeitig Umzug seines Stellvertreters Paynal durch eine Reihe von Orten in der Umgebung. Phonetisch wird *pantli* -Fahne / *quetzalli* -Quetzal geschrieben; letzeres drückt das „Aufrichten" (*quetza*) aus.

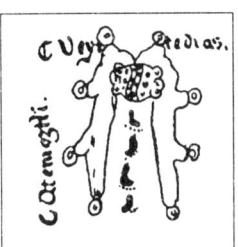 

ATEMOZTLI (*„Herabkommen des Wassers"*)
Zum Fest des Regengottes wurden Gebildbrote verfertigt.
Die Hieroglyphe drückt den Niederschlag durch das herabkommende Wasser aus: *atl* -Wasser / *tetl* -Stein / *temoa* -Herabkommen, wobei das „*te*" von „tetl" der einwandfreieren Lesung hilft.

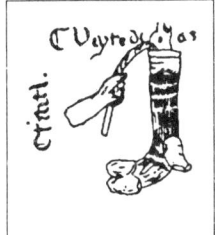 

TITITL (*„Ziehen"* in Beziehung auf die Kälte)
Fest der Göttin Cihuacoatl und Totenverehrung. Gottheiten wurden durch Gebildbrote verkörpert; man tötete solche mit einem flachen Webemesser der Göttin.

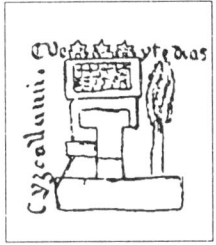 

IZCALLI (*„Wachstum", „Wiederbelebung"*)
Ein Fest des Feuergottes. Durchbohrung der Ohren bei den Kindern, welche man „dem Feuer vorstellte".
Das Symbol gibt klar den Namen wieder: *iztac* -weiß / *calli* -Haus; hinzu gesetzt erscheint ein Baum für „Wachstum".

NEMONTEMI (*„unnütz, ohne Wert"*) heißen die fünf als überzählig betrachteten, deshalb „nutzlosen, unheilbringenden" Tage am Ende des Jahres. Sie wurden an das letzte Monatsfest angehängt. Man zählte sie im 365 Tage-Jahr mit, ohne daß sie einen eigenen Monat bildeten. Weil aber die Reihe der Tageszeichen ohne Unterbrechung weiter lief, kam es nach vier Jahren wieder zum gleichen Tagesnamen.
Als zu keiner positiven Verrichtung nützliche Tage unterließ man ernste Geschäfte. Man hütete sich davor, an einem gefahrvollen Tag eine Reise anzutreten. Bei den Maya bestanden ähnliche Vorstellungen. Hier hießen die Schlußtage „Xma kaba kin"-Tage ohne Wert. Der Glaube an die unheilvollen letzten Tage des Jahres findet sich nicht nur in Mesoamerika. Auch unser Volksglaube kennt die sogenannten „Rauhnächte" mit möglichem unheimlichen Geschehen.
Schon im 16. Jahrhundert geäußerte Vermutungen darüber, daß auch analog zum Julianischen Kalender eine 366 Tages-Schaltung bestanden hätte, dürften allein schon aus der Automatik des mesoamerikanischen Kalenders und der Heiligkeit der unveränderlichen Tagesfolge auf reinen Spekulationen beruhen.

Das von einer Schlange umfaßte Kalenderrad liegt vor dem Porträt Boturinis (17; vgl. auch S. 80). Der im äußeren Kreis dargestellte Rundkalender umfaßt 52 Jahre zu 365 Tagen oder in Summe 18.980 Tage, das sind 73 der 260tägigen Ritualjahre. Weiter innen sind die 18 Monatsfeste mit ihren Symbolen angegeben, hier erscheint als 1. Monat das „Menschenschinden"-*Tlacaxipehualiztli*. Da bei der Rechnung nur nach vollen Tagen ohne Schaltung das wirkliche Jahr bereits in vier Jahren um einen ganzen Tag abweicht, die Chronisten aber von dieser Tatsache keine Notiz nahmen, mußten die Kalenderangaben in vollkommene Unordnung ausarten. Nachdem keine Korrektur durch Einschübe oder Auslassung von Tagen möglich war, wurden die agrarisch bestimmten Feste durch Änderung des Jahresbeginns angepaßt. In den Riten war es verständlich, daß man auch dem Stammesgott entsprechende Referenz erwies. So erhielt Huitzilopochtli im *Panquetzaliztli* sein Fest gefeiert. Das Schicksal oder die „Karriere" des Gottes in der europäischen Vorstellungswelt stellt an sich ein Kapitel Kultur- und Geistesgeschichte dar.

102

Huitzilopochtli-Vitzliputzli oder Die Geschichte eines Gottes

Dieser Tempel stürzt zusammen,
und ich selber, ich versinke:
Doch ich sterbe nicht, wir Götter
werden alt wie Papageien.
Heinrich Heine, „Vitzliputzli"

„Su falso Dios Huitzilopuchtli" hatte Torquemada den Hauptgott von Tenochtitlan bezeichnet. Götter haben ihre Schicksale wie Mächte und Menschen. Vom blutigen Menschenopfer her war der Stammesgott der Azteken zum Inbegriff eines teuflischen Moloch stilisiert worden; sein Kult galt als satanischer Götzendienst. Die Entwicklung läßt sich anhand bestehender Quellen belegen. Der Totengott Mictlantecuhtli erfuhr seine Wiedergabe als auf dem Boden sitzende krallenbewehrte, mit Opfer- und Todessymbolen dargestellte nackte Gestalt. Vor ihrem Abbild sehen wir Männer und Frauen aus dem Volk beim Genuß von Maisspeise, in die menschliches Fleisch gemengt wurde (59). Die Zeichnung muß um die Mitte des 16. Jahrhunderts erfolgt sein. Anlage und Verwendungszweck solcher in klösterlichen Schreibstuben angefertigten Material-sammlungen ist durch die Angabe des in Florenz befindlichen Codex Magliabechiano klar umrissen: die Missionare mußten die alten *malos ritos* kennen, wenn sie diese „schlechten Riten und Sitten" ausmerzen wollten.

Der Hofchronist Antonio de Herrera hatte unter anderen heute verschollenen Bildquellen auch eine solche Fassung aus der Handschriftengruppe in Händen, die wir heute „Magliabechiano-Gruppe" nennen. In der Vignette eines Bandes seiner *„Historia general"* wurde flugs der Totengott zum *„Huitzilopochtli Dios de Mexico"* umstilisiert. Kompilatorenwerke übernahmen diese Darstellung durch zwei Jahrhunderte kommentarlos, so auch die Reisesammlung von DeBry, kritiklos weiter getragen findet sie sich bis in unsere bildhungrige Zeit. Unrichtig interpretierte, schlecht oder gar nicht erläuterte Bildquellen prägen Vorstellungen anhaltend und helfen mit, ein falsches Geschichtsbild zu formen. Das Herrera-Bild diente zur „Imagination" weitläufiger mexikanischer Tempelhallen, die restlichen Vignetten wurden zum Fresken-schmuck. Aus der barocken Schreibweise „V" für „U" entstand aus *„Uitzilobos"* verballhornt ein *„Vitzlipvtzli"*. Mallet bildet ihn so 1686 ab; der Göttername sollte „Schöne Feder" heißen, offenbar mit Quetzalcoatl in negativer Besetzung verquickt. Opferfahnen regten zu Fledermaus-flügeln an, teuflische Bocksbeine traten hinzu, und „das abscheulichste daran war vor dem Bauch ein scheußliches Gesicht mit einem Rachen und scharffen Zähnen". So steht es in Lexika des 18. Jahrhunderts allgemein. Alles was die Ikonographie für die Umkehrung des göttlichen Schöp-fungswerken an teuflischen Elementen aufzubieten vermag, ist eingeflossen, selbst die verkehrt brennende Fackel. Das Symbol des „Nachäffers" Gottes findet sich an einem immer wieder als exotisches Kuriosum betrachteten Spiegelhalter im Besitz der Stadt Nürnberg. Ein *„Fitzebutz"* feiert im Kinderbuch wie in der Trivialliteratur immer noch seine Urstände.[23]

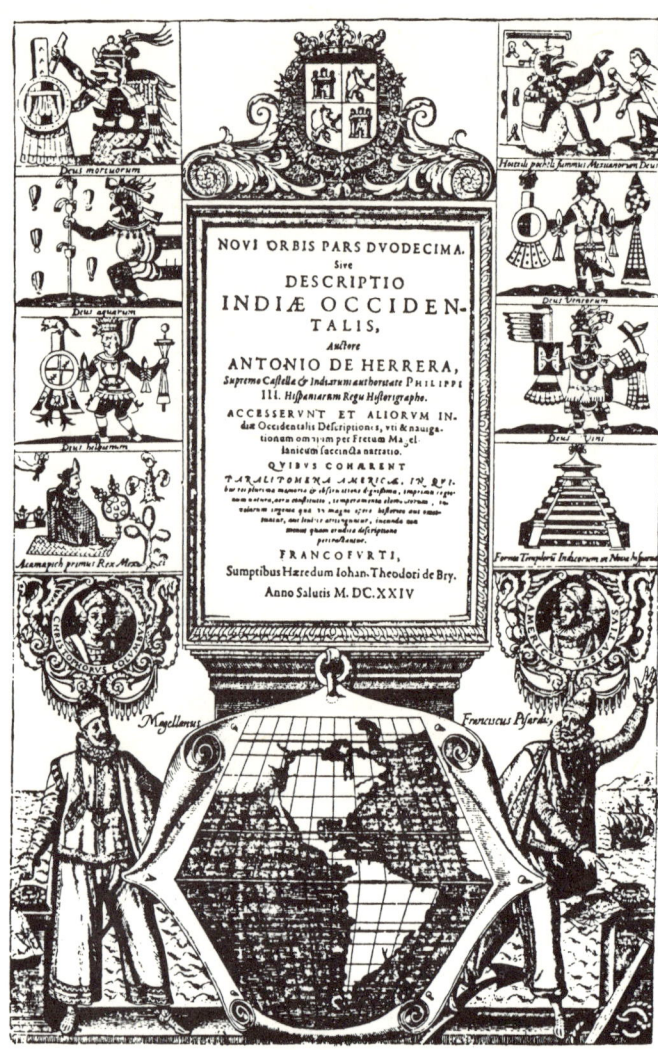

Antonio de Herrera y Tordesillas (1549-1625) ist durch die Bände seiner „*Décadas*" eine unserer wichtigsten Sekundärquellen, denn als offiziellen Chronisten „der Indien" standen ihm viele heute verschollene Manuskripte zur Verfügung. Für ihre Zeit hochaktuell übernahm DeBry im 12. Teil seiner „Großen Reisen" Texte und Bilder. Die ersten sechs Vignetten entstammen einer verloren gegangenen Version der „Codex Magliabechiano-Gruppe". Nach den Seiten der Florentiner Fassung erkennen wir die Todesgöttin Cihuacoatl (45), den Regengott Tlaloc (44), den Pulquegott Techalotl (64), den Totengott Mictlantecuhtli als Huitzilopochtli (73) und zwei weitere Pulquegötter (65, 52). Die Vorlagen für den aztekischen Herrscher Acamapichtli und die Stufenpyramide sind unbekannt.

Ein „unwürdiges Spiel menschlichen Geistes" vermeinte Johann Jacob Leibnitz 1674 hinter den hier abgebildeten „mexikanischen Idolum" erblicken zu müssen. Das „Mexikanische Götzenbild" erhielt 1747 durch Johann Georg Keyßler seine Taufe als „Fitzlipuzli". In jüngerer Zeit noch wurde die idolartige Figur lediglich als „Mexikanischer Tanzaffe" bezeichnet.

55 Das Idol „*Fitzlipuzli*" aus der Kunst- und Raritätensammlung der Nürnberger Stadtbibliothek zeigt einen sitzenden Klammeraffen (*Ateles sp*.; vgl. auch **85**) als feuervergoldeten Spiegelhalter in Messinghohlguß. Die Herstellung solcher Gegenstände haben wir bald nach der Eroberungszeit vielfach bezeugt. Alte Illustrationen im Verband mit diesem köstlichen Belegstück geben uns eine einzigartige Quelle zur religions- und kulturgeschichtlichen Problematik zum Synkretismus des 16. Jahrhunderts, wie zu Vorstellungen über das „Fremde" allgemein.

56 Anbetung des Gottes Huitzilopochtli nach A. M. Mallet, Description de L'Univers. Band V. Frankfurt am Main, 1686 (Vgl. S. 103).

57 Verzehr des Geopfertenfleisches vor dem Kultbild des Totengottes, welches zum Urbild der Huitzilopochtli-Darstellungen für Jahrhunderte geworden ist (Codex Magliabechiano, Seite 73).

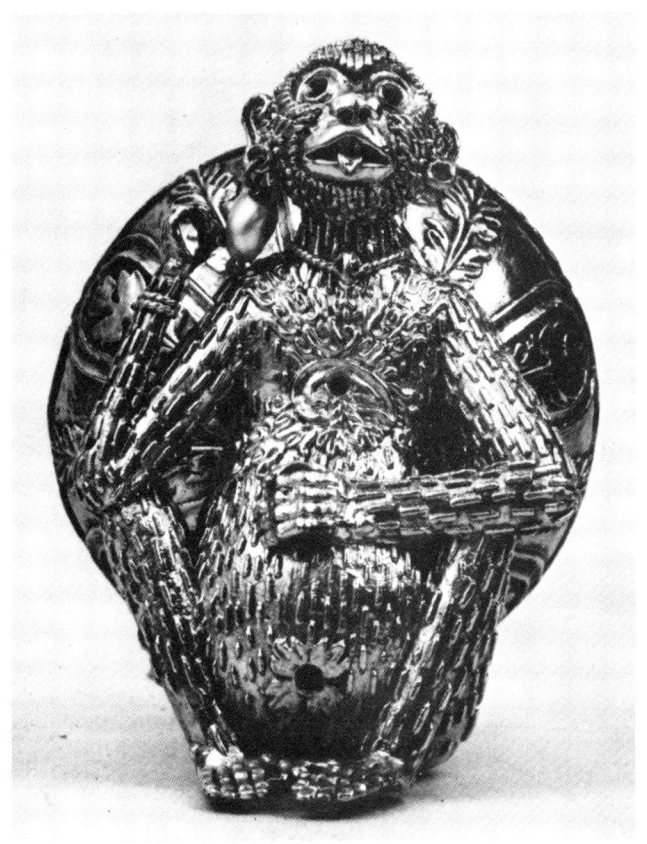

55

VIZTLIPVZTLI

56

57

58

59

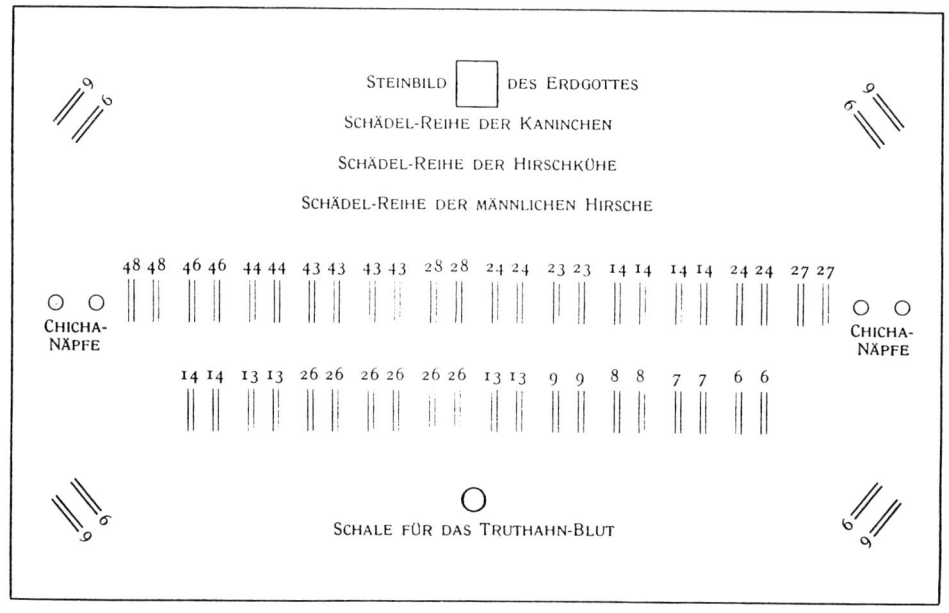

Abb. 14. Anordnung der Opfergaben für den Alten des Berges.

Bündelkult oder Geheimastronomie ?

Sonne, Mond und Venus waren wichtige Gottheiten im alten Mesoamerika. Ihre Entstehung lag in der Zeit längst nach der Einrichtung der Tages- und Jahreszählung. Tage und Jahre sind daher nicht Zeitmesser, sondern Begleiter des von ihnen unabhängigen Rhythmus von Tag und Nacht, ohne ursächlich in den Zusammenhang gestellt zu sein, denn auch im Dunkel der sonnenlosen Zeit, wie es die vier prähistorischen Weltalter mit ihrem jeweiligen Sonnenwechsel mit sich brachte, rollte das Tonalpohualli ab.

Der Kult sah in der Kontinuität gegebener Zyklen einen seiner wesentlichen Inhalte. In diesem Sinne waren daher astrale Wahrnehmungen bedeutsam, wenn auch nicht in dem früher gedachten Umfang. Überholte Ansichten erhalten sich erstaunlich zäh. Sehr wohl kannten die Priester – in einer mehr als 2000jährigen Tradition – Zeiten und Bewegungen wichtiger Himmelskörper. Keinesfalls lag es aber in der Absicht der Priesterastronomen, diese Gegebenheiten in Form astronomischer Gesetze verschlüsselt festzuhalten. Die Wahrnehmung der Zyklen geschah in Ehrfurcht für die göttliche Präsenz, als Ausgangspunkt für die Bestimmung von Fest- und Opferzeiten, wie zur Abwendung befürchteter Gefahren.

Für die versuchte Astraldeutung, vor allem in den Bilderhandschriften, schien das Vorkommen erschließbarer Zahlenreihen in den Codices wohl der deutlichste Beweis für das Vorhandensein astronomischer Berechnungen, die man nur zu dekodieren brauchte. Die Bilder daneben wurden als sekundär betrachtet, unter Umständen galt es, sie zusätzlich zu „entschlüsseln", um rechnerische Informationen zu erhalten. Das Ergebnis war die Analyse komplexer Perioden, die bestimmte Stern- oder Planetenumläufe zum Ausdruck bringen sollen. Namentlich in den Codices Fejérváry-Mayer, Cospi und Laud finden sich Seiten voll der „Zahlzeichen in Maya-Art", wobei ein Punkt „1" und ein Balken „5" bedeuten. Rund den achten Teil der erhalten gebliebenen kalendarisch-religiösen Handschriften füllen solche „Tafeln". Anordnung und Zahlen weisen eine deutlich erkennbare Struktur auf. Neben den geordneten Strichreihen sind oft Opfer dargestellt: bestimmte Tiere, bei denen manchmal das Herz besonders hervorgehoben ist, daneben Daunenfedern und Brennholzbündel. Die Seitenkomposition weist eine völlig einleuchtende Erklärung auf, wenn in verschiedenen Teilen Mexikos heute noch lebendige Bräuche zum Vergleich herangezogen werden.

58 Codex Fejérváry - Mayer, Seite 6, zeigt aller Wahrscheinlichkeit nach einen Altar für ein „Costumbre" mit Opferbrand und Truthahn.

Hierzu: Tierkopfreihen mit Herzen (wie Codex Cospi 29) sollen vielleicht das angerufene „Lebendige" oder das dargebrachte Opfer bedeuten.

59 Opfertisch für abgezählte und gebündelte Gaben für ein Jagdritual bei den Tlapaneken. Originalillustration aus dem Forschungsbericht von Schultze Jena aus dem Jahr 1930 (Indiana III: 147).

Vor allem die Opfertische der Tlapaneken im Staate Guerrero sind erstmals von Leonhard Schultze Jena beschrieben worden.[24] Für die Gottheit werden abgezählte Gegenstände aufgebreitet, wie Halme, Blätter oder Kiefernadeln, ebenso Blumen; dazu rezitiert der Curandero Gebete, um einem Kranken Hilfe angedeihen zu lassen:

So nehme ich nun meine Zuflucht zu Deinen Füßen und Händen, da wo ich auf Deiner Matte Opfer für Dich aufzählen werde an diesem Tage hier: die 49 - 48 - 47 - 46 / 45 - 44 - 43 - 42 / 41 - 40. Hier lege ich es auf Deine Matte, auf Deinen Opferstein, ... ordnungsgemäß aufgezählt, daß Du sehen, daß Du hören mögest. [gekürzt]

Und ebenso sind Dir aufgezählt Blätter und Blumen ... die die bösen Totenseelen empfangen sollen ... ... die ich auf deren Matte aufzählen werde am heutigen Tage zugunsten des Kranken: Die Opfergabe der 29 - 26 - 24 - 23 -20 / 14 -13 - 12 - 11 / 10 - 9 - 8 - 7 - 6. Und dann sind hier auch vier Bündel zu je 9 Halmen: die Gebühr für die Totenseelen des Berges. [gekürzt]

Hinzu treten oft noch in die vier Himmelsrichtungen gelegte Gaben, weiters ein Sonderbündel zur Besänftigung einer allenfalls vergessenen Gottheit, zum Ausgleich eines unterlaufenen Zählfehlers bei der Bündelvorbereitung oder eines Versprechens während der Rezitation.[25]

Die Strahlenkraft der Gestirne: Sonne und Venus

Die Umläufe von Sonne und Mond, wie die Verschiebung der Aufgang- und Untergangsstelle der Sonne am Horizont sind einfach erkennbar. Viel schwieriger fällt die Erkenntnis und Zuordnung der Planetenerscheinungen. Ihre merkwürdigen Unregelmäßigkeiten sind uns durch die Astronomie erklärlich, den Alten mußte ein solcher Wandelstern als launisch erscheinen. Der helle Glanz und die schnelle Bewegung mögen zur Bewunderung des Gestirnes beigetragen haben, das nach acht „Erdenjahren" wieder an der gleichen Stelle des Himmels aufscheint. Somit entsprechen 8 Sonnenjahre zu je 365 Tagen 5 Venusjahren von 584 Tagen oder einem Zeitraum von 2920 Tagen: „**365 $\times$ 8 = 2920 = 584 $\times$ 5**" steht als Gleichung. Während alle Fixsterne sich in Kreisbahnen am Himmel bewegen, beschreibt die Venus in den 584 Tagen ihres „Venusjahres" ihre Bahn bald rechts-, bald linksläufig, und vollzieht vor dem Beobachter im Vor- und Rückwärtsgehen eine scheinbare Schleifenbewegung. Die Venus steht in ihrem ersten Viertel rechts von der Sonne als der Morgenstern, in ihrem letzten Viertel, links von der Sonne, ist sie der Abendstern. Dazwischen wird sie im strahlenden Sonnenglanz unsichtbar. Nach 236 Tage der Sichtbarkeit als Morgenstern folgen 90 der Unsichtbarkeit und neuerdings 250 der Sichtbarkeit als Abendstern bzw. wieder 8 Tage der Unsichtbarkeit. So geben es die Zahlenwerte der 5 Venus-Tafeln auf den Seiten 46 bis 50 des Codex Dresdensis wieder, von denen die beiden letzten als **64** abgebildet sind. Ganz unten steht die Zahlenreihe
11 (x 20) + **16** (x 1) = **236, 4** (x 20) + **10** (x 1) = **90, 12** (x 20) + **10** (x 1) = **250** und **0** (x 20) + **8** (x 1) = **8**; ober dem Hieroglyphenblock entsprechend in fortlaufender vigesimaler Weiterzählung

-wobei die Klammerwerte jeweils von oben nach unten mit 360, 20 bzw. 1 zu multiplizieren sind-
entsprechend dem Positionswert der Maya-Zahlschreibung:

Seite 49: (5, 9, 8,) **1988** - (5, 13, 18) **2078** - (6, 8, 8) **2328** - (6, 8, 16) **2336**

Seite 50: (7, 2, 12) **2572** - (7, 7, 2) **2662** - (8, 1, 12) **2912** - (8, 2, 0) **2920**

Daß die Venustafeln des Codex Dresdensis, in denen uns der „rote Stern" oder das große Auge
der Maya entgegentritt, eine Parallele in der Codex Borgia-Gruppe besitzt, zeigte Seler auf. Auch
in der mexikanischen Handschrift sehen wir, wie der Speer der Venus, das heißt die Strahlen des
Gestirns, andere Gestalten trifft. Der heliakische Aufgang der Venus galt für die Menschen und
die Kräfte der Natur als ausgesprochen ungünstig. Deshalb hatte man dem Wiedererscheinen des
„Herrn der Dämmerung", dem Gott Tlahuizcalpantecuhtli, große Beachtung gezollt und mußte
vorkehren.

Eine Stelle in der aztekischen „Geschichte der Königreiche von Colhuacan und Mexico"
handelt von Quetzalcoatl. Nachdem sich dieser verbrannt und sich sein Herz in den Morgenstern
verwandelt hatte, schleuderte der Venusgott von seinem Herrscherthron am Morgenhimmel aus
seine Strahlenpfeile nach den verschiedenen Klassen von Wesen, wobei der Einfluß des Morgensterns auf die Trecenas geschildert wird:

Wenn er im Zeichen „1 Krokodil" kommt, schießt er die alten Männer, die alten Frauen. Ganz so, wenn er in „1 Jaguar" aufgeht.
In „1 Blume" schießt er die kleinen Kinder, in „1 Rohr" die Könige, ebenso in „1 Tod". In „1 Schlange" schießt er den Regen,
so daß es nicht regnen wird. In „1 Bewegung" sind die Jünglinge, die Jungfrauen, sein Ziel, in „1 Wasser" wieder leidet man
unter Dürre usw.

Tatsächlich erscheint der Venusgott Tlahuizcalpantecuhtli in den Codices Borgia, Vaticanus
3773 und Cospi als der seine Speere schleudernde Krieger, und zwar in Verbindung gesetzt mit
viertägigen Perioden, welche sich zu einem Veintena zusammenschließen. Im Tonalpohualli
wiederholen sie sich dann 13 mal. Auf „1 Krokodil" folgen "„5 Schlange", „9 Wasser", „13 Rohr"
und „4 Bewegung", worauf sich eine erste Periode wiederholt, jetzt als „8 Krokodil" usw. Zu jeder
Periode gehört ein Bild, in dem die Anfangstage, manchmal auch die folgenden, aufgelistet
werden.

In der **ersten Periode** [KROKODIL, Wind, Haus, Eidechse] wird der **Maisgott** getroffen, ebenso — wie oben zitiert — die
Alten. Beide, Mais wie Lebensalter, unterstehen dem Schutz des Tonacatecuhtli, der Patronatsgottheit des Tageszeichens
„Krokodil". [In abgekürzter Form in **62 unten**]
In der **zweiten Periode** [SCHLANGE Tod, Hirsch, Kaninchen] wird die **Wassergöttin** Chalchiuhtlicue getroffen, die
Patronatsgottheit des Tageszeichens „Schlange"; deshalb gibt es Dürre. [In abgekürzter Form in **62 oben**]
In der **dritten Periode** [WASSER, Hund, Affe, Gras] wird „**Wasser und Berg**" getroffen, das heißt die Stadt, die menschliche
Gemeinschaft. Der Feuergott Xiuhtecutli ist die Patronatsgottheit des Tageszeichens „Wasser" und gilt als Patron des
gesellschaftlichen Lebens. [**60**]
In der **vierten Periode** [ROHR, Jaguar, Adler, Geier] wird der „**Thron**" getroffen, im zitierten Text die Herrscher. Wie "Rohr"
als Zeichen der Autorität gilt, steht sein Patron Tezcatlipoca als der „Königsgott". [**61**]
In der **fünften Periode** [BEWEGUNG, Flint, Regen, Blume] wird der „**Jaguar**" oder ein Waffenbündel getroffen. Der
Patronatsgottheit des Tageszeichens „Bewegung" ist der zum Sonnengott gewordene Nanahuatzin, der eng verbunden mit dem
auf dem Kampffeld Gefangenen ist, der später geopfert wird. [In abgekürzter Form in **63**]

Die B-Bilder von Codex Dresden 46–48 in Umzeichnung

Die uns durch die Dresdener Handschrift zugängliche Maya-Tradition zeigt zweierlei Gestalten: jeweils thronende Maskenträger (obere oder A-Bilder) und einen Schießenden (mittlere oder B-Bilder) mit von Speeren getroffenen Opfern (untere oder C-Bilder). Sie sind den Gestalten in der Codex Borgia ähnlich und geben wieder:

Seite 46: Gott „L" (schwarzer Bacab) trifft den Gott "K", den Fürstengott . . . . [108, 65 links]
Seite 47: „10 Himmel" (Lahun Chan) trifft den Jaguar, den Krieger . . . . [108, 65 Mitte]
Seite 48: Nächtliche Gottheit (Art des mexikanischen Yoaltecuhtli?) trifft den Maisgott . . . . [108, 65 rechts]
Seite 49: Junger kriegerischer Gott trifft eine Froschgestalt (die Fruchtbarkeit) . . . . [64]
Seite 50: Gott (Art des aztekischen Itztlacoliuhqui) trifft einen jungen Mann . . . . [64]

In den Begleittexten stehen immer die gleichen formelhaften Inhalte. Beispielsweise lautet der Text der Hieroglyphenpassage zu Bild B, Seite 50:

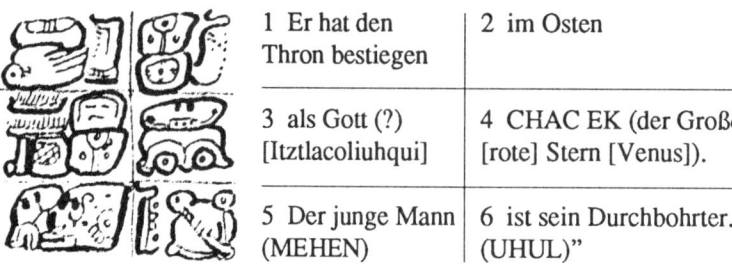

	1 Er hat den Thron bestiegen	2 im Osten
	3 als Gott (?) [Itztlacoliuhqui]	4 CHAC EK (der Große [rote] Stern [Venus]).
	5 Der junge Mann (MEHEN)	6 ist sein Durchbohrter. (UHUL)"

60 Codex Vaticanus 3773, Seite 82: dritte Venus-Tafel.
61 Codex Borgia, Seite 54, links oben: vierte Venus-Tafel.
62/63 Codex Cospi, Seite 9: erste und zweite Venus-Tafel und von Seite 11 in Umzeichnung: fünfte Venus-Tafel.
64/65 Codex Dresden, Seiten 49 und 50, bzw. Umzeichnung der C-Bilder 46-48 (B-Bilder hierzu oben).

60

61

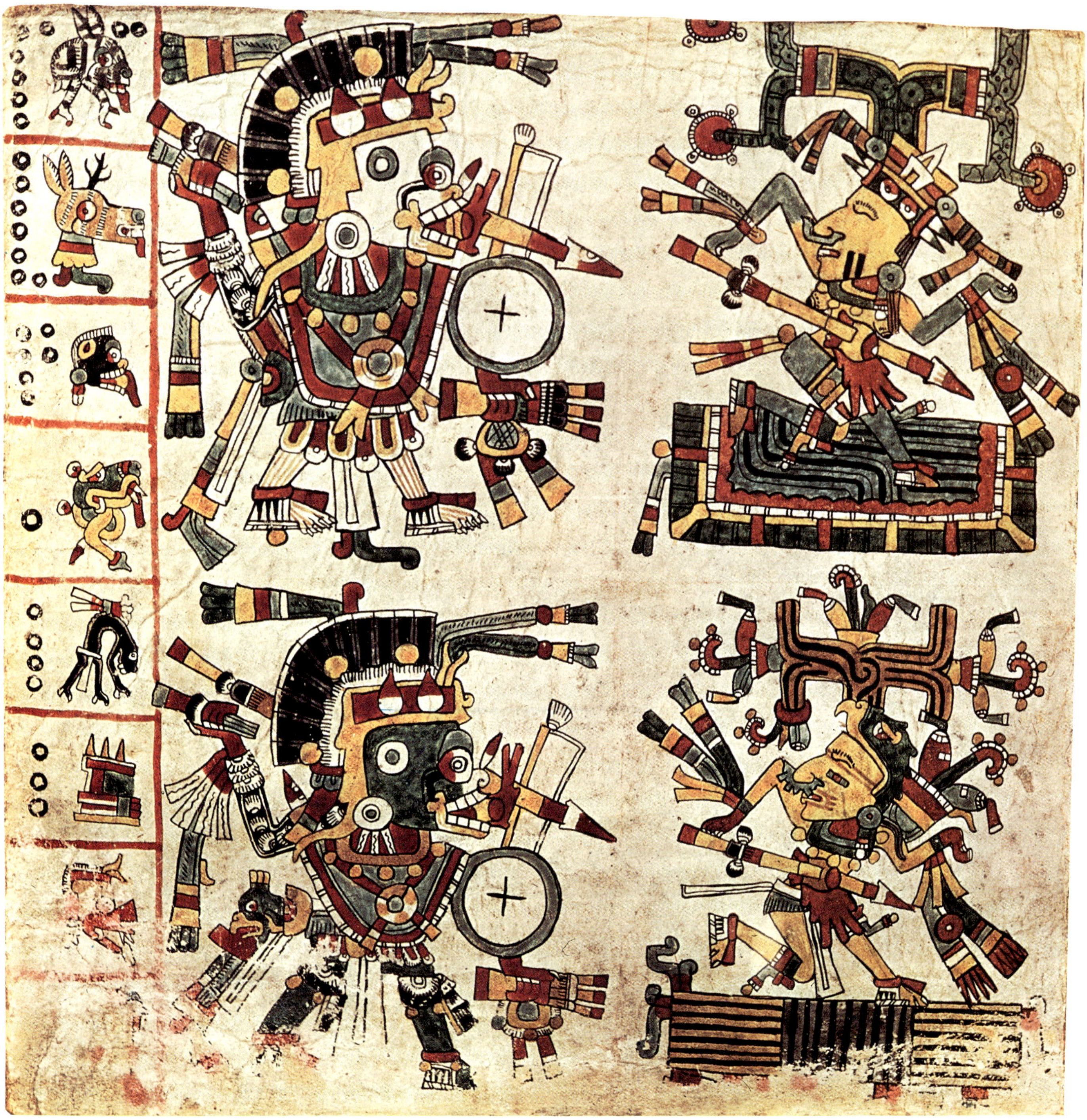

62

63

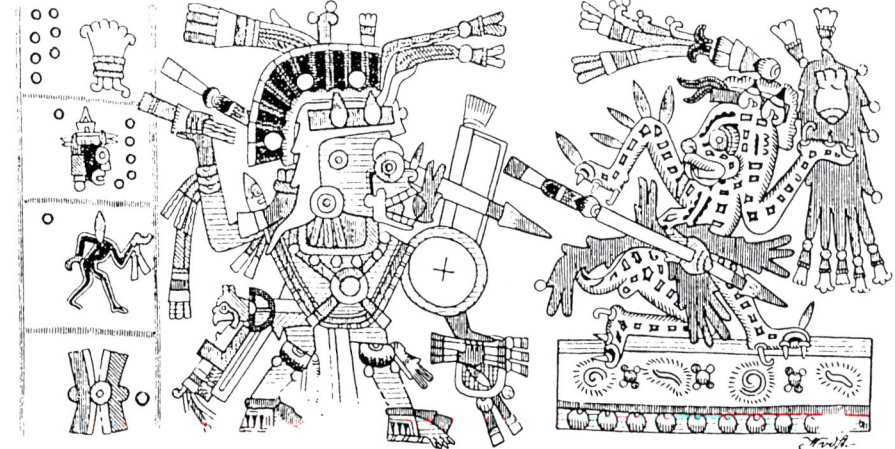

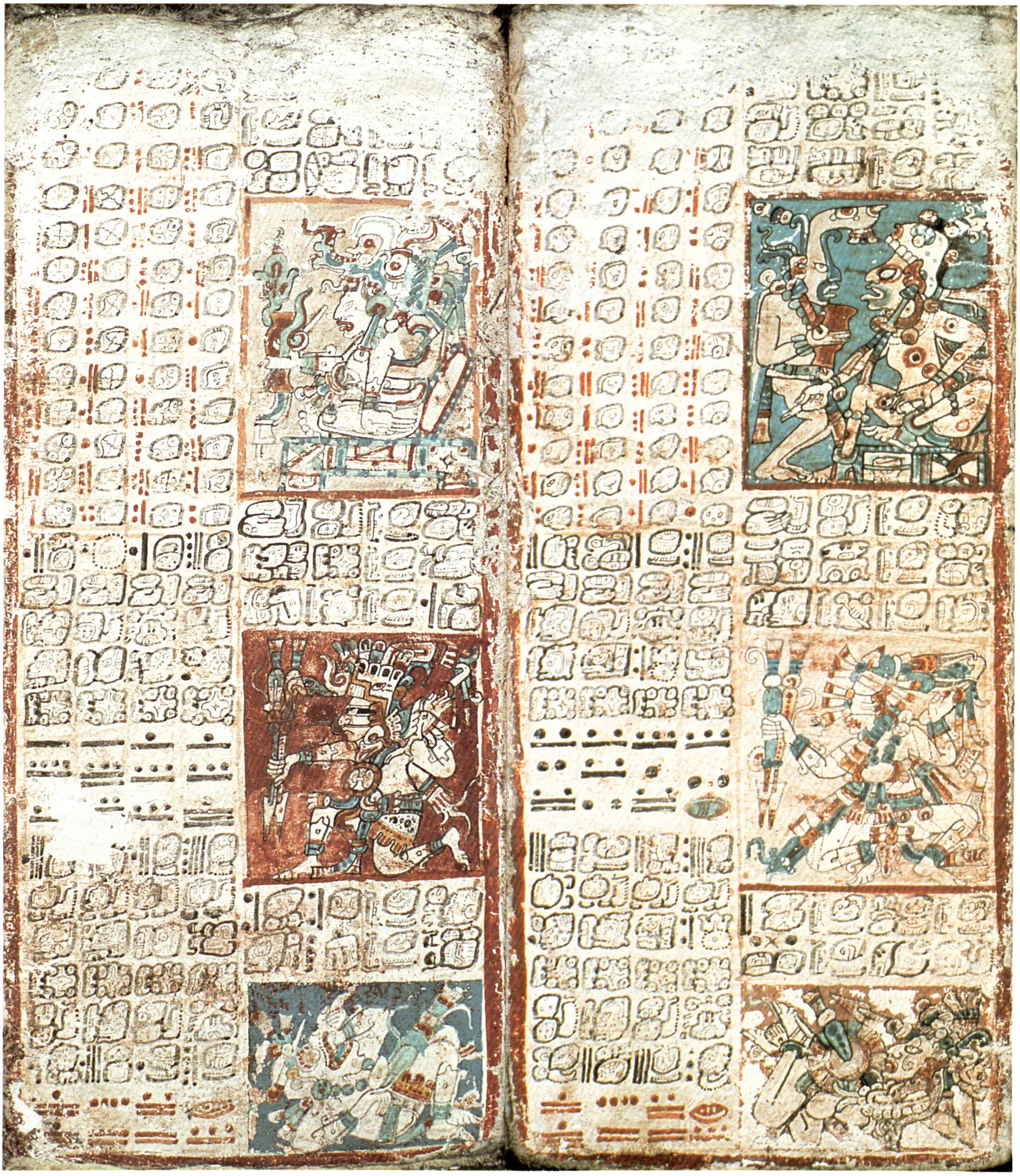

64

65

66

67

68

69

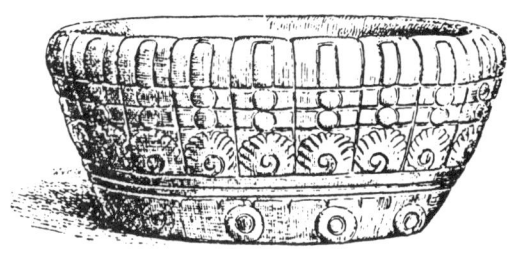

Die Sonnenscheibe erscheint auf einer Vielzahl von Darstellungen mit Federreihen wie ein Rundfächer und ihrem Strahlenkranz. Sonne und Gestirne senden die Strahlen als Pfeile und Speere zur Erde herab. Das A-förmige Zeichen scheint die „Pfeilspitzen" zu bedeuten; so bildet auch ein Teotihuacan-Tageszeichen die Flint-Spitzen ab. Sowohl die Humboldt-Scheibe wie der Himmelsfries im Codex Selden zeigen himmlische Schützen mit eingelegten Speerschleudern. Der Tempelstein mit dem Bild des „Heiligen Krieges" bildet die Sonne unseres derzeitigen Weltalters ab, von Göttern flankiert, dazu Adlerschalen und die Jahresdaten 1 Kaninchen und 2 Rohr. Auch auf dem zum Wahrzeichen des „aztekischen Mexiko" erkorenen Kalenderstein tritt uns die "Erdbebensonne" mit ihrem Geburtszeichen 4 Bewegung entgegen. Die Speichen des Namenssymbols tragen die Bilder der vier früheren Zeitalter, umrahmt von den zwanzig Tageszeichen. Außen sind sie eingeschlossen von zwei Feuerschlangen. Wenn die Sonne nach Blut dürstet, kann dieses in von Adlerfedern gesäumten Opferblutschalen aufgefangen und wie die geopferten Herzen dem Gestirn als Nahrung dargebracht werden.

66 Die Grünsteinscheibe aus der Sammlung Alexander von Humboldts zeigt den jungen Sonnengott mit einem Speerbündel in der einen Hand, während die andere mit der Speerschleuder zum Schuß ausholt. Ehemals Museum für Völkerkunde, Berlin (Kriegsverlust 1945).

67 Das Abbild eines Tempels mit den Elementen des für das Gedeihen der Welt von den Azteken als notwendig empfundenen Heiligen Krieges („*Teocalli de la Guerra Sagrada*") enthält die Wiedergabe eines ikonographischen Programmes: Seitlich der Sonnenscheibe sind Huitzilopochtli und Tezcatlipoca dargestellt — letzterer mit der Türkisbinde als Namenshieroglyphe Moctezumas II. Seitlich scheinen Xiuhtecuhtli und Xochipilli auf, wie Tlaloc und Tlahuizcalpantecuhtli; die Rückseite zeigt die Erdgöttin. Tenochtitlan, wahrscheinlich für das Jahr der neuen Feuerbohrung „2 Rohr / 1507" geschaffen; heute im Nationalmuseum in Mexiko. Höhe etwa 125 cm.

68 Mythisch verbrämt schildert die Seite 1 des Codex Selden die Herkunft einer Dynastie. Zum Datum Jahr 2 Haus Tag 4 Rohr senden 1 Tod und 1 Bewegung als Sonne und Venus vom Himmel aus Strahlen auf den Berg der Urväter herab, aus dem sich eines der Herrschergeschlechter ableitete.

69 1790 wurde bei Grabungen auf dem Hauptplatz von Mexiko der große Kalender- oder Sonnenstein gefunden. Nachdem er ursprünglich in die Wand der Kathedrale eingelassen worden war, kam er 1885 im Archäologischen Saal des Museums im Nationalpalast zur Aufstellung, wie ihn ein zeitgenössisches Photo von Briquet zeigt. Bei einem Durchmesser von 3,60 Metern besitzt die Steinplatte ein Gewicht von über 25 Tonnen. Der reiche Inhalt reizte durch die Zeit Phantasten, noch mehr herauszulesen und ihn zu einem wahren Kompendium aztekischer Priesterweisheit hochzustilisieren.

Der erste Sonnenaufgang

Jahr 2 H i r s c h Tag 13 K a n i n c h e n:
Über dem Altar, wo die Gesänge sich erheben,
steigt die Sonne „1 Blume" empor.
Ganz nach oben erhebt sie sich,
wo der Sonnengott als Krieger sichtbar ist.

Die Sonne geht auf über den Bergen,
Die Sonne geht auf über den Ebenen,
Die Sonne geht auf über den Wegen.

Codex Vindobonensis, Seite 23

Die Zeitalter und eine unsichere Welt

Die jetzige Welt ist die fünfte der Schöpfungsgeschichte. Götter hatten den Himmel aufgerichtet. Finsternis herrschte einst, lediglich vom Schein des Feuers erhellt. Nach und nach gab es vier Weltzeitalter; jedes erhielt sein eigenes Tagesgestirn, die „vier Sonnen". Die Zeiten wurden benannt nach deren Formelementen als „Wassersonne", als „Jaguarsonne", als „Windsonne" und als „Regensonne". Jedes Zeitalter hatte seinen göttlichen Patron und seinen „Kalendernamen" mit mantischem Wert. Die genannten Elemente erheben sich am Ende ihrer Ära gegen die jeweils damals lebende Menschheit: von Wasserströmen wird sie hinweggerafft, von Jaguaren gefressen, von Windwirbeln weggerissen oder vom Feuerregen verbrannt.

Wie alles in Mesoamerika entsprechen auch die früheren Welten einem kosmographischen Plan – die Vierzahl erinnert an die Richtungen, eine fünfte Welt entspricht der Mitte. Auch die Maya dachten an vergangene Weltalter. Zumeist sind es deren vier. Beim Zusammenrechnen der Zahlenangaben gelangt man auf bis zu 18.028 Jahre; es sind dies Vielfache von 52 Jahren, also die Kalenderzyklen, nach deren Ende immer wieder ein neuer beginnt. Neben dem Glauben an die Abfolgen von Schöpfungen und Zerstörungen gab es bei den Maya bei deren Philosophie von der Zeit sicher noch andere Vorstellungen. So reicht auf einer Stele von Quiriguá eine Berechnung hunderte Millionen von Jahren zurück. Solche Kalkulationen müssen unweigerlich zur Erkenntnis des Begriffes von Ewigkeit und Unendlichkeit führen. Wir können lediglich bewundernd vor diesem Phänomen stehen, das alles andere als volkstümlich gewesen sein kann.

Der „Menschheitssamen" in den Höhlen wurde im Zeichen des Synkretismus gar leicht zu Vorstellungen von der Arche Noah umgemünzt. Es fand bei den Maya der Glaube Eingang, daß in der letzten der Fluten alle Geister der Alten umkamen. Nur drei retteten sich in einem Kanu: *Dios yumbil*, *Dios mehenbil* und *Dios Espiritu Santo*, also die Dreifaltigkeit.

Voll dramatischer Wucht ist die Schöpfungssage bei den Quiché im Popol Vuh, nach der einst die Welt in tiefem Schweigen schwebte. Einsam und öde lag alles da, die Erde war noch unsichtbar und es gab nur Himmel und Meer. Ringsum herrschte Dunkelheit und Nacht. Nachdem die Ecken gebildet und bezeichnet waren, mit Stangen begrenzt und mit Schnüren in Winkel geteilt, ward durch bloße Zauberkraft des Wortes die Erde geschaffen, ebenso die Pflanzen und die Tiere. Weil die Tiere in ihrer Unvernunft die Gottheit nicht anzubeten vermögen, werden sie verdammt. Ihr Fleisch scheint dazu bestimmt, getötet und gefressen zu werden. Nach Versuchen zur Schaffung des Menschen erst aus Schlamm, dann aus Holz und Riedgras kommen zwar Wesen zustande, die zu sprechen vermögen, aber keine Seele und keinen Verstand besitzen. Eine Flut soll die unzulängliche Menschenschöpfung hinwegraffen, wie Ungeheuer vom Himmel herabstoßen, ihnen die Augen auszuhöhlen, den Kopf abzuschneiden, ihr Fleisch zu fressen und Knochen und Adern zu zerwühlen. Selbst die Natur wird feindselig, Aufruhr und Verschwörung des Hausrats setzt ein. Rasch wird mit den unglücklichen Wesen aufgeräumt, die Affen mögen ihre letzten Reste sein. Erst mit dem Mais als neuen Werkstoff gelingt das Werk. Es enstehen die Urväter, von denen die jetzigen Menschen abstammen.

Die Kontinuität des Menschengeschlechtes war für Altmexiko eine selbstverständliche Vorstellung. Zur Erschaffung muß eine Gottheit in die Unterwelt hinabsteigen. Zumeist versieht in der Sagentradition Quetzalcoatl die Aufgabe, die Knochen eines Verstorbenen zu holen. Von „Edelsteinknochen", auch von „Opferknochen" ist die Rede. Nach einer mühseligen Reise kann endlich das Gebein gemahlen werden, ehe es mit eigenem Opferblut vermengt wird. „Aus Asche geschaffen" gilt also der Mensch. Hilfreiche Tiere müssen dann helfen, den Mais als geeignete Nahrung herbeizubringen. Nunmehr entstehen auch Sonne und Mond, die beiden Lichtkörper. Besonderer dauernder Kulthandlungen bedarf es, um die Lebenskraft zu sichern, damit sie ihren

Wie Omen geheimnisumwitterte Aussagen und Mitteilungen enthalten vermögen, wird den weisen Alten im Orakel die Kraft der Schicksalsmächte offenbar. Im Wandbild von Coatlan zwischen Yautepec und Cuernavaca sind Oxomoco und Cipactonal vor einer Höhle mit dem Deuten aus einer Bilderhandschrift und dem Werfen des Maisorakels beschäftigt (Vgl. S.137).

Gang über den Himmel zu vollenden vermögen. Unsicherheit herrscht allerorts. Die jetzige Welt "4 Bewegung" ist unbeständig. Wie sie auf dem Rücken der zuckenden Erdkröte ruht, wird sie einmal im Beben zugrunde gehen. Die Erde wird oft als ein auf dem Wasser liegendes Krokodil beschrieben, wobei man die Berge mit dem ungleichmäßigen Rückenpanzer gleichsetzt. Zahlen beherrschen den Kosmos: 2 ist die Dualität als das Grundprinzip Mann/Frau, Tag/Nacht oder Leben/Tod; 3 gibt die Vertikalordnung Himmel-Erde-Unterwelt wieder, wie 4(5) die Weltrichtungen mit Einschluß der Mitte ausdrücken; 9 wieder drückt Nacht und Tod aus, verbunden mit den 9 Stationen in der Unterwelt, auch als deren Schichten auffaßbar; 13 endlich ist an den Tag oder den manchmal dreizehnschichtig gedachten Himmel gebunden.

Vom Göttlichen in der Welt

Götter und Menschen gehören zusammen. Wie der Mensch von diesen geschaffen wurde, besteht faktisch ein Vertrag zur Erhaltung der Götter. Von Opfergaben hängt ihr Fortleben ab, deren Darbringung vornehmste Aufgabe des Menschengeschlechtes ist, eine zeremoniell festgelegte Gegenleistung, die bis heute als wahrer Eckpfeiler des Gemeinschaftslebens gilt.

Von göttlichen Kräften erfüllt erscheint dem Indianer die Natur. Steine und Pflanzen haben nicht nur Seelen, sie können genau so als Götter angesprochen werden, wie Sonne und Wind, wie

112

Feuer und Regensturm. Im Popol Vuh wissen die Könige um die Gunst der Gottheit zu bitten: „Du Herz des Himmels und der Erde! Der Du Fülle und Überfluß spendest, der Du Töchter und Söhne schenkst! Setze in Bewegung und laß ausströmen Deinen Überfluß und Deine Fülle! Du Herz des Himmels, Herz der Erde, Du verschnürte Kraft, Du im Himmel und im Inneren der Erde, an den Himmelsecken und an den Winkeln des Himmels!"[26]

Die Handschriften bilden Objekte der Natur ab, versehen mit menschlichen Gliedmaßen und Gesichtern, oder als menschenähnliche Gestalten, aus denen Blüten und fruchttragende Zweige hervorwachsen. Naturgemäß sind der Mais und die Maguey als göttliche Brotfrucht und Spender des kostbaren Trankes die hauptsächlichen Pflanzengötter, verkörpert in Cinteotl und in Maya-huel. Antlitztragende Steine und Steinmenschen zeigt der mythische Kontext in mixteksichen Bilderhandschriften. Bezeichnend für sie sind die langen Zähne, die runden Augen und die Steinknorren am Körper. „Ollin-Figürchen" taufte Walter Lehmann 1929 die merkwürdigen Wesen im Codex Vindobonensis. Manchmal wird ihnen auch die Bezeichnung „Xolotl" gegeben. Feldforschungen in der Mixteca konnten die kleinen Gestalten eindeutig als „Ñuhu" bestimmen, was „Gott" im allgemeinen bedeutet und sich vor allem auf die in der Erde und im Wasser lebenden Gestalten bezieht. Als „Toba" oder „guter Herr" werden sie angesprochen, und ihre Wohnstätte gilt als „Santo lugar", als „heiliger Ort". Auf Spanisch sind die ñuhu-artigen Wesen in die Gestalten von „San Cristobal" und „Santa Cristina" eingeflossen. „Vehe ñuhu" heißt das „Haus Gottes", der Tempel oder die Kirche allgemein. Obwohl sich Ñuhu häufig auf „Land", „Erde" und „Feuer" bezieht, setzen Vokabulare den Begriff kurzerhand mit „Gott" gleich. Wie „Sa ñuhu" eine „geheiligte Sache" schlechthin ist, tritt der Priester als der „Vater im Dienste des Ñuhu" auf. Außer im Dienste der christlichen Religion stehend kann aber ein Idol der alten Religion ein „Naa ñuhu" sein, ein „Teufelsbild". An einen Dämon als „Ñuhu cuina", als „angreifender Ñuhu", erinnern die „Espiritus de Ataque" der Otomí. Zwerge oder Kobolde sind die „Ñuhu maa".

Ein Ñuhu tritt zwar zumeist geschlechtslos auf, kann jedoch auch geradezu zweigeschlecht-lich sein. Eine derartige Gestalt ist die aus der Zeit der Konquista stammende Holzplastik des Museums für Völkerkunde in Wien, welche unter der Bezeichnung „Xolotl-Figur" bekannt ist. Sie scheint eben eine Gottheit zu gebären; deutlich zeigt die Unterseite aber genau so männliche Geschlechtsmerkmale. Die Vertiefung im Rücken wurde analog zur Stuttgarter Grünsteinfigur, dem sonnentragenden, hundsköpfigen Xolotl, als verloren gegangene Sonnenscheibe angesehen. Wahrscheinlich war hier einst ein halbkugelförmiger Spiegel aus Schwefelkies oder Markassit eingelassen, und die reich mit allerlei sonstigem Zierat geschmückte Gestalt bildete ein als Brustschmuck tragbares Götterbild. Nach der Gesichtsmaske als Raubtierdarstellung oder hundsköpfiges Fabelwesen angesprochen, wäre die sicher mixtekische Plastik wohl besser als „Wiener Ñuhu" bezeichnet. Sie ist ein Unikat ohne vergleichbare Beispiele in den Sammlungs-beständen aus Altmexiko.

Heute ruft man in der Mixteca Ñuhu an, um Zustimmung zur Aussaat zu erhalten, ebenso wenn ein Haus zu errichten ist. Speiseopfer werden ihnen zum Erntedank gereicht. Eine wichtige Rolle besteht in traditionellen Genesungsritualen. Ñuhu können nämlich die Seelen von Personen an sich ziehen, die im Vorübergehen bei ihnen erschrecken. Erkrankungen sind die sichtbaren Folgen des Seelenverlustes. Ein Curandero als traditioneller Heilkundiger kann dann vor der Krankheit des Erschreckens (*susto*) heilen, wenn er seine Zeremonie dort abhält, wo sich der Verursacher befindet. Wenn der Ñuhu nun sein Speiseopfer gereicht bekommt, bittet man ihn gleichzeitig, die eingefangene Seele freizugeben. Der Heiler reibt in der Reinigungszeremonie oder *„Limpia"* den Patienten mit einem Ei und mit Pflanzen ab, die vorerst über die Erde gestrichen worden waren. Wir können den Vorgang als die Überwindung eines traumatischen Erlebnisses durch Einbindung des Individuums in die Welt der Naturkräfte sehen.

Das gleiche Konzept weist die Einleitung des von Schultze Jena aufgezeichneten tlapanekischen Gebetstextes (Vgl. S. 83) auf: „Du wurdest geboren, altehrwürdiger Stein, Stein der Vorfahren! Da komme ich und nehme meine Zuflucht zu Deinen Händen und Füßen, zugunsten Deines Sohnes, Deines Anverwandten, der Krankheit und Qual in seiner Hütte erleidet. Er steckt in hartnäckiger Krankheit, die hervorging, die ihren Ursprung nahm, aus den Händen der abscheulichen Totenseelen. Die haben ihn angefaßt, deshalb liegt er sterbenskrank da." Im frühen 17. Jahrhundert beschreibt Ruiz de Alarcón die Pflanzengottheiten als *tlamacazqui* oder „Geist", ein auch für die Priester verwendetes Wort. Im gleichen Zusammenhang wird eine Passage im Codex Vindobonensis verständlich (Seite 34, vgl. **74**), die rezitiert werden kann. Mit der Heirat der beiden mixtekischen Urahnen Herr 5 Wind „Regen" und Frau 9 Krokodil „Regen" setzt sie ein: Sie waren Gott-Vater und Gott-Mutter [gezeichnet als die nackten Gestalten eines Macuilxochitl und einer Tlazolteotl], von Baum und Dornbusch, von verschiedenen Pflanzen, vor allem der Maguey, dann von Hirsch und Kaninchen als den Tieren der Wildnis, von bunten und schwarzen Steinen. Ihre Kinder sind die „Bedeckten" [die zu Bündeln gemacht werden], solche ohne Farbe, ohne Geschlecht, ohne Mund und Gesicht, ohne Ober-, ohne Unterlippe. Zahleneinheiten und Opferrituale haben sie gegeben, wie Throne und Wiegen als Zeichen dynastischer Macht. Sie liegen auf den Wegen, entlang der Bewässerungskanäle, unter den Felsen und unter den Bäumen, in tiefen Höhlen und Mulden, ganz anormale Leute sind es, richtige „Opossum-Leute". Schließlich endet die Rezitation mit dem Passus: „Die Tage 2 Adler - 8 Adler - 6 Adler - 4 Adler: Opfer einer Wachtel auf den Bergen, auf den Wegen, an den Strömen".

Alle Titel, wie auch die Ikonographie, passen gut zu den Ñuhu-Figuren, die aus dem Bereich der Naturgeister stammen. Ordnung und Legitimität der mixtekischen Fürstenfamilien kommen von dieser Bindung her; sie selbst verwandeln sich in die Ñuhu. Als göttliche Ahnen überwachen sie die Fruchtbarkeit der Erde, das Wohl und Wehe ihres Volkes. Alle Titel wie auch die Ikonographie fügen sich in das zum Ñuhu-Konzept aus dem Bereich der Naturgeister. Ordnung und Legitimität der mixtekischen Fürstenfamilien kommen von dieser Bindung her; sie selbst ver-

Der Beginn des Textes auf der Grabplatte des Herrn Pacal (603-683). Palenque, Tempel der Inschriften.

wandeln sich wieder in diese Ñuhu. Als göttliche Ahnen überwachen sie die Fruchtbarkeit der Erde, das Wohl und Wehe ihres Volkes. Die Ñuhu sind nun ihrerseits als Kinder eines Urahnenpaares herleitbar.

Eine ideenmäßige Grundverwandtschaft findet sich auf dem durch „Astronautenphantasien" weltweit berühmt gewordenen Sarkophag des Maya-Fürsten Ah Pacal im Tempel der Inschriften von Palenque. Die Inschrift auf der Südseite der Grabplatte beginnt: „[1] (Am Tage) **8 Ahau** [2] (am) **13.** (Tag des Monats) **Pop** [3] (wurde) **geboren** (und) [4] (am Tage) **6 Etznab** [5] (am) **11.** (Tag des Monats) **Ceh** [6] **in seinem 4. Katun** (zwischen dem 60. und 80. Lebensjahr) [7] [8] **starb Ah Pacal,** der Herr von Palenque …". Das Plattenrelief zeigt den Herrscher auf der Maske der toten Sonne liegend, in den Rachen des Todes und der Erde versinkend. Der ikonographische Vergleich mit dem eben zitierten „unter dem Baume liegenden Ñuhu" von Codex Vindobonensis (S. 144, **74**) bietet sich an. Auch oberhalb des Toten sehen wir einen Baum, hier mit einer beidendköpfigen Schlange und dem Muan- oder Himmelsvogel. Ähnlich sind die Weltrichtungsbäume auf dem Weltbild von Codex Fejérváry-Mayer, Seite 1 (**28**), zudem jene auf den Reliefplatten der Tempel des Kreuzes und des Blattkreuzes von Palenque, welche den Kult des Herrschers empfangen.

Es scheint die Verwandlung von Ah Pacal zu einem Erdgott symbolisch anzuzeigen, ähnlich eines mixtekischen Ñuhu, der seine Ruhestätte unter einem der Weltenbäume gefunden hat. Die Darstellung findet ihren Rahmen im umgebenden „Himmelsband", einem Streifen mit den Hieroglyphen von Sonne, Mond, Himmel, Venus und Nacht. Der kosmische Charakter des Geschehnisses scheint betont. Rings um die Sarkophagwände sind die Vorfahren des Verstorbenen wiedergegeben. Sie stehen als wachsende Gestalten in der Erde. Pflanzen sprießen aus ihnen hervor. Die Ahnen haben offenbar ihre Umwandlung zu Erd- und Pflanzenwesen schon vollzogen, während der Fürst im Begriff ist, in den Ahnenkreis einzugehen. Vergleiche mit der Erfahrung des Göttlichen, wie sie der Osiris-Mythos zeigt, drängen sich unwillkürlich auf, das uns aus dem Orient vertraute Mysterium vom Gottmenschen, der zum Gotte wird. Transzendent haben wir einen Beleg für die „Philosophie der Zeit" in Händen, die ein ureigenstes Element der Maya-Religion darstellt, wo Epochen in immer größere Zeitabschnitte einmünden.

„Eins werden mit Gott", „Eingehen zur Gottheit", selbst „zum Gott werden" sind Synonyme der Erfahrung des Lebenszieles, des Ausgleiches mit der alles Leben beherrschenden göttlichen Kraft. Wir sehen den Herrscher Ah Pacal auf seiner Grabplatte im Tempel der Inschriften von Palenque an der Schwelle zum Göttlichen. Umrahmt vom Himmelsfries scheint er auf dem altarähnlichen Abbild der nächtlichen Sonne in den geöffneten Erdenschlund zu versinken. Hinter ihm erhebt sich der Weltenbaum mit der beidendköpfigen Schlange und dem kostbaren Vogel an der Spitze.

Auch Mosaikschilde wie Schmuckelemente signalisieren „Kostbarkeit" und „Jade". Einmal in Vollsicht, einmal in Halbsicht scheint das prankenkreuzförmige Zeichen „Vollendung" auf (Vgl. S. 40). Eine der neun längst zur Gottheit gewordenen Ahnengestalten von der Außenwand des Sarkophages tritt uns mit reichem Federschmuck und Geschmeide angetan als Seele oder Geist einer Pflanze entgegen (Nach der Abreibung von Merle Greene Robertson).

70 Ein Ñuhu geht in die Erde ein, ein anderer kommt aus ihr hervor. Codex Vindobonensis, Seite 52.

71 Im Kreis der neun Pulquetrinker sitzt auch ein Ñuhu. Codex Vindobonensis, Seite 72.

72 Zwei Ñuhu beim Brandopfer. Codex Vindobonensis, Seite 27.

73 Das bisher in der Literatur als „Xolotl" bezeichnete Figürchen wird wohl weiterhin eindeutig als „Wiener Ñuhu" zu benennen sein. Museum für Völkerkunde, Wien.

74 Hymnus auf die Verbindung der Ahnen mit den göttlichen Geheimnissen in der Natur. Codex Vindobonensis, Seite 34. Vgl. den Text hierzu auf S. 114. Beachtenswert ist oben in der dritten Spalte von rechts „der unter dem Baum Liegende".

70

71

72

73

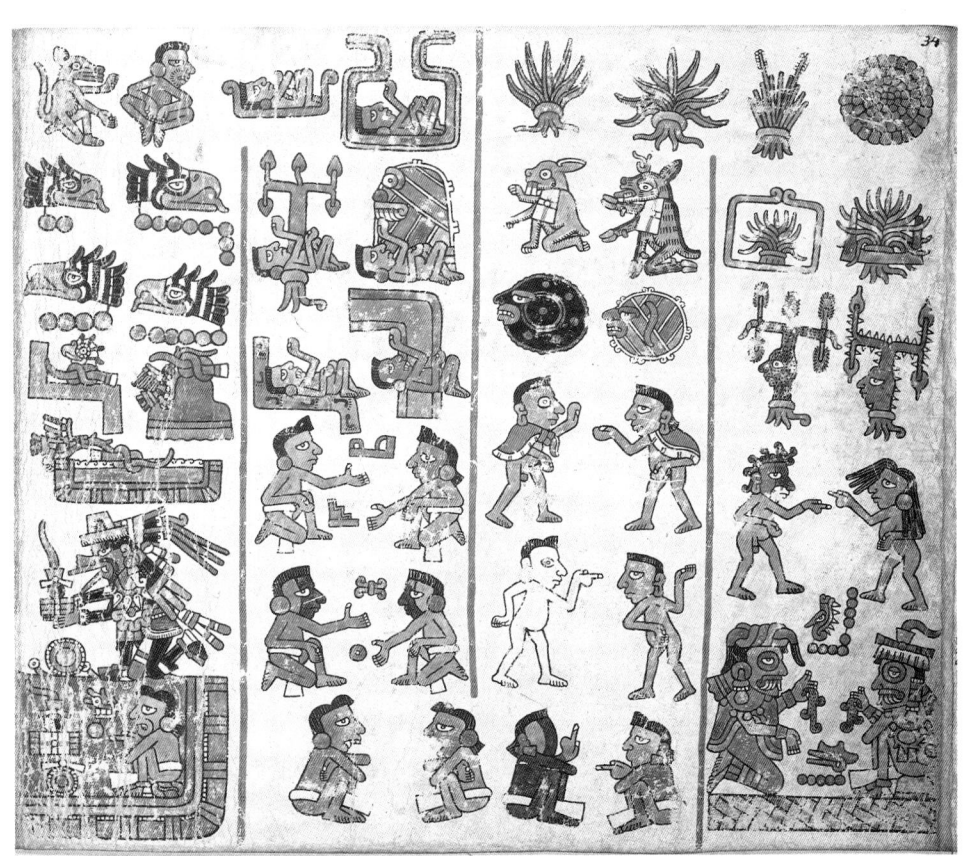

74

75

77

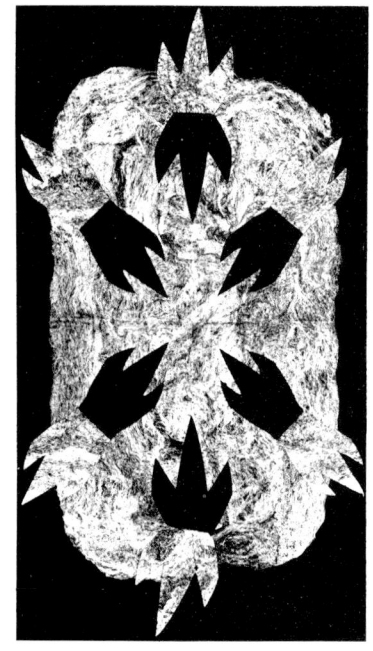

76

78

80

81

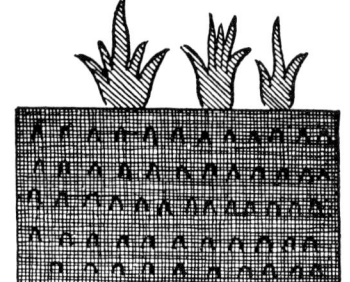

79

82

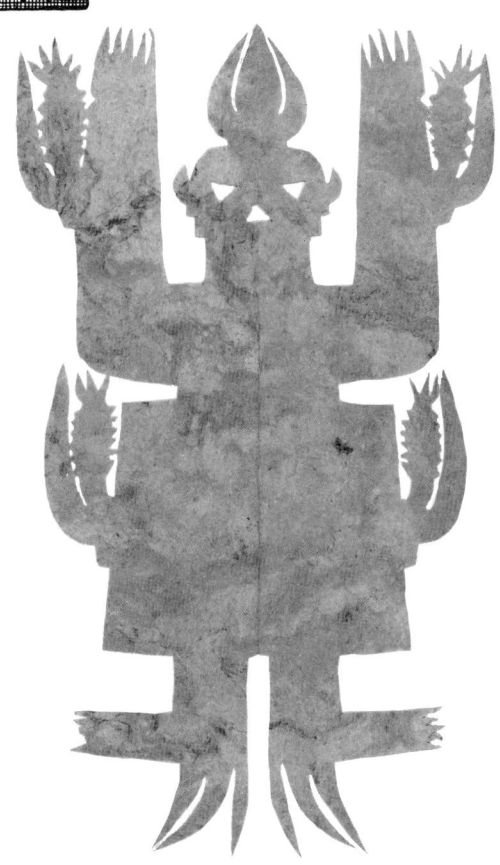

83

Lebendes Altmexiko

Um die Jahrhundertwende hatte der nordamerikanische Forscher Frederick Starr in der Sierra de Puebla, hart an der Grenze zwischen den beiden Staaten Hidalgo und Puebla, das Fortleben vorspanischer Bräuche für die Wissenschaft wieder entdeckt. Besonders mit dem otomísprechenden „Papiermacherdorf" San Pablito im Municipio von Pahuatlan begann sich seither die Wissenschaft eingehend zu beschäftigen. Heute wissen wir, daß das Otomídorf wohl durch seine überlebende Papiererzeugung eine Sonderstellung einnimmt. Inzwischen stellte sich heraus, wie weit alte Vorstellungen die Jahrhunderte überdauerten, nicht nur in dem einst schwer zugänglichen Bergland mit seiner Mischbevölkerung, sondern überall dort, wo man mit offenen Augen das Land bereist. *México antiguo* - Altmexiko lebt in unseren Tagen!

Die linguistische Erfassung auch kleiner Splittergruppen, verbunden mit ethnographischen Feldnotizen, eröffnete ein unglaublich reiches Arbeitsfeld fern ab vom Survival, dem lebenden Relikt eines sogenannten „Überlebsels". Wenn für Korrelationsfragen wichtige Daten ohne einen einzigen Tag Verschiebung noch heute im Hochland der Maya in lebendig gebliebener Tageszählung rückrechenbar sind, genügt eigentlich ein einziges Beispiel als Beleg für den nie stattgehabten „Kulturbruch": das vom letzten selbständigen Aztekenherrscher Cuauhtemoc verteidigte

75 Codex Vindobonensis, Seite 37/38 (Ausschnitt).
Jahr 13 Kaninchen Tag 2 Hirsch: Als Heroengestalt spricht 9 Wind „Quetzalcoatl" zu Stein- und Pflanzenwesen. Die Steine treten als Ñuhu auf, die wurzeltragenden Pflanzenwesen gleichen den *„Espiritus"* (Vgl. 26 und 83, wie S. 150).

76 Codex Tudela, Seite 118.
Unter den mit dem Süden verbundenen Gottheiten ist ein Malinalteotl zu finden, eine Pflanzengottheit des Grases.

77 Codex Fejérváry-Mayer, Seite 33/34.
Oben: Das Schicksal des Mais in mantischer Verbindung mit den vier Himmelsrichtungen innerhalb des 20 Tage-Zyklus. Von Dürre und Fäule, Tierfraß und Wohlgedeihen handeln die angeführten Vorhersagen. Die Wassergottheiten Chalchiuhtlicue und Tlaloc sind zu erkennen. Unten: Ein in 4 x 5 Trecenas verteiltes Tonalpohualli (vgl.S. 47), von rechts nach links zu lesen. Priester in Göttertracht opfern an bündelartige Kultbilder: O s t e n - Sonnengott, N o r d e n - Itztlacoliuhqui (mit Opossum), W e s t e n - Maisgott, S ü d e n - Todesgott.

78,79 Jeder der Geister („*Espiritus*") wird bei einer Zeremonie („*Costumbr*") auf sein Bett („*Cama*") gesetzt. Auch die Bezeichnung „Tor des Himmels" wird dafür verwendet. Interessant ist der Vergleich mit der Darstellung der Erde im Codex Vaticanus 3738, wo der geflammte Schnitt offenbar eine Pflanze wiedergibt.

80, 81 Der Doppeladler muß nicht unbedingt auf die Habsburger Bezug haben. Durch den Faltschnitt entsteht von selbst ein zweiter Kopf, jedoch kommen auch vierköpfige Adler vor. Je mehr Köpfe, desto mächtiger erscheint der Bergvogel zu werden. Adler, in Kreuzstickerei auf Hemden plaziert, schützen den Träger. Der Scherenschnitt dient für ein bestimmtes Zeremoniell, bei dem eine Reihe von Bergtieren und der „Herr des Berges" angerufen werden.

82 Weiblicher Totengeist („*Espirito de Mujer*"), erkennbar an der Blütenkrone; männliche Geister tragen Hüte. Die Schnitte dienen bei Heilungszeremonien.

83 Geist der Maispflanze in Faltschnitt. Deutlich sind Kolben („*Mazorca*") zu erkennen.

25, 26, 78, 81 und 82 sind von Alfonso García Tellez, dem derzeit bedeutendsten Krankenheiler („*Curandero*") von San Pablito, Pahuatlan, Pue. geschnitten, 83 von Santos García aus dem gleichen Ort.

Tenochtitlan fiel am Tag 1 Schlange des Jahres 3 Haus in die Hand des Hernán Cortés - das war der 13. August 1521. Aus den Sprachbereichen des südöstlichen Mesoamerika, wie den Ixil, Jacalteca, Chuj, Mam, Mixe, Kekchi, Aguateca, Cakchiquel, Quiché und den Zapoteken besitzen wir noch reichhaltiges Kalendermaterial. Weil es dem Enthusiasten für die ihm romantisch erscheinende Kulturwelt Altmexikos keineswegs erfreulich erscheint, wenn sich vor diesem die unüberwindlich scheinenden Barrieren eines wahren Sprachenbabels auftun, werden diese an sich erregenden Tatsachen der modernen Forschung zugunsten konstruierter Klischeebilder sträflich verdrängt. Es wird nicht jedermann aufgerufen, aktiver Sprachforscher zu werden, aber For- schungsergebnisse statt eines „unfruchtbaren Dilettantismus"[27] anzunehmen, ist eine notwendi- ge, eigentlich selbstverständliche Forderung. Vom Dilletantismus zur Scharlatanerie – bewußter Fremd- und Eigentäuschung – geht die Palette meist unbemerkter Übergänge.

Die Bedeutung von Papier in alter Zeit ist durch Opferbeschreibungen wie durch Bilder in den Handschriften vielfach belegt. War man ursprünglich im irrtümlichen Glauben, daß Agavenbläт- ter zur Erzeugung von Papier herangezogen wurden, ist es inzwischen eindeutig bewiesen, daß solches aus dem Bast des wilden Feigenbaumes hergestellt wurde.[28] Aus den Tributlisten des Codex Mendoza haben wir eine Unzahl von Orten vermerkt, aus denen Papier geliefert werden mußte. Lediglich in San Pablito aber erhielt sich die Technik bis heute. Der wilde Feigenbaum oder Ficus heißt auf aztekisch *amatl* ; daraus entwickelte sich die hispanisierte Form „Amate". Die Maya verwendeten ebenfalls in großem Maße Feigenbastpapier, bei ihnen „*huun*" geheißen. Die drei erhalten gebliebenen Maya-Handschriften sind auf solches mit einer dünnen Gipsschicht als Schreibgrund versehenes Huun-Papier geschrieben.[29]

In feinsinniger Weise hatte Robert Weitlaner die Gesänge und Gebete, welche die „*Costumbres*" begleiten, was soviel wie „Sitte, Brauch" bedeutet, die „Merseburger Zaubersprüche Amerikas" genannt. Wenn es sich um eine Krankenheilungszeremonie handelt, wird von einer „Reinigung" („*Limpia*") gesprochen. Etwa folgend lautet einer der Texte:

Zehn Gevatterinnen vorne,
Wandle, geh mit dem Bergherrn,
schon hast Du fortzugehen.

———

Wandle, geh in eine Schlucht,
wandle, geh in ein Bachbett,
wandle, geh in der Dämmerung.

Was wünschest Du?
hier ist Deine Trommel,
hier ist Deine Fahne,
hier ist Dein Hahn.
Was begehrst Du noch?
Wandle, laß uns in Frieden.
Wandle, geh mit dem Bergherrn.
Zehn Gevatterinnen vorne
zehn Gevatter hinten.

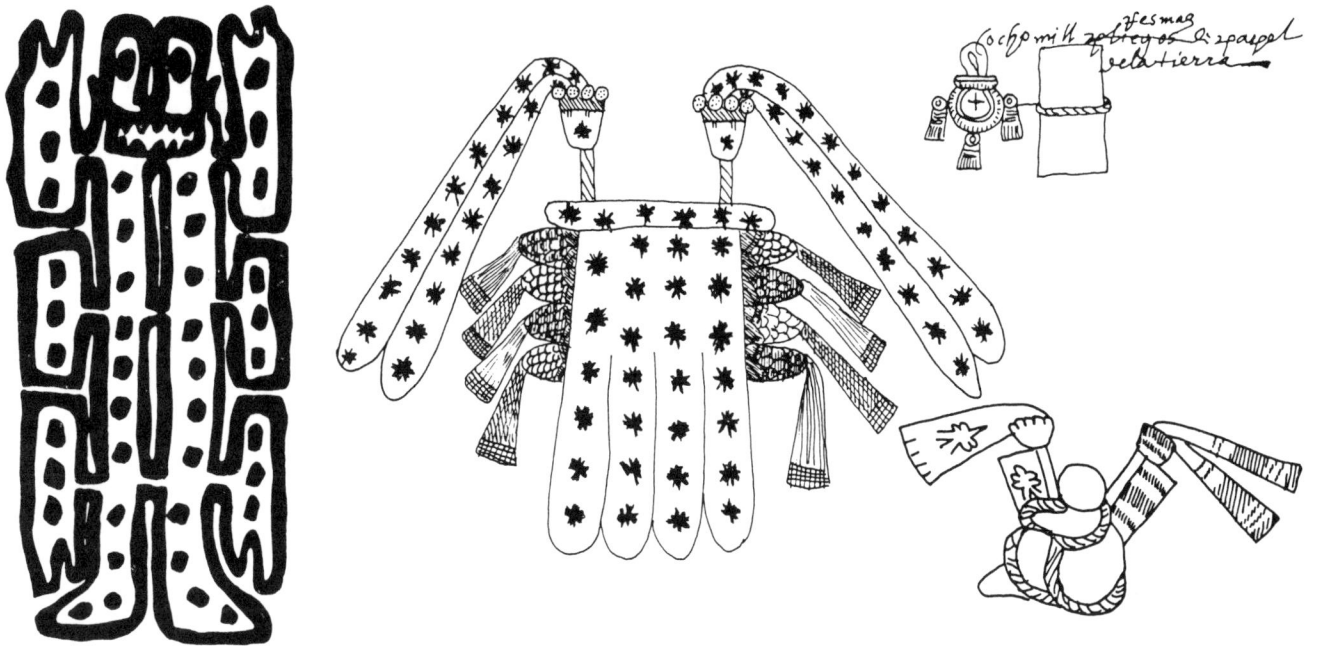

Auf einem olmekischen Rollsiegel haben wir eine offensichtlich von Früchten des Feldes erfüllte Gestalt in der Art der *Muñecos* vor uns. Mit Kautschuk oder Opferblut beträufeltes Amatepapier hatte für die Zeremonien bereitgestellt zu sein, wie es hier aus dem Codex Borbonicus abgebildet wird (vgl. S. 82–89), ebenso waren die Opferfahnen aus Papier. 8000 Lagen gefaltete Papierbogen stehen wiederholt im Codex Mendoza als Tributleistungen angeführt.

In Sätzen oder *„Juegos"* breitete der heilkundige *Curandero* die aus gefalteten Papierbogen geschnittenen Gestalten göttlicher Wesen aus. Wie uns eine schier unüberblickbare Zahl neuer Gebets- und Opfervarianten bei den Tlapaneken bekannt geworden sind[30], kennt man auch in San Pablito verschiedene Sonderformen. Grundlage aber bilden drei Serien für Zeremonien zur Hebung der Fruchtbarkeit des Ackers und des Gedeihens der Feldfrüchte als *„Juego de Semillas"* (Pflanzen-Satz), solche zur Abwehr von Gefahren und zur Heilung als *„Juego de Ataque"* (Angriffs-Satz) und eine allgemeine zugunsten der Berggötter, in denen der Herr des Berges (*„Señor del Monte"*) und seine Bergvögel, voran der mehrköpfige Adler, vorkommen. In Verbindung mit Totenseelen und der Seele des Erkrankten wie solche nützlicher oder feindlich gesinnter Tiere wird ein transportabler Altartisch bereitet, auf den die Papierfiguren oder *Muñecos* („Puppen") angeordnet werden. Gesang und Musikspiel wie die Bereitstellung von Opfergaben und das Beträufeln („Taufen") mit Truthahnblut oder Alkohol gehören zum Costumbre. Nach der Zeremonie wird der aufgebaute Altar in einen großen Bogen Amate-Papier eingeschlagen oder das Gestell hochgehoben, worauf sich ein prozessionsartiger Zug zu einer Schlucht begibt, um den wahren „Sündenbock" hinabzuschleudern. Langjährige Befragungen erhärteten die grundsätzliche Zusammensetzung der Juegos. Der Curandero Alfonso García Tellez schneidet 14 Angriffsgeister („*Espíritus de Ataque*"): einen Herrn der Erde als „Zürnenden Herrn" („*Mantesoma*"), eine Königin der Erde, einen Herrn der Hölle („*Señor Presidente del Infierno*"), eine Flußnymphe („*Sirena*") und den Regenbogen, wie einen die Neugeborenen attackierenden Schicksalsdoppelgänger („*Nahual*"), weiters Teufel, Nacht, Schatten, Blitz, Donner, Strahl und zwei übelwollende Verstorbene als männliches („Stiermaul") und weibliches („Pferdemaul") Gegenstück. Zu den ebenfalls 14 Pflanzengeistern („*Espíritus de Semillas*") gehören Mais (auch Kolben oder „*Mazorca*", vgl. **83**), Zuckerrohr, Banane, Ananas, Papaya, Jicamawurzel, Tomate und Blattomate, Feld- und Buschbohne, Kaffee, Chili-Schoten, Erdnuß wie Chayote, eine Kürbisart. Hinzu tritt noch der Geist des „Bienenschwarmes", dargestellt als Mann, umgeben von vielen Vögeln. Die Verbindung der die Blüten umschwärmenden Insekten geschieht in gleicher Weise, wie die europäische Volkskunde „Bienenvögel" kennt. Den Herrn des Berges („*Señor del Monte*", vgl. **26**) mit seinen zwei Jaguaren, zwei Helfern, wie Regenbogen, Blitzkugeln und Wegkreuz, begleiten der Adler als mächtiger Bergvogel (vgl. **81**), weiters die vier „Vögelchen des Herrn des Berges", gekennzeichnet durch Sterne, Affen, einem kleinen Vogelpaar und Doppeladler.

Böse Lüfte („*Aires*") können Schaden vielfacher Art verursachen. Deshalb steckt man bei Hartnäckigkeit der Geister ein Rad mit ihren Abbildern auf das Hausdach des Betroffenen. Teilweise zumindest werden die Schnitte als Götter („*Dioses*") bezeichnet, daneben wird auch von Geistern („*Espíritu*") oder Schatten („*Sombras*") gesprochen, dem als Otomí-Wort „*naXudi*" entspricht. Als Schattenwesen haben die Geister nichts mit dem synkretistisch unterlegten dämonisch-bösen Judaskomplex zu schaffen. Mit den Geistern der eingeführten Kulturpflanzen leben die Otomí sehr wohl, weshalb deren Einbindung in das Vorstellungsgut genau so verständlich ist, wie sich alte Vorstellungen von warm/heiß und kühl/kalt bei den Heilungszeremonien mit der hippokratischen Elementenlehre gekreuzt haben können. Wie es fast allgemein üblich wurde, indianische Glaubensinhalte als „Aberglauben" („*Supersticiones*") abzustempeln, wurde für die Heilungszeremonien der Begriff „*Brujería*" oder „*Witchcraft*" gesetzt, also „Hexerei" und „Zauberei". Wohl gab es als Formen der Zaubertätigkeit den „*Brujo malo*" als „bösen Zauberer" und „Hexer", daneben stand aber der „*Brujo bueno*" (guter Zauberer) oder „*Curandero*" (Heiler, Heilpraktiker), in dessen Aufgaben jene des alten Wahrsagers („*Adivino*") eingeflossen sind.

84 Codex Laud, Seite 9.
Die Göttin verkörpert eine Agavenpflanze und hält eine „blumige" Schale wie Kasteiungsgerät, Beizeichen bedeuten „Enthemmtheit" und „Streit". Während Mais und Maisgott im Kultgeschehen sich mehr passiv verhielten, waren die Pulquegötter überaus aktiv, was mit der Wirkung des Rauschtrankes zusammenfiel.

85 Codex Magliabechiano, Seite 55.
Den Pulquegott begleitet als Wahrzeichen der Klammeraffe, dargestellt als Träger der Haut eines Geopferten. Sein Schild zeigt das Fica-Symbol (*imago vulvae*) als europäischen Einfluß; es wird wieder die „Enthemmtheit" signalisieren.

84

85

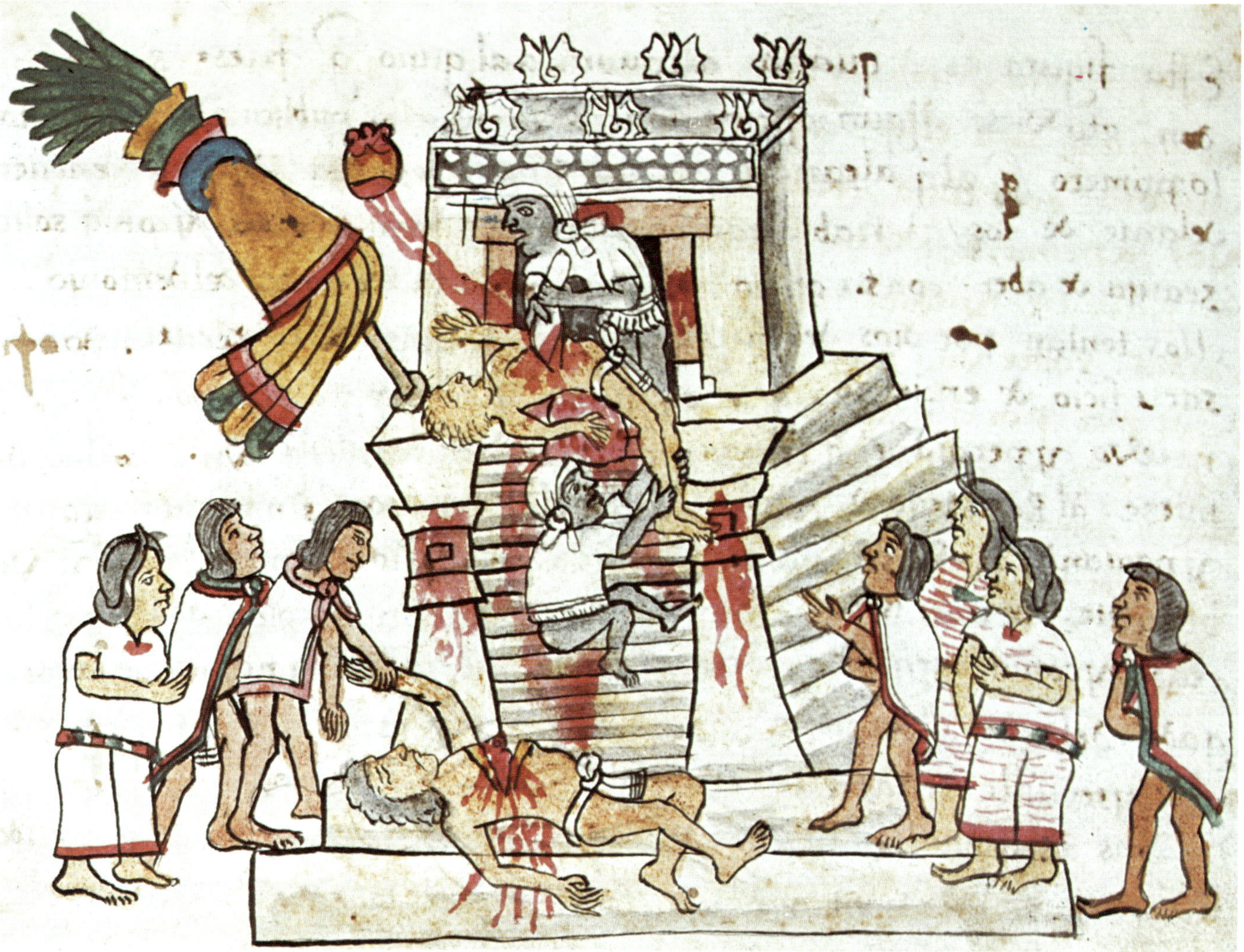

86

87

Opfer und Gebet

Neben den heiligen Ort und die heilige Zeit tritt die heilige Handlung als Äußerung der Kultfrömmigkeit. Das Hintreten vor den Höheren ist mit Gaben verbunden: Bitt- und Dankopfer, bei göttlichem Zorn Sühn- (oder Sünd-)opfer. Zweckdenken steht neben der Demut. Zwischen Geber und Empfänger besteht ein mystischer Zusammenhang, eine Gemeinschaft (*communio*) entsteht. Göttliche Wesen sind mächtiger, aber nicht allmächtig. Sie haben die Welt und auch den Menschen geschaffen, damit er ihnen dienlich sei. „Es ist die Zeit der Morgenröte gekommen, auf daß das Werk vollendet werde und die erscheinen, die Uns erhalten und ernähren müssen", sprechen Tepeu und Gucumatz, die Erzeuger, Schöpfer und Gestalter im Popol Vuh. Sinn des Daseins gibt eine Art gegenseitiger Vertrag. Dienst an den überirdischen Mächten heißt, die von den Schöpfern gesetzte Weltordnung erhalten, deren Lebenskraft stärken. Das Opfer tritt als Träger besonderer Kräfte auf, Tier und Mensch zu gleichen Maßen. Blut als Mittel der Verbindung gilt als unumstößliches Gebot.

Blutentziehung, Räucherung, mit Kautschuk betropfte Papierblätter und ausgeschnittene Figuren bilden die notwendigen Utensilien zum Ritual. Hinzu tritt das Opfer von Wachteln, Hunden und Truthühnern. Zu den verschiedenen Arten des Menschenopfers gehört das Nehmen der Haare, das Aufbewahren der Schädel- und Knochentrophäen, wie der Zauber mit der Haut eines geschundenen Opfers. Besonderes Gepränge bieten Tanz, Gesang und Musik. Das Fliegerspiel oder *Volador* ist ein derartiger ritueller Tanz mit kosmischen Dimensionen. Prozessionen und Heischegänge mit Blumen und Zweigen, Gebildbroten und Festspeisen gleichen dem uns aus der europäischen Volkskunde vertrauten Brauchtum.

Durán vermochte durch kluge Erkundungen zu erfahren, daß alle Opfer Geschenke an den Tempel waren, die sich nach der Vermögenslage des Schenkenden richteten. Ein Armer brachte eine Wachtel dar, ein Reicher Sklaven und ein erfolgreicher Krieger Gefangene. Darin bestand neben dem religiösen Aspekt die juristische Seite. Der auf dem Sklavenmarkt Gekaufte war wie der bei der Menschenjagd Gefangene zum Sachwert geworden, mit dem man beliebig schalten konnte. Menschenopfer in Verbindung mit kannibalistischen Mahlzeiten waren der schaurig empfundene Höhepunkt einer Kultfeier. Als Tötungsrituale gab es das Herzopfer, die Enthaup-

86 Codex Magliabechiano, Seite 70.
Das Menschenopfer auf der Tempelpyramide gehört zu den häufig wiedergegebenen Illustrationsvorlagen. Die Zeichnung stammt aller Wahrscheinlichkeit nach von einem indianischen Klosterschüler. Noch alten Traditionen verhaftet, findet sich bereits scheinperspektivische Darstellung, wie die der Seitensicht des Tempels. Nur ein Gehilfe des Opferpriesters ist gezeigt. Der Leichnam eines Geopferten liegt die Treppen hinabgerollt. Deutlich ist das Opferherz hervorgehoben.

87 Codex Magliabechiano, Seite 72.
Das Totenbündel eines Vornehmen, reich geschmückt mit Papiergirlanden, Fahnen und Rosetten. Vor der Brust ist ein blauer Hund als Begleiter in das Totenreich angebracht. Allerlei Opfergaben stehen in Schüsseln bereit: Pulque, Maiskuchen und eine Hand. Zwei singende Musikanten spielen auf Standpauke, Schildkrötenpanzer und Rassel.

tung, das Werfen in den heiligen Brunnen oder Cenote als Weiheopfer und zur Orakelbefragung, den Jaguar-Adler – Kult mit dem *Sacrificio gladiatorio*, das Schinden oder Xipe-Ritual, das Speeropfer oder den Todessturz. Mystische Ergriffenheit als Begründung für die rituellen Opfer anzusehen, erscheint ebenso als bedenkliche Romantik, wie rezente Versuche, die Tötung von Gefangenen als Menschenopfer zu negieren; lediglich Freiwillige seien geopfert worden, oder die Opfer wären nur drakonische Strafen gewesen – ahistorisches Sentiment verkehrt das reine Opfer des Edlen zur Sühnetat. Die Quellen, vor allem die von möglichem weißen Einfluß sicher freien präkolumbischen Dokumente sprechen eine andere Sprache. Sich grausam darbietende Formen der Zerstückelung und des Schindens waren Nachahmung und Gegenleistung für das täglich wahrnehmbare Selbstopfer der göttlichen Mächte im Naturgeschehen. Das numinöse Gefühl fand in der Reichsbildung leicht Verwendung als politisches Mittel zur Einschüchterung der Unterworfenen. Ein „*Mysterium tremendum*" von Fruchtbarkeit und Tod durchzieht die mesoamerikanische Kunst; es bedingte Ethik und Frömmigkeit wie die Struktur der Macht. In den spanischen Berichten mußten die vorgefundenen Gegebenheiten überaus negativ erscheinen, wenn es das christliche Bekehrungswerk als erzielten Fortschritt herauszustreichen galt.

Neben der Tötung von Menschen zu bestimmten Notzeiten spielte die Darbringung von Ersatzopfern eine große Rolle. Teigfiguren und sonstige figürliche Nachbildungen wurden gleich Tieren ausgewählt, teilweise auch als Begleitopfer. Es sind keine Anzeichen dafür vorhanden, daß solche Opferformen etwa das Menschenopfer verdrängen sollten. Ebenso entspringt es reinem Konstruktionsdenken, etwa von Quetzalcoatl als von einer das Opfer von Menschen verabscheuenden Gottheit zu sprechen. Zu den Festmahlen gehörten ferner Trinkgelage. Gab es einerseits die „*Borrachera*", das Trinken von Privilegierten und vor allem der Alten, bestand daneben eine allgemeine Freigabe von Alkoholgenuß zu gewissen Anlässen als „*Gran Borrachera*".

Voll dramatischer Wucht ist die Beschreibung des Rituals anläßlich der Erbohrung des neuen Feuers auf dem Berggipfel, zugleich eine prächtige Erklärung zu Bild 55: „Schon dunkelte es, wenn dorthin die Mexikaner aufbrachen. Alle Brandopferpriester stellten sich ordnungsgemäß auf, schmückten und kleideten sich mit den Gewändern der Götter. Ein jeglicher stellte eine Persönlichkeit von ihnen dar. Ganz langsam, nur ganz leise schritten sie einher – ‚sie wandeln wie Götter', hieß es von ihnen. Jedermann stieg auf das flache Dach seines Hauses. Die Schwangeren maskierten sich mit Agaveblättern, legten Gesichtsmasken an. Die Leute setzten sie in der Kornkammer fest, weil man mit Angst den Fehlschlag der Feuerbohrung erwartete. Ungeheuer würden sie verschlingen. Auch die kleinen Kinder trugen Masken. Keines schlief, vielmehr weckten sie Väter und Mütter unaufhörlich. Sie pufften und zerrten sie, denn sie konnten gar leicht sich in Mäuse verwandeln. ... Wenn der Feuerbohrer herabfiel, das heißt dessen Sternzeichen sich senkte – genau um Mitternacht, wenn die Nacht sich teilte – auf die Brust eines Kriegsgefangenen, der eines Hochadeligen Sohns war. Auf seiner Brust bohrte man die Feuerhölzer an. Wenn sie eben Feuer gefangen hatten, schnitten sie nunmehr flink die Brust auf, nahmen ihm das Herz

Flachrelief vom Südlichen Ballspielplatz von Tajín. Zwischen Himmel und Erde wird ein Herzopfer vollzogen. In kosmische Dimensionen versetzt, haben wir in Mythen wie im archäologischen Befund immer wieder die Hinweise auf die Bedeutung, die das Ballspiel besaß. Eine ähnliche Opferszene findet sich im Großen Ballspielplatz von Chichén Itzá (vgl. S. 17). Sie stammt aus späterer Zeit, entspringt jedoch einer ähnlichen Vorstellungswelt.

heraus und warfen es sofort ins Feuer, um es diesem zu fressen zu geben, als Speise zu verabreichen. Und sein Fleisch wurde im Feuer ganz zunichte. Schnelläufer brachten den Brand in ihre Städte. ,Sohn des Feuers' war der Name, mit dem man den Feuernehmer schmückte. Vor allem ließen sie ihn dort hinauf sich zum Tempel begeben, wo der Vertreter Huitzilopochtlis erwartungsvoll saß. Der legte das Feuer auf die Brandstelle und breitete gleich den weißen Kopal aus. Hurtig hieß es nun hinabsteigen in die ,Häuserschnur', die Zeile der Priesterwohnungen, ohne Säumen in die Junggesellenhäuser. Man brandopferte, fachte die Glut an und schürte sie kräftig. Alsdann ging man daran, alles zu erneuern, die Kleidung, die Matten, die Lehnsessel der Versammlung, auch die Kochtopf-Herdsteine und die Mörserstößel. Neue Mäntel legte man an, die Weiber kleideten sich in neue Hüfttücher und Oberhemden, weil es hieß, das neue Jahr fing an."[31]

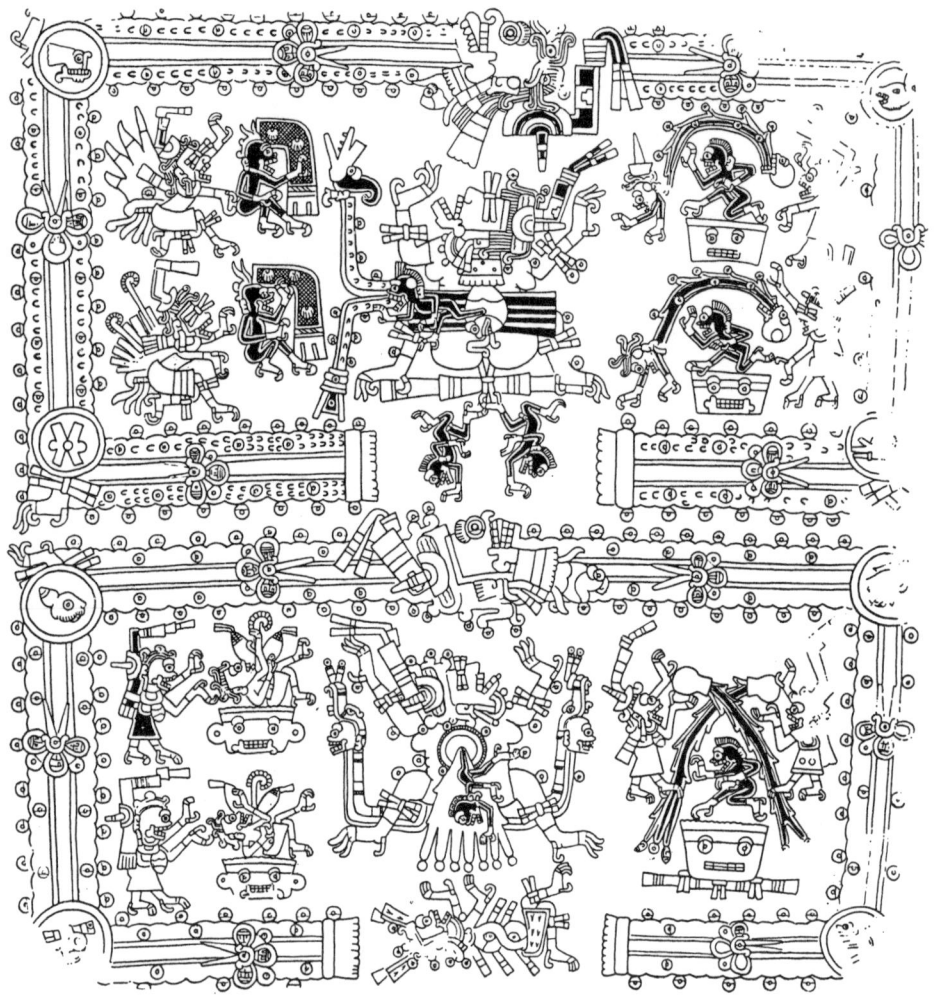

Das Ritual rund um eine Reihe von Opfern in mythisch-esoterischer Sprech- und Ausdruck- weise gibt ein Abschnitt des Codex Borgia wieder. Dreimal kehrt die Darstellung von Tempel- gevierten wieder, zunächst zwei Cihuacoatl-Tempel: oben zu vollziehen zum Ende der Nacht und unten im Sonnenaufgang. Die Farbe der Einfassungen deuten darauf hin, denn zuerst ist ein roter Streifen im dunklen Feld gezeigt, dann ein blauer Streifen auf rot. Zwischen beiden Ereignissen muß ein Zeitraum von jeweils zwei Tagen liegen (oben Wind-Hirsch-Gras-Bewegung, unten Eidechse-Wasser-Jaguar-Regen).

Zuerst ist der Cihuacoatl eine ihr geweihte schwarze Person mit verbundenen Augen geopfert worden. Aus dem Herzen quellen kleine schwarze Wesen mit Totenunterkiefern hervor, wahrscheinlich die frei werdenden Seelenkräfte symbolisierend. Rechts übergießen sie Cihua- coatl-Priester mit schwarzem „Totenwasser", links formen sie Maguey-Cihuacoatl und Gras- strick-Cihuacoatl zu Bündeln. Bis auf einen haben sie die Augen ebenfalls verbunden.

In der Türöffnung empfängt die Göttin das Blut eines gleichartigen roten Opfers aus dessen Edelstein. Ihr Körper ist möglicherweise nach der Beschreibung Torquemadas aus *Piciete*

124

Im Codex Borgia zeigen die Seiten 31/32 (links und rechts) in drei Tempelszenen Menschenopfer und deren Auswirkungen in freiwerdenden Kräften. Durch die Göttin Cihuacoatl sind die Zeremonien erdverbunden. In Konzept und Aussage stellt die Passage der Tempelzeremonien mit ihren insgesamt 18 Seiten wohl das bedeutendste und umfassendste Kapitel der erhalten gebliebenen Codexliteratur dar.

gedreht, eine Form medizinal verwendeten Tabaks.[32] Rechts wird wieder ein Bad vorgenommen, links rufen zwei Priester die als Mais sprießenden Wesen an.

Sechs Tage später (Hund-Adler-Blume-Schlange) herrscht wieder dunkle Nacht. Reihen von Feuersteinmessern umschließen den oblongen Tempelhof mit einem gestreiften Geköpften. Aus dem Opferschnitt wächst ein Messerpaar empor, vier weitere Klingen entsteigen Tezcatlipoca-Wesen in Rot-Blau-Weiß-Gelb als Richtungsfarben, in der Mitte noch ein Quetzalcoatl-Wesen. Acht Priester tanzen rundum mit an den Haaren gepackten Köpfen. Sie repräsentieren das Opfermesser (oder dessen Ñuhu), Tezcatlipoca und den weißen Adler-Quilaztli, einen Aspekt der Cihuacoatl.

Die Göttin befiehlt ein neues Ritual, wenn ein Befehl aus ihrer Brust dringt: ein Quetzalcoatl-Priester und ein Opfermesserpaar kommen hervor. Es wird der Kult des Heiligen Bündels gefordert, den wir auf Seite 142 abhandeln wollen.

Neben dem großen Opferritual der Tempel standen die kleinen Alltagsbitten um Wachstum und Gedeihen der Feldfrüchte, wie es ein Gebet des 20. Jahrhunderts zum Ausdruck bringt, das bis auf Ausdrücke der hispanischen Umwelt altem Traditionsgut entspricht:

„Hier sind Eure Blumen, hier ist die Kerze, hier Rauch vom Kopalharz, daß es schön dufte zu Euren Füßen und Händen. Ich komme auch an diesem Tag in Anbetung, bete und bettle zu Euren Füßen und Händen. Ihr wurdet geboren, Blitz (Herr) des Maises! Euch gehört aller Mais, Bohnen und Kürbis in der Welt! So begießt Ihr sie auch weithin, daß keimen wird aller Arten Samen und die Saatkörner, die gesät sind unter die Rippen der Welt. Ich bitte Euch denn, Ihr wollet mir geben, daß ich etwas zu essen habe, zu trinken habe, daß mein Blut sich bilde, daß mein Fleisch sich bilde. Vor Euch geschehe mannigfaltiges Gebet, ich bete zu Euch: Schenkt mir Pferde, Rinder, Ziegen, Schafe, Esel, Schwein, Huhn und Truthahn! Nur zu Deinen Füßen und Händen liegt, was Reichtum ist: Umhang, Kleid, Hut und schöner Sattel, damit ich gut ausgerüstet sei und auch meine Kinder und Anverwandte. Mögest Du geneigt sein, in Frieden bei mir zu sein. – Hier mein Wort, hier mein Stoßgebet."[33]

Menschentrachten und Götterattribute

Der Mensch als Akteur im großen Drama des Weltgeschehens ist zu gleichen Teilen Statist, zur Passivität verurteilt. Wie die Götter ihn geschaffen haben, damit er ihnen diene, für sie opfere, spenden sie Wohltaten oder senden Vernichtung. Nicht nur Schutzbedürfnis erfordert an Vorkehrungen das Tragen gewisser Zeichen und Symbole. Neben Hochschätzung und Ehrfurcht des Betenden, des Bittenden, tritt das Hoheitsgefühl des Mächtigen, des Siegreichen. Nimmt man einerseits Zuflucht zu den schützenden Elementen göttlicher Macht, ist es andererseits das Bewußtsein errungener Standesehren, wenn Krieger, Kaufleute und Adelige vom Herrscher Auszeichnungen empfangen. Es war kein säkularisierter Ordensregen, wie ihn dienstklassen-fixiert heutige Staaten kennen. Die Gnade des Tlatoani, des königlichen Sprechers, erwies er diesen selbst als Repräsentant und Diener der Gottheit in der Flüchtigkeit des Erdenwandels.

Aus dem vielfach lediglich schemenhaften Wissen dürfen wir die alte Kultur nicht blutleer sehen. Krieger wetteiferten ebenso wie Ballspieler um Erfolg und Ruhm in wahrer Kampfbegeisterung. Deshalb steht im Spiel noch lange nicht Sport vor uns, wie immer wieder unterlegt wird. In gleicher Weise unterstanden die Gewandmuster keinen Modetendenzen. Der Körper scheint geradezu geschaffen, Zeichen zu tragen, wie die Mosaiksteine ein Bild inkrustieren. Auch die Bilder in den Handschriften, die Reliefdarstellungen auf Gefäßen und Wänden, alle zeigen als unverwechselbaren Zug der altmexikanischen Kulturwelt musivische Elemente. Sie sind in ihrer Art Schriftsymbol in einer Fülle am Rande des unserem Gefühl nach fast Überladenen.

Aufgesteckt und aufgelegt, aufgenäht und eingestickt, wie gefärbt und bemalt sind die symboltragenden aussagekräftigen Zierelemente. Farben können die Richtungen verkörpern,

Die M ä n n e r kleidung bestand aus einer Schambinde (*maxtlatl*) oder dem „Geknüpften" (*tlalpilli*), einem um die Hüften geschlagenen Tuch, das hinten verknotet werden konnte. Dazu zog man noch ein wamsartiges Kleidungsstück (*xicolli*) an. Während die Leute des einfachen Volkes eine netzartige, aus Fäden geknüpfte Decke (*ayatl*) über den Schultern trugen, pflegten die Herren einen Mantel (*tilmatl*) über der einen Schulter zu verknoten. Wir kennen eine große Zahl von Mustern, teils eingewebt, teils aufgemalt. Eine Sandale (*cactli*) vervollständigte die Kleidung. Sie konnte bei Vornehmen einen geschlossenen Fersenhaken aufweisen. Ein Bandriemen (*tlalpiloni*) hielt die Frisur zusammen.

Die F r a u e n kleidung setzte sich aus einem Hüftrock (*cueitl*) oder Enagua und einem Hemd (*huipilli*) oder *Huipil* zusammen. Dazu wurde ein Nackentuch (*quechquemitl* von *quechtli*, Nacken und *quemitl*, Kleidung) getragen. Der *Rebozo* (Umschlagtuch) ist spanischen Ursprungs.

An Materialien standen für die Kleidung der Vornehmen Baumwolle (*ichcatl*; Gossypium sp.) in den Farben weiß und gelb (*coioichcatl* - von *coyotl*, Coyotl wegen der Farbe) in Verwendung. Für das Volk, die *macehuales*, diente die Magueyfaser (*ixtle*) oder Henequen (*nequén*), daneben waren auch Pita-Faser und Yucca-Faser in Verwendung. Besonders feine Gewebe wurden aus Kaninchenhaar erzeugt.

Ein Mann aus dem Volk in seinem geknüpften „*ayatl*". Die Tonfigur trägt deutlich zu erkennen ihre Schambinde (*maxtlatl*), darunter ist einer der dicken Baumwollpanzer gezeigt, neben denen auch vorne verknotbare Wämse getragen wurden. Drei Vornehme (als *p i l l i*, „Prinz" oder *tecuhtli*, „Herr") sind mit Schambinden und prächtigen Mänteln (*tilmatl*) bekleidet. Sie sind reich geschmückt und führen Standarten und Feldzeichen mit sich.

Tonidole tragen die charakteristischen Elemente der Frauentracht: Chalchiuhtlicue (links) hat einen prächtigen *Quechquemitl* und einen prunkvollen Kopfputz (Federstoß, Rosetten, Stirnbänder mit Muschelbesatz); Xochiquetzal (rechts) trägt einen Blumenkranz oder aufrechte Federbüsche, dazu die Haare hochgeflochten in der typischen „Weiberfrisur" - außen hält sie den Gott Xochipilli als Kind. Das Nackentuch (*quechquemitl*), das Huipil (*huipilli*), die Legeweise des Hüftrockes (*cueitl*) mit dem Leibgurt (spanisch *Faja*) sind wiedergegeben, ebenso eine Sandale.

| Xicalcoliuhqui | Xonecuilli | Blume Tôto | Zwei Schlangen |

Haupt- und Beizeichen die Göttergruppen angeben, denen die Zeichen zuordenbar sind: Wasser-symbole in Form von Wellen, Spiralen und Tropfen, Vögel wie der Adler oder Falke, ein- und beidendköpfige Schlangen, Skorpione mit ihrem „Stachel"-Pfeil als Sonnenstrahl, auch als Wind „älterer Bruder" genannt oder noch rezent bei den in Westmexiko als *Híkuli* oder Peyote-Kaktus, Nasenscheiben für die Pulquegötter oder eine vier- bis achtblättrige Blume, wieder als Huichol-Benennung *Tôto* -Blume geheißen, Repräsentant von Regen und Mais. Sie erscheint oft auf den Quechquemitl der Otomí von San Pablito (**87**). Uralte immer noch im Gebrauch stehende Motive sind der Stufenmäander (*xicalcoliuhqui* ; rund wie ein *Xicalli*, das ist die Trinkgefäße liefernde Kalebasse) und die S-förmige Doppelspirale oder der „Krummfuß" (*xonecuilli* , das „unten Gekrümmte").

Von einer Reihe kultisch gebundener Mantelmuster besitzen wir die rein aufzählende Wieder-gabe in der Codex Magliabechiano-Gruppe (**88**) oder bei Sahagún. Weitere lassen sich aus den Tributlisten ablesen, vor allem in der Matrícula de Tributos (**134**) und dem Codex Mendoza. Zusätzlich kennen wir noch viele Schildformen mit ähnlichen Mustern, besonders aus dem Bereich des Hochtales von Mexiko. Verfehlt wäre es wieder, etwa Vergleiche mit der uns vertrauten Heraldik ziehen zu versuchen.

Bei den Azteken ordnete der *Tlatoani* , der „Sprecher" oder König, die gemeinsamen Ange-legenheiten des Volkes, übte die Justiz aus, vertrat den Stamm oder Staat nach außen und führte die Kriege. Zur Seite standen ihm die *Tecuhtli* , die „Herren" oder Fürsten. Nach Alonso de Zurita war dies ein reiner Beamtenadel als Justizbeamte, Verwalter und Heerführer oder Militärs. Sie waren nach Rängen abgestuft und ihre Funktion stand mit gewissen Lehen verbunden, die für den

88 *Quechquemitl* einer Otomí-Frau aus San Pablito, Pahuatlan in Puebla, 1968. Auf dem indianischen Webstuhl hergestellt und mit Kreuzstich verziert (Vasenmotiv mit sternförmigen Blumen); fuchsiafarben und schwarz. Es werden auch allerlei Pflanzenarten, wie Menschen und Tiere oder geometrische Formen wiedergegeben, überaus beliebt sind auch Vogeldarstellun-gen.

Die Blume *Tôto* und Schlangenmotive, oft zweiköpfig oder beidendköpfig, sind aus älterer Zeit, möglicherweise noch aus vorkolumbischer Zeit herübergerettet. Früher trugen auch die Männer bestickte Gewänder, heute jedoch haben die Blue Jeans die traditionelle Tracht weitgehend verdrängt.

89 Codex Magliabechiano, Florenz, Seite 5v.
Vier der 45 wiedergegebenen Mantel- oder *Tilmatl*-Muster. Die Darstellungen geben durchwegs mythologisch-religiöse Motive wieder. Sie wurden als Ehrenzeichen bei besonderen Festen verliehen und dienten bei Zeremonien als Trachtstücke oder wurden von Kriegern im Kampf getragen. Die Muster heißen „Spinnenwasser", „Fünf Blume" (Macuilxochitl), „Rund-schief" (als Wickel- oder Stufenmäander anzusprechen) und „Teufels-Lippenpflock".

manta de agua de araña .j.

māta de unsolo señor odeçinco
Rosas

manta de jicara tuerta.

manta del beçote del diablo.

90

Die Coninck ban Gutschin met ünen hofflusden
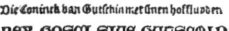

Hofstaat des Königs von Gutschin aus Balthasar Springers Meerfahrt 1509.

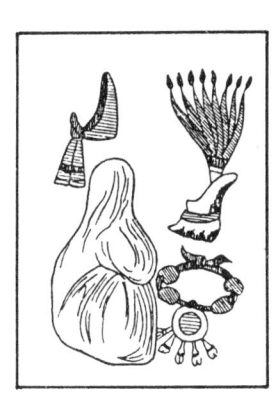

Ganz im Stil nach Einzelbildern genealogischer Tafeln (wie die *„Genealogía de la Familia Mendoza Moctezuma"* im Nationalarchiv in Mexiko) fertigte ein anonymer Maler in der zweiten Hälfte des 16. Jahrhunderts ein Bildnis von Moctecuzoma II. Xocoyotzin („der Jüngere") an, der von 1502-1520 Herrscher von Tenochtitlan war. 1699 erschien in Florenz die *„Istoria della Conquista del Messico"* von Antonio de Solis y Ribadeneyra mit einer Zeichnung nach dem Ölbild in Mediceischem Besitz. Die Gewandmuster sind europäisiert, ebenso ist der Federschild nicht mehr mexikanisch. Die Stirnbinde jedoch als Herrschersymbol wie der Pfeil in der Rechten sind nach guter Bildtradition kopiert. Bemerkenswert ist die Darstellung auf der Sänfte im Hintergrund. Sie scheint von Ostindien inspiriert, wie wir Balthasar Springers Meerfahrt von 1509 den „Hofstaat des Königs von Gutschin" verdanken.

Die Krönung des Herrschers und der Tod seines Vaters Ahuitzotl (1502) stellt Durán dar. Wir können ersehen, daß neben der Stirnbinde ein „einseitig zur Spitze ausgezogener Oberarmring, versehen mit einem Quetzalfederbuschen" das Herrschersymbol bildet. Ikonographisch ist das Bild überaus wichtig, weil es dazu angetan ist, das fast ein Jahrhundert währende Streitgespräch um den Wiener Federkopfschmuck als „Krone des Montezuma" ad absurdum zu führen. Der Wiener *Penacho* dient seit langem als Identifikationsobjekt nationalistischer Kreise in Mexiko, welche ihn zum Nationalsymbol erkoren haben und seine glorreiche „Rückkehr in das Heimatland" anstreben.

90 Codex Ixtlilxochitl, Paris, Seite 108.
Neçahualpilli, der „Herr des Fastens", König von Tezcoco (1464-1515 [Jahr 10 Acatl]). Sehr jung folgte er seinem Vater Neçahualcoyotzin ("Fastender Coyote") auf den Thron. Er soll mehr Sinn für Frieden, Kunst und Poesie besessen haben als für den Krieg, obwohl er eigenhändig 1490 und 1498 Gefangene eingebracht hatte. Wie bei seinem Vater, dem „Philosophen und Dichter auf dem Thron", ranken sich zahlreiche Legenden um ihn. Der Streit um sein Erbe entzweite Tezcoco und half mit, daß die Spanier leichtes Spiel während der Conquista hatten. Die Handschrift stammt aus dem Nachlaß des Historikers Don Fernando Alva de Ixtlilxochitl („Schwarze Blume"), einem Abkömmling des Königshauses. Heute ist sie mit anderen Papieren aus dem Besitz des Jesuitengelehrten Cárlos de Sigüenza y Gongora mit der Aubin-Goupil'schen Sammlung in den Fonds Mexicain (Paris) gelangt. Der Herrscher trägt einen prächtigen blauen *Tilmatli*, mit der Wiedergabe eines Mosaikmusters, zudem einen reich verzierten *Maxtlatl*, weiters Haarbinde (*quetzaltlalpiloni*), Lippen- und Ohrpflock, Arm- und Fußbänder, Halskette und Armband aus Grünstein, wie ein Gesteck aus künstlichen Blumen, dazu einen Federfächer (vgl. S. 127).

Träger auf Lebzeit vergeben wurden und nach dem Tode des Inhabers wieder zurückfielen. Die Entstehung einer Adelsschichte mit Sonderprivilegien war an die Eroberung und Unterwerfung fremder Gebiete gebunden. Begonnen hatte sie mit der Eingliederung von Azcapotzalco und Coyohuacan unter dem vierten Tlatoani Itzcoatl. Durán berichtet darüber, daß Tlacaelel, der Stellvertreter und Kanzler des Reiches, die Häuptlinge zusammenrufen ließ und ihnen mitteilte, daß die Ländereien unter ihnen verteilt würden, „damit wir davon einige Einkünfte und Unterhalt haben, für uns, unsere Söhne und Nachkommen". Eine Abstufung in Rang- und Gesellschafts- klassen fand statt. Von Titeln besitzen wir eine Fülle. Sie weisen fast alle patronymische Formen auf. Vorkommende Lokalnamen enthalten die Namen bekannter Heiligtümer, woraus mit aller Wahrscheinlichkeit geschlossen werden kann, daß sie sich auf die Vorsteherschaft eines Clans oder Gens beziehen und der Titel gleichzeitig das Kuratorium eines Sakralbezirkes mit seinem Tempel einschließt. Die Adeligen nannten sich *Pilli*, "Sohn", was ein interessantes Gegenstück zu dem Spanischen *„Hijo d(e) algo* - Hidalgo" darstellt, der "Sohn von Jemandem". Der scharfe Unterschied bestand zwischen jemand zur königlichen Familie Gehörenden (*tlaçopilli*) und dem anderen Adel (*cuauhpilli*).

Mit der Zugehörigkeit zu einer höheren sozialen Schichte war das ausschließliche Vorrecht verbunden, bestimmte kostbare Kleidung zu tragen: Muster auf Schulterdecken und Schambin- den, wie Abzeichen und Prunkrüstungen bestimmter Art. Neben der Kleidung und dem Schmuck

Zu den tapferen Kriegern („*Valientes*") gehören vor allem die Adler und Jaguare. Man kann sie im Vergleich zu europäischen Verhältnissen wohl als eigene "Orden" ansprechen. Als Tributleistung der unterworfenen Gebiete mußten in regelmäßigen Abständen unter anderen auch die Kostüme zur Kriegerausrüstung abgeliefert werden. Links ist eine solche Tracht für einen Ocelotl- oder Jaguar-Krieger aus der Matrícula de Tributos gezeigt. Ein Federschild dieser Art blieb in Stuttgart erhalten; Sahagún beschreibt ihn als „*chimalli quetzalxicalcoliuqui*", den mit Quetzalfedern ausgeführten Stufenmäanderschild. Die nächste Rüstung war die eines Huaxteken-Kriegers, erkennbar an dem Kegelhut und dem Nasenhalbmond. Neben der Form "Huaxteken-Schild" wird auch jener Schild immer wieder gezeigt, der sich heute in Chapultepec befindet – einst kam er aus Brüssel, war dann in Schloß Laxenburg bei Wien und gelangte durch Kaiser Maximilian wieder nach Mexiko zurück. Immer wieder wird er sogar „Schild des Moctecuzoma" genannt. Die Verbindung von staatlichem Amt und religiöser Funktion zeigt ein *Tlatoani pilli*, ein „befehlshabender Prinz", der in der Art eines Fähnrichs das Abbild des Feuerschmetterlings als Devise mit sich trägt (Ein ähnliches kostbares Feldzeichen war der von Cortés in einer Schlacht erbeutete *Quetzalmatlaxopilli*, den er später seinem tlaxkaltekischen Verbündeten Maxixcatzin schenkte – vgl. S. 127 in der Mitte). Die letzte Zeichnung gibt einen Coyoten-Krieger wieder.

Vom Lienzo de Tlaxcala, der den Ruhm der tlaxkaltekischen Verbündeten der Spanier schildernden Bilderchronik, besitzen wir leider nur Kopien. Offenbar in der Feldschlacht erbeutet wurde ein *Quetzaltonatiuh*, eine Quetzalfedersonnen-Devise (Lienzo de Tlaxcala, Bild 29). Tizatlan, „Ort der weißen Erde" war eines der Viertel oder Barrios von Tlaxcala. Der in die Schlacht mitgetragene Reiher ist sein Zeichen (Lienzo de Tlaxcala, Bild 22). Nicht nur um bei den Feinden Schrecken zu erregen, wie Tezozomoc in seiner „Cronica Mexicana" berichtet (*para poner terror y espanto á los enemigos*), auch um unter den Schutz der göttlichen Kraft zu treten, führte man Abbilder mit sich; nochmals eine Devise „Schmetterling", hier das Schreckgespenst Itzpapalotl, der „Obsidianschmetterling", dazu ein Mantel mit einem Schmetterling-Motiv (Codex Magliabechiano) und ein weiterer mit dem Zeichen der Pulquegötter (Codex Mendoza), wie deren Devise (nach Sahagún – vgl. S. 61). Eine Fahne des Gottes Xipe hält in Tezcoco der junge Ixtlilxochitl vor sich (Lienzo de Tlaxcala, Bild 41) – vgl. S. 127 rechts.

waren es die von den Chronisten vielfach genannten „Armas y Divisas", Kriegsgewand und militärische Rangabzeichen, auf aztekisch „tlahuiztli". Eine Reihe solcher Gewänder durfte ausschließlich der Herrscher selbst benützen. Das Ochpaniztli-Fest (vgl. S. 100) war einer der Zeitpunkte, wo nach einem Vorbeizug am Herrscher Abzeichen und Prunkrüstungen verliehen wurden. Der Codex Mendoza berichtet von der für Fremde völlig verwirrenden Fülle an militärischen, politischen und hierarchischen Graden in Alt-Tenochtitlan, zu dessen Angaben noch die einer Vielzahl von Historikern tritt; vor allem bei Sahagún findet sich reichhaltige Bestätigung. Daß die Vornahme von Ehrungen zu bestimmten Anlässen geschah, sei es ein vorgesehenes Fest oder die Tatsache eines besonderen Ereignisses, etwa eine hervorragende Tat, belegen für die mixtekischen Handschriften unter anderen zwei Passagen: die Namensänderung der Prinzessin von Jaltepec 6 Affe „Schlangen-Quechquemitl" in „Kriegs-Quechquemitl" (vgl. S. 183) und die Zeremonie der Nasenwand-Durchbohrung des jungen Helden 8 Hirsch "Tiger-klaue", der dann zum Kaziken eines Ortes wird (vgl. S. 185).

Zu besonderen Haartrachtformen traten eine Vielzahl unterschiedlicher Kopfputze: aufragende, abstehende und hängende, weiters Stirn-, Schläfen- und Hinterhauptschmuck, Gesichtsbemalung in Längs- und Querstreifen, Umrahmung von Augen oder Mund, flächige Ausmalung von Gesichtspartien mit aufgemalten Händen um Augen oder Mund, wie Sternzeichnungen, noch gehöht durch allerlei eingesetzten Ohr-, Nasen- und Lippenzierat aus Gold und Edelstein, alleine

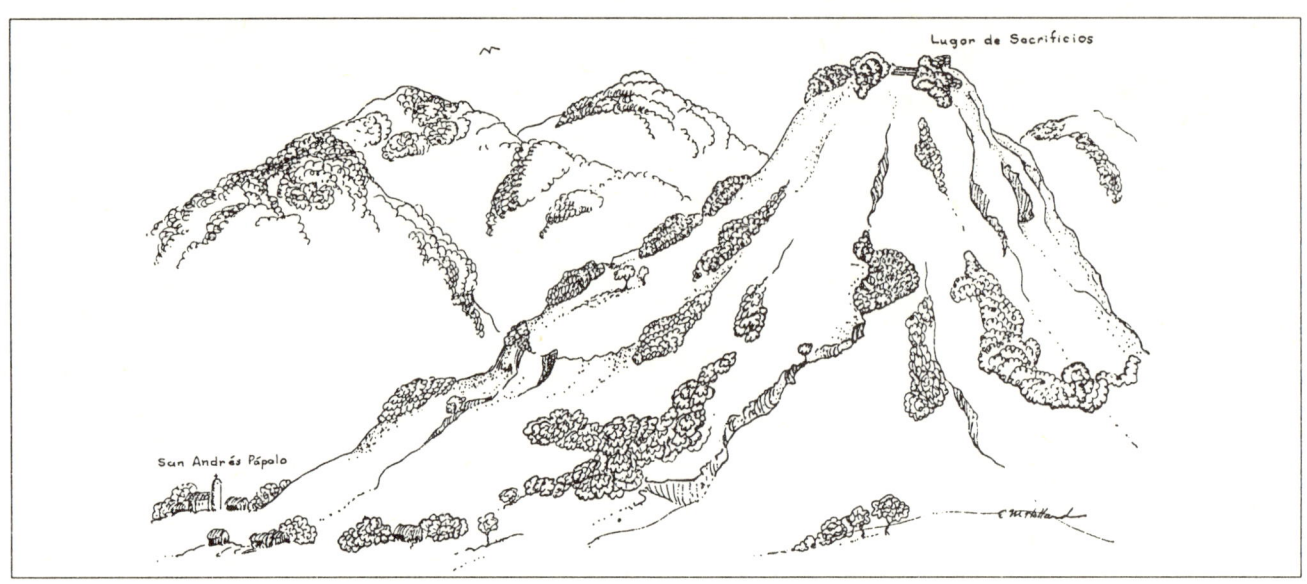

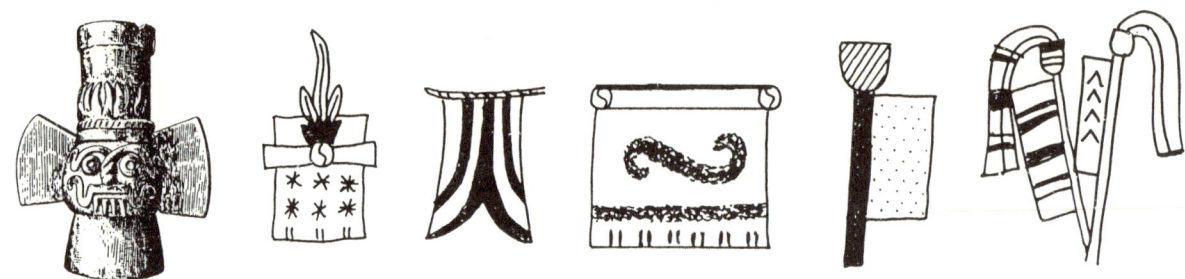

Robert Weitlaner publizierte 1960 eine Darstellung rezenten Höhenkultes am „Berg des Donners" bei den Cuicateken von San Andres Pápalo in Oaxaca. Ein mixtekisches Regengottgefäß mit der Wiedergabe von gefaltetem Nackenschmuck wie betropfte Opferpapiere und Fahnen aus dem aztekischen Bereich weisen auf Art und einstigen Umfang des heute noch in ungebrochener Tradition weiterlebenden Kultes.

oder in Kombination. Zur Kleidung kamen noch Hals- und Brustschmuck, hauptsächlich Perlenketten und besonders hervorgehobene Juwele, zur mitgeführten Rückendevise oder statt einer solchen konnte noch ein eigener Steißschmuck getragen werden. Die Arme wiesen Ober- und Unterarmbänder auf, weiters zierten den Puls Reihen von Ketten aus Steinperlen. Die Beine zierten Wadenbänder, zudem trug man außer den einfachen bis reich verzierten Sandalen noch knöcheldeckende Bänder. Fingerringe, häufig ausgebildet als Nagelschutz, wurden nicht nur angesteckt, sie zwangen wegen ihrer an Einzelgliedern hängenen Schellen zum aufrechten Halten der Hände. Die Tracht der Vornehmen wetteiferte mit jener der Priester. Götterbilder wurden zumeist mit aus Papierbahnen gefertigtem Gewand bekleidet. Es war nicht einfach Surrogat, denn

91 Betender Mixteke vor dem „Haus des Regens" in Cahuatachi, Rio Balsas-Region, Guerrero. Wiedergabe einer Aufnahme von Schultze Jena, Indiana III, 1930.

92 Zeremonielle Reinigung und Bauopfer in der Mixteca Alta, 1985. Der Vergleich mit den Darstellungen in den Handschriften zeigt auch hier deutlich die weiterlebenden Traditionen.

HAUS DES REGENS.

L. SCHULTZE JENA, INDIANA III.   VERLAG VON GUSTAV FISCHER IN JENA

91

92

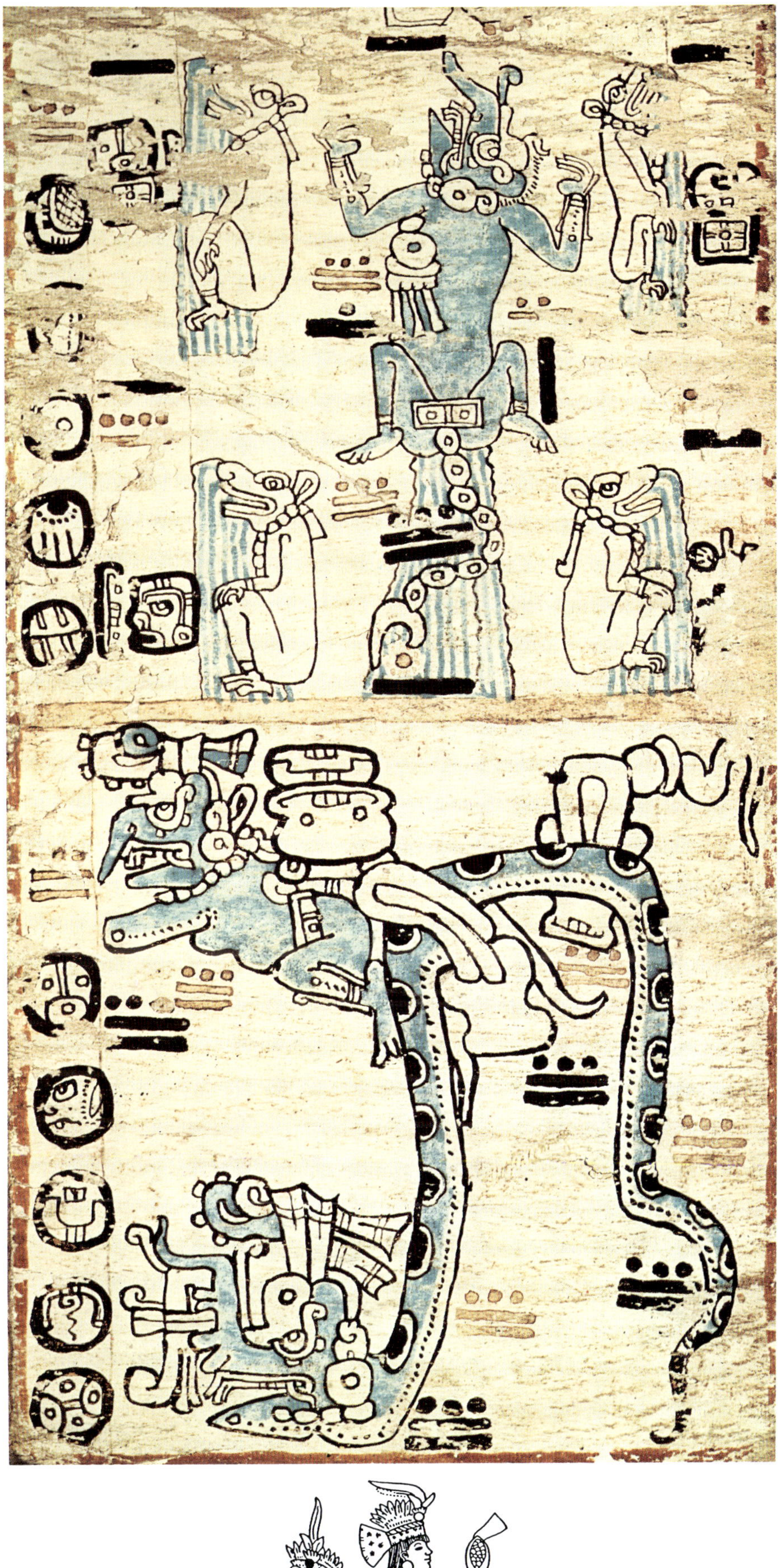

94

95

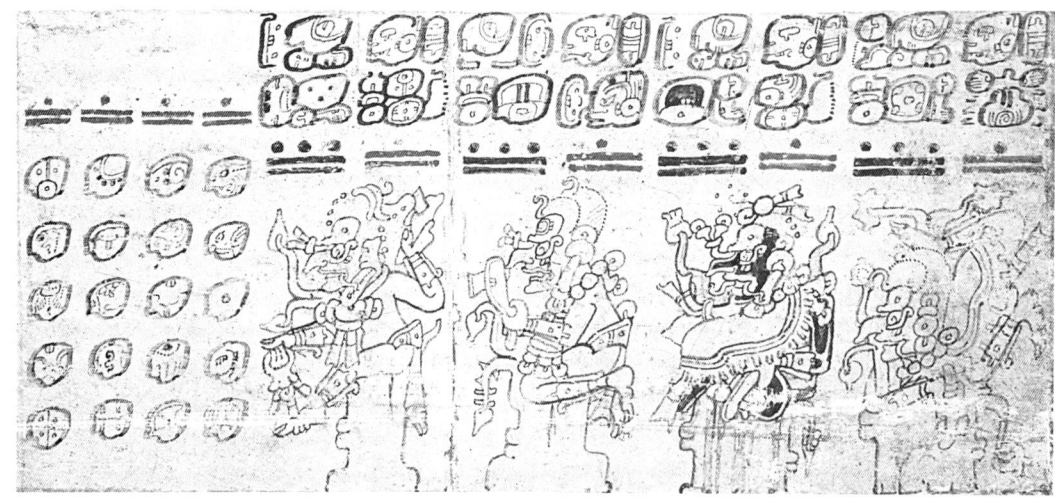

96

Tlaloc Hamacasquj: dios delas pluujas.

Capitulo quatro fo. 2.

97

99

98

„Skorpion" als Bandmuster mit der möglichen Bedeutung „Strahl, Sonnenstrahl", auch Wind als „älterer Bruder". Umzeichnung nach einem handgewebten Band der Huichol, um 1925 (Weitlaner-Johnson, 1976, Nr. 55).

neben Bemalung war die Auflage schuppenförmig verlegter Federmosaik-Auflagen üblich. Der im Zweiten Weltkrieg in Berlin verloren gegangene Lendenschurz gibt uns eine Ahnung von der Beschaffenheit solcher Göttertrachten. Papier stellte zudem auch das Element der Totentrachten dar, wie es die Kleidung der zu Opfernden bildete. Wir besitzen Idoldarstellungen der Numen der Berge (vgl. S. 64), die den vielen Wiedergaben in den Handschriften entsprechen. Die Tracht des Regengottes selbst ist aus Papier gedacht, wie der Codex Borgia hierfür ein Beispiel gibt (**93**). In Vierfaltigkeit wieder tritt der Gott schwarz, gelb, blau und rot in Erscheinung, zusätzlich zentral gesehen noch rot-weiß gestreift.

„Wolkenüberzogener Himmel" und „strahlendklar" stehen als Gegensatzpaar den vier Richtungen vor, „Wachstum und Gedeihen des Mais" gegenüber von „Vernichtung und Tierfraß". Aus

93 Codex Borgia, Seite 27.
Das Geschick des Mais und der vierfältige Regengott in den Richtungen, einschließlich der fünften, der das Gemeinsame im geschlossenen Weltbild ausdrückenden Mitte. Gegen den Uhrzeigersinn folgen aufeinander von rechts unten aus: SCHWARZ (Krokodil-Maske) - OST-Jahre mit 1 Rohr (Anfangstag 1 Krokodil): Wolken - Erdtier mit gutem Maiswuchs / GELB (Todes-Maske) - NORD-Jahre mit 1 Flint (Anfangstag 1 Tod): Sonnenstrahlen - harte Erdschollen, Insektenbefall / BLAU (Opossum-Maske) - WEST-Jahre mit 1 Haus (Anfangstag 1 Affe): Wolken - Überschwemmung / ROT (Geier-Maske) - SÜD-Jahre mit 1 Kaninchen (Anfangstag 1 Geier): Sonnenschein - Trockenheit, Mäusefraß. Die fünfte Regengott-Gestalt steht unter dem Himmelsstreifen mit Tag/Nacht, unten sind zwei sich unterwerfende Göttinnen in einer Jade-Schale zwischen Waffen und einem Skelett gezeigt: „gekreuzte Arme" bedeuten „Unterwerfung".

94 Codex Madrid, Seite 31.
Der Maya-Regengott Chac mit seinen in den vier Richtungen sitzenden Gehilfen in Froschgestalt (oben: Osten, Westen, unten: Norden, Süden) und in Verbindung mit der regen-(wind-)bringenden Schlange. Beide Darstellungen sind mit dem 260 Tage-Jahr verbunden.

95 Codex Magliabechiano, Seite 29.
Ein Tlaloc-Priester als Symbol des 1. Monatsfestes (vgl. S. 82).

96 Codex Dresdensis, Seite 30/31.
Die vier Formen des Regengottes in Verbindung mit den Weltenbäumen. Beginn eines mantischen Kapitels in Verbindung mit dem 260 Tage-Jahr.

97 Sahagún, Codex Florentinus, Buch 1, Seite 10 (Vgl. S. 62).
Priester als Verkörperer des Gottes Tlaloc, ein „Binsenbanner" in der Rechten haltend, dazu ein Blumenschild. Auch Tlaloc ist nach seiner Ikonographie eigentlich eine Ñuhu-Gestalt.

98 Codex Ixtlilxochitl, Seite 110v.
Priester in Tlaloc-Verkleidung. Er trägt das „Tautropfen-Wams" (*ayauhxicolli*) und den zugehörigen Schild, weiters eine Blitzschlange (wie in **93**).

99 Mixtekische Steinfiguren, sogenannte Penaten. Vielleicht wurden sie in heiligen Bündeln verwendet; oftmals zeigen sie die Ñuhu- oder Tlaloc-Ikonographie.

Wasserkrügen wie aus dem in Schlangen endenden Wurfgerät ergießen sich Wasserströme auf die Erde. Neben einem Wasserkrug in Form des Maisgottes führt die Verbindung mit dem jungen Mais der Priester im Codex Magliabechiano solche Kolben (*xilotes*) im Fest *Xilomaniliztli* in der Hand (**94**; vgl. S. 98). Die Madrider Maya-Handschrift zeigt den Regengott (Gott B oder Chac) gleichfalls mit dem Mais verbunden, den er in einem Gefäß auf dem Rücken trägt (**93**, unten). In den Kopf des Gottes K mit seiner typischen „zerfransten" Nase geht die Schlange aus, auf der er zu reiten scheint. Den Ursprung der eigenartigen Nasenform der beiden Gestalten vermag das Erlebnis eines Gewitters in Mayab, dem Mayaland, zu vermitteln, wenn durch die in den Wolkenformationen herrschende elektrische Spannung der Regenschwall hochsteigt, ehe er zur Erde fällt, und der Blitz zerfasert den Himmel überzieht. Der Skorpionschwanz (**93**, oben) wieder erinnert an den „Stachelpfeil" der Huichol-Ikonographie, wie wir sie dem Bericht von Carl Lumholtz verdanken[34]. Vier Frösche sind Gehilfen des Regengottes; wir haben sie bereits im Codex Laud trefflich dargestellt gesehen (**49**). Das alle acht Jahre von den Azteken gefeierte Wasserkrapfenessen (*Atamalcualiztli*) soll die Fruchtbarkeit des Mais laut Sahagún verstärken helfen, „weil wir ihn gequält haben, indem wir ihn essen, indem wir ihn mit Chili, mit Salz, Soda und Kalk mischen, ihn gleichsam töten. So machen wir ihn durch das Fest wieder lebendig. Tlaloc hat sich niedergesetzt vor einem Wasser voll von Schlangen und Fröschen. Die sogenannten Mazateca verschluckten dort Schlangen lebendig, jeder eine, auch die Frösche. Mit dem Mund packten sie diese, nicht mit der Hand. Sie bissen mit den Zähnen zu, indem sie sie im Wasser vor Tlaloc packten". Noch in rezenter Zeit saßen im Rahmen der Regenmach- oder *Cha-Chac*-Zeremonie in Chan Kom, Yucatán, vier Knaben an den Ecken des Altars zur Personifizierung der

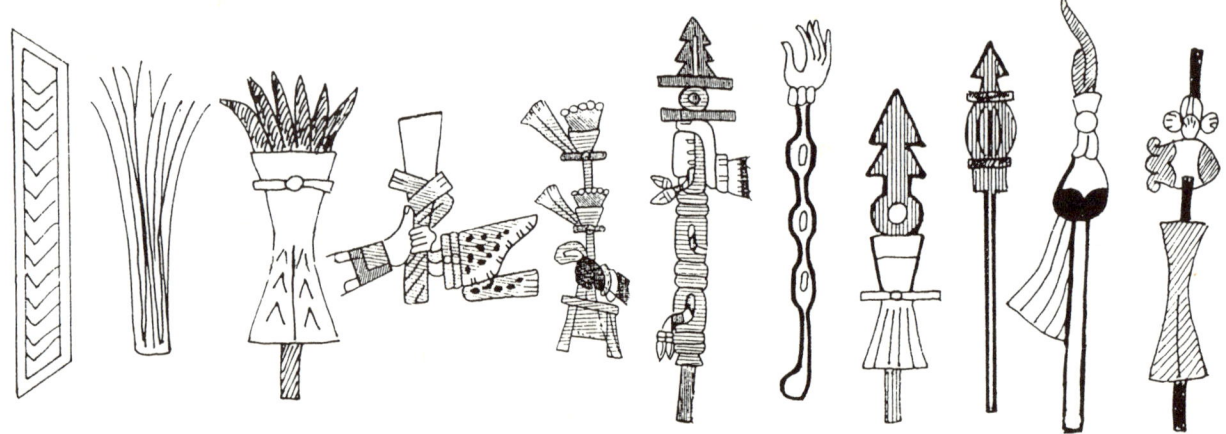

Waffengleich mitgeführte Tanzstäbe und Gerätschaften sind ein wichtiges Erkennungsmerkmal mexikanischer Gottheiten: Cihuacoatl schwingt ihr Webeschwert, wie Teteoinnan ihren Besen oder Toçi ihren in Amatepapier gefaßten besenartigen Strauß tragen (Sahagún und Codex Magliabechiano). Maisblätter als Bänder geknüpft zieren Stäbe und Blumengestecke der Wassergottheiten (Codices Borbonicus und Magliabechiano). Rasselstäbe und -bretter führen eine Anzahl von Gottheiten als Attribute, vom Todesgott bis zu den Regengöttern (Codices Borgia, Dresdensis und Sahagún). Das kolbenförmige Rasselbrett ist eine „Kürbisrassel" des Xipe (Sahagún), zwei Herzstäbe gehören der Xochipilli-Macuilxochitl-Gruppe zu (Codex Magliabechiano).

Chac-Gehilfen. Durch ihr Quaken wird der ersehnte Regen herbeigerufen. Der künstlerische Schmuck von Schlangendarstellungen, vielfach in gefiederter Form, bildete wichtige kultische Bauglieder. Solche begleiten Reliefs und Fresken von Fürsten und Kriegshäuptlingen. Der aufgesperrte Rachen hat nicht Drohfunktion, sondern bedeutet mehr das Element des zu verleihenden Schutzes, sympathetischer und Abwehrzauber zugleich.

Ehrfurcht und Bewunderung vor der Kraft entfesselter Naturgewalt drückt ein Gewährsmann Sahagúns aus: „Wenn es blitzt, heftig blitzt, sind wir geblendet, unser Blick ist ertötet, unser Sinn benommen und wir fahren vor Schreck zusammen. Übermächtige, unwiderstehliche Helle erscheint ringsum. Wie der Morgenglanz sich erhebt, so kommt es, schlängelt und windet sich …“.

Der Regengott schwingt also seinen Blitz- oder Schlangenstab, andere Götter führen gleichermaßen Tanzstäbe oder allerlei Gerätschaften in ähnlicher Bedeutung mit sich. Für den Stammesgott Huitzilopochtli gilt ein Schlangenstab (*coatopilli*) als Waffe gemeinhin. Die zu seiner Sippe gehörige Coyolxauhqui, die „Schellengesichtige“ trägt ihn ebenfalls, ebenso die „Vierhundert Südlichen“ (*Centzon Huitznaua*), in denen die unendliche Zahl der Sterne Ausdruck findet. Sie rücken nach dem Mythos von Tenochtitlan gegen die Erde, seine Mutter Coatlicue, heran und bedrängen sie auf dem „Schlangenberg“, dem Coatepetl. Die Sonne Huitzilopochtli wird in diesem Augenblick geboren, vertreibt sie alle; mit seinem Licht verjagt er die Sterne. Es geschah damals das gewaltige mythische Drama, das sich tagtäglich wiederholen wird. Die erste Heldentat des jungen Gottes war also die Tötung seiner feindlichen Schwester. Ihren abgeschlagenen Kopf stellt eine 1829 an das Nationalmuseum übertragene einen Meter hohe Steinplastik dar. Für uns schriftkundlich-ikonographisch von Belang ist die Wiedergabe von Ohr- und Nasenschmuck, wie

„Das einseitig Gekrümmte“ heißt auch „Hacke des Windgottes“, welche Sterngötter ebenfalls als Symbol führen (Codex Magliabechiano), so auf dem Reliefstein von Castillo de Teayo. Amimitl (Gott der Chinampas) und Camaxtli (Gott von Tlaxcala) führen als Jagdgötter Pfeile oder Pfeil und Bogen. Der Schlangenstab wieder kommt Quetzalcoatl zu (Codex Borgia), den als Speerschleuder Huitzilopochtli markant mit sich führt (Sahagún). Auch die Mutter von Huitzilopochtli Coatlicue, „Die mit dem Schlangenrock“, hat ihren Schlangenstab bei sich. Der vorletzte Stab, wieder als Schleuder, kommt Tezcatlipoca zu (Codex Magliabechiano); in der letzten Darstellung hält Quetzalcoatl gleichzeitig seine Schleuder und die Räucherpfanne (Codex Borbonicus).

Dem Gott der Jäger und Fischer kommt die zweigeteilte Speerschleuder als Stab zu (Sahagún). Ackerbaugötter wieder zeigen ihre Blütenrispen als Strauß oder einen Doppelkolben des Mais (Codex Magliabechiano). Der Bambus-Wurzelstab gehört einer Geburtsgöttin zu (vgl. S. 138), auch der Kaufmannsgott besitzt naturgemäß einen Wanderstab, der wieder aus Bambus geschnitten erscheint (Codex Magliabechiano). Die vielen Pulquegötter haben eine Obsidianaxt als gemeinsames Zeichen (Codex Magliabechiano). Symbol des Boten Huitzilopochtlis Paynal ist der Stab des Feuerbohrers (Sahagún). Das Wurfholz findet sich bei Quetzalcoatl, seinem Zwillingsbruder Xolotl und Mixcoatl (Codex Borgia); dort in Aktion als furchtbare göttliche Waffe, vgl. S. 141, bzw. 145). Schließlich muß noch eine merkwürdige Form des Tanzstabes angeführt werden, das sogenannte „Sehwerkzeug" des Gottes Tezcatlipoca (*tlachialoni*, „womit man sieht"). Der Stab weist eine in der Mitte durchlöcherte Scheibe auf. Es kommen ebenso mit Markesit belegte Spiegel vor. Das Tezcatlipoca-Element kennen die Huichol als „Auge" (*sikuli*) oder „Gesicht" (*nealika*), in dem wohl ursprünglich die Sonne gesehen worden ist. Solche mit bunten Wollfäden umwickelte Kreuze aus Bambussplissen überschwemmen derzeit als „Auge Gottes" (*Ojo de Dios*) den Kuriositätenmarkt in Mexiko, da sie einfach und schnell herstellbar sind. Eine interessante Parallele sind die lange bekannten gleichartigen Rhomben aus peruanischen Gräbern.

die Daunenfedern am Haupt. Hinzu tritt die symbolschriftliche Wiedergabe auf den Wangen: die Hieroglyphe „Gold" und die Schellendarstellung als Namensschreibung. 150 Jahre später brachte die Auffindung einer großen Steinplatte, auf der ein Relief die zerstückelte Frau zeigt, den sensationellen Beginn der mehrjährigen Ausgrabungstätigkeit am Großen Tempel („*Templo mayor*") von Tenochtitlan. Mit dem Schlangenberg wurde seit jeher der Haupttempel identifi-

Die 1978 freigelegte Coyolxauhqui-Platte und der 1829 aufgefundene Kopf der Schwester Huitzilopochtlis: zwei wichtige archäologische Funde aus Tenochtitlan.

136

Der Codex Borbonicus, Seiten 21/22, zeigt ein vollständiges Jahrbündel von 52 Jahren in einer besonderen tabellarischen Anordnung von zweimal 26 Jahren. Als Patronatspaare treten das alte Götterpaar Oxomoco und Cipactonal bei den „Rohr"- und „Kaninchen"-Jahren und das Götterpaar Quetzalcoatl und Tezcatlipoca bei den „Haus"- und „Flint"-oder „Feuerstein"-Jahren auf. Den Jahresträgern sind jeweils die entsprechenden „Neun Herren" beigesellt (vgl. S. 68ff). Zwei tierköpfige, aus Rohrwurzeln geschnittene Stäbe (vgl. S. 136) bezeichnen „Alter" und „Geburt", deren Patrone bei mantischer Tätigkeit sind, denn beide gelten als Erfinder der Wahrsagekunst und der Schrift. Jeder der Alten trägt eine Tabakkalebasse auf dem Rücken, ein Hinweis auf die narkotische Wirkung ihres Inhalts und die erwünschte Wirkung auf den Wahrsagenden. Oxomoco wirft aus einer Schale das Maiskorn-Orakel, während Cipactonal eine Räucherung vornimmt. Außer der Räucherpfanne hält er einen Weihrauchbeutel und einen Kasteiungsdolch in den Händen. Bilderschriftlich wurde sein Name beigesetzt: *Cipactli* (Krokodil) für *Cipactonal*. Die 26 Scheiben auf der Einfassung haben klaren Bezug auf die beherrschten Jahre. Quetzalcoatl trägt wieder einen Hinweis auf priesterlich-divinatorische Arbeit. Neben seinem Schlangenstab hält er sein Räuchergerät. Tezcatlipoca als Nächtlicher, voll seiner Zaubereigenschaft, hat den Sternenkopfputz, zudem trägt er als Rückendevise die Feuerschlange.

ziert. Die abgetrennten Gliedmaßen weisen mit ihren schreckerregenden Schlangenmäulern an den Gelenken eine Fülle von Übereinstimmungen mit verschiedenen Bilddokumenten auf, etwa der Codex Magliabechiano gehört in diese Dokumentengruppe[35].

Diese Mythen haben astralen Hintergrund und gehören im Rahmen des kosmomagischen Geschichtsbildes gesehen. Astraldeutungen, ebenso phänomenologische Betrachtungsweisen oder strukturalistische Erklärungsversuche sind zeitweilig als wissenschaftliche Forschungsergebnisse betrachtet worden. Weltweit herangeholte Vergleiche verdunkeln jedoch mehr als sie zu erhellen vermochten. Umso überraschender ist es, wie viel die im Umfang so geringen Quellen aus sich heraus zu sprechen imstande sind. Bei falscher Befragung verstummen die überlieferten Bildtexte, als ob sie durch ihr Schweigen strafen wollten.

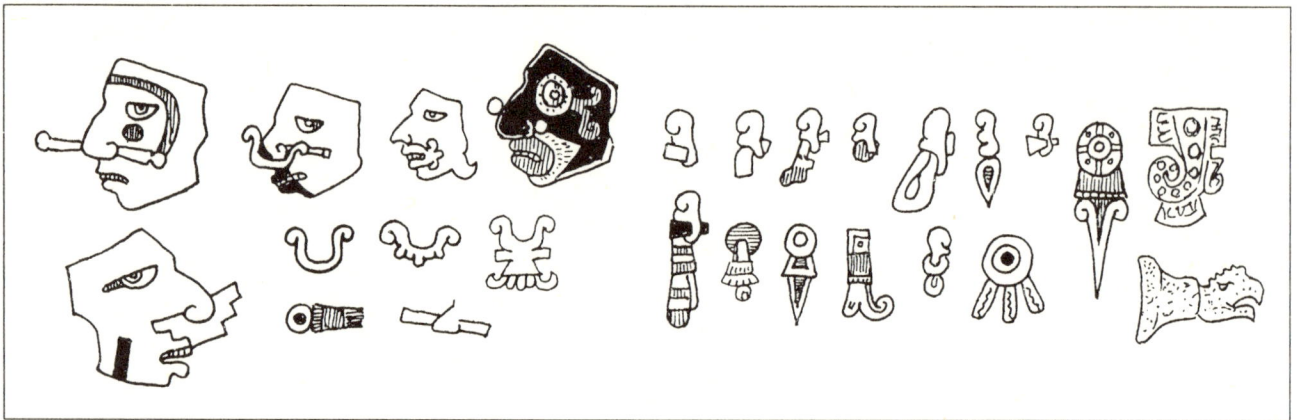

Zum Erkennen der Gottheiten dienen vor allem die Gesichtsbemalung, ebenso verschiedene charakteristische Schmuckstücke und Körperzierate. Eine strenge Unterscheidung muß getroffen werden zwischen den künstlerischen Ausgestaltungen als Anreicherung oder Verdichtung und ikonographisch bedingten Elementen. So gehört das erste Gesicht zu einer Tonacatecuhtli -Darstellung, das zweite zu einer Tlazolteotl, die untere mit dem typischen stufenförmigen Nasenschmuck entspricht Chalchiuhtlicue. Muschelförmige Formen sind wieder häufig in der Macuilxochitl-Reihe zu finden. Jedoch ist angesichts der vielen Überschneidungen Vorsicht geboten. Nur aus einer Vielzahl von Merkmalen können Zuordnungen getroffen werden. Reizvolle Studien lassen sich an den Formen des Ohrschmuckes anstellen. Die Bilder verraten nicht selten das vermeinte Material der Herstellung; wir finden Gold, Knochen, Stein, Pflanzenelemente, auch Baumwolle. Die Volute aus Goldblech (ganz rechts) ist die Umsetzung des Längsschnittes eines Schneckenhauses und gehört zu den Trachtdetails der Windgottgruppe. Rechts unten erfolgt die Wiedergabe eines goldenen Lippenpflockes.

Rechte Seite: Zur Ikonographie des Gottes Tezcatlipoca (vgl. auch S. 62).

Die Wiedergabe des Gottes erfolgt zumeist als „jugendlich", worauf die waagrechten gelb-schwarzen Bemalungsstriche hinweisen. Huitzilopochtli kommt eine ähnliche Färbung in blau-gelb zu. Köstlich ist der Kommentar Selers dazu (von dem auch der Text der Übertragung rechts stammt): „Bei Sahagún heißt es wörtlich: ‚Im Gesicht ist er verschiedenfarbig. Mit seinem Kinderschmutz ist er bemalt, genannt seine Kinderbemalung'. - Es scheint, daß die alten Indianerkinder nicht sehr reinlich gehalten wurden, und ihr Gesicht stellenweise Spuren von Substanzen auswies, die eigentlich ganz wo anders ihren Ursprung haben. Jedenfalls beweist die angeführte Stelle, daß die Bemalung den betreffenden Gott als einen jungen charakterisieren soll"[36]. Der Text ist nach Eduard Seler, Gesammelte Abhandlungen, Band II: 431 f.

Bei der Rückentrage heißt es ausdrücklich „Quetzalfedern", die Federkrone wird nicht besonders beschrieben. Im Codex Borgia steht braun für grün, im Codex Borbonicus erscheint ein Stoß in grünem Quetzalmaterial (vgl. S. 137), keinesfalls jedoch in der Art des Codex Magliabechiano (vgl. S. 152). Feuersteinmesser scheinen nicht nur in der Beschreibung auf, sondern auch in den Bildern.

(Mitte rechts:) Auf dem Fresko in einer Palastruine von Tizatlan (Tlaxcala) findet sich eine Darstellung ähnlich jener des Codex Borgia. Sie trug dazu bei, die sogenannte „Codex Borgia-Gruppe" der Handschriften dem Raum Puebla-Tlaxcala zuzuordnen. Es kann jedoch eher eine umgekehrte Beweisführung angängig sein: das Fresko spricht für die Vorlage einer Handschrift zur Schaffung der Wandmalereien, ohne daß eine Aussage für deren Ursprungsort möglich ist. Der Borgia-Duktus erscheint in einer Art, daß von einer Übertragung gesprochen werden kann; die geringfügigen Abweichungen sind im Codex selbst ebenso gegeben (rechts oben). Zu vermerken wäre, daß der Gott Patron von Tezcoco gewesen ist.

(Links oben und links Mitte:) Die restlichen Zeichnungen geben eine spätpostklassische Knochenritzung aus dem Grab 7 von Monte Alban wieder, wodurch die Bekanntheit des Gottes in Oaxaca belegt erscheint, weiters muß ein Herr 2 Rohr „Tezcatlipoca" im Codex Nuttall, Seite 14, Erwähnung finden.

Tezcatlipuca.

Tezcatlipuca inechichiuh	*Tezcatlipoca's* Putz. (Vgl. Abb. 3.)
tecpatzontli, inicpac, contlaliticac	seine mit Feuersteinmessern besetzte Federkrone trägt er auf dem Kopf.
yxtlan tlaanticac	im Gesichte hat er verschiedenfarbige Querstreifen.
tzicoliuhqui ininacuch teucuitlatl	dornig gekrümmt ist sein Ohrpflock, der goldene.
quetzalcomitl, in quimamaticac	den Korb mit Quetzalfedern trägt er auf dem Rücken.
tecpatl ynimapanca ca	mit Feuersteinmessern besetzt ist sein Armring.
motlitlilicxipuztec	sein Bein ist zur Hälfte mit schwarzer Farbe bemalt.
tzitzilli, oyoalli, inicxic caca (Randglosse *coyoli*)	Glöckchen und Schellen sind an seinem Fuss.
yhitzcac	er trägt die Obsidiansandale (die mit dem Bilde der Obsidianschlange bemalte Sandale).
ychimal yviteteyo amapanyo, ymac mani	sein mit Federbällen besteckter, mit einem Papierfähnchen versehener Schild ruht auf seinem Arm.
tlachialoni ynimac icac çentlapal, coyunqui, icteitta	das Sehwerkzeug hält er in der einen Hand, das mit einem Loch versehene, um hindurchzusehen.

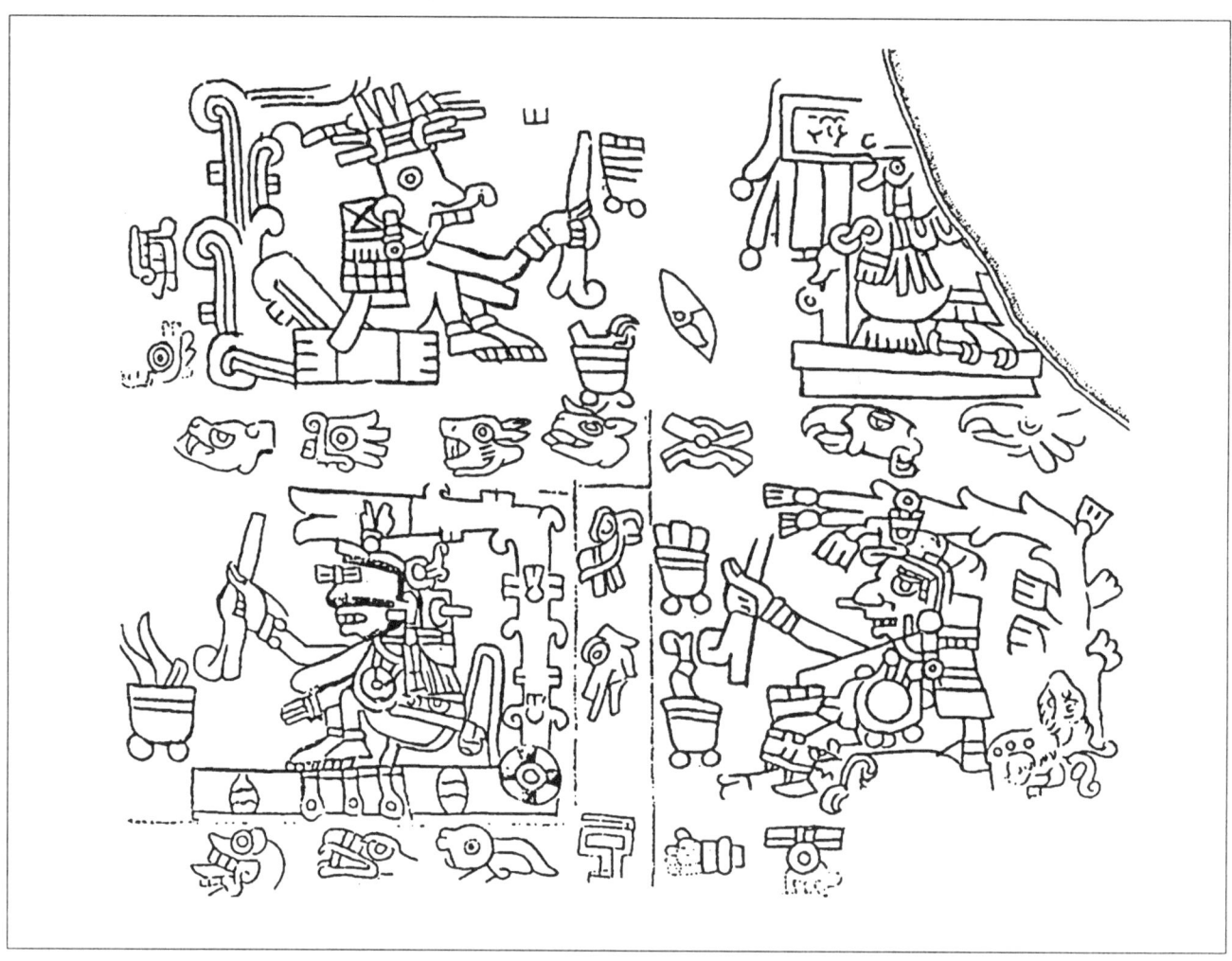

Der aus dem cuicatekischen Bereich stammende Codex Porfirio Díaz, Seite „A", ergänzt die wenigen erhalten gebliebenen kalendarisch-religiösen Handschriften auf eine fast unschätzbare Weise. So besteht eine bildliche Parallele zu einem manchmal phantastisch zu deuten versuchten Kapitel des Codex Laud (vgl. **100**).

100 Codex Laud, Seite 10.
Eine mantisch-augurische Passage besteht aus 8 Seiten (ein weiteres Bild der Reihe ist **84**), wobei jeweils zwei einer Richtung zugehören. Aus der Kurzfassung im Codex Porfirio Díaz (vgl. oben: Bild rechts unten) kann sogar die zeichnerische Entsprechung abgelesen werden. Es handelt sich um ein Kapitel der Codex Borgia-Gruppe mit der Teilung der Trecenas in die kleineren Einheiten von 8 und 5, bzw. 7 und 6 Tagen, wobei die Zuordnung zu den Windrichtungen und den unter Bäumen oder Wolken sitzenden Patronatsgottheiten erfolgt.

101 „Paradies des Regengottes" in Tepantitla, Teotihuacan.
Spielende Kinder oder die Seelen der unter Einfluß des Wassers ums Leben gekommenen Menschen. Interessant sind die Redevoluten aus dem Munde der Rufenden oder Singenden.

102 Codex Tudela, Seite 67.
Tlaxco , der Ballspielplatz, mit zwei Spielern des Steißballspiels. Ein Vollgummiball soll einen der Steinringe passieren, ohne mit Händen und Füßen berührt zu werden.

103 Codex Borgia, Seite 21.
Kultische Szenen mit Formen des Gottes Tezcatlipoca: Begebenheiten auf dem Weg und das Ballspiel des roten und des schwarzen Tezcatlipoca.

104 Codex Borgia, Seiten 35/36 (hiezu Seiten 37/38 in Umzeichnung S. 141).
Darstellungen des Bündelrituals, beschrieben S. 142ff.

100

101

67

Haxco/ meipocipdota

Hax tem ala
pincion delpnep

Presumuntur eleny m ese yndios esta puebaponm
afatmalindin cudno capanpest yelopuo a
el otro entl puet yle qmio podereis el venga
eelpuepo del deuo qin valapogtmis 15 1 9 ozb
posta al emo cual emon don se ou meios qui
delos codo om qui sapana o elas cadeua o

104

(Beschreibung und
Kommentar umseitig)

Der Kult des Heiligen Bündels

In einem großen Zeremonialbezirk mit Tempeln, Altären, abgegrenzten Gevierten, Ballspiel-
plätzen und Teichen setzt auf Seite 33 im Codex Borgia die Darstellung einer sich über einen
längeren Seitenumfang abspielenden Folge von Kulthandlungen ein, deren hauptsächlicher Inhalt

Mit Codex Borgia 33 beginnt ein sechs Seiten langer Abschnitt von Tempelzeremonien. Der hauptsächliche Inhalt ist der Kult
des Heiligen Bündels. Seite 34 mit der Fortführung der Kulthandlung wird nur beschrieben, das Geschehen rund um die
halluzinogene Reise eines in Trance befindlichen Priesters zeigen die Seiten 35 bis 38 (**103**: 35/36 und S. 141: 37/38). Die
„Kapitelüberschrift" findet sich noch auf der Seite 32 im Codex Borgia (S. 125) etwa mit dem Inhalt: *„Cihuacoatl befiehlt"*

142

das Heilige Bündel bildet, offensichtlich stellen diese den Höhepunkt der Darstellung im Codexkonzept dar. Auf dem Kegeldach des Tempels wechseln Himmelsstreifen (Sternenfries mit Opfermessern) und liegende Feuergötter in den Farben der vier Windrichtungen miteinander ab. Ein schwarzer Schlangenkörper schlängelt sich aus einem Jaguarfell herab, auf dem ein Steinmesser steht, ein herabhängendes, in einen Spinnenkopf endendes, gedrehtes Seil, wie es sich Büßer durch die Zunge ziehen, trägt Kultgerätschaften mit Bezug auf das Opfer: Daunenfeder, Opferfahne, Magueyspitze mit dem für das Blutopfer bestimmten Grasknäuel, gekrümmte Keule und ein „Kostbarkeit" bedeutendes Jade-Zeichen. Hinter der Anlage sind noch eine blütengeschmückte Gestalt und ein Cihuacoatl-Geist gezeigt, aus dem Mais wächst, weiters ein Xolotl-Wesen. Seilwindungen halten einen Hirsch mit der Sonnenscheibe und ein Kaninchen mit dem Mondgefäß. Vor dem Tempel tanzt ein schwarzbemalter Priester auf einer belebten runden Steinscheibe, aus der Kräfte in die vier Richtungen strömen (rot-blau-gelb-weiß).

Am Tempelvorplatz findet ein Opfer statt: Quetzalcoatlpriester und Venuspriester opfern eine Ñuhu-artige Gestalt (einen dem Ñuhu Geweihten ?) auf dem Altar der Maguey-Cihuacoatl. Im Tempel steht ein mit Daunenfedern Bekleideter als Opfer, daneben liegt ein geopferter Mann in Xipe-Tracht; er wird „bedeckt", was wahrscheinlich heißt, daß er „zum Bündel wird". Der Quetzalcoatlpriester – vielleicht ist es ein Kazike – sitzt im Tempelinneren auf einem Jaguarsitz und bringt aus seiner Zunge ein Blutopfer dar; der Venuspriester leistet ihm Assistenz. Skelettartig ist die Tempeltreppe gestaltet, deren Rand eine skulpierte Feuerschlange bildet. Ein Priester mit Tasche und einem Totenschädel-Stab sitzt hier (vgl. S. 114 und 123).

[Die Folgeseite 34 (nicht abgebildet) weist auf einem ähnlichen Tempel mit Längsdach zwischen den Himmelszonen liegende weibliche Gespenster auf. Aus einem liegenden Feuerstein windet sich vom First her eine rote Schlange herab. Sechs spinnenartige scheibenförmige Wesen schweben an einem gewundenen Seil. Das Herz des Opfers einer gleichartigen Ñuhu-Gestalt wie vordem kommt einer schwarzen und einer roten Todesgöttin zugute. Schwarz-Rot sind oftmals Konträrfarben vergleichbar dem Gegensatzpaar warm-kalt. Vor dem Kultbild, einem roten Xolotl als Träger der Sonnenscheibe, wird aus dem Edelstein in der Brust des hinter dem Dach der Vorseite gezeigten Gestalt Feuer erbohrt, dem ein roter Geist entsteigt. Das Symbol „Blutopfer" (Daunenfeder) ist beigesetzt.

Vier folgende Seiten (vgl. Codex Borgia 35-38: **104** und S. 141) zeigen zunächst links oben im Sternentempel der Nacht den wieder schwarz bemalten Opferer von S. 33 beim Opfer des eigenen Blutes, das er sich mit Hilfe eines Agavendornes aus dem Penis abzapft. Es kommt nach den Blutbahnen einer vierfaltigen Gottheit (weiß-schwarz-blau-rot) zu. Ihre Gesichtsdarstellung zeigt eine runde gelbe Augenscheibe, gleichfarbige Mundbemalung und eine rote gebogene Verbindungslinie zwischen beiden. Als Kopfputz scheint die Raubvogelkralle auf, die aus Trecena 17 die nahualistische Macht Tezcatlipocas ausdrückt.

Die schwarze Farbe zur Körperbemalung nennt Durán „Götterspeise" (teotlacualli). Es ist eine Halluzinationen hervorrufende Salbe, bereitet aus der Asche von Spinnen, Skorpionen, Tausendfüßern und Schlangen, vermischt mit wildem Tabak (piciete oder nicotiana rustica) unter Zugabe von einigen lebenden giftigen Tieren. Alles wird fein gemahlen und zerstampft, wobei noch neben schwarzen, gifthaarigen Würmern Samen einer Windenart (*Convolvulacea*) beigegeben werden. Diese ist unter dem aztekischen Namen *Ololiuhqui* als magisches Narkotikum bekannt. Sympathetische Mittel und halluzinogene Stoffe wirkten somit gemeinsam. „Wenn man sich mit einer solchen Salbe eingerieben hatte, war es unmöglich, sich nicht in einen Zauberer oder Dämon zu verwandeln. Man konnte den Teufel sehen und mit ihm reden", heißt es.

Rechts oben sitzt dann die gleiche Gottheit in einem dunklen Schlangentempel hinter einem sprechenden Heiligen Bündel. Zwei Priester stehen davor, der erste eine Mischung aus Elementen Tezcatlipocas (Gesichtsbemalung, Rauchender Spiegel) und Quetzalcoatls (Windmaske, Brustschmuck), der zweite, der vorher beim Blutopfer Gezeigte, steht auf einem gefallenen Adler und empfängt das Bündel. Der in blauer Farbe gehaltene Weg (mit Fußspuren) führt die beiden Herren – weiterhin nur „Tezcatlipoca-Quetzalcoatl" und „Blutopferer" bezeichnet – durch die Nacht. Vorbei geht es an einer Kultstätte für Cipactonal, den Gott des Anfangs, und an einem Ballspielplatz für denselben Gott, hier in Krokodilsverkleidung. Die Fläche des Ballspielplatzes ist in vier Richtungsfarben gegliedert: gelb/blau, grün/rot. In ihrem Innersten steht ein dritter Quetzalcoatl-Priester, durch einen besonderen winkelförmigen schwarzen Augenstrich gekennzeichnet; wir nennen ihn kurzerhand den „Ballspieler".

Die nächste Szene (Codex Borgia 36) zeigt zentral in Rauch und Nacht das geöffnete Heilige Bündel. Gewaltige Kräfte von visionär-halluzinogener Wirkung werden frei. Zwei Gestalten stehen dabei: „Tezcatlipoca-Quetzalcoatl" als Leiter der Zeremonie und ein Priester in Xolotl-Tracht. Aus dem Rauch wirbeln neun dunkle Windschlangen empor. Sie enden in Windmasken, aus deren geöffneten Rachen Elemente wie Rohrstab, Maguey, Mais, Adlerkopf, Gras, Jade, Blut und Wasser herausquellen. Jedem für sich entsteigt ein Obsidianmesser-Geist. Andere Nachtschlangen enden in Kolibris. Senkrecht steigt eine Rauchsäule empor, gefüllt mit Schmetterlingen, Kalebassen, Tanzstäben, Blumen wie Schmuckscheiben und Vögeln. Auch der „Ballspieler" wird mitgerissen. Mit geschlossenen Augen, wie träumend, ist er etliche Male abgebildet. Die Szene läßt sich als halluzinogene Reise eines Priesters in Trance deuten, der unter dem Einfluß der dem Bündel entspringenden Kräfte steht. Erst auf Seite 38 erwacht der „Ballspieler" wieder, als er die Windmaske der gewundenen Rauchschlange verläßt.

Inzwischen ist im Tempelbezirk viel geschehen. Die Interpretation fällt durch die Beschädigungen der Seiten schwerer. Zwei Tempel (Firstdach, Kegeldach), Altäre, darunter ein Feuerschlangen-Altar, dazu Wege, lassen sich erkennen. Ein neuer wichtiger Priester tritt auf, der des Regengottes. Blau/gelb und rot/schwarz sind jeweils die Rundplätze mit kleinen Blitze tragenden Regengöttern in komplementären Farben. Etliche Priester in weiteren Göttertrachten tragen Opfergaben, etliche Weihrauchbeutel. Bemerkenswert sind die beiden Alten. In der Mitte des Darstellungsfeldes schießt ein Xolotl seine Feuerschlange ab, ganz unten ist er nochmals abgestürzt gezeigt.

Ein ritueller Kampf zwischen dem Regen-Priester und dem Cihuacoatl scheint stattgefunden zu haben. Trotzdem dieser in den Brunnen oder Teich geworfen worden ist, vermochte er noch mit seinem Krummstab zuzuschlagen; Blut rinnt aus dem Mund der Regengestalt. Cihuacoatl besitzt einen enorm großen Ohrschmuck in Form eines Baumes, um dessen Stamm eine doppelte Fellpauke gezogen ist. Der Regengott-Priester schöpft Wasser, mit dem der „Ballspieler" gereinigt wird. Dadurch spült er ihm die schwarze Salbe gründlich ab. Wasserspritzer schlagen hoch bis zum oberen Tempelbereich.

Das überaus wichtige Ritual erscheint in historischen Bezügen nur kurz angedeutet. Ein Tempel mit Bündel in Verbindung mit Feuerschlange, Erde, Nacht und Tod ist im Codex Nuttall zu erkennen, auch der Rundaltar mit der Feuerschlange.

Ausschnitte aus Codex Nuttall, Seite 15 und 18, als Parallele zu Codex Borgia 33-38, zusätzlich sind noch die Stabbündel- und die „Venus (*Quincunx*)"-Standarte wiedergegeben. „*Tlaquimilolli*, das Bündel " bildet Seler in seiner Sahagún-Übertragung kommentarlos ab.

GLYPH 684 (Toothache)
(58 Examples; Sheets 333, 334; Gates' Glyph 59.13;
Zimmermann's Glyph 147 [in part])

a   b

Codex Nuttall, Seite 52: 8 Hirsch und 4 Jaguar opfern zum Datum 13 Krokodil 7 Haus vor dem heiligen Bündel. Die Maya-Hieroglyphe „Thronbesteigung" steht in Verbindung mit dem Bündelkult; phantasievolle Benennungen wie „Zahnweh-Hieroglyphe" vermögen Verwirrung zu schaffen (Beispiel nach Thompson). Auch die „Visionsschlange" (*vision serpent*) spielt in der Mayakunst eine wichtige Rolle.

Eine Reihe von Darstellungen, beispielsweise im Codex Selden, zeigen mixtekische Herrscher vor ihrem Amtsantritt beim Blutsopfer angesichts des Heiligen Bündels. Es werden sowohl einfache Bündel gezeigt, wie solche mit Opfermessern und Feuerbohr-Gerätschaften, weiters Bündel mit Ñuhu bzw. solche des Quetzalcoatl. Welche zentrale Rolle das auf der Wanderschaft von Aztlan her mitgetragene sprechende Bündel Huitzilopochtlis spielte, zeigt uns der Codex

Codex Porfirio Díaz: **Hund**
2. **N O R D E N**
Schachbrettberg, Gespaltener Berg
Yucu Naa **DUNKLER BERG**
♀ 1 Regen - ♂ 5 Geier
Agavestauden
Cod. Vind.: 2. Bohrung (S. 21)

Codex Porfirio Díaz: **Adler**
4. **W E S T E N**
Aschenfluß
Yaa yuta   **RIO NEJAPA**
♂ 5 Blume - ♀ 1 Haus
Meerestiere
Cod. Vind.: 5. Bohrung (S. 16)

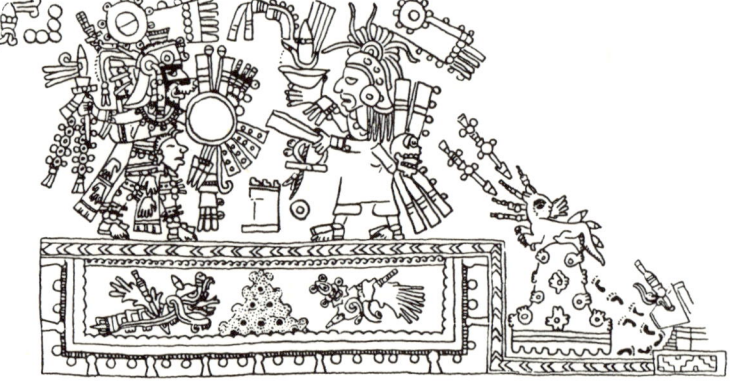

Boturini oder die „Wanderungsrolle" (*Tira de Peregrinación*, vgl. auf dem Vorsatzblatt). Wie wichtig für die klassische Maya-Kultur der Bündelkomplex gewesen sein muß, zeigen die Herrschaftszeremonien. Die Bündelhieroglyphe (Thompson's T.684), – früher überaus phantasievoll als „Zahnweh-Hieroglyphe" bezeichnet, weil sie an ein in Schmerz mit einem Tuch verknotetes Gesicht erinnert – stellt sogar das Zeichen für „Thronbesteigung" dar.

Die Regionen und ihre magische Besitznahme

Der Codex Vindobonensis hat in seiner mythisch-historischen Konzeption als bedeutsame Abschnitte eine Reihe von zehn Feuerbohrungen vermerkt. Nach altem Ritual wird vom Land Besitz genommen. In einem (bestimmten) Jahr – Zählscheibe und A-ähnliches Strahlensymbol auf Seite

Das als „*Códice del Culto a Tonatiuh*" (Kult des Sonnengottes) bekannt gewordene Einzelblatt trägt auch nach seiner Signatur in der Nationalbibliothek in Paris den Namen „Fonds Mexicain No. 20" Das Original war 1746 in der Sammlung Boturini. Weil es starke Beschädigungen aufweist, besonders im Mittelfeld, müssen Kopien und Umzeichnungen herangezogen werden: die anonyme Farbkopie (104) befindet sich in Mexiko (64:45 cm). Die Zeichnungen fertigte der Zeichner von den Steinen nach Vorlagen von Walter Lehmann für Berlin an (Original 91:45 cm). Es sind die vier Richtungen und die Region der Mitte gezeigt. Parallelen besitzen wir im Codex Porfirio Diaz (102) und im Codex Vindobonensis – zwei von diesen werden beispielsweise hier angeführt (106, 107).

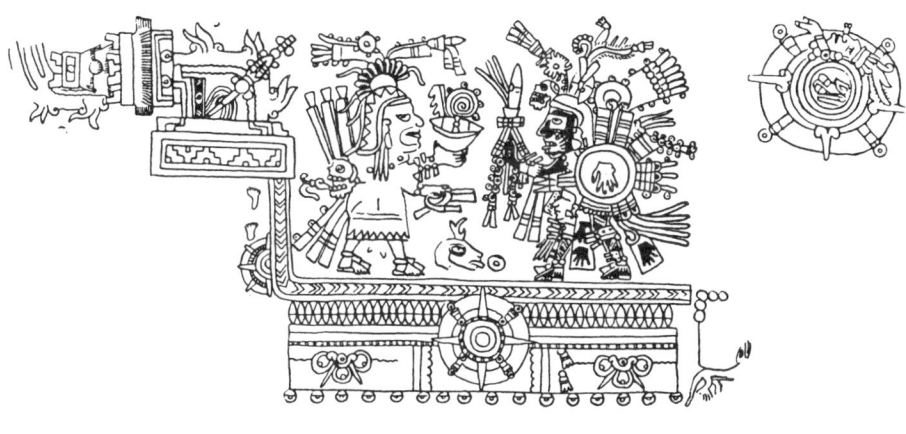

Codex Porfirio Diaz: **Schlange**
1.   O S T E N
Himmelsberg
C a h u a   C a n d i h u i **APOALA**
♀ 1 Hirsch - ♂ 5 Eidechse
Himmel (Sonne, Sterne, Flintreihe)
Cod. Vind.: 7. Bohrung (S. 13)

Codex Porfirio Díaz: **Blume**
5.   S Ü D E N
Totenort, Totentempel
A n d a y a   **CHALCATONGO**
♂ 5 Gras - ♀ 1 Adler
Umrahmter Platz (Herzen)
Cod. Vind.: 6. Bohrung (S. 14)

147

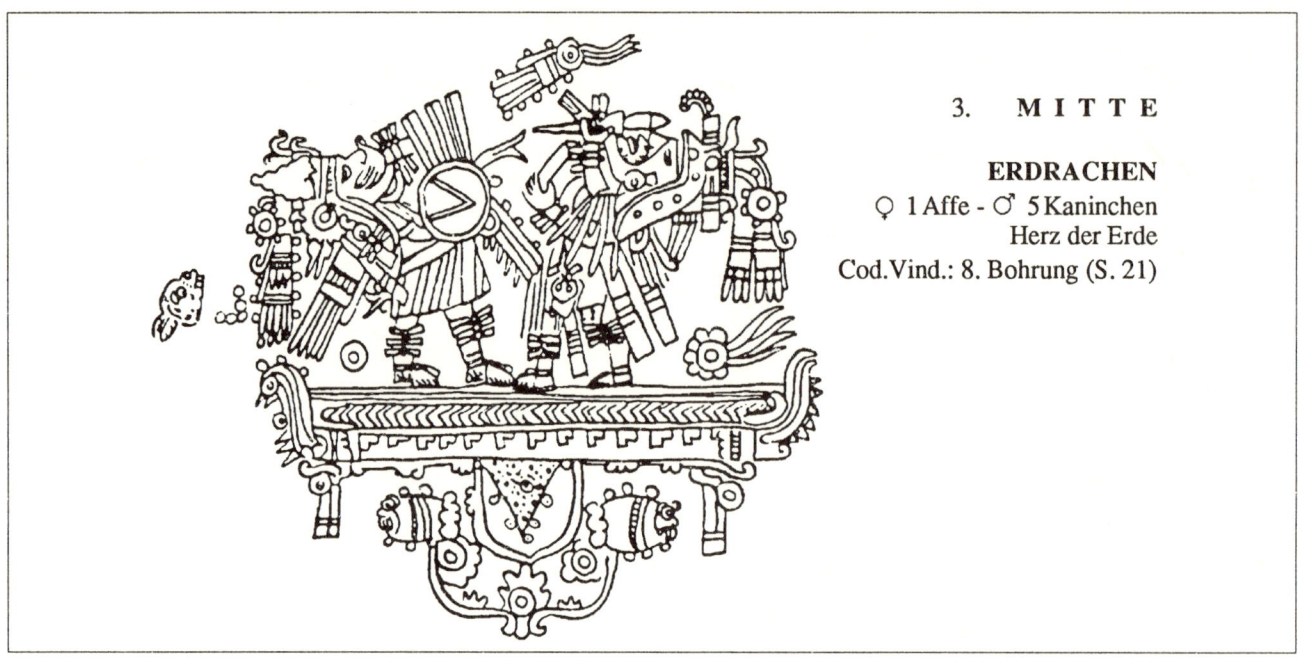

3. MITTE

ERDRACHEN
♀ 1 Affe - ♂ 5 Kaninchen
Herz der Erde
Cod.Vind.: 8. Bohrung (S. 21)

Die Region der Mitte (im Original zerstört) nach einer Kopie des „Einblatt- Codex" im Fonds Mexicain 20. Es fehlt hier der Kreis mit den 51 Tagesscheiben (vgl. **104**). 1 Affe eine der fünf *Cihuapipiltin*, der weiblichen Toten, und 5 Kaninchen, einer der fünf *Tonaleque*, der männlichen Toten, sind auf dem Kriegspfad ober dem Erdrachen dargestellt. Unten sehen wir das „Herz der Erde", die Mitte schlechthin.

105 Codex Porfirio Díaz, Seite „J".
Die 1892 Codex Porfirio Díaz genannte Handschrift sollte eigentlich nach ihrem cuicatekischen Herkunftsort Tututepetongo in Oaxaca benannt sein. Neben ihren historischen Angaben gehört sie hinsichtlich ihres kalendarisch-rituellen Teiles zur Codex Borgia-Gruppe. Es ist die einzige der Handschriften mit eindeutiger Bestimmung des Ursprungs. Die Seite zeigt zweimal 20 Tageszeichen in vier Gruppen geordnet, wobei die obere den vier Richtungen entspricht (vgl. S. 146/147). Die Zählung beginnt mit der Aufzählung von vier Tageszeichen links in der Mitte (1, 2 - 3, 4) um dann auf **Schlange** (**5**) überzuspringen, weiters 6, 7 - 8, 9 und **Hund** (**10**), dann 11, 12 - 13, 14 und **Adler** (**15**), dann 16, 17 - 18, 19 und **Blume(20**). Die vier Regionen werden unten synonym wiederholt als 1 - 2 - 3 - 4 - **Schlange** (**5**) mit der Totengöttin(oder Cihuacoatl), 6 - 7 - 8 - 9 - **Hund** (**10**) mit dem Sonnengott (Jüngling), 11 - 12 - 13 - 14 - **Adler** (**15**) mit der Spinne und 16 - 17 - 18 - 19 - **Blume** (**20**) mit dem Regengott-Paar.

106 Codex Porfirio Díaz, Seite „B".
In einer anderen Anordnung kehren die vier Richtungen auch hier wieder. Die hauptsächliche Blickrichtung weist auf die Lesefolge hin. Wieder finden wir die Verbindungen Cihuacoatl - Süden, Sonnengott - Osten, Priester - Norden, Muttergöttin - Westen.

107 Fonds Mexicain 20, anonyme Kopie des frühen 19. Jahrhunderts. Mexiko, Bibliothek des Nationalmuseums für Anthropologie, Inv. Nr. 35-12.
Das Farbbild gibt den Gesamteindruck der Einblatt-Handschrift wieder. Sie gehört sowohl zur Codex Borgia-Gruppe wie zu den mixtekischer Handschriften (vgl. die Erläuterungen S.146-148). Die Punktreihe bezieht sich auf die jeweils 51 Tage zwischen den angegebenen Daten, korrespondierend mit den 5 *Tonaleque*, den männlichen Entsprechungen der ebenfalls gezeigten *Cihuateteo* oder *Cihuapipiltin*, den zu Göttern gewordenen weiblichen Toten; die ersteren sind verbunden mit 5 (Osten: 5 Eidechse, Norden: 5 Geier, Mitte: 5 Kaninchen, Westen: 5 Blume, Süden: 5 Gras), die letzteren mit 1 (Osten: 1 Hirsch, Norden: 1 Regen, Mitte: 1 Affe, Westen: 1 Haus, Süden: 1 Adler). Es besteht also eine Parallele zur „Borgia-Gruppe" wie hinsichtlich der Richtungen zur „Vindobonensis-Gruppe".

108 Codex Vindobonensis, Seite 12 (Ausschnitt).
 5 Feuerstein „Maisblüte" und 7 Feuerstein „Maisblüte" als Protagonistinnen einer Feuerbohrung in Verbindung mit dem Erdrachen und der Kindertrage (Symbol für die Stiftung einer Herrschaft [Kazikasgo oder in spanisch *Cacicazgo*]).

148

105

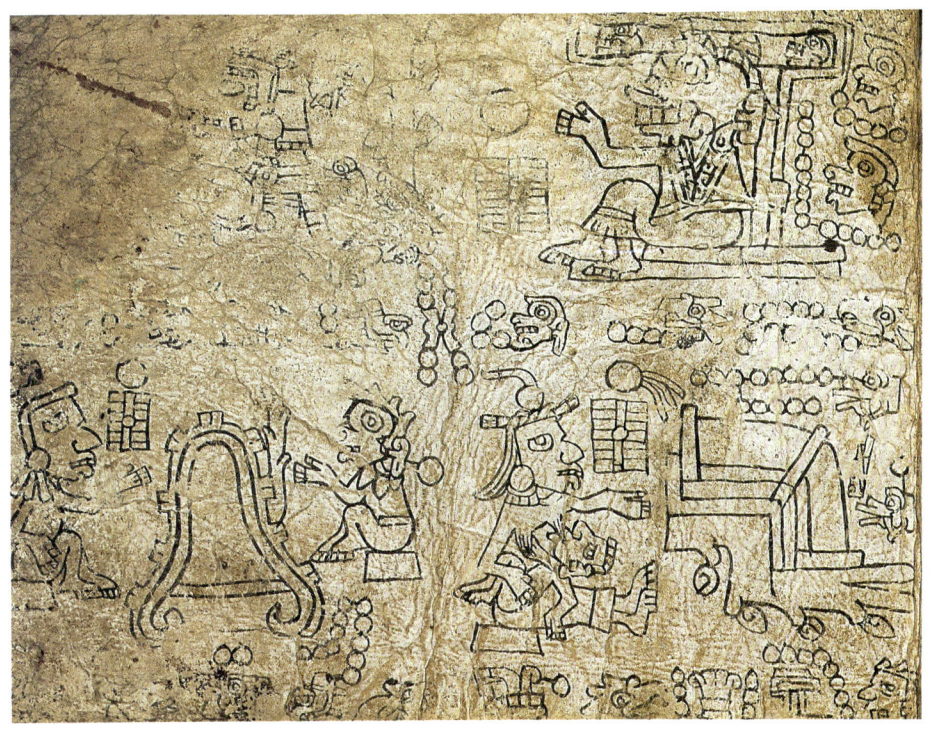

106

107

108

109

21 (109) — steht „Jahr 5 Haus, Tag 5 Schlange" angegeben. Unter Anleitung eines Kultleiters sind die Feuerquirler, Adoranten und Gehilfen emsig am Werk. Meßschnurspanner arbeiten, ein Stein wird umschnürt, ein anderer kommt herbei, sogar mit eigenen Füßen. Stiege und Plattform sind auf unbehauenen Stein gesetzt, Bauten werden erneuert, erweitert. Selbst das Spiel hat seinen kultische Funktion; Spielbrett und Steine in Form von Stäbchen, Bohnen und Knöchelchen liegen bereit; weithin ertönt die Schneckentrompete (**110**). Vier Heiligtümer säumen den Platz: die Tempel des Auges, des Vogels, des Gefäßes mit Blut und der Kakaoschoten mit Blut: Eine Anzahl von Bergspitzen vermerkt die Handschrift, offenbar die Grenze der Region bestimmend. Besitzergreifung und Namensgebung bezeichnen das Symbol „Wiege-Ort", als Gründung eines Kazikasgos.

Vergleiche erlauben Rückschlüsse darauf, was vor dem Einsatz optisch-mechanischer Reproduktionstechniken als exakte Wiedergabe gegolten hatte. Vor der vollständigen Kopierung für Lord Kingsborough sind vom Codex Vindobonensis drei Proben publiziert worden: Detail von der Rückseite, Seite 12 (Olaus Worm, Amsterdam 1655; vgl. oben). Seite 1 (Peter Lambeck, Wien 1769) und Seite 13 (William Robertson, London 1777; vgl. links).

109 Codex Vindobonensis, Seite 21. Beispielhafte Darstellung einer der zehn Feuerbohrungszeremonien, hier im Norden vorgenommen. Der Kultleiter ist der ehrwürdige Herr 2 Hund. Das Feuer wird erquirlt. Wir sehen einige Teilnehmer an einer Prozession mit Zweigen. „1 Jahr" steht angeführt: Akteure vermessen, Steine für den Ausbau von Plattform und Pyramide kommen herbei. Vier Häuser erscheinen dargestellt. Die Bergzeichen mögen die Grenzberge im Norden der Mixteca sein, wo Herr 2 Hund herrscht (vgl. S. 146).

110 Codex Vindobonensis, Seite 13. Die Feuerbohrung betrifft den Osten mit Apoala, wo der „Ort des Himmels" ist. Der Passage kommt deshalb historisches Interesse zu, weil sie bei William Robertson als Bildprobe Verwendung fand (History of America, London 1777/78). Reproduktionen und Textpassagen bietet der Begleitband zur Faksimile-Ausgabe Graz 1963 (Codex Selecti, Vol. 5).

Nach der Aufzählung der Orte und der Bezeichnung ihrer mythischen Gründungsdaten wird die Einheit der Region „besprochen", wohl gesetzt in getragener Sprache. Auf den Tag 2 Hirsch des Jahres 13 Kaninchen fällt die Besprechung durch die beiden Ñuhu, den färbigen und den schwarzen, wodurch sie Ordnung und Brauch setzen: „Opfer an das Stabbündel (Xipe-Bündel) auf den Bergen, auf den Ebenen. Dies ist der Knoten (das umschließende Band, ein 13facher Knoten) um Blut, Herzen, Edelstein, Gold, die Richtungsfarben rot-weiß-grün-gelb, kautschuk-bemaltes, blutbetropftes Papier, Seelen (*tonalli*), heilige Plätze, kostbare Berge, die Ebenen, alles zwischen Himmel und Erde". Dann hält 9 Wind „Quetzalcoatl" Konferenz mit Steinen und Pflanzen (**75**), ehe die Fürsten aus dem Baum hervorkommen (vgl. S. 174).

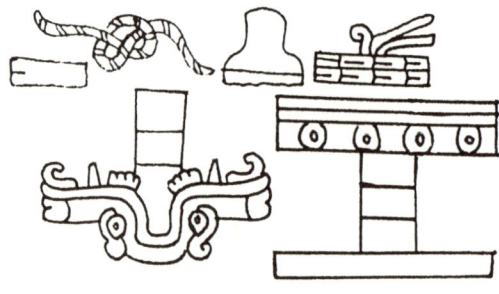

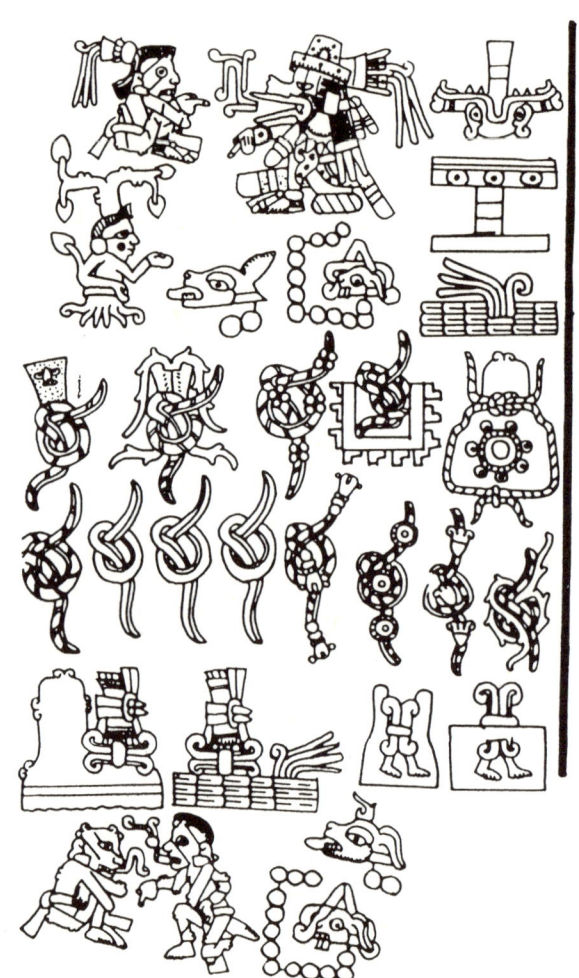

Rechts ist die oben beschriebene Passage gezeigt.
(Codex Vindobonensis, Seite 38). In Kurzform eröffnet sie bereits den Abschnitt Seite 47 (vgl. S. 156 links):
„Hier werden wir sprechen vom Knoten, der Berge und Ebenen, alles zwischen Himmel und Erde vebindet und zu-sammenhält."

Vier Richtungen - vier Zeitalter

Berichte über längere Epochen als 52 Jahre sind in verschiedenen Quellen fragmentarisch und widersprüchlich überliefert. Angeblich haben verschiedene Traditionen über Zeitalter bestanden, wie auch die europäische Sicht von vier Weltaltern die Berichtgebung beeinflußt hat. Im Zentrum des Großen Kalendersteins (vgl. S. 109) sind die fünf Zeitalter oder „Sonnen" der aztekischen

Vorstellungswelt durch ihre Kalenderdaten angedeutet und räumlich angeordnet: „4 Jaguar“, „4 Wind“, „4 Regen“ und „4 Wasser“ in den vier Richtungen als „prähistorische Sonnen“ und „4 Bewegung“, das gegenwärtige Zeitalter, in der Mitte.

Im Codex Vaticanus 3738 werden die Zeitalter nach demselben Prinzip, aber in einer abweichenden Überlieferung abgebildet. Die e r s t e der Sonnen ist die des Wassers mit der Göttin Chalchiuhtlicue als Patronatsgottheit, weiß galt als ihre Farbe. Eine Sintflut brachte das Ende, die damals lebenden Menschen verwandelten sich in Fische und allerlei Wassergetier. In Höhlen blieb der Same des Menschengeschlechtes erhalten und überdauerte die Katastrophe. Es war auch die

Die vier Zeitalter oder „Sonnen“ im Codex Vaticanus 3738 (vgl. im Text)

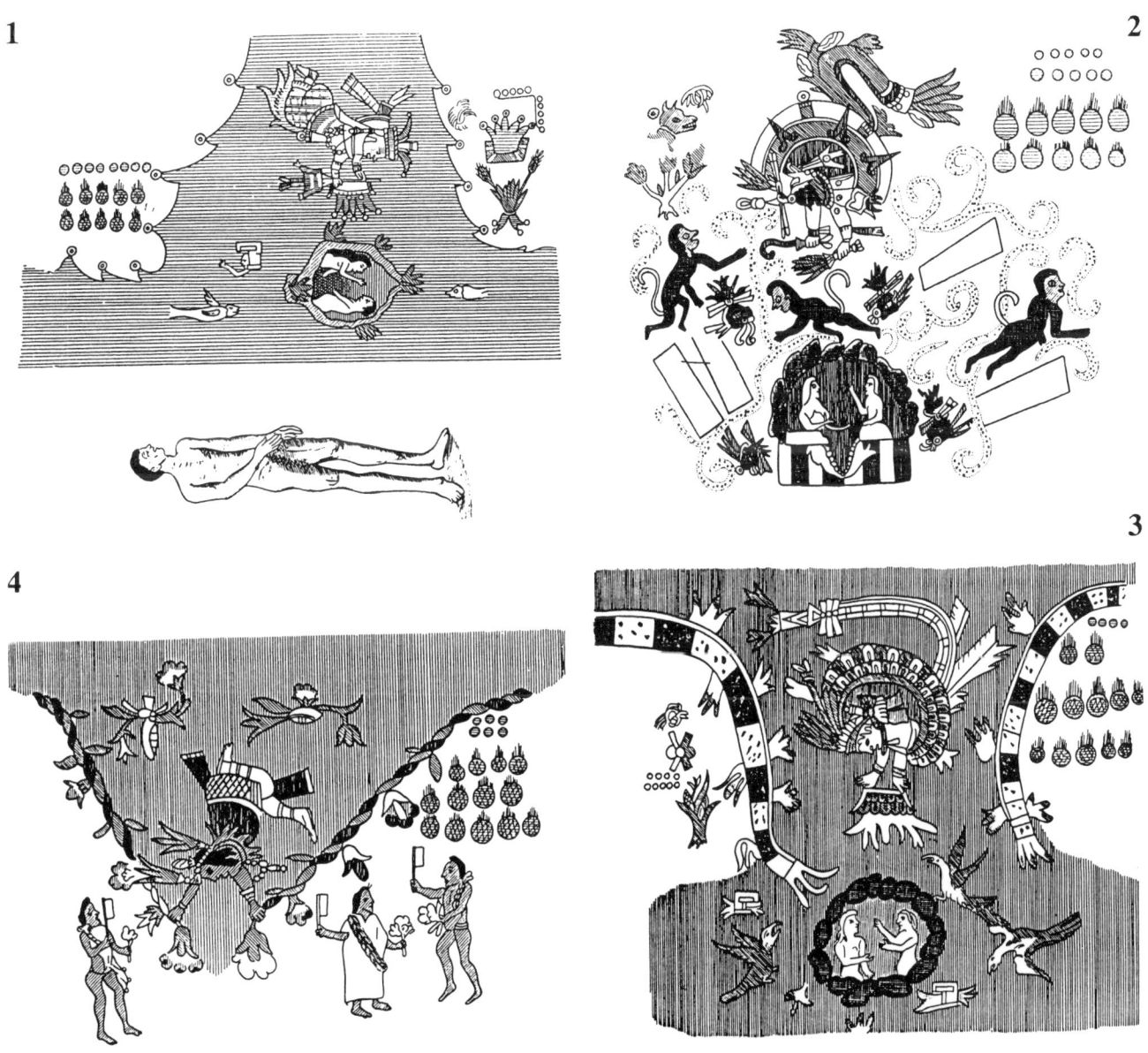

Faszinierend ist das leider ohne Kommentar vorhandene, an die Aspekte der Zeitalter erinnernde Bild mit den vier aztekischen Hauptgottheiten im Codex Magliabechiano: der Regengott Tlaloc, der Windgott Quetzalcoatl, der Feuergott Xiuhtecutli und der Universalgott Tezcatlipoca sind dargestellt. Letzterer trägt ähnlich Paynal und Omacatl Festtracht und einen hohen Kopfputz (vgl. S. 62 und 83f). Die Trachten des Bildes erinnern an die bei Jahresfesten getragenen Kostüme (siehe etwa S. 82ff im Codex Borbonicus), wie die von Moctecuhzoma an Cortés übermittelten sogenannten „Gastgeschenke".
Codex Magliabechiano, Seite 89 r.

Phänomenologisch könnte sich die spezielle Vierheit mit der altweltlichen Elementenlehre (WASSER-LUFT-FEUER-ERDE) vergleichen lassen. Derartige Interpretationen wurden in der frühen Kolonialzeit tatsächlich gegeben. Zudem lädt das Bild in seinen multiplen inneren Beziehungen als Oppositionsschema zu strukturalistischen Deutungen ein. Die erstellte Graphik will dies exemplarisch zeigen; eine wirkliche Deutung ist aber durch das Fehlen des Beitextes nicht möglich.

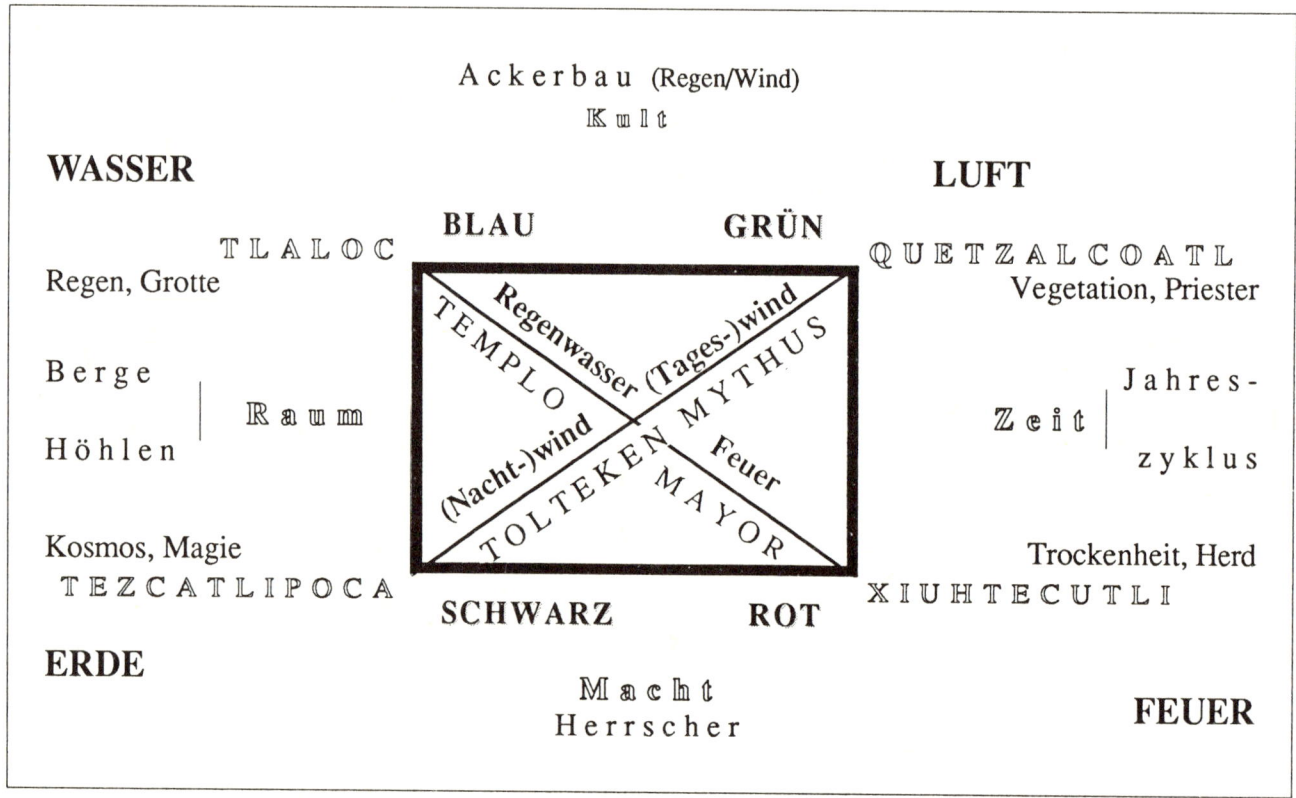

Zeit der Riesen; offenbar hatte man Tierknochenfunde mit einst lebenden Giganten in Verbindung gebracht.

Die z w e i t e Sonne war die des Windgottes Quetzalcoatl mit der Farbe gelb. Das Menschengeschlecht wurde von einem Sturm hinweggefegt und in Affen verwandelt.

Die d r i t t e Sonne gehörte dem Feuergott Xiuhtecutli zu; ihre Farbe war rot. Sie endete in einem gewaltigen Feuerregen. Die Menschen verwandelten sich in Schmetterlinge und Vögel.

Die v i e r t e Sonne ist jene der Blütengöttin Xochiquetzal mit der Farbe schwarz. In sie fällt das Zeitalter der Tolteken, welche tanzend in den Abgrund stürzten.

Klar geben die Farbwerte den Bezug zu den Windrichtungen an. Die Verwandlung unvollkommener Geschöpfe in Tiere der jeweiligen Naturbereiche entspricht ätiologischen Erklärungsversuchen, die wir weltweit als „volksetymologische" Motive kennen und die sich in Amerika reichhaltig erhalten haben[37]. Wie eine Erinnerung an alte Zeiten mutet es an, was man sich über die Nahrung der Menschen von einst erzählt. Sie hätten erst von Eicheln gelebt, in den nächsten Welten dienten Fichtenkerne, dann Wasserreis und schließlich noch die Mezquite-Bohne als Brotfrucht. Der Übergang von der Sammelwirtschaft zur Seßhaftigkeit mit der Kolbenfrucht des Mais oder *centli* besteht als fixer Gedanke. Versuche zur Findung von Entsprechungen komponierten die aus Europa gekommene antike Elementenlehre mit ein. Aller Wahrscheinlichkeit nach entstanden auf diese Weise Dokumente einer Hybridkultur. Die Beeinflussung der indianischen Vorstellungswelt durch abendländisches Gedankengut war größer als wir gemeinhin denken. Sahagún und Durán sind zwei geistige Eckpfeiler als europäische Autoren des 16. Jahrhunderts. Sie finden in den aus alten Fürstengeschlechtern stammenden Historikern wie Ixtlilxochitl und Chimalpahin ihre indianischen Gegenstücke. Bis heute werden immer wieder Versuche unternommen, die verschiedenen Traditionen zu vereinheitlichen und vermeintliche Fehler zu korrigieren. Solche Verböserungen haben meist eine wahrhafte „Prokrustierung" der Quellen im Gefolge. Wie Eduard Seler den Inhalt des Kalendersteins und die aztekische „*Leyenda de Soles*" mit den Bildern des Codex Vaticanus 3738 verschnitten hat – vergleiche in seinen „Gesammelten Abhandlungen" im Band IV – ist ein Beispiel für einen Korrigierversuch, der jedoch im Enderfolg eine irreführende Manipulation ist, die dann in sekundärer Verwendung unbesehen weiterlebt. Mit der Anfangsseite des Codex Fejérváry-Mayer besitzen wir wohl die komprimierteste Darstellung des mesoamerikanischen Kalenders in seiner Einbindung in das Weltbild. Das Konzept ist nicht nur komplex in der Anlage, es läßt sich ebenso als bemerkenswert wegen der Fülle niedergelegter philosophischer Gedanken ansprechen (vgl. S. 40 und **28**).

In Form des „Vollendungszeichens", in der Gestalt eines Prankenkreuzes mit Zwischenschlingen, sind die 260 Tage des Sakraljahres aufgezählt und geortet. Von der rechten oberen Ecke aus folgen auf „Krokodil" zwölf *Tage* bedeutende Punkte bis zum 14. Tag, der dann (1) „Jaguar" ist.

Vögeln tragen sie auf Schilden (Rohr, Flint, Haus, Kaninchen). Begleitbilder innerhalb der Rahmen zeigen Voraussagen für das Verhalten der Natur. In den Kreuzflächen beziehen sich vier mit Vögeln besetzte Bäume auf die Windrichtungen. Beidseits steht jeweils ein Paar in Adorantenhaltung. Unklar bleibt es, ob es sich bei den Dargestellten nicht nur um Götter, sondern zugleich um Priester in Göttertracht handelt. Das Gesamtbild könnte dann einen Kultplatz bedeuten und als Einheit von neun göttlichen Gestalten die *„Neun Herren der Nacht"* wiedergeben.

Die Himmelsrichtungen weisen symbolische Bezüge auf. Der oben wiedergegebene O s t e n zeigt einen Sonnenaltar; Sonnengott und Opfermessergott treten auf. Sie weisen auf das Konzept hin, daß der Sonne Tapfere geopfert wurden, zumeist gefangene Krieger. Diese treten dann als Begleiter des Tagesgestirns auf. Im N o r d e n – von der Seite aus gesehen rechts – erscheinen auf einem Kultplatz Berggott und Regengott mit Bezug zu den Bergen und Höhlen, oder zu Jagd und Ackerbau. Im weiteren Verlauf unten erscheint der W e s t e n als Ort des Mondes mit zwei Göttinnen, die Wasser- und die Muttergöttin. Sie betonen die Weiblichkeit der Region, in der die im Kindbett Verstorbenen zu Hause sind, die Begleiterinnen der Sonne vom Zenit bis zum Untergang. Die Göttergestalten personifizieren die Weberei, beziehungsweise das Fischen und den Ackerbau auf den gehöhten Feldern der Sümpfe, den Chinampas. Der S ü d e n endlich, links gelegen, zeigt den Maisgott und den Herrn des Totenreiches als Gegensatzpaar: Leben und Tod, Wachsen und Sterben darstellend. Beide sind erdverbunden und haben Hinweise auf den Ackerbau und den Ahnenkult. In der M i t t e , wo kosmische wie menschliche Bereiche und Schicksale zusammentreffen, steht der Feuergott – wie der Herd Zentrum des Familienlebens –, als vulkanischer Gott die Mitte der Erde einnehmend. In Kriegerdarstellung erscheint er, weil das Leben Kampf ist.

Zerstückelt liegt der Gott Tezcatlipoca da, der Geheimnisvolle, Nacht und Wind, Nah und Ferne verkörpernd. Er wurde geopfert, in Stücke geteilt: ein Blutstrom geht von den Körperteilen neben den Jahresträgern aus, von Hand, Fuß, Brustkorb und Haupt. Die Gottheit scheint Vorbild für das Menschenopfer zu sein, wie das von außerhalb der „Zeit" zur Mitte fließende Blut. Als lebensspendende Kraft ermöglicht es das Leben auf der Erde, bringt dem menschlichen Dasein die Grundlage. Der Mensch ist ja dazu geschaffen worden, innerhalb seiner Tage sich in seinem Lebenskampf den Göttern zu widmen und zu opfern.

Mythische Geschichte im Codex Vindobonensis

Wenn nach dem Popol Vuh die Welt „einst in tiefem Schweigen schwebte, einsam und still verharrte und öde war, es einfach nichts gab in Dunkelheit und Nacht", hebt die mythische Erzählung im Codex Vindobonensis gleichartig in dramatischer Form wie ein Epos an:

52: (1) Der Prolog im Himmel, (2) ein verehrenswertes Wort: (3) Zuerst schufen sie die Nächte, (4) sie zählten die Tage. (5) Ñuhu kamen hervor, (6) Ñuhu gingen in die Erde ein. (7) Sie setzten den Tod, (8) schufen den Kult [= Priester mit Tabak-Kalebasse]. (9) Sie setzten die Wasserläufe, (10) die Berge, (A-J) die vielen Orte [darunter die „Schwarze Stadt" Tilantongo] und (K, L) die Tempel. (Ia, Ib) Im Himmel saßen die alten Fürsten, (IIa, IIb) über den Altären hatten die ehrwürdigen Alten ihre Sitze.

51/50: Herr 1 Hirsch, Frau 1 Hirsch, die göttlichen Ahnen; zahlreiche Wesen und Geister gingen hervor, 1 Wind und 7 Wind, 12 Wind und 13 Wind, Bohnen, Kautschuk, Papier, Messer, Schlangenwesen, Bäume, Steine, vulkanische Tätigkeit, Krankheiten, Krieg. Viel von ihnen werden zum heiligen Baum des Ursprungs gesandt.

49: Herr 9 Wind „Quetzalcoatl" wird geboren aus dem Steinmesser [García kennt die Version von geborenen Zwillingen. Unser Herr gleicht dem Kulturheros Quetzalcoatl der Nahuatl-Mythologie, eine gottmenschliche Gestalt, auf die als Kulturheros alle wichtigen Kulturelemente zurückgehen, die soziale Ordnung begründet wird].

48/47: Ein Hymnus erklingt ihm zu Ehren [Text Seite 156]. Im „Ort, wo der Himmel ist", empfängt Herr 9 Wind seine Schulung. Es ist der Berg *Cahua candihui* , eine Höhe im Osten von Santiago Apoala. Die ehrwürdigen Alten, der mit der Federkrone und der mit dem Altar, belehren ihn. Wichtige Insignien empfängt er: Jaguarhut und Windmaske, die Zeichen Quetzalcoatls, dann Pfeil und Venusstab („*Quincunx*"), Symbole der Autorität und Herrscherwürde. Wie „Adler und Feuerschlange" [*yahayahui* von *yaha* (Adler) und *yahui* (Feuerschlange) mit der Bedeutung „großer Zauberer" oder „*Nigromántico señor*"] kommt er herab, er auf dem Federseil, dem Wirbel des Windes. Zeremoniell wird er begrüßt. Mit dem verehrungswürdigen Ahnenpaar (1 Hirsch) und zwei Schlangenwesen bespricht er sich, ehe er seine Aufgabe übernimmt. Allen Orten und Plätzen in der Mixteca bringt er das Himmelswasser.

47/38: Die Stätten führen ihr Datum, das der Gründung der Dynastien; alle werden sie aufgezählt. Die Berggötter (*Ñuhu*) besprechen sich [Bild und Text Seite 150, auch Herr 9 Wind „Quetzalcoatl" konferiert.

37: Die Priester 7 Regen und 7 Adler ritzen in den „Heiligen Baum" Pfeile und Scheiben, Zeichen von Macht und Reichtum; das Urpaar [von Seite 51] steigt empor.

36: Die ersten Herren der Mixteca stammen von ihnen ab [unter diesen ist auch Herr 8 Wind „20 Adler", mit dessen Geschichte der Codex Nuttall einsetzt, wie das Paar Herr 1 Blume - Frau 13 Blume].

35: Die Heirat deren Tochter 9 Krokodil mit Herrn 5 Wind [vgl. Text Seite 172, Bild **119/120**].

34: Beide sind Ahnherrn von Kulturpflanzen, der Maguey, wie der Bergtiere Hirsch und Kaninchen [Text Seite 114, Bild **74**].

33-24: Verschiedene Feste werden erstmals gefeiert für Mais und Regen, Pulque, die halluzinogenen Pilze.

23: Der erste Sonnenaufgang [Text und Bild Seite 110].

21-1: Die ersten Herren von Apoala ziehen in die vier Richtungen, nehmen Besitz vom Mixteken-Land, gründen dessen Dynastien. Das Ritual sieht eine Reinigung [„*Limpia*"] vor. Alle Orte erhalten ihre Namen. Zehnmal erfolgt die Erbohrung eines neuen Feuers [Beispiel bieten die Bilder **108/109**].

111,112 Codex Vindobonensis, Seite 48 (Ausschnitt) und Seite 52; hiezu in Umzeichnung Seiten 51-47.

HYMNUS AUF QUETZALCOATL

(1/2)	O, WEISSER HERR, JADEHERR,
(3)	HERR DES GOLDES!
	DU HERR MIT DEM HUT AUS JAGUARFELL,
(4)	DEM SCHNECKENHAUS-OHRENSCHMUCK,
	DU MIT DEM VERKNOTETEN STIRNBAND,
(5)	DEM WEISSBLINKENDEN OHRGEHÄNGE!
(6)	ZAUBERKRÄFTIGER OPFERER,
(7/8)	PRIESTER UND WAHRSAGER!
(9/10)	DU EROBERER UND KRIEGER IM OPFER-
	SCHMUCK!
(11)	HERR STEINMENSCH,
(12/13)	SÄNGER IM JAGUARKLEID, AUS DESSEN
	BRUST DIE LIEDER STRÖMEN!
(14)	DU SCHRIFTKUNDIGER,
(15/16)	DER DEN ÑUHU – DEN GOTT –, DER DAS
	ROTWEISSE BÜNDEL IM HERZEN TRÄGT!

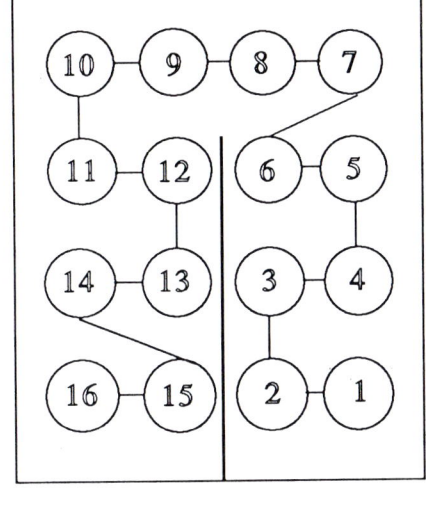

111

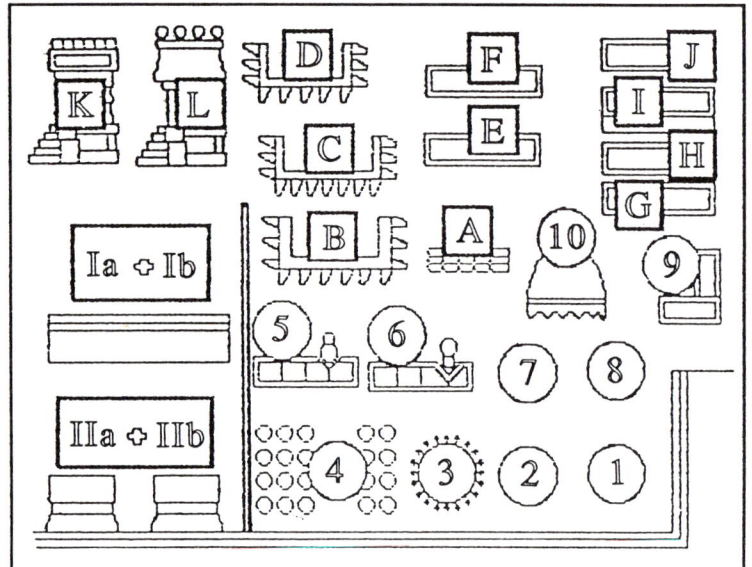

112

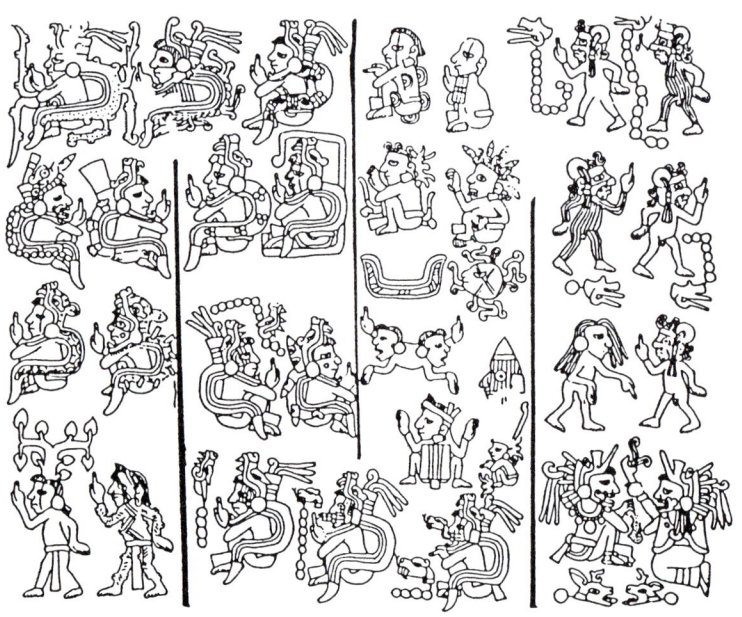

113

114

115

116

Dunkelheit herrschte auf der Erde, alles war mit Wasser bedeckt. In jener Zeit, vermeinen die Indianer, erschien ein Gott namens 1 Hirsch, der den Beinamen „Jaguarschlange" trägt, und eine überaus schöne Göttin namens 1 Hirsch „Pumaschlange" (Culebra de León, Culebra de Tigre). Von diesen Göttern, die bald in menschlicher Gestalt auf der Welt erschienen, stammen die anderen ab. Allmächtig und weise schufen sie einen großen, tief in der Erde verwurzelten Felsen, auf dem sie mit großer Kunstfertigkeit einen kostbaren Palast errichteten. Hoch darüber stand eine Axt und noch höher war der Himmel.

Dieser hohe Fels mit dem Götterpalast befand sich auf einem hohen Berg nahe des Dorfes Apoala in der Mixteca Alta genannten Provinz. Sie pflegten ihn als Ort des Paradieses zu bezeichnen, als Ort der Seligkeit und des Überflusses, wo es an nichts mangelte. Darin waren sich die Eingeborenen sicher und waren wahrhaftig dieser Meinung; ihre Vorfahren starben in diesem Glauben.

*Aus dem Mythos von Apoala, aufgezeichnet
von Fray Gregorio García (um 1600)*

Die 25 Paare – Heiratsprognosen

Zu den merkwürdigsten Kapiteln der religiös-kalendarischen Codexliteratur Altmexikos gehört eine Reihe von Zahlen ohne Begleithieroglyphen, wobei die kleinste Zahl 2 Scheiben und die größte 26 aufweist. Vor allem sind sie mit zumeist zwei in einem Feld dargestellten Personen verbunden, wodurch 25 solche Paare zustande kommen. Nicht Zeitabständen, sondern den Zahlenwerten muß Bedeutung beigemessen werden. Seler versuchte es, ein Paar hervorzuheben, um dann 2 x 12 Paare möglich zu finden, welche wieder durch 4 oder 6 teilbar erschienen. Aufgetane Schlünde sollten mit „Auf- und Absteigen" verbindbar sein. Ein Musterbeispiel für entdeckte „Kalendertarnung" schien vorzuliegen.

113-115 Die Zahl 24 im Codex Borgia, Seite 59 und ihre Parallelstellen (Codex Laud, Seite 37, Vaticanus 3773, Seite 33). Der Mann erscheint als leichtfertiger Filou und Ehebrecher. Während er nach der Brust einer leichtbekleideten, nur in einem *Quechquemitl* dargestellten Frau greift, weist ihn die angetraute Gemahlin zurecht. Sie sitzt auf einem Jaguarfellsitz, den Quetzalvogel des Reichtums unter dem Arm. Den Ungetreuen, dessen Lendenschurz in der Korallenschlange der Lust endet, zieht sie beim Haar und schüttelt ihn tüchtig. Eine Eidechse scheint ähnliche Prognosen zu bedeuten. Halb Sonne, halb Nacht meinen wohl Unsicherheit, Waffen bringen Streit. Die Gefäße mögen notwendige Sühneopfer markieren. – 114 weist nebenbei einen Schreibfehler auf: rechts fehlt eine Zahlscheibe.

116 Codex Laud, Seite 38.
Der Herr und die Herrin der Unterwelt bemächtigen sich bei „2" der Kinder; die Zahl 1 bei beiden Partnern war deshalb tunlichst zu vermeiden. Nur mythische Vorfahren scheinen über die mantische Gefahr der Zahl 2 erhaben zu sein. „3" tritt zwiespältig auf, Kasteiung und Reichtum zugleich bedeutend, wie „Agavenspitzen in der Opferschale" und das „Jadestück" vermelden. „25" zeigt den Mann beim Überreichen einer Kette; „26" mit dem Symbol „Quetzal in der Opferschale" kann - bei 2 x 13 - nur ein günstiges Vorzeichen bedeuten.

157

Seler hatte eine solche Vermutung angestellt, als er ein Kapitel seines Borgia-Kommentars „die 25 Götterpaare" benannte und die Verknüpfung mit den 13 Tagesstunden zu beweisen suchte. Ziffernsummen bildeten sich im Vergleich ebenso in der Dresdener Maya-Handschrift, wenn die Zahl 91 sich durch unregelmäßige Weiterzählung von 1 bis 13 ergab. Das Ausspinnen der Gedankenflüchte hinsichtlich kalendarischer Berechnungen erübrigt sich aber dann, wenn Aussagen von Juan de Córdova dem Befund gegenübergestellt werden (vgl. S. 38).

Die Lösung des Rätsels liegt darin, daß die drei Parallelpassagen in den Codices Borgia, Laud und Vaticanus 3773 zu Vorhersagen für das künftige Geschick eines jungen Paares dienten. Man addierte einfach die Zahlen der Kalendernamen von Braut und Bräutigam, worauf dann neben dem Summenwert noch allerlei Beizeichen eine mantische Prognose ermöglichten. Halbe Sonnen oder Monde, Schalen mit und ohne Knochendolchen, Erdspalten und Unterweltsrachen, Pflanzen und Bäume, seien sie blühend gezeigt, seien sie gebrochen, Ketten und Geschmeide, wie Vögel und Korallenschlangen können Wohlergehen und Reichtum, Tod und Krankheit oder Leichtlebigkeit und Ausschweifungen bedeuten.

Eine grundsätzliche Aussage betrifft die Darstellungsart im Codex Borgia. Beide Frauen haben ihre Zöpfe hochgebunden und tragen Blumen im Haar, weshalb die Bestimmung als „Xochiquetzal", als Blumen-Schmuckfeder, für zahlreiche Interpreten als gegeben erscheint. Schönheit kann den Göttern gleich machen, ohne deshalb schon eine göttliche Gestalt zu sein. Auch wir kennen schließlich eine Venus, eine wahre Aphrodite, zur Bezeichnung einer schönen Frau, einen Adonis als strahlenden Jüngling oder einen Zerberus als gestrengen Torhüter.

Das Alltagsleben - von der Geburt bis zum Tod

Die Hebamme hatte die Rolle eines Priesters inne, wenn sie das Kind begrüßte und willkommen hieß. „Meine Quetzalfeder" und „Edelstein" wurde es genannt, wenn man es vor den Kümmernissen des Lebens warnte, auf die Ungewißheiten des Schicksals verwies. Vier Tage lang wurde im Haus einer Wöchnerin das Feuer streng behütet, erst dann schritt man beim Morgengrauen zur Taufe. Als wichtig zählte hierbei, daß der Tag günstig war. Bei der Waschung des Kleinen wandte man sich an die Göttin des Wassers: „Wolle, o Göttin, daß sein Herz und Leben rein seien; daß das Wasser allen Makel abwasche, denn dieses Kind gibt sich in deine Hände, o Chalchiuhtlicue, Mutter und Schwester der Götter." Dann erfolgte die Namensgebung, zu der ein kundiger Mann herbeigerufen wurde, der *tonalpouqui* oder Wahrsager. Die technischen Einzelheiten seiner Tätigkeit wurden ausführlich bereits besprochen (vgl. S. 38ff). Bei aller Gleichheit eines mesoamerika-weiten Konzeptes der Zuordnung eines Kalendernamens unmittelbar nach

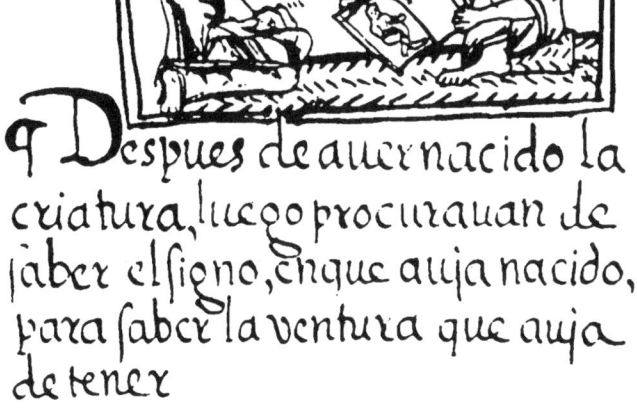

q Despues de auer nacido la
criatura, luego procurauan de
saber el signo, en que auja nacido,
para saber la ventura que auja
de tener

Badezeremonie und Namensgebung bei Sahagún. Die Waffen zeigen an, daß ein junger „Krieger" getauft wird. Der Wahrsager blättert bereits in einem in europäischer Art hergestellten Buch. Die Sonne gibt den Geburtstag, das „Tonalli" wieder. Dieses Konzept wurde im Laufe des 16. Jahrhunderts stark mit abendländischen Vorstellungen von dem aus den Sternen gelesenen Schicksal vermengt.

der Geburt und der Beilegung eines persönlichen Namens scheint es eine völkisch verschiedene Vorliebe gegeben zu haben, ob der eine oder der andere vorrangig geführt wurde. Die Mixteken sollen nach Herrera erst einem Siebenjährigen seinen Beinamen bestimmt haben, während ihn beispielsweise die Azteken schon anläßlich der Taufzeremonien festsetzten. Die Berichte über die Taufe und deren Bedeutung sind verständlicherweise von den christlichen Chronisten aus ihrer Sicht bewußt oder unbewußt entsprechend der neu gesetzten Tradition gefärbt. Aus dem Schweigen der Quellen dürfen keine weitreichenden Rekonstruktionsversuche angestellt werden. Die *Tonalli* -Benennung führte nahtlos in die Namensgebung nach den Santos, den christlichen Heiligen, als Patrone und Schutzherrn der Tage über. Der Indianer spricht nicht „heute ist mein Geburtstag" sondern *„heute ist mein Santo"* .

Anschaulich und blumenreich waren die persönlichen Namen gesetzt. Für den Mann geziemt Stärke, Ruhm, Krieg und mythische Verbindung mit der Götterwelt, für die Frau war entsprechend Schönheit, Liebreiz und Kostbarkeit gesetzt: „Jaguar", „Adler", „Schlange", „Feuer", „Regen", „Wind", „Kolibri" stehen „Blume", „Juwel", „Quetzal", „Feder", „Schmetterling", „Spinnengewebe" und „Fächer" gegenüber. *Chimalpopoca* -„Rauchender Schild", *Itzcoatl* -„Steinschlange" oder *Cuauhtemoc* -„Herabstoßender Adler" und *Quiauh-xochitl* -„Regenblume", *Chalchiuhnenetzin* -„Jadepuppe", *Atototl* -„Wasservogel" sind aztekische Namensprägungen, *Ocoñaña* -

„Zwanzig Tiger", *Cuiñe nisami Andevui* -„Himmel-verbrennender Jaguar" oder *Dzavui Ndican-dii* -„Regen-Sonne" und *Tecuvua dzisi Andevui* -„Durchscheinender Schmetterling", *Yusi ñuu Dzavui* -„Juwel der Mixteken" oder *Tacu nicana Ñuhu*-„Lebend kam Gott hervor" (im übertragenen Sinn „Morgenröte") entsprechend mixtekische Namensproben. Wortspiele aus gleichartigen Zusammensetzungen waren häufig Familientradition. Beispiele aus der klassischen Maya-Kultur wären „Schild-Jaguar" und „Vogel-Jaguar" für Yaxchilan und „Rauch-Jaguar" und „Rauch-Eichkätzchen" für Copán.

Politische Manifeste bezeugen unabsichtlich die tiefe Verwurzelung altindianischer Vorstellungen, wenn über das Gefühl der Ausweglosigkeit gesprochen wird, dem sich der Indianer heute gegenüber sieht. Sozialwissenschafter und Entwicklungshelfer können immer „in die Stadt" – in ihr Land – zurückkehren, wenn sich vor ihren Projekten Schwierigkeiten auftun. „Wir aber bleiben immer vor den Problemen und haben keinen Ort, wohin wir fliehen können, denn wir können die Erde nicht verlassen, die uns ernährt hat, wo unsere Nabelschnur begraben liegt; sie ist ein Zeichen dafür, daß auch wir dereinst in dieser Erde beigesetzt werden". Der mixtekische Soziologe Franco Gabriel Herández sprach diese Worte 1981 in einer Analyse des Emanzipationskampfes, den die Indianer Mexikos gegen Überfremdung und Staatsomnipotenz heute führen.

Da der Codex Mendoza in seiner Bestimmung als Bericht an den Souverän bestimmt war und rein weltlich-administrativen Charakter besaß, sind Motive wie „das Begraben der Nabelschnur" und Hinweise auf damit zusammenhängende religiöse Bräuche unterblieben. Wie wesentlich sie sind, verweisen Chronisten wie Antonio de Herrera, und nunmehr auch ein moderner Wissenschafter indianischer Herkunft; in Abschnitten der Codex Borgia-Gruppe finden sie sich eingehend behandelt. Die anmutige Passage des Codex Mendoza wird für sich in einer Unzahl von Publikationen abgebildet und besprochen. Den kulturell-religiösen Hintergrund erschließt aber nur eine Quellenanalyse anhand der glücklicherweise vorhandenen Schrifttexte.

117 Codex Mendoza , Seite 57.
Am vierten Tag nach der Geburt wurde die Taufzeremonie vorgenommen. Das rosette-ähnliche Zeichen *„ilhuitl"* kann neben „Tag" auch „Fest" bedeuten. So ist es an anderer Stelle verwendet, wo es viermal gesetzt die 80 Tage eines Tributstermins bezeichnet. Auf einer Matte steht das Wassergefäß; die Hebamme badet den neuen Erdenbürger, der nun gleichzeitig seinen Namen erhält. Drei Kinder verkünden diesen lauthals und empfangen Speisen als Spende. Miniaturgerätschaften wollten andeuten, daß ein Knabe ein tapferer Krieger, ein guter Handwerker werde, ein Mädchen bekommt Symbole der Weiblichkeit, einen Besen und Spinnzeug, hingesetzt. 20 Tage später stellte man das Kind auch im Tempel und dem Vorsteher der Schule vor.

118 - 120 Codex Mendoza, Seiten 58-60.
Die Erziehung der Knaben und Mädchen und die jeweiligen Verrichtungen sind in zwei Spalten getrennt Jahr für Jahr wiedergegeben. Zählscheiben bezeichnen die Lebensjahre, beigesetzt ist die jeweilige einem Kind zustehende Nahrung von einem halben bis zu zwei ganzen Maisbroten oder Tortillas. Ausführlich besprochen werden die Darstellungen Seite 161.

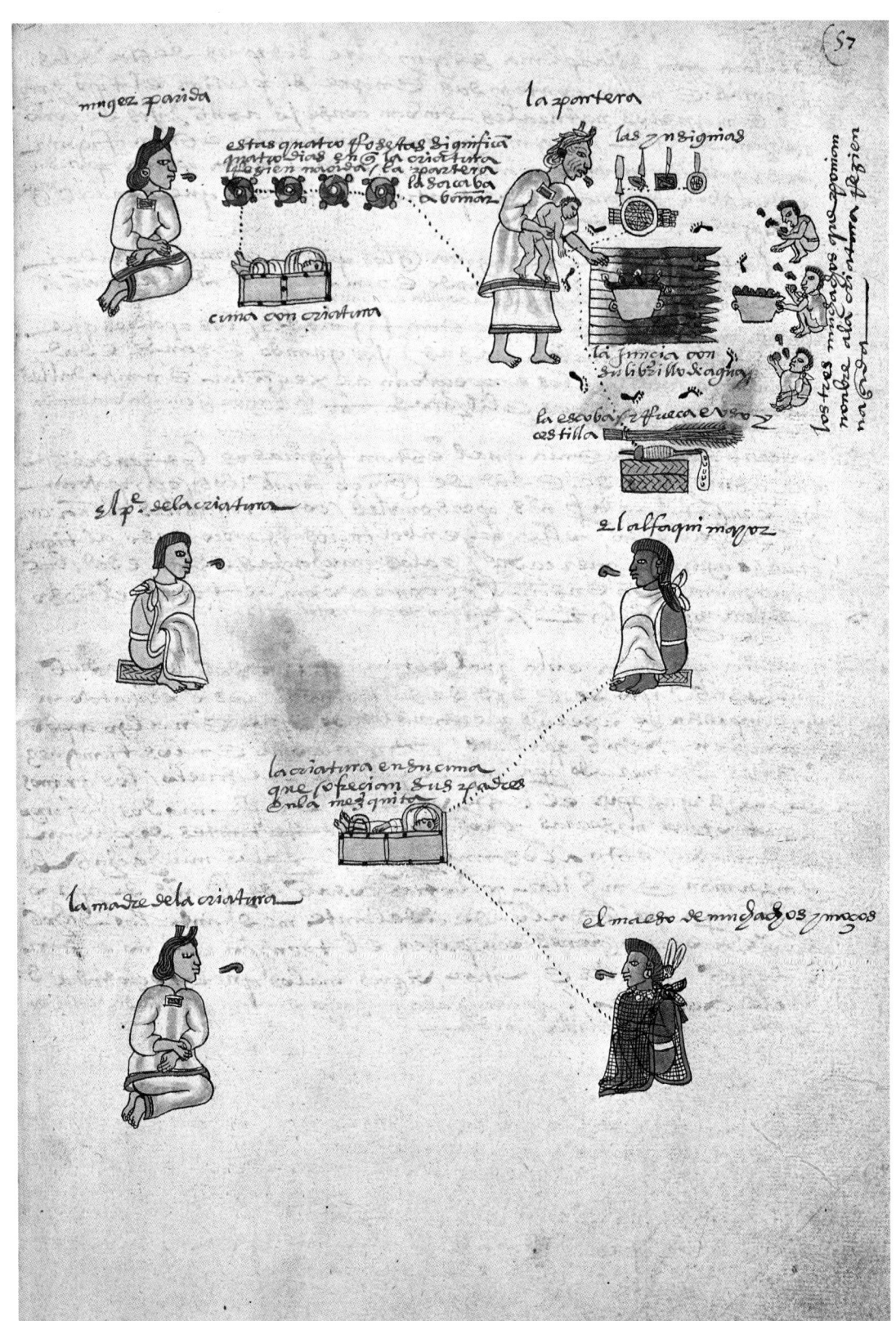

mugez parida

la partera

estas quatro rosetas significa
quatro dias en q̃ la criatura
ya bien nacida / la partera
la lauaba
a banar

las ynsignias

los tres muchachos que ponian
nombre ala criatura se bien
nacian

cuna con criatura

la fuente con
su libzillo de agua

la escoba q̃ fuera en go
castilla

el pe. dela criatura

el alfaqui mayor

la criatura en su cuna
que ofrecion sus padres
en la mezquita

la madre dela criatura

el maeso de muchachos y mocos

57

117

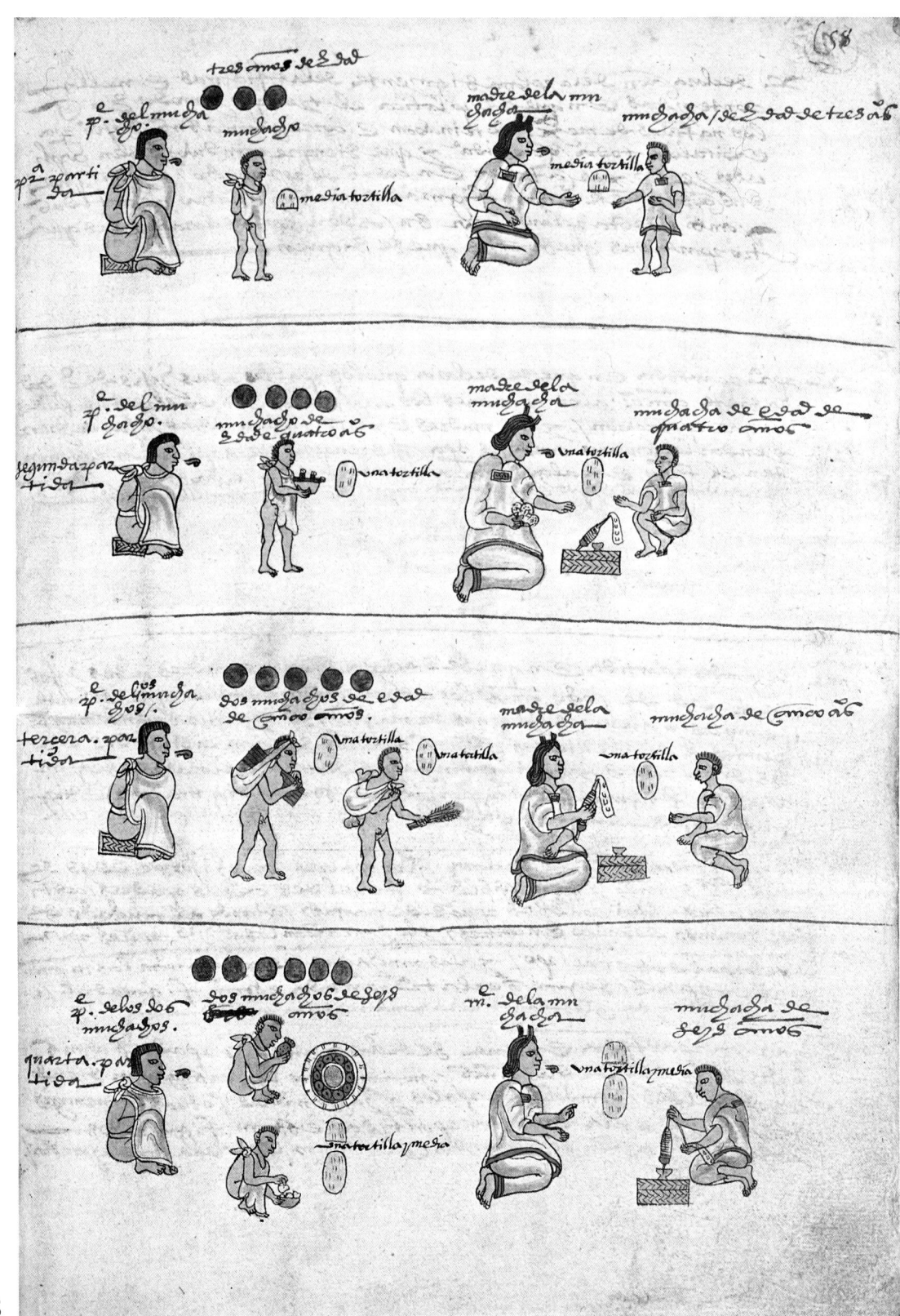

tres años de edad

p⁰. del muchacho

muchacho

media tortilla

p.ª partida

madre de la muchacha

media tortilla

muchacha / de edad de tres años

p⁰. del muchacho

muchacho de edad de quatro años

segunda partida

una tortilla

madre de la muchacha

muchacha de edad de quatro años

una tortilla

p⁰. de los muchachos.

dos muchachos de edad de cinco años.

tercera partida

una tortilla

una tortilla

madre de la muchacha

muchacha de cinco años

una tortilla

una tortilla

p⁰. de los dos muchachos.

dos muchachos de edad de seis años

m. de la muchacha

muchacha de seis años

quarta partida

una tortilla y media

una tortilla y media

118

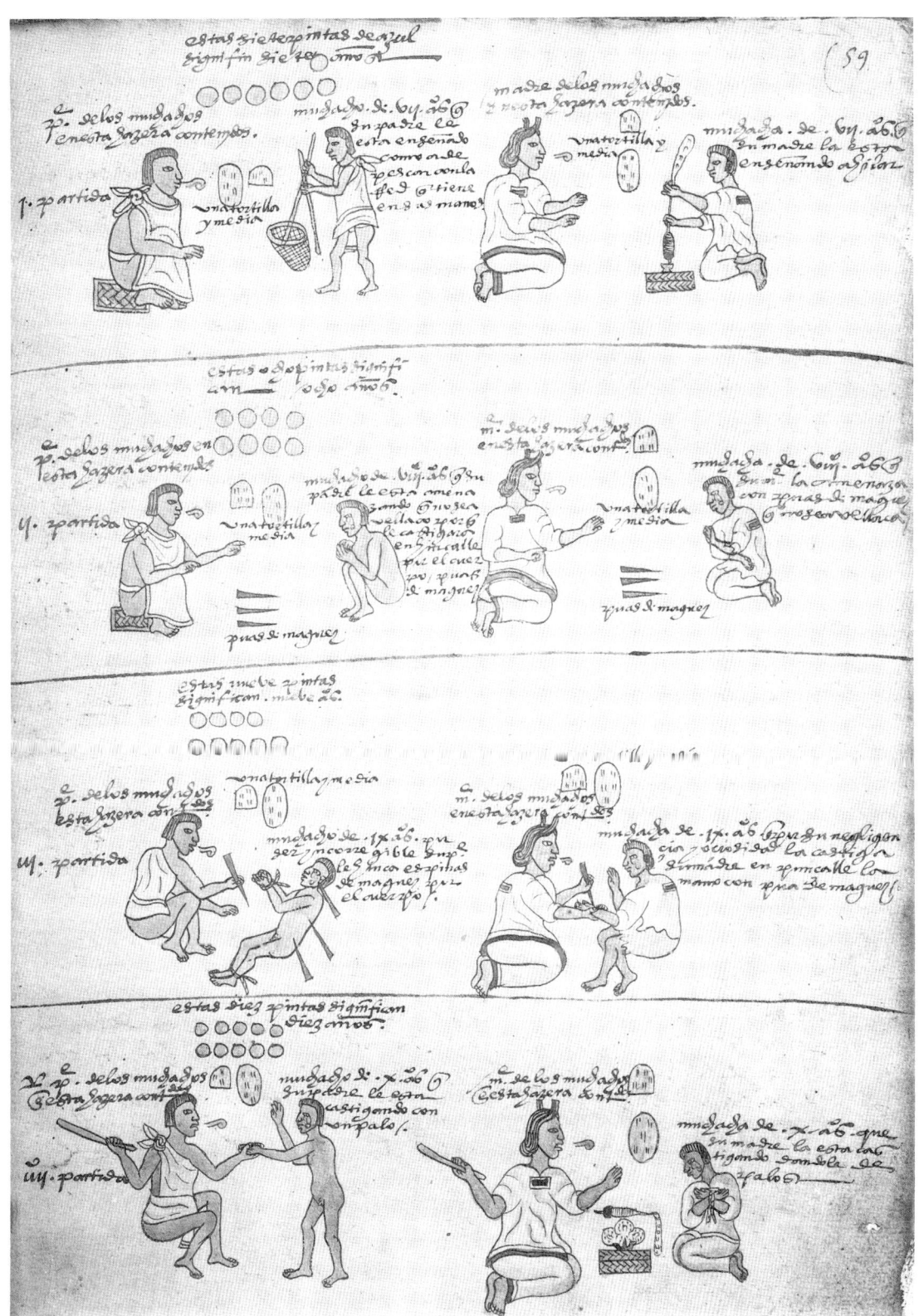

59.

119

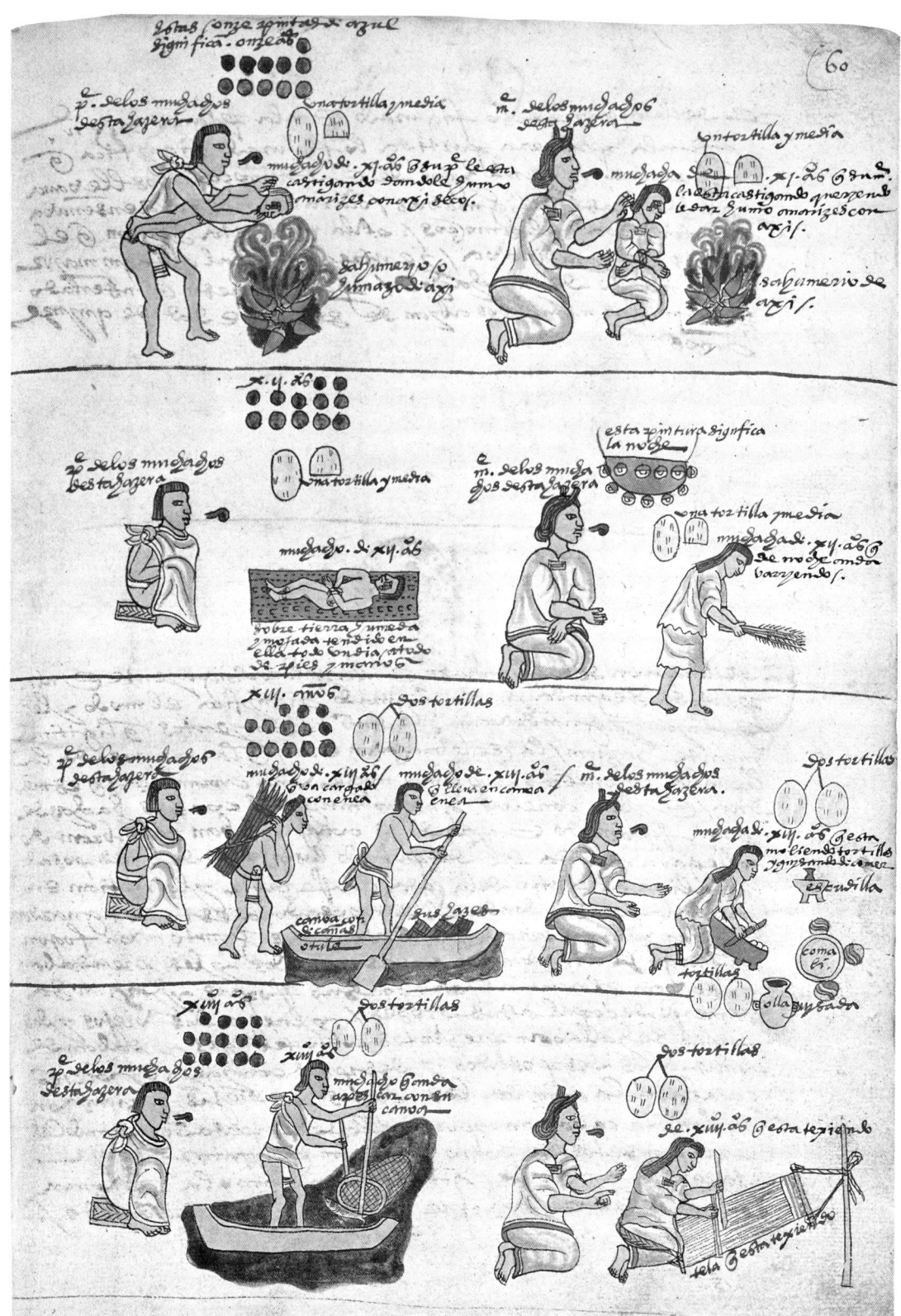

Die Kindererziehung

Jeweils links erteilt – nach dem dargestellten Redezeichen zu ersehen – der Vater dem Knaben, rechts die Mutter dem Mädchen bestimmte Aufgaben. Der mit einem Schamschurz (*maxtlatl*) und einer Decke (*tilmatl*) bekleidete Mann sitzt zumeist auf einer kleinen Matte, während die Frau in Leibrock (*cueitl*) und Hemd (*huipil*) in typischer Weiberart auf dem blanken Boden sitzt. Die Haartracht unterscheidet sich in den Jahren beträchtlich von kurz geschoren, lang getragen und bei der erwachsenen Frau in zwei zu Hörnern hochgebundenen Zöpfen. Weil es kein Herdenvieh gab, wurden die Kinder lange Zeit von den Müttern gestillt. Durch wiedergegebene Tortillas wird die jeweils den Kindern zustehende Kost angezeigt: von einer halben, dann einer, später eineinhalb und schließlich auf zwei nimmt die Ration zu.

Mit dem d r i t t e n Lebensjahr, dem Ende des Säuglingsalters, setzte die Erteilung von Aufgaben ein. Knaben und Mädchen werden angewiesen, zu kommen und zu gehen. Sie sind mit *tilmatl* oder *huipil* bekleidet.

Im v i e r t e n Lebensjahr lernt der Knabe Wasser in einer Schale holen, ohne es zu verschütten, dem Mädchen wird das Spinnzeug vorgeführt. Die Mutter hält eine Baumwollkapsel in der Hand.

Das f ü n f t e Lebensjahr sieht den Knaben bereits mit dem Tragtuch leichte Lasten, wie Holzbündel und Material zum Besenbinden, transportieren, das Mädchen sieht der Mutter beim Spinnen zu.

Im s e c h s t e n Lebensjahr sendet der Vater den kleinen Sohn zum Marktplatz (durch das runde Symbol ausgewiesen), wo dieser zu Boden gefallene Maiskörner und Bohnen aufsammeln kann. Das Mädchen unternimmt seine ersten Spinnversuche. Die Speisenration hat sich jetzt auf eineinhalb Tortillas erhöht und verbleibt so bis zum zwölften Jahr.

Mit dem s i e b e n t e n Lebensjahr erlernt der Knabe den Umgang mit dem Fischernetz. Das Mädchen übt sich im Spinnen, wobei die gekämmte Baumwolle in der linken Hand gehalten wird. Mit der rechten erhält die mit einem Wirtel beschwerte Spindel ihren Schwung, sie dreht sich in einem kleinen Schälchen.

Im a c h t e n Lebensjahr wird säumigen oder spitzbübischen Knaben wie Mädchen das Stechen mit Agavenspitzen angedroht; beide weinen bitterlich.

Mit dem n e u n t e n Lebensjahr wird die angedrohte Strafe auch vollzogen: der splitternackt auf der Erde liegende, gebundene Knabe ist am Körper mit Magueydornen gespickt, dem Mädchen wird in den Unterarm gestochen.

Im z e h n t e n Lebensjahr drohen dem schlimmen Knaben Stockhiebe auf den bloßen Körper, auch dem beim Spinnen saumseligen Mädchen, dem die Mutter die Hände mit einem Strick gebunden hat.

Im e l f t e n Lebensjahr drohen noch härtere Strafen: den schlimmen Knabe hält der Vater über den Rauch, der noch mit brennenden Pfefferschoten beißender gemacht wurde. Dem gefesselten Mädchen droht ähnliche Bestrafung. Tränen werden reichlich vergossen.

Im z w ö l f t e n Lebensjahr muß der Knabe als Strafe einen Tag lang gebunden auf der feuchten Erde zubringen, das Mädchen fegt zu nächtlicher Stunde.

Das d r e i z e h n t e Lebensjahr sieht den bereits seinen Schamschurz tragenden Knaben Rohrbündel schleppen oder im Boot herbeibringen. Das Mädchen lernt die Nahrung bereiten; Mörser, Reibstein und die auf drei Steinen ruhende Herdplatte, wie ein Wassergefäß sind zu sehen.

Im v i e r z e h n t e n Lebensjahr erlernt der junge Mann das Fischen in der Lagune, das Mädchen lernt die Weberei am einfachen Webstuhl, bei dem die Ketten um einen Pfahl gebunden und mit dem Körper gespannt werden, der Schuß wird mit einem Webmesser festgeschlagen.

Mit dem f ü n f z e h n t e n Lebensjahr galten Bursch und Mädchen als erwachsen und heiratsfähig (vgl. hiezu im Kapitel „Hochzeitsbräuche" S. 171f).

Die gegliederte Gesellschaft in Mesoamerika bot vielfache Entfaltungsmöglichkeiten nach Begabung und Befähigungen. Neben dem Eintritt in den Klosterverband, um Priester zu werden, gab es Adelsschulen zur Heranbildung von Kriegern. Daneben konnte bei Meistern ihres Faches die Ausbildung als Kunsthandwerker erfolgen. Der Codex Mendoza zeigt beispielsweise den Holzbearbeiter (*carpintero*), den Juwelier (*lapidario*), den Goldschmied (*platero*) und den Federarbeiter (*maestro de guarnecer con plumas*), der zu den berühmten „*Amanteca*" gehörte. Zumeist waren es wieder die Kinder, welche in die Fußstapfen ihres Vaters stiegen. Es gab eigene Quartiere für die einzelnen Berufszweige. In den Metropolen trafen sich von weit her stammende Spezialarbeiter. Die spanischen Eroberer berichten voll des Lobes und Entzückens über die Feinheit der künstlerischen Arbeiten und die Pracht und Fülle der Marktstände, besonders jene Tlaltelolcos. Weil die Künstler den Azteken als Träger der alten Kulturüberlieferung galten, war für sie allgemein der ehrende Ausdruck „*Tolteken*" üblich.

Carpintero, *lapidario*, *platero* und *amanteca* nach dem Codex Mendoza, Seite 70.

Geschichte begann mit Tula ...

Pedro Sanchez de Aguilar schreibt in seinem *„Informe contra idolorum cultores del Obispado de Yucatan "* (Madrid 1639): „In Büchern malten sie in Farben die Zählung ihrer Jahre, die Kriege, Seuchen, Wirbelstürme, Überschwemmungen, Hungersnöte und andere Ereignisse". Diese allgemeine Aussage über den Augenzeugenbefund ist uns aus dem Hochland von Mexiko wohl vertraut, wenn wir an die Codexgruppe Vaticanus 3738 - Telleriano Remensis denken, welche aus dem Dominikanerkloster in Puebla stammt. Historische Handschriften aus vorkolumbischer Zeit blieben uns aus dem Mayagebiet leider nicht erhalten. Wir besitzen lediglich die drei kalendarisch-religiösen Manuskripte, die sich heute in Dresden, Madrid und Paris befinden — über einen vor wenigen Jahren aufgetauchten vierten Codex sollte man sich besser reserviert verhalten.

Kolonialzeitliche Berichte gehen zurück bis zum Beginn der postklassischen Zeit, in der die Maya mit den aus Zentralmexiko kommenden Tolteken in Kontakt traten. Bedeutend älter ist eine andere Form einheimischer Geschichtsschreibung, wie wir sie auf Stelen und Tempelwänden der klassischen Mayazeit erhalten haben. Hatte man sie früher als Denkmäler astronomischen Priesterwissens betrachtet, ist seit den Erkenntnissen von Heinrich Berlin und Tatiana Proskouriakoff um 1960 der Druchbruch gelungen. Ortsnamen und Dynastien ließen sich identifizieren. Die Ergebnisse sind mehr als lediglich archäologisch-historische Forschungsergebnisse, sie haben darüber hinaus wissenschaftsgeschichtliches Format. Die geistige Welt der alten Maya-Kultur erschließt sich nach und nach; eine internationale Arbeitsgruppe von Forschern, vor allem aus dem „Palenque-Kreis" stammend, hat in den Steininschriften historische Persönlichkeiten und Ereignisse greifbar gemacht. Eroberungen, Heiraten, Thronbesteigungen, Geburt und Tod sehen wir dargestellt, vergleichbar mit dem Inhalt der mexikanischen Codex-Literatur.

Ein bis heute nicht völlig geklärtes Problem ergibt sich um den „Kollaps" der klassischen Maya-Städte im Gebiet des Peten. Im 10. Jahrhundert endete dort die Besiedlung weitgehend und die historische Dokumentation in Steininschriften hört auf. Die Mayakultur lebte in Yucatán ohne Bruch weiter, jedoch fand in der Art der Geschichtsschreibung eine deutliche Zäsur statt. Wurde früher in der sogenannten „Langen Zählung" von einem mythischen Urdatum aus gerechnet, begann man wie in Zentralmexiko Ereignisse lediglich in Zyklen von 52 Jahren zu datieren. Die postklassischen Dynastien suchen in ihrer Legitimation keinen Anschluß mehr zur früheren Zeit. Die „Klassischen Kulturen" und deren Träger verschwanden faktisch aus dem historischen Bewußtsein; Teotihuacan und seine gleichzeitigen Kulturräume wurden für die postklassischen Azteken, Mixteken oder Zapoteken ebenso zum prähistorischen Artefakt. Eine Zeit epiklassischer Wirren beendete das Auftreten der Tolteken. Mit ihnen begann eine neue Geschichtsepoche, die in einer dieser entsprechenden neuen Geschichtsschreibung ihren Ausdruck fand.

„Das ist der Ort, wo sich der gekrümmte Berg befindet, wo das blaue Wasser sich breitet, die weiße Binse, das weiße Rohr , wo die weiße Weide steht, der weiße Sandboden sich breitet, wo die verschiedenen Arten Baumwolle, die verschiedenen Arten Wasserrosen wohnen, wo der Zauberballspielplatz liegt … Man lebte dort in Reichtum und Überfluß." *(Historia Tolteca Chichimeca)*

Für die Azteken wurden die Tolteken deshalb zu den Trägern und Erfindern aller technischer und kultureller Errungenschaften schlechthin. Tula, die Binsenstadt, stand metaphorisch für „Metropole" und ideologisch für das „Goldene Zeitalter". In den Machtzentren erblickte man „*Tula* ", zunächst in der Stadt im heutigen Staate Hidalgo, mit deren ethnohistorischer Identifizierung sich Wigberto Jiménez Moreno ein bleibendes Denkmal setzte – Ausgrabungen ab 1940 bestätigten seine Beweisführungen glänzend (oben links). Dann wurde Cholula, das große spirituelle Zentrum rund um den *Tlachiualtepetl* , „den von Menschenhand geschaffenen Berg", der Binsenstadt gleichgesetzt. Binsen und Weidenbaum finden sich der Ortshieroglyphe beigesetzt; ein Frosch aus Jade erinnert an die Flut (rechts unten). Die Kirche der Virgen de los Remedios krönt heute das gigantische Bauwerk, das im Volumen jenes der Cheopspyramide übertrifft. In Mixtekisch heißt die Binsenstadt *Ñuu cohyo*, verwendet zur Bezeichnung sowohl des Tula in Hidalgo wie der Lagunenstadt Mexiko-Tenochtitlan. Heute noch nennen sie so die Hauptstadt der Republik. Der Codex Sierra, eine mixtekische Handschrift aus frühkolonialer Zeit, zeigt einen Dorfältesten auf dem Weg nach Mexiko zur Behebung wichtiger Dokumente (rechts oben).

164

Mythen und Ereignisgeschichte pflegen wir auseinanderzuhalten; in der indianischen Erzählung waren sie eng ineinander verwoben. Verschiedene Sagenkreise aus unterschiedlichen Traditionen sind in den Quellen vermischt. Die toltekische Geschichte fußte sicher auf uns nicht mehr faßbaren früheren Motiven. In aztekischer Zeit, Jahrhunderte nach dem Fall von Tula, haben sie wahrscheinlich neue Fassungen erhalten, um dann in der Kolonialzeit abermals Umformungen über sich ergehen zu lassen. Widersprüche und Mißverständnisse, wie fragmentarische Wiedergaben erschweren Analyse und Rekonstruktion.

Ohne das Wissen um die drei archäologisch unterscheidbaren Phasen von Präklassikum, Klassikum und Postklassikum, wie der fehlenden Kenntnis der Olmeken als mesoamerikanische Basiskultur sind Versuche unternommen worden, sich in der historischen Tiefe mit Prä-, Proto-, Alt- und Jung-Tolteken zu behelfen, wobei noch Proto-Schoschonische, Proto-Sonorische und Alt-Sonorische Kulturperioden unterschieden werden sollten[38]. Durch Jahrhunderte kannten die Historiographien lediglich drei Völkerschaften: die *Azteken*, die *Tolteken* und die *Chichimeken*, wobei die letzteren als die nomadischen Barbaren aus dem Norden galten. In der Kolonialzeit traten an der *Frontera* oder Nordgrenze vielfach die „*Apaches*" an ihre Stelle – uns heute wohl geläufig durch die Trivialliteratur.

Nach dem wohl bekanntesten mexikanischen Sagenkreis wurde Tula von dem Priesterfürsten Quetzalcoatl regiert. In dessem Reich bestand ein derartiger Reichtum und Überfluß, daß Lebensmittel für die Bewohner keinen Wert besaßen. Ferner gab es alle Arten von grünen Edelsteinen. Gold und Silber galten überhaupt nicht als Kostbarkeit, so viel besaß man. Die Kürbisse waren groß und dick, die Maiskolben lang „wie die Handwalze des Mahlsteins" und sie mußten auf dem Boden gerollt werden. Von den kleinen Kolben machten sie überhaupt keinen Gebrauch, damit heizten sie die Schwitzbäder. Baumwolle wuchs bereits gefärbt auf den Stauden, man konnte sie sofort verwenden und farbenprächtige Kleider weben. Wohlriechender Kakao wuchs allerorten. Alle geschätzten Vögel lebten dort, der blaue Türkisvogel, der grüne Quetzal, der gelbe Trupial und der rosarote Löffelreiher. Kunstfertig stellte man aus dem herrlichen Material Federschmuck her.

Prachtvoll war auch die Residenz des Herrschers. Vier Häuser dienten ihm als Palast-, Kult- und Andachtsstätte zugleich: ein mit Türkismosaik belegtes Balkenhaus, je eines aus roter und weißer Muschelschale, wie eines aus Quetzalfedern. Nach anderen Quellen heißen sie Schlangenhaus (*coacalli*), Goldhaus (*teocuitlacalli*). Jadehaus (*chalchiuhcalli*) und Türkishaus (*xiuhcalli*). Wie sehr die Indianer in solchen beschreibenden Einzelheiten zu schwelgen wußten, belegen uns die wenigen erhalten gebliebenen Codices. Den überschwellenden Reichtum ihres wahren Paradieses verdankten die Tolteken der Weisheit und dem frommen Lebenswandel des Herrschers. Als Priesterfürst war er Vorbild für das ganze Volk. Er verstand es, sich regelmäßig zum Wohle des Landes Opferblut abzuzapfen. In tiefster Demut und zerknirscht „schrie er hinauf zum Orte der Zweiheit, der über dem obersten Himmel lag. Die dort Wohnenden rief er an". An die Himmelsgötter, die Fruchtbarkeitsgötter, den Herrn und die Herrin unseres Fleisches wußte er reichlich um Gaben zu bitten und erhielt sie auch in Überfülle. Alle Pracht und Herrlichkeit fand ein dramatisches Ende, weil Quetzalcoatl einen Sündenfall beging.

Sein Gegenspieler und Feind in Gestalt des Gottes Tezcatlipoca sandte durch Zaubermacht und Sinnbetörung Plagen herbei. Der Agavensaft, als Medizin gereicht, brachte Trunksucht hervor. Selbstvergessen und schamlos vergriff sich der Fürst an seiner Schwester. Auch das Volk wurde verwirrt und steinigte einen dämonischen, einem Trugbild gleichen Gaukler des Marktes. Den ägyptischen Plagen ähnliche Omen brachten Unheil. Der Leichnam des Erschlagenen ließ sich nicht von der Stelle rühren, so sehr man sich auch mühen mochte. Der Tote begann zu stinken, viele Leute starben. Quetzalcoatl sah seine Verfehlungen ein und machte sich auf, zur Küste zu ziehen. Dort verbrannte er sich, sein Herz wurde zum Morgenstern.

Aus der Gestalt des blutige Opfer verschmähenden Kulturheros wurde in Verbindung mit Vorstellungen vom Apostel Thomas ein „Weißer Heiland" geformt, verquickt mit Erzählungen von der Wiederkehr des weißen Gottes. Die frühen Chroniken wissen davon nichts zu berichten. Es war ein etliche Zeit nach der Konquista entstandenes Mythenmotiv, welches das Trauma des Unterganges Tenochtitlans erklären half und Verständnis für das unerklärlich empfundene Schwanken Moctecuzomas den spanischen Scharen des Cortés gegenüber erleichterte. Der Büßer Quetzalcoatl ließ sich mit mönchischen Vorbildern vergleichen und bot der nunmehr christlich erzogenen indianischen Jugend die Gelegenheit zur Identitätsfindung im synkretistischen Geist. Der innewohnende messianische Gedanke inspirierte zugleich den Widerstandswillen unter der einheimischen Bevölkerung. In Europa hat der Quetzalcoatl-Mythos zu einer nicht enden wollenden Legendenbildung geführt. Daß der Gott Quetzalcoatl, wie andere göttliche Gestalten auch, selbstredend Menschenopfer empfing, mutet wie eine Ironie der Geschichte an.

Topiltzin Quetzalcoatl -„Unser Prinz Quetzalcoatl" und die Topographie von Tula in der „Sonnenlegende" (*Leyenda de los Soles*), einem frühkolonialen Nahuatl-Text mit mythisch-historischem Inhalt. Neben den Häusern des Priesterfürsten sind die Namen seiner Eltern Mixcoatl und Chimalman wie der Berg Xicococ angegeben. Nach diesem Berg konnte durch Jiménez Moreno das historische Tula eindeutig identifiziert werden. Als böses Omen für den Untergang des Reiches bildet der Codex Vaticanus 3738, 8v, die Versuche um die Beseitigung des unbeweglichen Leichnams (vgl. S. 165) ab.

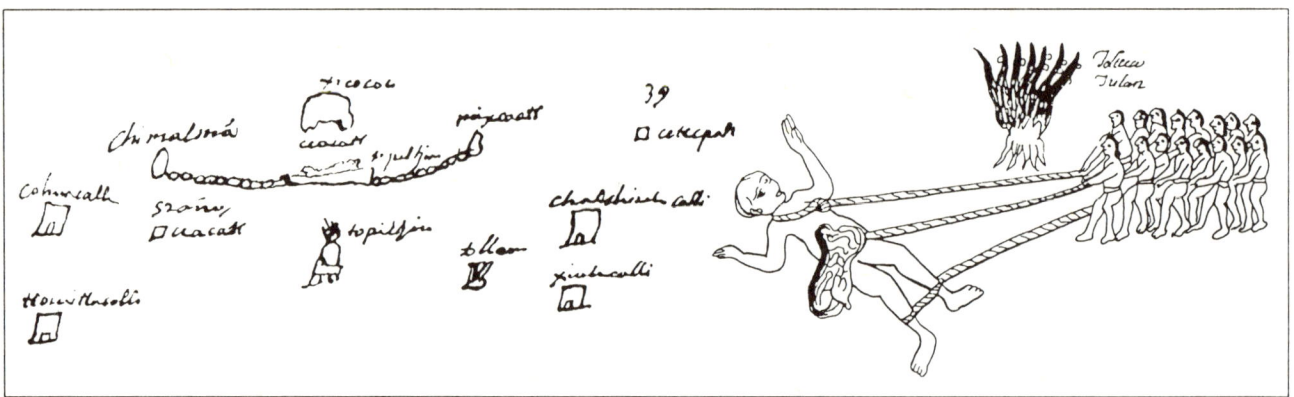

Auf seinem Wege zur Küste wird Quetzalcoatl von seinem „Verbündeten" oder Schüler begleitet, dem Gott Xipe. So führt es der Codex Vaticanus 3738 aus; beide sind in der Mitte als „Meister der Buße" mit ihrem Kasteiungswerkzeug dargestellt, Quetzalcoatl auf der Pyramide, Xipe auf dem „Berg des Schreiens". Der „Weiße Heiland" unzähliger populärer Bücher und Romane geht brüderlich vereint mit dem Herrn des Menschenschindens. In Tonfiguren aus der Umgebung von Tezcoco sitzt Quetzalcoatl angetan mit seinen Attributen, ja er kann sogar selbst in die Haut eines Geschundenen schlüpfen. Aus Tenochtitlan wissen wir darum, daß vor seinem Tempel Menschenopfer dargebracht wurden. Weil Quetzalcoatl unter anderem auch der Windgott ist, scheint bei ihm das Kreuz der vier Richtungen auf. Zur Interpretation in christlichem Sinn ist es dann nur ein Schritt.

Die Xipe-Dynastie von Zaachila

In der späten postklassischen Zeit kam es unter dem Einfluß der Tolteken zur Herausbildung eines bei allen herrschenden Unterschieden dennoch überregionalen Stils. Weil seine Verbreitung sich keineswegs mit Sprachgrenzen deckt, wurde entweder von einem sogenannten „internationalen Stil" gesprochen oder die Benennung erfolgte geographisch umrissen als Mixteca-Puebla - Stil. Hauptsächlich durch die weite Verbreitung der Handschriften finden sich derselbe Duktus und die Polychromie vorwiegend auf Keramik und Fresken in großen Teilen Mesoamerikas gegenwärtig. Deshalb kommen die als „mixtekisch" bezeichneten Züge in Regionen vor, die nie mixtekisch waren. Besonders im Tal von Oaxaca klingt die Begriffsverwirrung bis heute nach, wenn die zapotekischen Ruinen von Mitla und Zaachila als mixtekisch angesprochen werden, wie man lange Zeit die nunmehr eindeutig als mixtekischen Ursprungs erkannten Handschriften den Zapoteken zuschreiben wollte.

Die Abklärung der Begriffe eröffnet uns die Möglichkeit, zapotekische dynastische Geschichte beispielsweise im mixtekischen Codex Nuttall zu orten, weil die Fürsten durch die Tracht ihres

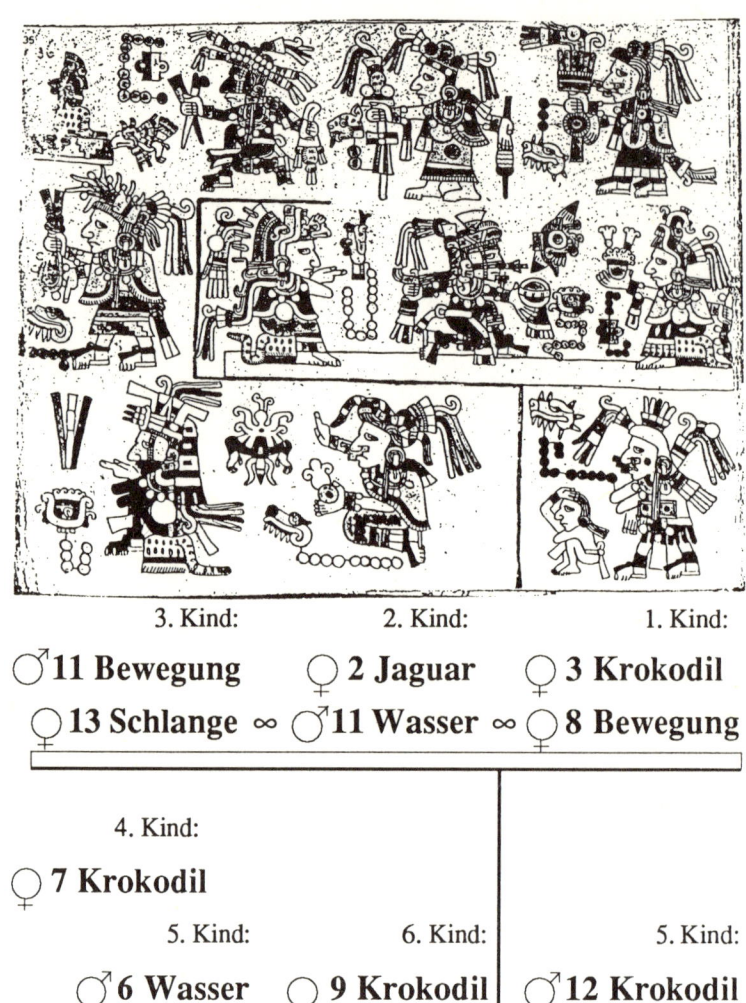

	3. Kind:	2. Kind:	1. Kind:
	♂ **11 Bewegung**	♀ **2 Jaguar**	♀ **3 Krokodil**
	♀ **13 Schlange** ∞	♂ **11 Wasser** ∞	♀ **8 Bewegung**

4. Kind:

♀ **7 Krokodil**

5. Kind:	6. Kind:	5. Kind:
♂ **6 Wasser**	♀ **9 Krokodil**	♂ **12 Krokodil**

Einer genealogischen Reihe der Fürsten von Zaachila und später auch von Tehuantepec aus dem zapotekischen Lienzo de Guevea reicht – von unten nach oben zu lesen – bis in die koloniale Frühzeit. Die ersten vier der Herren finden sich im Codex Nuttall, Seiten 33-35, als die sogenannte „Xipe-Dynastie" abgebildet. Hier wurde eine solche Herrscherfolge (Paare und deren jeweilige Nachkommenschaft) wiedergegeben. Es handelt sich um (I) 9 Schlange, (III) 3 Krokodil, (IV) 11 Wasser und (V) 6 Wasser, wobei (II) 5 Blume fehlt, der im Codex Nuttall eine zentrale Rolle spielt. Unter den zapotekischen Fürstennamen wechseln häufig „Cosiobi" und „Cosihuesa" ab, in ihnen steckt „Cosijo", der zapotekische „Tlaloc". Der letzte Cosiobi erhielt in der Taufe den Namen Don Juan Cortés; er und sein Vater werden von historischen Quellen häufig genannt.

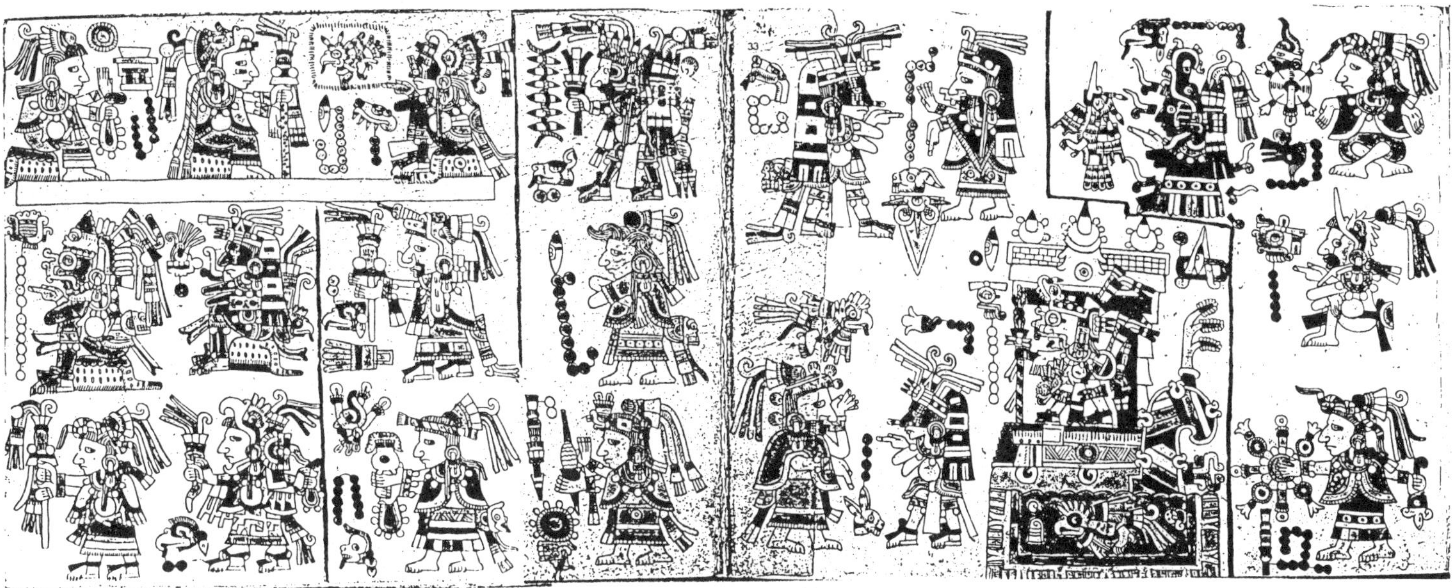

Lese-richtung ←

1. Kind: ♂ 9 Schlange ∞ ♀ 11 Kaninchen

6. Kind: ♂ 2 Hund

♂ 5 Blume

♀ 10 Haus ∞ ♀ 12 Flint ∞ ♂ 3 Krokodil

(2.) (1.)

∞

♀ 4 Kaninchen

(aus Teozacoalco)

**Z a a c h i l a
mit Xipe-Tempel**

1. Kind:	2. Kind:	5. Kind:	2. Kind:
♂ 11 Wasser	♂ 1 Gras	♀ 2 Geier	♀ 11 Flint
4. Kind:	3. Kind:	4. Kind:	3. Kind:
♀ ohne Name	♀ 2 Geier	♀ 10 Affe	♀ 2 Rohr

Die in der Literatur erwähnte Heirat zwischen einem zapotekischen Prinzen aus Zaachila und einer Prinzessin aus Teozacoalco (um 1280) findet hier ihre Darstellung.

In der Tracht der Herren von Zaachila kehren die Attribute Xipes, als „einer der Götter der Zapoteken" (so wird er ausdrücklich im Codex Vaticanus 3738, Seite 30v bezeichnet) immer wieder: Rotweiß gestreifte Bänder und Schilde, vor allem der Spitzhut mit den mitraartigen hochgezogenen Teilen. In späteren Abbildungen wird die bemerkenswerte Umwandlung zur europäischen Krone vollzogen (vgl. auch S. 64). Die Bilder zeigen von links nach rechts: Gott Xipe im Sahagún-Manuskript, den Herrscher 5 Blume von einem Stuckrelief aus dem Grab 1 von Zaachila, den Herrn 5 Blume aus dem Codex Nuttall, wie zwei zapotekische Darstellungen von späteren Kopien des Lienzo von Guevea.

Schutzgottes Xipe identifizierbar sind. Aus den 1580 niedergeschriebenen Berichten an den spanischen König, die sogenannten „Relaciones Geográficas" wissen wir von den familiären Beziehungen der sprachlich verschiedenen Nachbarvölker, vornehmlich der Herrscherfamilien. Um 1280 heiratete ein Prinz des zapotekischen Zaachila eine mixtekische Prinzessin. Diese Heirat scheint die im Codex dargestellte Verbindung der Herrscherfamilie gewesen zu sein. Der Herr 5 Blume der „Xipe-Dynastie" vermählt sich mit der Frau 4 Kaninchen „Quetzal" aus der Dynastie des mixtekischen Fürstentums oder Kazikasgos von Teozacoalco. Der Codexabschnitt gibt uns ein klassisches Beispiel der genealogisch-dynastischen Geschichtsschreibung. Das Paar steht oder sitzt jeweils einander gegenüber, auf einer die Herrschaft symbolisierenden Matte oder thront auf einem Sitz aus Jaguarfell. Sie können genau so gut in einem Palast sitzen, der manchmal den Hintergrund darstellt. Die Reihe der Kinder schließt an, meist von den Eltern weg in die Leserichtung blickend. Der Generationensprung tritt durch eine neue Matten-Kinderfolge auf. Deshalb können die Thronfolger zweimal auftreten, einmal als Kind, dann als fürstlicher Bräutigam. Die Kinder konnten in beiden Richtungen vererben. Ein schönes Beispiel bietet der Herr 2 Hund als erster Sohn von 5 Blume – 4 Kaninchen, der nach seiner Mutter das Kazigasco von Teozacoalco erbt. An den als letzten Sohn wiedergegebenen 3 Krokodil fällt Zaachila. Es herrschte die Tendenz nach der Erbfolge des männlichen Erstgeborenen. Aus politischen Gründen sind jedoch Abmachungen getroffen worden, die andere Bestimmungen vorsahen. Bei Fehlen eines männlichen Erben konnte eine der Töchter ebenso die Nachfolge antreten. Alle Kinder scheinen jeweils ein Stück des elterlichen Besitzes übernommen zu haben; Onkel-Nichten-Heiraten treten bei den Herrschern in der Mixteca überaus häufig auf, weil durch sie das zersplitterte Erbe wieder zusammenführbar war.

Die Konzepte über Erbfolge boten den Vorwurf zur mixtekischen Geschichtsschreibung überhaupt. Der Kazike mußte seine Ansprüche unter Beweis stellen. Die Ahnenreihe sollte in ungebrochener Traditionskette zurückreichen bis zu den mythischen Anfängen. Der legitimierte Herrscher konnte sich als weiteres Glied in der Vorfahrenkette betrachten. Aber neben der Ehre als Nachfolger standen die vielen Rituale und Kultverpflichtungen. Buße, Selbstkasteiung und Blutopfer erinnerten ihn dauernd an die Grenzen seiner Macht. Das war eine Seite, die andere sah den Herrscher und den Adel als fast den Göttern gleich gestellt. Antonio de Herrera führt über die mixtekischen Fürsten aus (Dekade 3, Buch 3, Kapitel 12): „Alle Sachen wurden vom Kaziken bestimmt und die Leute wagten es nicht, dort hineinzugehen, wo er sich befand. Er hatte zwei spezielle Mittler, die in einem Raum des Palastes die Besucher anhörten, es dem Herrn mitteilten und mit den Antworten zurückkehrten. Die Berater des Herrn waren alte Männer mit großer Erfahrung, die vordem als Priester in den Tempeln gedient hatten. Sie strengten sich an, ihn höflich anzusprechen und gute Dienste zu leisten. Aus seiner Gnade empfingen sie Geschenke an Juwelen und an Speise. Wer mit dem Kaziken sprechen durfte, trat bloßen Fußes ein, ohne die Augen zu erheben."

Hochzeitsbräuche

Die Heirat bedeutete eine Zäsur im Leben des Einzelnen, sie war Ritual und Fest für die Gemeinschaft zugleich. Deshalb tritt sie uns gleichsam als Gelenk der Geschichte in den historischen Handschriften entgegen. Hochzeiten werden in den Quellen wiederholt beschrieben. Noch gibt es den traditionellen alten Brauch der indianischen Heiratszeremonien.

Wenn ein junger Mann oder seine Eltern für ihn eine Braut erkoren haben, wird ein alter, weiser Mann beauftragt, als „*Embajador*", als Botschafter und Fürbitter, aufzutreten. Dieser begibt sich zu den Eltern des Mädchens, überbringt ihnen Geschenke und hält in blumenreicher Rede um die Hand der Tochter an. Normalerweise muß er wiederkommen und das Zeremonial wiederholen. Sobald die Zustimmung gegeben ist, steht der Hochzeit nichts im Wege. Früher mußte erst ein Kalenderkundiger einen guten Tag finden und seine Prognosen erstellen (vgl. S. 157).

Das Fest der Kleiderverknotung als Heiratszeremonie im Codex Mendoza, Seite 61. Das junge Paar sitzt zwischen vier als Ratgeber dienenden Alten auf einer Matte, vor ihm stehen Speise und Pulque. Die Darstellung der getragenen Braut ist wichtig für die Interpretation präkolumbischer Handschriften (vgl. S. 180ff).

Am Vorabend schickt der Bräutigam seiner Geliebten Seife für das Bad. In den Handschriften haben wir die Badezeremonie selbst wiederholt gezeigt (vgl. Bild 120 und S. 181,7). Nach der kirchlichen Zeremonie findet das Festmahl mit Familienmitgliedern, Paten und Freunden statt – zuerst im Hause der Braut, dann in dem des Bräutigams. Die Braut, bekleidet mit ihrem besten Kleid und blumengeschmückt, wird ins Haus getragen, wie es der Codex Mendoza zeigt. Dabei wird musiziert und die Begleiter tanzen mit wohlriechendem Kraut (*hierba del borrachito*) in den Händen. Das Brautpaar sitzt auf einer Matte und empfängt ratgebenden Zuspruch von älteren Verwandten und Paten. In alter Zeit fand eine Kleiderverknotung statt. Die alten Handschriften zeigen Speisen, wie ein Gefäß mit Schokolade oder mit Pulque vor den beiden plaziert. Auch bereitgestelltes Brennholz für den Herd wird dargestellt, ebenso verschiedene Kultgeräte, vor allem Weihrauchgefäße. Für gewöhnlich wohnt das junge Paar, entsprechend der vorherrschenden Patrilokalität, zunächst im Familienverband des Mannes. Aus finanziellen Gründen unterbleibt sehr oft die „traditionelle Hochzeit". Für Wohlhabende kommt es heute im Zuge des Kulturbruches zur Brauchtumsübernahme aus den Medien. Beispielsweise empfinden viele Indianer das „glückbringende" Überschütten mit Reiskörnern als peinlichen Greuel; Lebensmittel erfordern respektvolleren Umgang.

In den Codices scheinen die Tage Hirsch und Adler als besonders geeignet für den Zeitpunkt der Hochzeit auf. Sie waren dem Westen zugeordnet, nach Burgoa einer für die menschliche Fruchtbarkeit als „gut" geltenden Richtung. Man scheint wiederholt auf die Tage früherer Heiraten in der Dynastie geachtet zu haben. Als eines der frühesten bekannten Heiratsdaten von Tilantongo stand 7 Adler, ein auch von 5 Krokodil, dessen Sohn 8 Hirsch und wieder dessen Tochter 10 Blume gewählter Tag.

121 Codex Nuttall, Seite 19.
Heiratsfeierlichkeiten für Herrn 12 Wind und Frau 3 Flint. Die Brautleute nehmen ein zeremonielles Bad. Im Palast sehen wir sie unter einer gemeinsamen Decke.

122 Mixtekische Braut aus der Küstenregion in Heiratstracht. Pinotepa de Don Luis, Oaxaca. Archiv Irmgard Weitlaner, Mexiko.

123 Brautwerbung in der Mixteca Alta. Die Dorfbewohner mimten spontan die heute noch lebenden alten Hochzeitsbräuche. In der Mitte wirbt der Fürsprecher beim Brautvater.

124 Codex Vindobonensis, Seite 35.
Herr 9 Wind „Quetzalcoatl" tritt als Brautwerber im „Ort des Himmels" vor 5 Wind „Regengott". Dieser heiratet Frau 9 Krokodil „Regengott" in Apoala. Sie ist die Tochter von Herr 1 Blume und Frau 13 Blume. Der Vater hatte Herrn 9 Wind um die Vermittlung gebeten. Daß um die Hand des Mannes geworben wird, ist ein interessanter Ausnahmefall.

125 Postklassisches Dreifußgefäß aus Apoala; rezenter Grabfund. Ein gleichartiges Gefäß, mit Schokolade gefüllt, steht zwischen den Brautleuten in Bild 124. Der Besitzer hat es mit postklassischen hohlen Goldperlen und einem Traghenkel versehen.

121

122

123

124

125

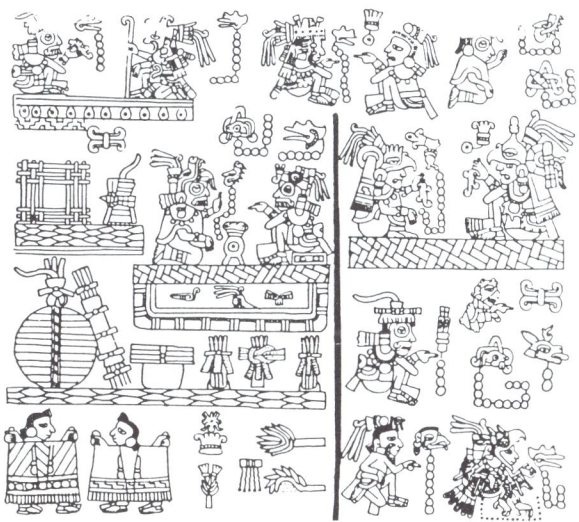

126

127

128

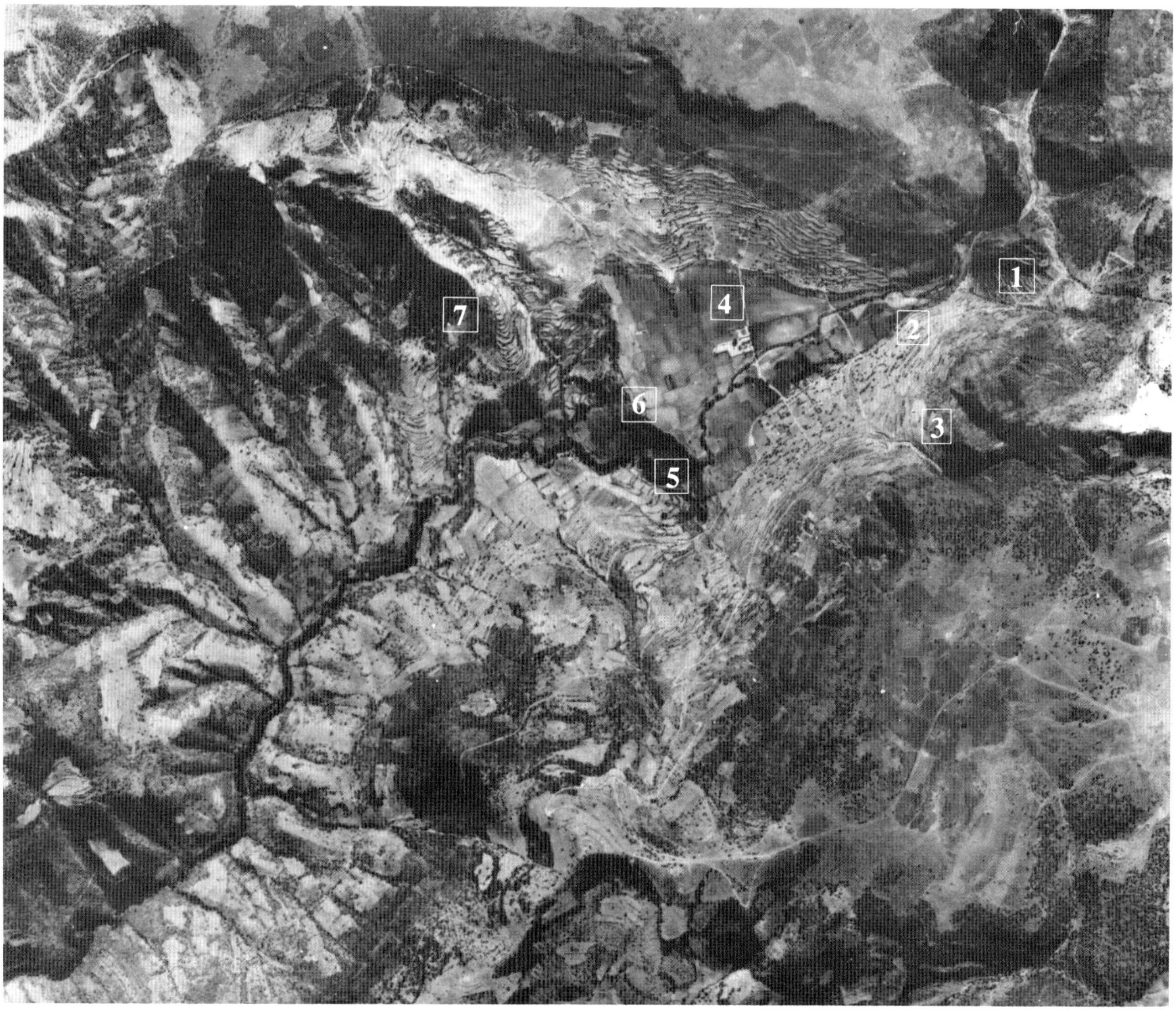

129

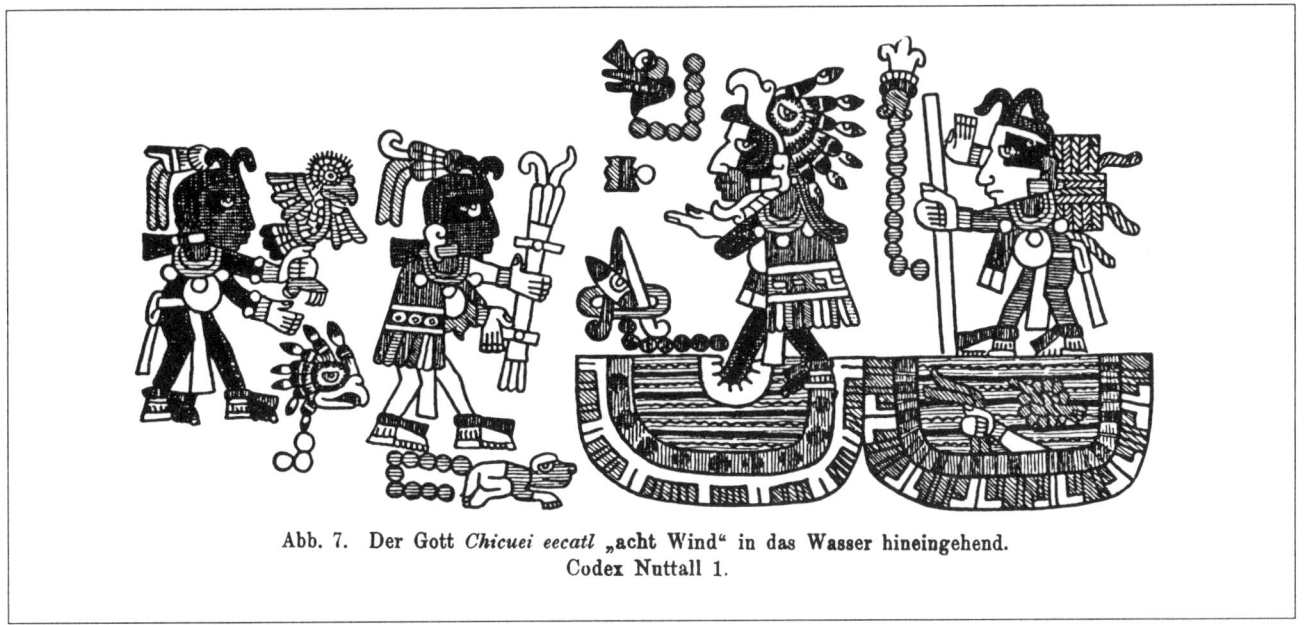

Abb. 7. Der Gott *Chicuei eecatl* „acht Wind" in das Wasser hineingehend.
Codex Nuttall 1.

Götter oder Menschen ? Im Zusammenhang mit astralmythologischen Deutungsversuchen wollte Seler Quetzalcoatl als Morgenstern sehen, wie er in das Ostmeer steigt. Begleitdaten sollen sich mit Kalenderkorrekturen beschäftigen. Der Herr 8 Wind kommt aber aus dem Doppelfluß von Apoala hervor (vgl. Bild **126**). Er wird die Herrschaft von *Chiyo yuhu* oder Suchixtlan („Ort der Blumen") antreten (vgl. S. 178).

126 Die Topographie des Ortes Apoala im Codex Nuttall 37 als Beispiel mesoamerikanischer Landschaftsdarstellung im Vergleich zum modernen Luftbild und einer schematischen Skizze. Links beginnend sehen wir die Schlangenhöhle (1) , den „Fluß des Seifenkrautes" (3) und den „Reißenden Fluß" (2), den Ort des Baumes von Apoala (4), den Wasserfall (5) und einen menschlichen Unterleib als Symbol des Geländeabbruches zur Unteren Ebene (6). Nicht im Codex dargestellt ist der Himmelsberg (7). Über die beiden auf den Flüssen sitzenden Fürstenpaare vgl. in der Parallele Bild **124**. Vier Priester bringen vor der Höhle Opfer dar.

127 Der Wasserfall von Apoala (5).

128 Sonnenaufgang über dem Himmelsberg (7).

129 Luftbild des Tales von Apoala (Compañía Mexicana Aerofoto).

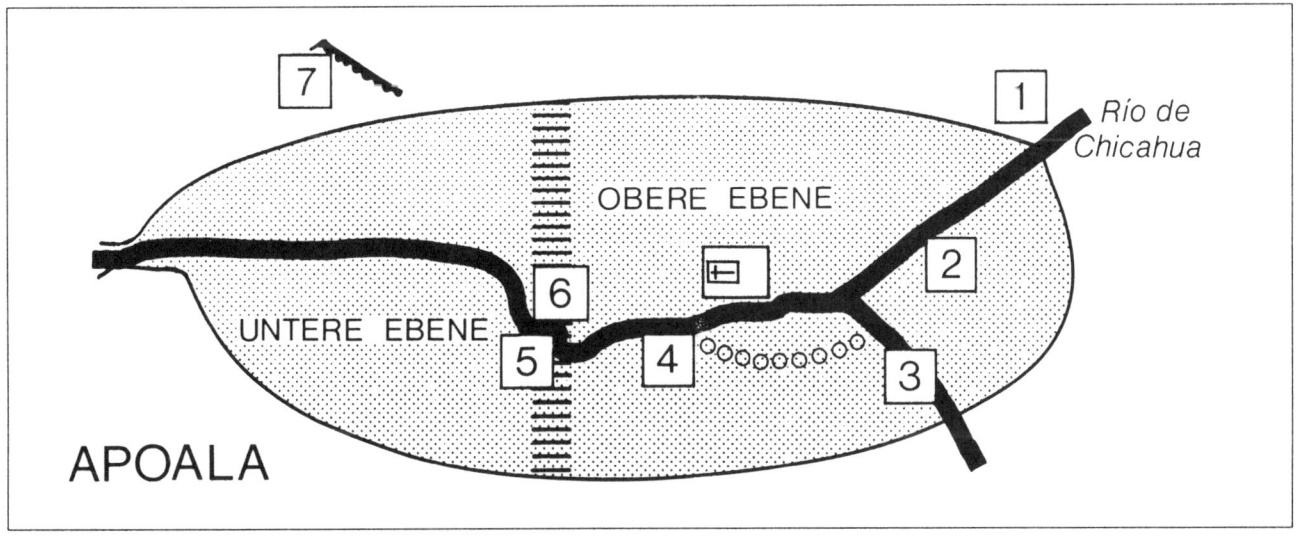

Der Baum von Apoala

Die mesoamerikanischen Völker und ihre Fürsten leiteten ihre Herkunft aus markanten Punkten in der Natur ab. Dies entsprach ihrem religiösen Gefühl. Ursprungsorte wie Höhlen, Steine, Flüsse und Bäume gehören zur Identität von Familien und ethnischen Gruppen. Einer der bekanntesten Herkunftsorte war der von *Chicomoztoc* – „Ort der sieben Höhlen" (siehe unten). Aus diesem kommen die sieben chichimekischen Stämme hervor. Toltekische Adelige haben die Tat vollbracht, ihnen an das Tageslicht zu verhelfen. Sie rufen sie, stochern den Berg auf, ja rütteln sie gleichsam wach. Die Tolteken als Besitzer der hohen Kultur helfen den jägerischen Gruppen

Der Baum von Apoala im Codex Vindobonensis, Seite 37 und Chicomoztoc in der Historia Tolteca Chichimeca (Fonds Mexicain, Paris), Fol. 16.

Die Herkunft einer später in Michuacan wohnenden Nahuatl-Gruppe aus der „Edelstein-schale". Lienzo de Jucutacato, Mexico (nach Seler, Gesammelte Abhandlungen, III: 45).

zu ihrer – um es nochmals auszudrücken – Identitätsfindung und stammesmäßigen oder nationa-len Geburt. Colhuacan kennen wir bereits vom Vorsatzblatt aus dem Codex Boturini oder der Wanderungsrolle (*Tira de Peregrinación*), dem Nationaldokument der aztekischen Stämme schlechthin. Die „gekrümmte Spitze" gibt den sonst schwer darstellbaren Begriff „Ahnen haben" wieder: „*coltic*" heißt „gekrümmt", „*colhua*" drückt den „Besitzer von Ahnen" aus (vgl. S. 194 und 196). In der Historia Tolteca Chichimeca findet sich ober Chicomoztoc neben „*Colhuacan*" auch eine Feuerbohrung dargestellt. Auf die Bedeutung als dynastische Begründung einer Dynastie oder einer Herrschaft wurde schon wiederholt verwiesen; wir erinnern uns an die zehnmalige Darstellung von solchen Feuerbohrungszeremonien im Codex Vindobonensis.

Wie wichtig für eine Dynastie das genealogische Band mit der Urzeit sein konnte, sehen wir bei den Maya. Die Hieroglyphentafeln von Palenque beginnen mit dem Bericht von der Geburt der Schutzgötter, deren Anbeginn Jahrtausende vor dem historischen Geschehen lag.

Autoren aus dem Dominikanerorden verdanken wir den Schlüsseltext zum Verständnis der mixtekischen Herkunftsmythen, wie sie wiederholt in den Handschriften abgebildet stehen. Nach Antonio de los Reyes und Francisco de Burgoa gingen die Ahnherren aus einem gewaltigen Baum hervor, der am Hauptfluß des Tales von Apoala wuchs. Dieses mythische Geschehen haben wir reichlich dokumentiert.

Der Baum wird als Gebärende dargestellt, das Götterpaar Macuilxochitl-Tlazolteotl kommt zuerst hervor. Wahrscheinlich soll eine Phrase, etwa wie „Göttlicher Vater, göttliche Mutter" gemeint sein. Eine Reihe von Prinzen oder Fürsten folgen nach. Wer nach Apoala reist und die rauhe, unwirtliche Karstlandschaft der Hochebene mit den unzähligen Erosionsfurchen durchquert, wird überrascht sein, wenn er das wahrhaft paradiesisch anmutende Tal erreicht. Ganzjährig führt der *Yuta tnoho*, der „reißende Fluß", Wasser und ist gesäumt von eindrucksvollen hohen Ahuehuetes oder Wasserzypressen. Allenthalben ist mythische Geschichte gegenwärtig. Dorfbewohner wissen noch immer den Standort des Ursprungs-Baumes zu bestimmen, dessen Äste bis zu den Gipfeln der umliegenden Berge reichten und auf dem ein doppelköpfiger Adler seinen Horst hatte, bis ihn ein *Cura* oder Pfarrherr abschoß. Die ausführlichen piktographischen Angaben der Codices über das sagenhafte Dorf finden durch Feldbegehungen und die Oraltradition ihre Bestätigung. Sagenmotive eines wahrhaften „Urzeitraunens" künden von den Kämpfen, welche die erdverbundenen Ñuhu einst untereinander geführt hatten, als noch die sonnenlose Finsternis herrschte.

Nicht für alle mixtekischen Dynastien war der Baum von Apoala mythischer Ursprungsort. Am Anfang der genealogischen Liste der Fürsten von Jaltepec aus der Mitte des 16. Jahrhunderts (im Codex Selden, Seite 1, vgl. Bild **68**) haben wir die Geburt eines Mannes aus den Pfeilen oder Strahlen von Sonne und Venus dargestellt, ein anderer kommt aus dem Baum der Flammenstadt oder Achiutla hervor (*Ñuundecu* heißt „Ort des Brennens"). Oberhalb eines großen Flusses (*Yuta uha* - „Salzfluß") gelegen, ist das Tal durch steinerne Einfassungen dargestellt. Tierköpfe an den Enden und vier Steine mit hieroglyphischen Elementen sind Ortsnamen. Den Baum umwinden Nacht- und Nebelschlangen.

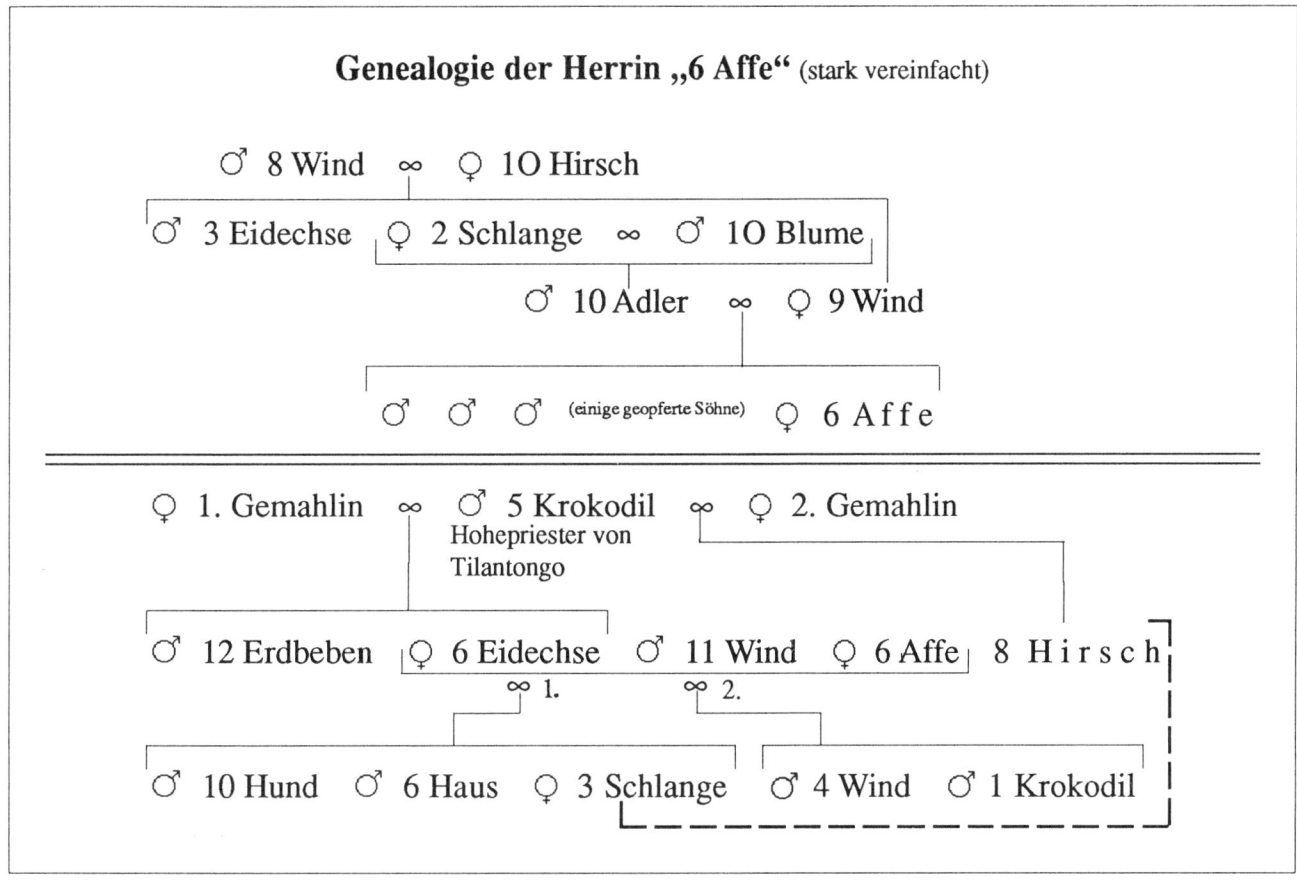

Genealogie der Herrin „6 Affe" (stark vereinfacht)

♂ 8 Wind ∞ ♀ 10 Hirsch

♂ 3 Eidechse ♀ 2 Schlange ∞ ♂ 10 Blume

♂ 10 Adler ∞ ♀ 9 Wind

♂ ♂ ♂ (einige geopferte Söhne) ♀ 6 Affe

♀ 1. Gemahlin ∞ ♂ 5 Krokodil ∞ ♀ 2. Gemahlin
Hohepriester von
Tilantongo

♂ 12 Erdbeben ♀ 6 Eidechse ♂ 11 Wind ♀ 6 Affe 8 Hirsch
∞ 1. ∞ 2.

♂ 10 Hund ♂ 6 Haus ♀ 3 Schlange ♂ 4 Wind ♂ 1 Krokodil

Ohne graphische Darstellung sind die verwickelten genealogischen Beziehungen zwischen der Herrin „6 Affe" und dem Kriegshäuptling Herrn „8 Hirsch" schwer verständlich. Die Darstellung ist stark vereinfacht.

Einst zog ein Kazike vorbei und ließ seine Gemahlin in einer Schlangenhöhle zurück. Bei seiner Rückkehr fordern die Herren von Apoala Lösegeld. Verbittert ruft der Betrogene ein Heer von Kriegern zusammen, das auf der Suche nach der versteckten Frau mit seinen Riesenkräften das Tal abzugraben beginnt. Als Apoala fast erreicht ist, geht die Sonne auf und versteinert die magischen Gestalten. Heute noch sind sie als Felsblöcke zu sehen. Der Geländeabfall mit dem Wasserfall erinnert an das denkwürdige Ereignis. Die Steine empfangen als Ñuhu Opfergaben und Verehrung. Die Verschwundene soll in der unterirdischen Lagune in der Schlangenhöhle als Stein stehen. Die Legende besagt, daß aus ihr eine Quelle entströmt, die den Hauptfluß des Tales speist. Ein Tropfstein in der selben Höhle heißt heute *Obispo*, der Bischof. Vor ihm geäußerte Wünsche gehen in Erfüllung.

Ein aus dem Baume stammender kriegerischer Held besaß die Vermessenheit, mit der Sonne einen Kampf zu wagen. Er verfolgte sie bis nach Tilantongo und schoß Pfeile gegen sie ab. Den blutroten Sonnenuntergang vermeinte er als seinen Sieg sehen zu dürfen. Der Sonnenschütze („*flechador del sol*") gilt als Ahnherr mixtekischer Fürstenhäuser. Sein Bildnis spielt heute noch als regionales Emblem eine Rolle.

Bis in das 10. Jahrhundert nach Christus – also bis in den Beginn der postklassischen Periode zurück – reichen die Herkunftsmythen der mixtekischen Fürstenhäuser. So galt Herr 8 Wind „Zwanzig Adler" als einer der großen aus Apoala kommenden Fürsten. Nach dem Codex Vindobonensis ging er aus dem mythischen Baum hervor, während ihn der Codex Nuttall aus der Erde kommen läßt. Beide Bilder sind wohl metaphorischer Ausdruck der tiefen Verbundenheit mit dem Mixtekenland.

Der Codex Selden stammt zwar etwa aus der Mitte des 16. Jahrhunderts, wurde aber noch ganz im traditionellen Malstil auf einem Hirschlederstreifen niedergeschrieben. Er beschreibt die Geschichte des Stadtstaates oder Kazikasgos *Añute* in der Region der Mixteca Alta. Die zumeist unter dem aztekischen Namen Jaltepec bekannte Stadt heißt so viel wie „Sand-Ort": ein offener Mund (*A -*, Lokal-Präfix) und Sand (*ñute*) erscheinen in einem von Wolken umgebenen Ortszeichen auf einem Berg. Nach der Schilderung des mythischen Ursprungs beginnt mit der Darstellung des besagten Herrn 8 Wind auf der Seite 5-III ein eindrucksvoller Abschnitt mixtekischer Geschichte.

Die Prinzessin von Jaltepec oder Die wehrhafte Braut

Es ist ein Kapitel aus der Lebensgeschichte der Herrin 6 Affe, das uns Einblick in die folgenschweren dynastischen Streitigkeiten um die Herrschaft in der Mixteca gewährt. Im Jahre der Geburt der Prinzessin erleiden ihre Brüder den Opfertod. Ihr Vater verteidigt ihr Erbe, ehe sie das Geschick selbst in die Hand nimmt. Tragisches Geschehen erfüllt sich, als die wehrhafte Herrin zur Selbsthilfe schreitet und in prophetischen Weissagungen feindselige Akte sieht. Tatsächlich endet sie später, wie angekündigt, „durch das Messer", aber selbst auf dem Opferstein. Sie war Hindernis auf dem Weg des großen Kriegshäuptlings 8 Hirsch „Tigerklaue" zur Macht (Vgl. S. 187 und den genealogischen Auszug S. 177 zur Verdeutlichung der Verwicklungen).

Die Leserichtung der 14 Zeilen folgt von unten nach oben boustrophedon entlang der mit Wendeschleifen versehenen Trennungslinien von Seite 5-III bis Seite 8-IV. Pfeile weisen noch zusätzlich auf den Fortlauf der Erzählung hin. Erklärende Zusätze und zum Verständnis nötige Ergänzungen wurden in eckigen Klammern beigefügt.

4 Am Tag 4 Wind des Jahres 4 Haus [1081 nach Chr.] verteidigt Herr 10 Adler „Steiniger Jaguar" *Añute* gegen den Angreifer 3 Eidechse „Schmuck-Haar". Er besiegt diesen und nimmt ihn gefangen. Herr 2 Regen „20 Jaguare (*Ocoñaña*)", Prinz von Tilantongo, sucht [wegen dieser politischen Krise] Rat in einer Höhle beim Orakel des Gottes „Herz des Regenvolkes" [das „Herz des mixtekischen Volkes" ist ein kostbarer Stein, der in einer Höhle am Fluß bei Achiutla Verehrung fand].

3 ... Herr 12 Wasser „Daunenadler" und Herr 3 Wasser „Regen". Die Drei werden am Tag 8 Geier das Jahres 9 Haus [1073 nach Chr.] geopfert; sie tragen die Gesichtsbemalung der zur Opferung Bestimmten und Opferfahnen, Waffen und einen Pflock mit Maske, was auf das Opfer verweisen mag. Der Ort ist der Tempel des Todes, wahrscheinlich die Höhle nahe von *Chalcatongo*, dem Begräbnisort der mixtekischen Könige. Ihre Schwester Frau 6 Affe „Schlangen-Quechquemitl" wird geboren, ihr Berater ist der alte Priester Herr 10 Eidechse „Jade-Beil".

2 Heirat der Frau 9 Wind, die nunmehr den Beinamen „Kostbarer Totenschädel" [*Cihuacoatl* ?] führt und als Tochter des 8 Wind ausgewiesen wird, mit Herrn 10 Adler „Steinerner Jaguar". Es ist der Tag 10 Hirsch des Jahres 3 Haus [1041 nach Chr.]. Er kommt aus *Ñuu tnuu* [dem „Schwarzen Ort" oder Tilantongo] und ist der Sohn des Herrn 10 Blume „Jaguar" und der Frau 2 Schlange „Federschlange" [Der Codex Nuttall weist diese auch als eine Tochter des Herrn 8 Wind „20 Adler" aus]. Es werdem Kinder geboren: Herr 1 Rohr „Sichtbar im Ballspielplatz", ...

1 Im Orte *Chiyo Yuhu* [„Blumen-Altar", heute Santa Maria Suchixtlan] herrschen Herr 8 Wind „20 Adler" und Frau 10 Hirsch „Jaguarfell-Quechquemitl". Im Ort *Añute* [oder Jaltepec] opfert ihre Tochter [ausgedrückt durch die Fußspur] 9 Wind „Feuersteinreihen-Quechquemitl" im Tempel vor dem „Bündel des *Ñuhu* " in einem Räucherlöffel Weihrauch und pulverisierten wilden Tabak.

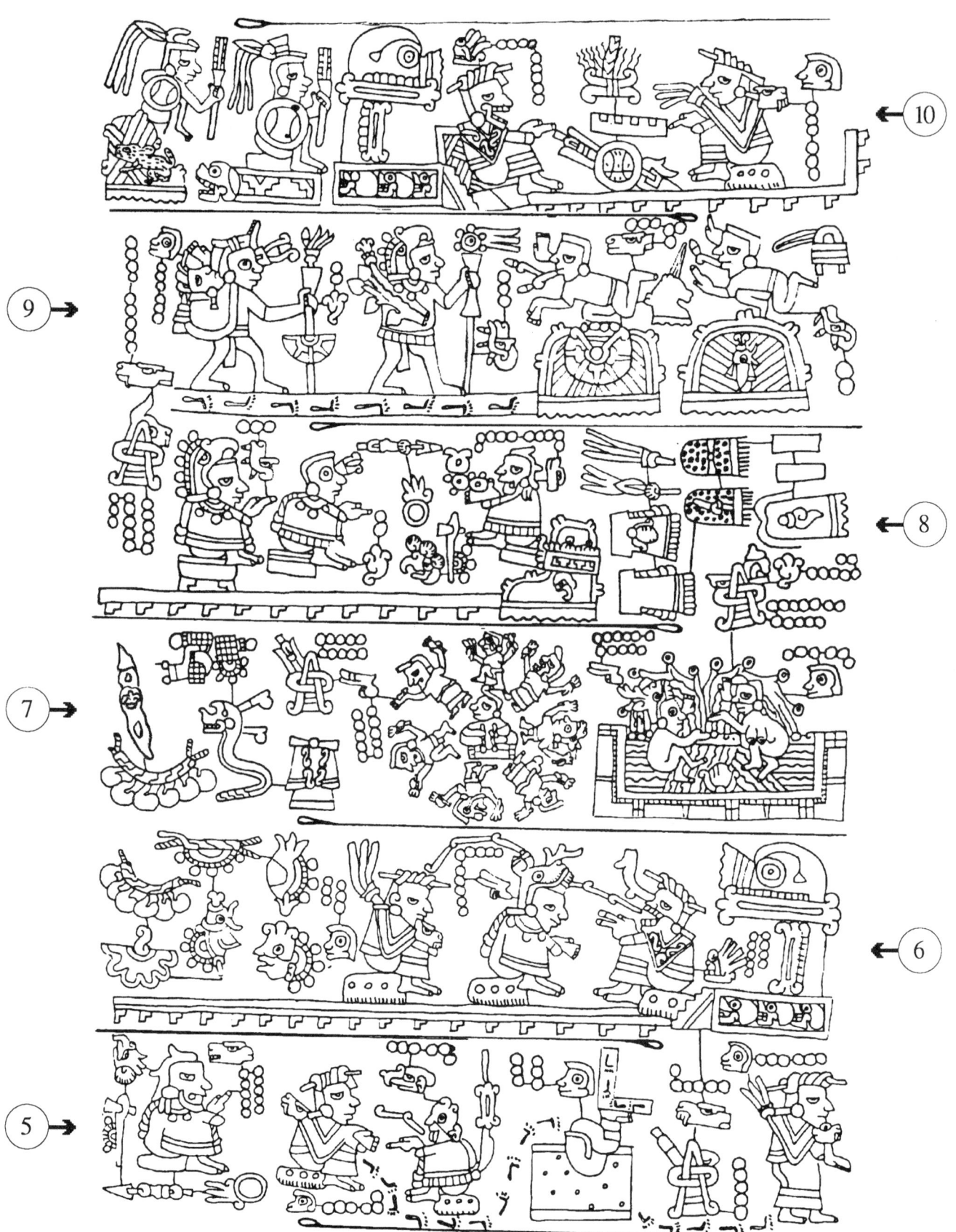

10 Die erschrockene Prinzessin fühlt sich beschimpft und bedroht. Sie bricht die Brautfahrt ab und kehrt zum Tempel des Todes zurück, um neuerlich von Frau 9 Gras Hilfe zu erbitten. Von Waffen [Schild und Speer], Herrschaftsansprüchen [Feuerbohren], von Opfer und Zeremonien [Voluten-Zeichen], wie von Krieg [Zackenband; beides gemeinsam vielleicht „Kriegeropfer"] ist die Rede. Zwei Vasallen aus dem Totenort [*Ñuu ndaya* - Chalcatongo ?] und dem Hirschberg [dem *Cerro de los Cervatillos* mit der Bestattungshöhle der Könige] stehen hilfreich bereit.

9 Am Tage 9 Schlange des Jahres 13 Kaninchen [1090] machen sich die Brautführer mit Zeremonialstäben in den Händen auf den Weg; Herr 2 Blume trägt die Braut. Sie begegnen den zwei Männern 6 Eidechse „Berghaar" und 2 Krokodil „Traggestell-Haar" im Ort „Mondberg" und „Insektenberg", die ihnen „*Yuchi, yuchi*!" (Messer, Messer!) zurufen [etwa mit der Bedeutung: „Durch das Messer wirst du sterben!" - der wohl augurisch doppelsinnige Zuruf wird eher Warnung als Fluch gewesen sein].

8 Prunkvolle Kleider liegen bereit. In Añute fordert Herr 10 Eidechse „Jade-Beil" („Daunen-Adler", „Wurfpfeil" oder „Brennender Spiegel") zwei Männer namens 2 Blume „Pfeil-Auge" und 3 Krokodil „Kostbarer Vogel" auf, das Ehrenamt des Brautführers zu übernehmen. Er reicht ihnen dafür Geschenke [beider Kalendernamen folgen aufeinander, sie sind in den mixtekischen Handschriften mit dem Pulqueritual verbunden. Angeblich wurden die Brautführer nach solchen Kriterien ausgewählt].

7 [Fortsetzung von 6] ... Mosaikgegenständen und Kleidern. Am Tage 10 Wind des Jahres 10 Rohr [1087] findet ein Fest statt. Cihuacoatl führt die beiden Verlobten in einem Rundtanz; alle halten Blumen in den Händen [Heute noch ist dieser in der Mixteca als typischer Hochzeitstanz gebräuchlich]. Das zeremonielle Bad der Verlobten 10 Wind und 6 Affe findet statt am Tag 7 Blume im Jahr 12 Haus [1089]).

6 [Fortsetzung von 5]... zum Tempel des Todes führt. Hier besprechen sie sich mit Frau 9 Gras „Bluttrinkendes Auge" in Gestalt der Cihuacoatl. Diese will die Heirat mit dem anwesenden Herrn 11 Wind „Blutiger Jaguar" stiften [im Codex steht lediglich „10 Wind"; eine Zahlscheibe fehlt]. 6 Affe beschenkt die Hohepriesterin reichlich mit Schmuck aus Jade und Gold, ... [Fortsetzung in 7]

5 Der alte Priester Herr 10 Eidechse „Jade-Beil" (mit Beinamen auch „Daunen-Adler", "Wurfpfeil" oder „Brennender Spiegel") begibt sich mit Frau 6 Affe „Schlangen-Quechquemitl" auf die Reise. Sie kommen zum Ñuhu 6 Geier „Knochen-Grabstock". 6 Affe erhält Rat und Zustimmung, am Tage 6 Schlange im Jahr 6 Rohr [1083; im Codex steht „5 Rohr", eine Zahlscheibe fehlt] den unterirdischen Weg zu betreten, der ...
[Fortsetzung in 6]

Die Bilddokumente geben Nachricht von dem unerbittlichen Machtkampf, der um die Wende vom 11. zum 12. Jahrhundert in der Mixteca geführt wurde. Der Streit um Herrschaftsrechte schreckte auch vor blutigem Geschehen nicht zurück: wir sehen Verwandtenmord vor uns und Menschenopfer, vollbracht an Thronanwärtern, die den eigenen Machtgelüsten im Wege stehen. Zum Verständnis der geschilderten Geschehnisse vgl. die Genealogie S. 177. Stumme Bilder sprechen eine beredte Sprache. Ihre dramatische Wucht erinnert an griechische Tragödien, an nordische Heldenlieder oder an die Königsdramen Shakespeares.

14 Im Jahre 2 Feuerstein [1092] wird ihr erster Sohn geboren: Herr 4 Wind „Feuerschlange", im Jahr 5 Rohr [1095] ihr zweiter Sohn Herr 1 Krokodil „Ballspiel-Adler". Der Erstgeborene heiratet später Frau 10 Blume „Spinnennetz des Regengottes", eine Tochter des Herrn 8 Hirsch „Tigerklaue", des Herrschers von Tilantongo. Die beiden regieren im „Ort der Feuersteine" [*Mogote del Cacique*, zwischen Tilantongo und Jaltepec].

13 2 Blume „Pfeil-Auge" vollzieht unter Gebeten mit ins Wasser getauchten Zweigen eine zeremonielle Reinigung an der Fängerin der Gefangenen [es ist die traditionelle „*Limpia*" oder Reinigungszeremonie, wie sie bis heute von den *Curanderos* in der Mixteca gehandhabt wird]. Gleichzeitig empfängt sie noch den weiteren Namen „Kriegs-Quechquemitl" neben dem bisherigen „Schlangen-Quechquemitl". Am Tage 6 Adler des gleichen Jahres 13 Kaninchen [1090] findet die Heirat der Frau 6 Affe „Kriegs-Quechquemitl"-„Schlangen-Quechquemitl" mit Herrn 11 Wind „Blutiger Jaguar" statt. Sie thronen im Orte „Xipe-Bündel".

12 Man setzt die unterbrochene Brautfahrt fort. Die beiden Brautführer erreichen mit Frau 6 Affe die Stadt des Bräutigams, den Ort des Xipe-Bündels am Blutberg. Auch der andere Gefangene 6 Eidechse „Berghaar" erleidet vor dem Tempel mit dem Bündel des Ñuhu und dem Ñuhu der Waffen den Opfertod, wobei der Altarstein selbst wie ein lebendes Wesen erscheint.

11 Als wehrhafte Amazone besiegt wenig später Frau 6 Affe die beiden Widersacher. Es sind die Tage 3 Gras und 4 Rohr des gleichen Jahres 13 Kaninchen [1090]. In *Añute* (Jaltepec) wird 2 Krokodil „Traggestell-Haar" geopfert.

Das mixtekische Schriftsystem wurde den gesetzten Anforderungen vollkommen gerecht. Zur Angabe der Herkunft einer Person genügte die Setzung sprechender Zeichen: von dem Herrscherpaar 8 Hirsch „Tigerklaue" und 13 Schlange „Blumen-Schlange" aus Tilantongo stammt Herr 4 Krokodil „Kopal-Schlange" ab, der mit Frau 13 Blume „Jade-Quetzal" vermählt ist; beide sind Herrscher von „Flint-Ort" (Codex Bodley S. 30-IV).

Der Weg zur Macht –

Aus der Biographie des Häuptlings 8 Hirsch-„Tigerklaue" (1063 – 1115).

Lebensgeschichte und Taten des großen mixtekischen Herrschers und Kriegers Herrn 8 Hirsch „Tigerklaue" (*Teyusi Cuiñe*) nehmen einen Großteil der uns erhalten gebliebenen vorkolumbischen Literatur aus Altmexiko ein. Geboren wurde er im Jahre 12 Rohr (1063 nach Chr.) als erster Sohn aus zweiter Ehe des Herrn 5 Krokodil „Regen-Sonne" (*Dzavui Ndicandii*), Hohepriester und Cihuacoatl in der damals bedeutsamen mixtekischen Herrschaft oder Kazikasgo von Tilantongo. So steht es im Codex Nuttall, Seiten 25 bis 26, aufgezeichnet.

Von Geburt her galt Herr 8 Hirsch zunächst nicht dazu bestimmt, selbst Herr oder Kazike zu werden. Weil er sich aber im Kampf als tapferer Krieger erwies und gute Beziehungen zum mächtigen Herrn von Juquila unterhielt, wurde er im Jahre 6 Rohr (1083) Kazike von Tututepec, einem am Pazifischen Ozean gelegenen Ort; das war ein Jahr nach dem Tode seines Vaters, berichtet uns der Codex Bodley (Seite 9-III, bzw. 8-V).

Die Herrscher von Juquila („Geknotetes Grasbüschel") Herr 1 Tod „Sonnen-Schlange" und Frau 11 Schlange „Quetzal-Blume" erhalten Besuch von Herrn 8 Hirsch, der wahrscheinlich die Herrschaft über das in der Nähe gelegene Tututepec (*Yucu dzaa*, „Vogelberg") verliehen bekommt. Zur eindeutigen Wiedergabe einer Person genügt die Darstellung der beiden Eigennamen in Form des Kalender- und des persönlichen Namens. Die abgekürzten, äußerst reduzierten Darstellungen sind schriftlicher Ausdruck.

Die Geschichte des Herrn 2 Regen „Zwanzig Jaguare" (*Ocoñaña*) im Codex Bodley, Seiten 5/6, mit dessen „Weg zum Himmel".

184

Im Jahre 6 Feuerstein (1096) starb im Alter von 21 Jahren Herr 2 Regen - „Zwanzig Jaguare" (*Ocoñaña*), der letzte Thronerbe der Dynastie von Tilantongo. Sein Tod wird wiedergegeben als „Weg zum Himmel"; es bleibt noch unklar, was diese Darstellung eigentlich bedeutet (Codex Bodley, Seite 5/6-I). Das entstandene Machtvakuum ließ die Söhne der verstorbenen Herrn 5 Krokodil als Bewerber um die Herrschaft hervortreten. Das war neben 8 Hirsch auch dessen um

Zweimal wird die Eroberung des gleichen Ortes gezeigt: zunächst, wie im Text berichtet, die Gefangennahme des Herrschers 3 Krokodil, bzw. des Herrn 1 Bewegung, durch Herrn 8 Hirsch; die Eroberungssymbole „Pfeil" und „Flammen" weisen darauf hin (Codices Bodley, Seite 10-II und Colombino, Seite XIII-3).

18 Jahre älterer Halbbruder 12 Bewegung „Blutender Jaguar", der erste Sohn aus der ersten Ehe des Hohepriesters mit einer zapotekischen Prinzessin. Herr 8 Hirsch „Tigerklaue" nahm im Jahre 7 Haus (1097) an einem Kriegszug teil, zu dem ihn der toltekische Herr 4 Jaguar eingeladen hatte (Codex Bodley, Seite 10-II). Der Held eroberte den Ort „Mondberg", nahm dessen Herrscher 3 Krokodil gefangen und brachte ihn nach Tula; 4 Jaguar empfing beide.

Der gefangene Herrscher wird geopfert. Beide Herren des Diskurses tragen „Steinpfeiler-Frisuren", welche sie als tapfere Krieger ausweisen. Herr 8 Hirsch erhält als Zeichen der Anerkennung für seine Kriegstat die Durchbohrung der Nasenscheidewand ausgeführt. Mit dem

Ein mexikanischer Edler nimmt die Nasenwand-Durchbohrung zur Aufnahme eines kostbaren Nasenpflockes an Herrn 8 Hirsch „Tigerklaue" vor. Durch die Zeremonie wird er zum Tecuhtli, was unserer Erhebung in den Fürstenstand gleichkommt. Auf die empfangene Würde weist der Jaguarthron hin. Der Vorgang ist Anerkennung für die als tapfere Tat angesehene Gefangennahme. Wir sehen den bereits zum Opfer gerüsteten Herrn vor dem Herrscher 4 Jaguar sitzen; ein Krieger spricht zu ihm, sei es über das Opfer, sei es eine „harte, steinige" Rede. Die Szene erinnert an das Quiché - Schauspiel „Rabinal Achi", das als „Die Opferung des Gefangenen" durch Eduard Stucken und Egon Wellesz auch europäische Literatur- und Theatergeschichte ist.

Auch der Codex Nuttall (Seite 52) wie der Codex Colombino (Seite 13) geben die „Tecuhtli"-Szene wieder, die man mit der Erhebung in den Fürstenstand vergleichen kann. Bemerkenswert ist der Hinweis auf den Ort des Binsenkrautes (vgl. S. 185).

neuen Status kann er sich als „Fürst von Tilantongo" bezeichnen, ein dem aztekischen „*Tecuhtli*" (auch *tecutli* geschrieben) entsprechender Titel (Codex Bodley, Seiten 10-II, 9-II). Kurze Zeit später wurden die beiden Halbbrüder – Herr 12 Bewegung und Herr 8 Hirsch – Herrscher von Tilantongo. Die Anwesenheit vieler Herren aus dem mixtekischen Gebiet unterstreicht diese Einsetzung als bedeutendes politisches Ereignis, sogar aus Zaachila, dem wichtigen zapotekischen Ort im Tal von Oaxaca, waren laut Codex Nuttall Gäste zugegen (Seiten 54-68).

Gemeinsam mit dem Toltekenherrn 4 Jaguar führte 8 Hirsch als dessen Verbündeter in der Folge laut Codex Nuttall (Seite 75) eine Reihe kriegerischer Unternehmungen durch. In das Jahr 10 Feuerstein oder 1100 fällt die Ermordung des Herrn 12 Bewegung im Schwitzhaus oder Temazcal (Codex Nuttall, Seite 81, vgl. Bild 130). Die Darstellung wird stereotyp als „durch einen Priester im Tempel vollzogenes Herzopfer" gedeutet. Es handelt sich aber eindeutig um die Wiedergabe einer Mordtat im Schwitzbad oder *temazcal*. Der unbekannte, namentlich nicht bezeichnete Mörder handelte vielleicht im Auftrage des Herrn 8 Hirsch. Als Mordwaffe diente ein in dem für das Saunabad benötigten Laubbüschel versteckter Feuersteindolch. Drei Tage später fand die Verbrennung des Totenbündels statt, neun Tage dauerte die Totenfeier.

Der Codex Nuttall (Seite 75) berichtet, wie die Herren 8 Hirsch und 4 Jaguar gemeinsam auf Booten zur Eroberung der Inselstadt „Ort der Schambinde" (*maxtlatl*) übersetzen. Herr 9 Wasser führt sie. Eine schwarz-rote Säule trägt den Himmel; das belebte Wasser erinnert an das Getier eines mittelalterlichen Bestiariums. Tageszeichen geben den Zeitrahmen der Unternehmung an: 10 Schlange bis 12 Hirsch.

Im Jahr 11 Haus überfiel „8 Hirsch" den Ort, wo die Kinder seiner Halbschwester – die letzten Nachkommen des Hohepriesters „5 Krokodil" – lebten. Dort, in „Xipe-Bündel", herrschte deren Vater 11 Wind gemeinsam mit seiner zweiten Frau 6 Affe. Zuerst erfolgte die Gefangennahme des Herrn 4 Wind (vgl. Bild **132** rechts oben), der jedoch mit dem Leben davon kommt, weil er nicht direkt erbberechtigt war. Die Neffen des Herrn 8 Hirsch aber, Herr 10 Hund „Feueradler" und Herr 6 Haus „Feuersteinreihe", wurden ergriffen und zeremoniell getötet (Codex Nuttall Seiten 83/84, Bild **132**). Ihr Opferung erfolgte in der Tracht des Gottes Xipe Totec, einer im „*Sacrificio Gladiatorio*", der andere durch das Pfeilopfer. Auch Frau 6 Affe und ihr Gemahl Herr 11 Wind (vgl. S.180ff) finden gemeinsam mit anderen Familienmitgliedern den prophezeiten Opfertod (Codex Becker I, Seiten 10/11, Bild **133**). Das Wort der Prophezeiung: „Messer, Messer!" sollte sich erfüllen.

Durch die Heirat mit der Schwester der beiden Jünglinge namens 13 Schlange hatte 8 Hirsch dann das gesamte Erbe seines Vaters in seiner Hand vereinigt. Später vermählte er sich noch mit weiteren Frauen; seine Kinder erhielten später von bedeutenden Orten wie Tilantongo oder Teozacoalco die Kazikenwürde.

Als letzte Unternehmung griff der mit Pfeil und Bogen bewaffnete Herr 8 Hirsch am Tage 1 Gras des Jahres 12 Rohr den Ort „Fluß mit Papageienbaum" an, welcher nach der beigesetzten Schrift dessen zweiter Frau 6 Adler „Jaguar-Spinnengewebe" zu gehören scheint. Unter noch ungeklärten Begleitumständen wurde der Held 8 Hirsch im Jahre 12 Rohr (1115) selbst gefangen genommen und seinerseits von 9 Wind und 10 Jaguar geopfert. Das Ereignis geschah in seinem 52. Lebensjahr, das zeremoniell als wichtiges Alter galt. Folgende Elemente kennzeichnen die Hieroglyphe des Ortes des Geschehens: Hügel mit Arm, Traggestell, Federmatte mit Kakteen.

Im „Königsfriedhof", einer höhlenartigen Grotte unweit des Ortes Chalcatongo, fand die Beisetzung am Tage 12 Haus des Jahres 12 Rohr statt (Codex Bodley, Seite 14-V), überwacht hatte sie Herr 8 Krokodil „Blutiger Koyote", der Vater seiner zweiten Frau 6 Adler (Codices Bodley, Seite 14-V, IV und Vindobonensis, Seite IX-2).

Letzte Unternehmung des Herrn 8 Hirsch „Tigerklaue" und Opferung, wie seine Beisetzung. Wir schreiben das Jahr 12 Rohr, die Ereignisse finden zwischen den Tagen 1 Gras und 12 Haus statt. Neben der ausführlichen Schilderung des Codex Bodley steht die lapidare Angabe in der genealogischen Anführung im Codex Vindobonensis, Rückseite.

Der Mord im Schwitzbad

Eine Ungeheuerlichkeit, ein Sakrileg, geschah mit der Ermordung des Herrn 12 Bewegung „Blutender Jaguar" im Jahre 1100, denn die Benützung des Bade- oder Schwitzhauses galt in Mesoamerika als Stätte der zeremoniellen Reinigung. Dem Badenden sollte im *Temascal* (aztekisch von *tema*, sich baden und *calli*, Haus) gleichzeitig Gesundheit und Kraft verliehen werden. Die Muttergöttin Tlazolteotl als Geburtsgottheit lebt hier und empfängt ihre Opfergaben in Form hinterlegter Speisen. Ein solches der Göttin geweihtes Schwitzhaus sehen wir im Codex Tudela abgebildet. Man hatte sich einem solchen in tiefster Ehrfurcht als heiligem Ort zu nähern. Kultzentren der Maya weisen häufig Tempel, Ballspielplatz und Schwitzhaus in der Einheit einer kultischen Achse aufeinander ausgerichtet auf.

Der kubische, meist aus luftgetrockneten Ziegeln oder Adobesteinen errichtete, weniger als mannshohe Bau besitzt zwei Öffnungen. Die durch überkragende Steine dreieckig geformte Beheizungsöffnung wird nach dem Niederbrennen des im Inneren aufgeschlichteten Holzes vorübergehend zugemauert. Von der anderen Seite kriechen zwei Personen unbekleidet hinein, der Eingang wird durch eine Decke verschlossen. Der Badende legt sich auf eine geflochtene Matte, während sein Betreuer Wasser auf die erhitzten, in einer Ecke aufgetürmten Steine gießt. Der völlig dunkle, enge Raum füllt sich mit heißem Dampf. Zwischen Aufgüssen schlägt der Gehilfe mit eigens mitgebrachten grünen Blätterbuschen der Temazcalpflanze den Körper seines Begleiters. In diesem so harmlos scheinenden Utensil war die Mordwaffe versteckt.

Hintergrund des mit einer Bluttat verbundenen Vertrauensbruches war wahrscheinlich der skrupellose Weg zur Macht, über den auf Seite 186 ausführlich berichtet wurde.

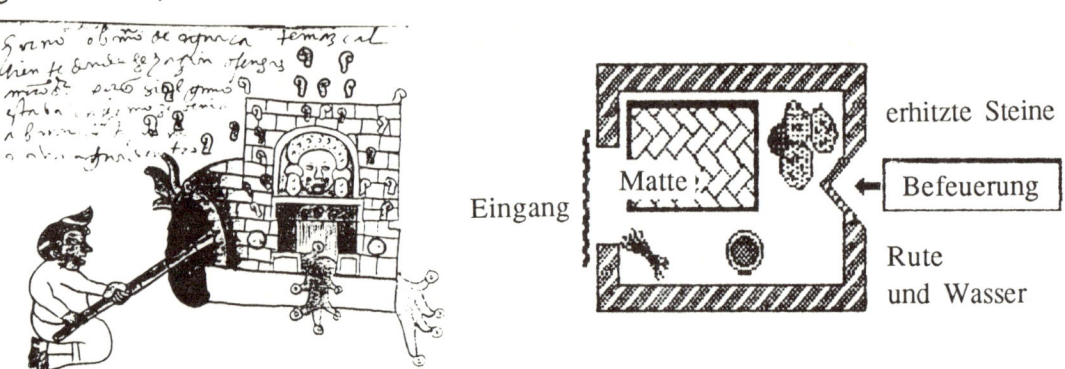

Schwitzhaus mit Tlazolteotl-Verehrung im Codex Tudela, Seite 62, hiezu ein technischer Grundriß.

erhitzte Steine

Matte

Eingang

Befeuerung

Rute und Wasser

130 Codex Nuttall, Seite 81 (Ausschnitt). Tod und Verbrennung des Totenbündels des Halbbruders des Herrn 8 Hirsch im Jahre 10 Flint oder Feuerstein wird dargestellt, geschehen war alles im Jahre 1100 nach unserer Chronologie.

131 Entfachen eines Schwitzhauses in der Mixteca Alta. Mißverständnisse über die Größe eines Temazcal wie die religiöse Bedeutung des Schwitzbades haben zur Fehlsicht als „Tempelopfer" geführt.

132 Codex Nuttall, Seite 83/84 zeigt die Gefangennahme oder den Opfertod von Neffen des Herrn 8 Hirsch (Text hiezu S. 187, weiters die Genealogie S. 177). Mit der Darstellung des Sekundärbegräbnisses bricht der Handschrifttext ab.

133 Codex Becker I, Seite 10/11. Die Bildtexte bieten eine Parallele zu **132**; wir erfahren zusätzlich das Schicksal von Frau 6 Affe „Kriegsquechquemitl" und ihres Gemahls (Text S. 187).

130

131

132

Tlacaxipeoliztli

133

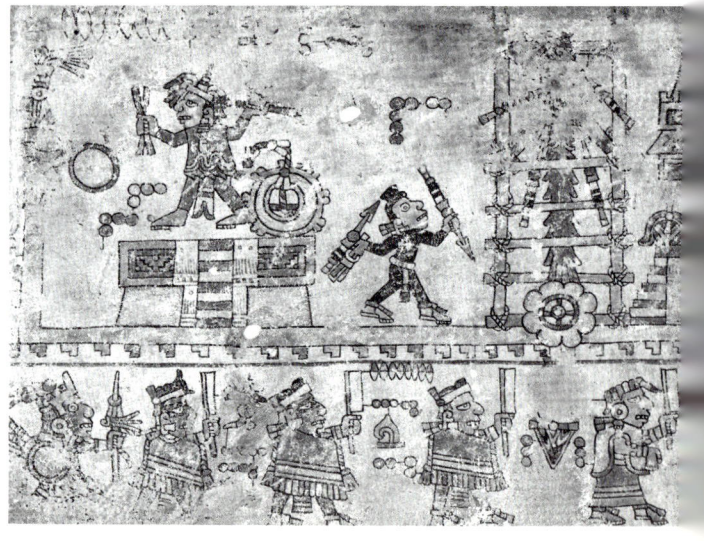

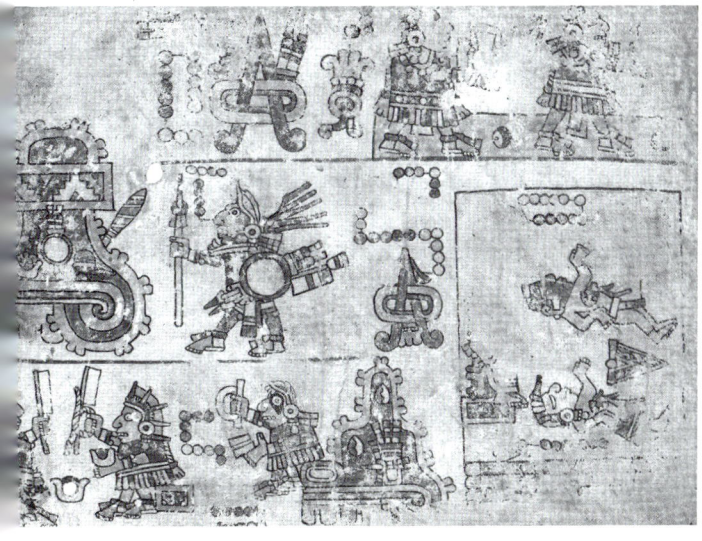

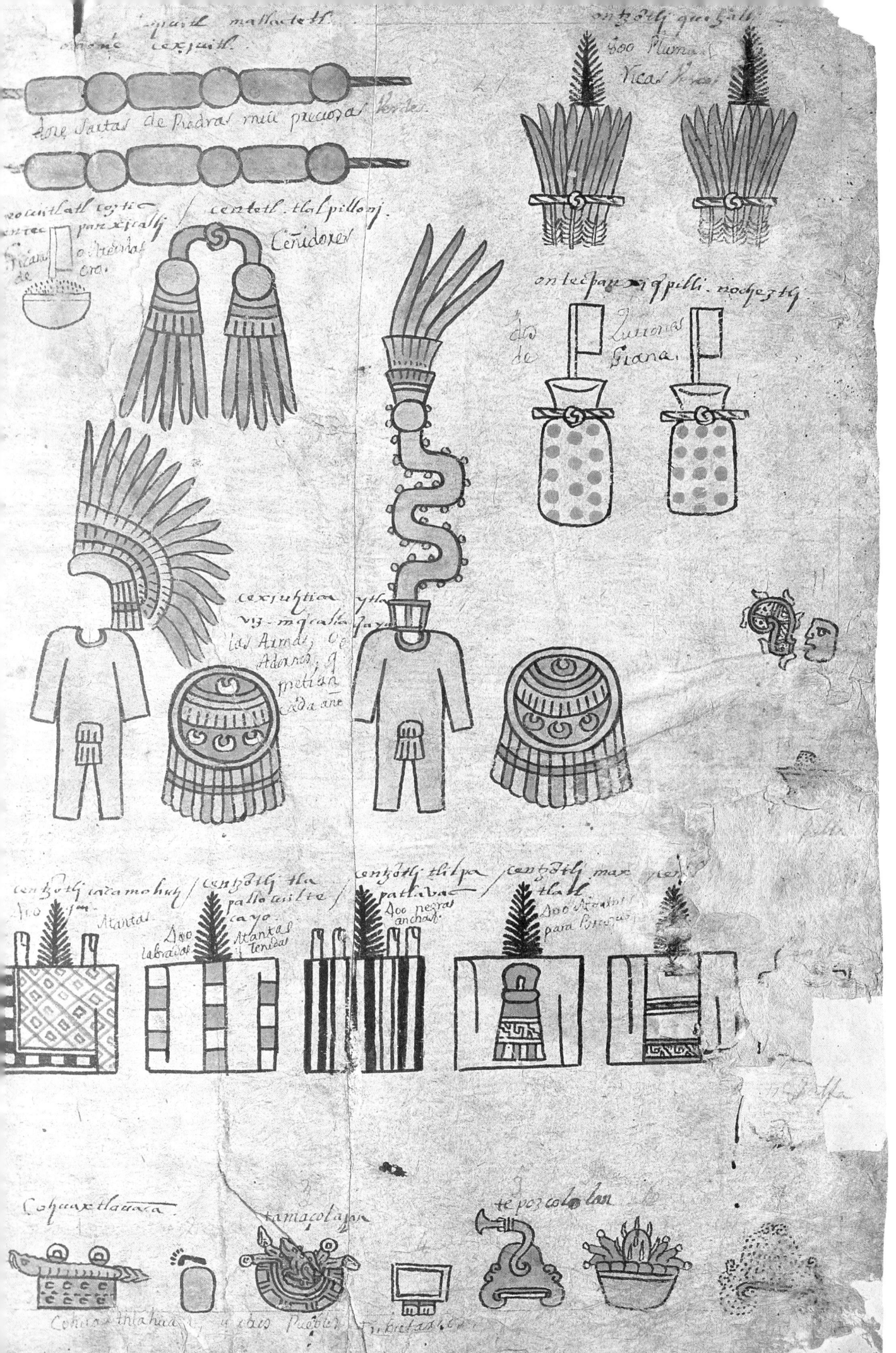

134

Das Reich der Azteken – Macht und Ohnmacht zugleich

Im Gegensatz zur territorialen Geschlossenheit und der straffen Organisation des Inkareiches war der vom Dreibund des Hochtals beherrschte Machtbereich ein ziemlich lockeres Staatsgebilde. 38 mehr oder weniger zusammenhängende Bezirke mußten an Tenochtitlan, Tezcoco und Tlacopan Tribute in Form von Abgaben oder Arbeitsleistungen erbringen. Garnisonen an strategisch wichtigen Plätzen waren als militärische Stützpunkte Garant für die Sicherung der Abhängigkeit. Selbst in unmittelbarer Nähe der zentralen Macht gab es noch unabhängige Ländereien, die eifersüchtig über ihre Souveränität wachten; die Tlaxalteken oder die Tarasken sind Beispiele hierfür, ebenso die Mixteken und die Zapoteken. Deren Eingliederung in den aztekischen Staatenverband war in den Jahren vor der Ankunft der Spanier energisches Ziel, um den Zugang nach der isolierten Provinz Soconusco abzusichern. Weithin ziehende Kaufmannszüge hatten jeweils die Möglichkeit zur militärischen Besetzung eines Landstriches erkundet. Als sogenannte „Tarnkaufleute" waren sie als Spione unterwegs. Oft genug boten Überfälle auf eine solche fernreisende Expedition den unmittelbaren Anlaß zum Krieg. Der Kampf dauerte meist so lange, bis die Eroberung des gegnerischen Haupttempels gelang. Wenn das Haus des Patronatsgottes in Flammen stand, war dies Signal zur Aufnahme von Verhandlungen. Die Einverleibung des eroberten Landes konnte angesichts der Tatsache, daß man über viel zu wenig Menschen zu einer solchen Aufgabe verfügte, nicht die Absicht sein. Es blieb faktisch bei der Ausbeutung durch auferlegte Abgaben. Während des Krieges eingebrachte Gefangene wollte man nicht als Arbeitskräfte gewinnen. Sie galten als willkommene „Nahrung für die Götter". Opferungen waren nicht nur religiös bedingte Notwendigkeit, gleichzeitig wirkten sie abschreckend für die mit Vorliebe zu den großen Festen unter der Zusicherung freien Geleites geladenen Häuptlinge und Fürsten feindlicher Stämme. Kriegerischen Ruhm durch die Erwerbung eines lebenden Feindes zu erringen, stand vor der Tötung im Kampfe. Daß der Krieger als Akteur in dem großen Kultdrama des Weltenlaufes wirkte und als Verkörperer seiner Rolle im Kampf behindernde Embleme und Devisen trug, ist uns zunächst ein unverständlicher Zug, läßt aber einen Teil des militärischen Erfolges der Spanier ermessen. Furcht vor aztekischen Sanktionen stärkten zudem das Treueband.

134 Matrícula de Tributos, Seite 12. Der mixtekische Tributbezirk hatte einmal jährlich an Tribut zu liefern: 12 Grünsteinketten (*chalchihuitl*) [Codex Mendoza schreibt nur von 2 Ketten], 800 Bündel Quetzalfedern, 20 Kürbisschalen voll Goldstaub, eine prächtige Stirnbinde (*quetzallalpiloni*), 40 Säcke Cochenille, sowie 2 kostbare Trachten (Baumwollpanzer, Schilde und Kopfschmuck „*cueçalpatzactli*" und die gelbe Devise des „Hin- und Hergewundenen" oder „*tozcololli*"). Hinzu traten alle sechs Monate 400 gesäumte, reich geschmückte Mäntel (*tilmatli*; auch als *cacamoliuhqui*, „Bettdecken" ausgewiesen - die Finger weisen auf „2 *brazas*" Länge hin, wobei ein *Braza* 2 *Varas* zu je 83,8 cm oder 6 spanischen Fuß mit zusammen 1,676 Metern entsprach), 400 rot-weiß und weiß gestreife Mäntel zu je 2 *Brazas* und 400 mit schwarz-weißem Streifenmuster zu je 4 *Brazas* (*tlapallocuiltecayo* und *tlilpapatlavac*), weiters je 400 Schambinden (*maxtlatl*) und Frauenhemden (*huipilli*) mit dem jeweils angegebenen Dessin.

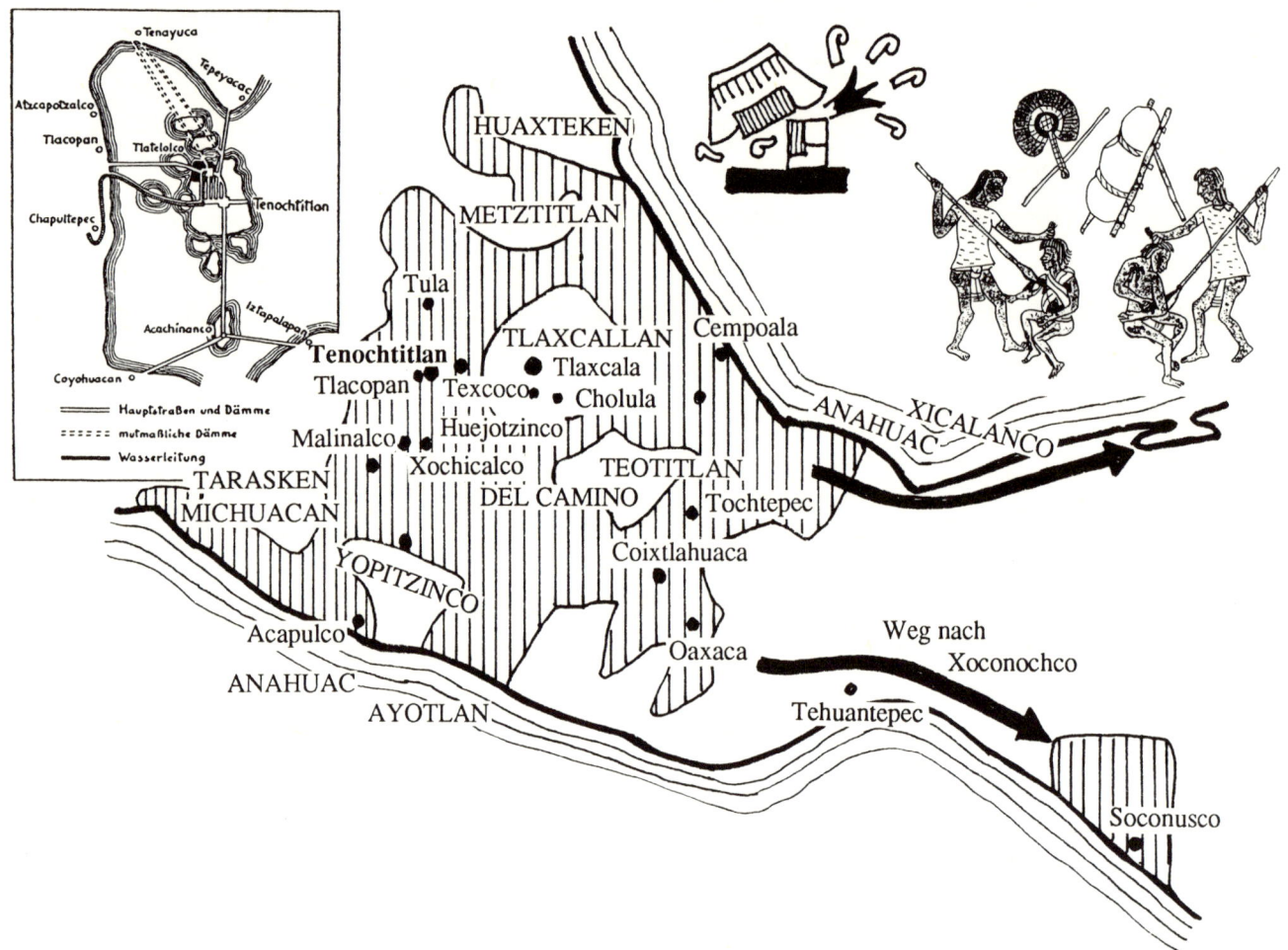

Die Höhe der abverlangten Abgaben und die rücksichtslose Eintreibung der Tribute durch selbstbewußt und hochnäsig auftretende aztekische Beamte hatten trotz der fast lähmenden Furcht vor der militärisch überlegenen Usurpatorenherrschaft bald die Bereitschaft zum Abfall erbracht. Cortés wußte sie geschickt zu schüren. Erst konnte er sich der Huaxteken als Hilfstruppen versichern, dann nach offenen Feldschlachten in Tlaxcala, dem Erzfeind der Azteken, einen treuen Verbündeten finden. Bald stieß auch der nach Metztitlan geflüchtete Thronprätendent von Tetzcoco zu den Spaniern, ebenso bot sich das bereits im Hochtal gelegene Chalco, das den Verlust seiner Unabhängigkeit noch nicht verschmerzen konnte, als willkommener Bundesgenosse an. Wohl haben die Überlegenheit europäischer Waffen und der Überrraschungseffekt ihren Anteil am Erfolg der Niederwerfung des Aztekenreiches, ohne den überragenden Anteil der indianischen Kontingente wäre kein Erfolg zu erringen gewesen. Die labilen politischen Zustände brachten einen wahrhaften Koloß auf tönernen Füßen zu Fall; der Unterdrückung sollte Fremdherrschaft folgen, in deren System sich jedoch viele der frühen Verbündeten einzuordnen wußten. Mit dem Fall Tenochtitlans fügten sich die meisten der Ländereien, auch glühende Feinde der Azteken, in die neuen Gegebenheiten.

190

Provinzstatthalter als *petlacalcatl*, „Der vom Mattenhaus", residierten in den Hauptorten der Provinzen. Sie hatten für Ruhe und Ordnung unter den Unterworfenen zu sorgen, wie die Überwachung der *calpixque*, der „Hüter des Hauses" oder Magazinverwalter, ihre Aufgabe war. Schien eine eroberte Stadt zunächst glimpflich davongekommen zu sein, ließ man sogar den angestammten Fürsten nach Abschluß eines Vertrags- und Bündnisverhältnisses in all seinen Würden. Deren Ergebenheit wußten sich die Sieger dadurch zu versichern, daß sie einen Teil des Jahres in der Hauptstadt zu verbringen oder Verwandte als Geiseln zu stellen hatten. Bei Unbotmäßigkeit drohten harte Sanktionen.

Zu welch unerträglich empfundener Höhe die Tributzahlungen zur Zeit Moctecuzomas II. angeschwollen waren, belegt uns der Codex Mendoza. Jährlich zweimal, bisweilen sogar alle 80 Tage, hatten die Abgaben einzugehen. Dem Verteilungsschlüssel nach fielen je zwei Fünftel auf Tenochtitlan und Tezcoco, ein Fünftel erhielt Tlacopan. Die verzeichneten Dienstleistungen bezogen sich nur auf die normalen Eingänge, was auf Kriegszügen gewonnene Beute war, ist in den Zahlen noch nicht berücksichtigt.

NAHRUNGSMITTEL, GENUSSMITTEL		BAUSTOFFE, HAUSRAT	
Mais	140 000 Scheffel	Brennholz	5 400 Lasten
Bohnen	105 000 Scheffel	Balken	5 400 Stück
Chia und Huauhtli*	105 000 Scheffel	Bretter	10 800 Stück
Kakao	1 260 Lasten	Bambus	18 000 Lasten
Salz	6 000 Laibe	Rohr für Pfeile	36 000 Lasten
Chili	1 600 Lasten	Kalebassen	27 600 Stück
Agavensaft	2 400 Kannen	Matten, geflochten	12 000 Stück
Bienenhonig	1 700 Krüge	Stühle	12 000 Stück
Zigarren	36 000 Bündel	Kalk	19 200 Lasten

Chia: Ölhältiger Samen einer Salbeiart (Salvia); *Huauhtli, huaute*: Amaranthus- oder Hirseart.

KLEIDER, SCHMUCKSACHEN		KULTBEDARF	
Baumwolle	4 800 Ballen	Amatepapier	48 000 Lagen
Decken		Räucherharz, Kopal	3 600 Körbe
weiß, gemustert	187 560 Lasten	desgleichen	36 000 Ballen
Kleidungsstücke		Räucherharz,	
Schurze, Hemden	28 800 Lasten	Liquidamber	100 Krüge
Schmuckfedern	32 880 Bündel	desgleichen	24 000 Ballen
Kriegerkostüme	665	Kautschukbälle	16 000 Stück
(davon 65 aus		Daunenfedern	20 Säcke
kostbaren Federn)			

weiters Farbstoff (Ocker, Cochenille), Felle, Vogelbälge, Gold- und Grünsteinperlen, Lippenpflöcke (Bernstein, Bergkristall), Goldstaub, Goldblech, Goldbarren, Türkise, Mosaiken, Spondilusschalen, Kupferäxte, Schellen.

Während die Matrícula de Tributos auf Amatepapier geschrieben wurde, ist das Schreibmaterial des Codex Mendoza europäisches Papier in gefalteten Bogen, wie es beispielsweise auch für die Sahagún-Manuskripte oder, der Länge nach halbiert und gefaltet, für den Codex Magliabechiano Verwendung fand. Die Anordnung der Bilder in Verbindung mit den Ortshieroglyphen spricht dafür, daß die Originalvorlage eine Rolle war, wie sie von Robertson rekonstruiert vorgelegt worden ist.

Ortsnamen und ihre Zeichen

Die Ortsnamen haben meist sehr sinnvolle Bezeichnungen zur Charakteristik lokaler Gegebenheiten, Eigenschaften und Besonderheiten: Tenochtitlan – „Ort des Steinkaktus", Tlaltelolco – „Am Erdhaufen", Xochimilco – „Im Blumenacker". Meistens sind es visuell wirkende und leicht darstellbare Beschreibungen. Zuerst hatten die Örtlichkeiten ihre Namen in den lokal gesprochenen Indianersprachen. Durch die präkolumbische Expansion und besonders die frühkoloniale Verbreitung des Aztekischen (Nahuatl) in weite Landstriche (vgl. S. 32) kam neben der Übertragung oftmals eine andere Bedeutung hinzu. Jetzt erscheinen auf Karten oft aztekische Namen in Regionen, in denen niemals Nahuatl als Sprache Verbreitung hatte. Der ursprüngliche Name und seine Bedeutung muß lokal erhoben werden. Hier liegt noch ein mühsamer, aber erfolgversprechender Weg der ethnolinguistischen Ortsnamenforschung und der Siedlungskunde vor uns, wie ihn Europa seit fast zwei Jahrhunderten zum Vorteil der Heimatkunde kennt, wenn nach Riedbezeichnungen oder Wüstungen Regionalgeschichte faßbar wird. Neben die aus der indianischen Tradition erwachsenen Bezeichnungen sind in über vier Jahrhunderten spanische Namen getreten, die meist nichts mit den autochthonen Benennungen zu tun haben. Sind es einerseits die nach einem katholischen Heiligen benannten Orte, traten später aus nationalen Gründen die Heroen der Revolutionen hinzu oder die denkmalartig verfügten Bezeichnungen nach staatlichen Autoritäten der jüngsten Vergangenheit.

Einige bilderschriftliche Aufzeichnungen geben Ortsnamen in Hieroglyphenschrift mit Glossen in europäischer Transkription wieder; die Matrícula de Tributos (**134**) und der Codex Mendoza sind gute Beispiele in dieser Art. Dadurch ist sowohl die aztekische wie auch die mixtekische Schreibung solcher Ortsbezeichnungen verhältnismäßig gut erforscht. Wir können drei grundlegende Gruppen unterscheiden:

    1. klare Wortbilder als Symbole oder Logogramme,
    2. Phonetische Schreibungen und phonetische Beizeichen oder Komplemente,
    3. Semantische Determinanten.

Zur ersten Gruppe gehören die meisten vorkommenden Hieroglyphen. Das Wort in seinem Lautwert ist einfach durch die Darstellung gezeigt: TENOCHTITLAN – als „Ort (TITLAN) des Steinkaktus" – wird also gezeichnet als ein aus dem Stein (TETL) wachsender Kaktus (NOCH-TLI). TAMAZULAPAN – „Am Wasser der Frösche" – wird wiedergegeben als Frosch (TA-MAZULLI) im Fluß (APAN). XALTEPEC – „Am Sandberg" zeigt einen stilisierten Berg (TEPETL), gefüllt mit Punkten als Sand (XALLI). NOCHIZTLAN „Ort (-TLAN) des Kaktus-Blutes" (NOCH-EZTLI), heißt nach der aus den Cochenille-Läusen (*Nopalea cochenillifera*) gewonnenen roten Farbe. In diesen Fällen besteht das klare Wortbild als ikongraphische Darstellung. Die Zeichnung der Objekte erfolgt zwar stilisiert und konventionell, ist aber ein erkennbares natürliches Abbild.

CUICATLAN – „Ort (-TLAN) des Liedes (CUICATL)" wird als Haupt mit einer Volute gezeigt. Diese kann "sprechen, singen" bedeuten und tritt uns schon in Teotihuacan in schönen Beispielen entgegen (vgl. Bild **100**). Das Volutenzeichen ist zwar aus den natürlichen Gegebenheiten „Schall, Hauch" abgeleitet, kann aber als konventionell, in willkürlicher Annahme, bezeichnet werden.

Neben diesen mehr oder weniger eindeutigen Wortbildern gibt es auch phonetische Schreibungen. Lautwert oder Morphem wird durch das Bild eines anderen Objektes wiedergegeben, das mit dem gemeinten im Lautwert übereinstimmt. Es wird gleichsam mit Homonymen gespielt. Für den lokativen Suffix-TLAN steht ein Zahn dargestellt, der im Nahuatl TLANTLI heißt. YAN-CUICTLAN (*Yanhuitlan*) – „Neuer (YANCUIC) Ort (–TLAN)" wird geschrieben durch ein Rechteck als Ideogramm für „neu" und einem Zahn. Ein anderes lokatives Suffix ist -PAN, das

Die Ortshieroglyphen des mixtekischen Tributbezirkes, nach der Matrícula de Tributos, Fol. 12 (**134**) und Codex Mendoza, Fol. 43: Coixtlahuaca (*Cohuaixlahuacan*), Texupan (*Texopan*), Tamazulapan (*Tamaçolapan*), Yanhuitlan (*Yancuitlan*), Tepozcolula (*Tepuzcululan*), Nochistlan (*Nochiztlan*), Xaltepec, Tamazola (*Tamaçollan*), Mitlatongo (*Mictlan*), Cuicatlan. Das Wappenbild Tenochtitlan-Mexiko stammt vom Münzbild des Peso von 1934, ferner ist das offizielle Wappen der mexikanischen Republik wiedergegeben. Eine vom heraldischen Standpunkt reizvolle Fassung stellt das Wappensignum des Maximilianischen Kaiserreiches (1864-67) dar.

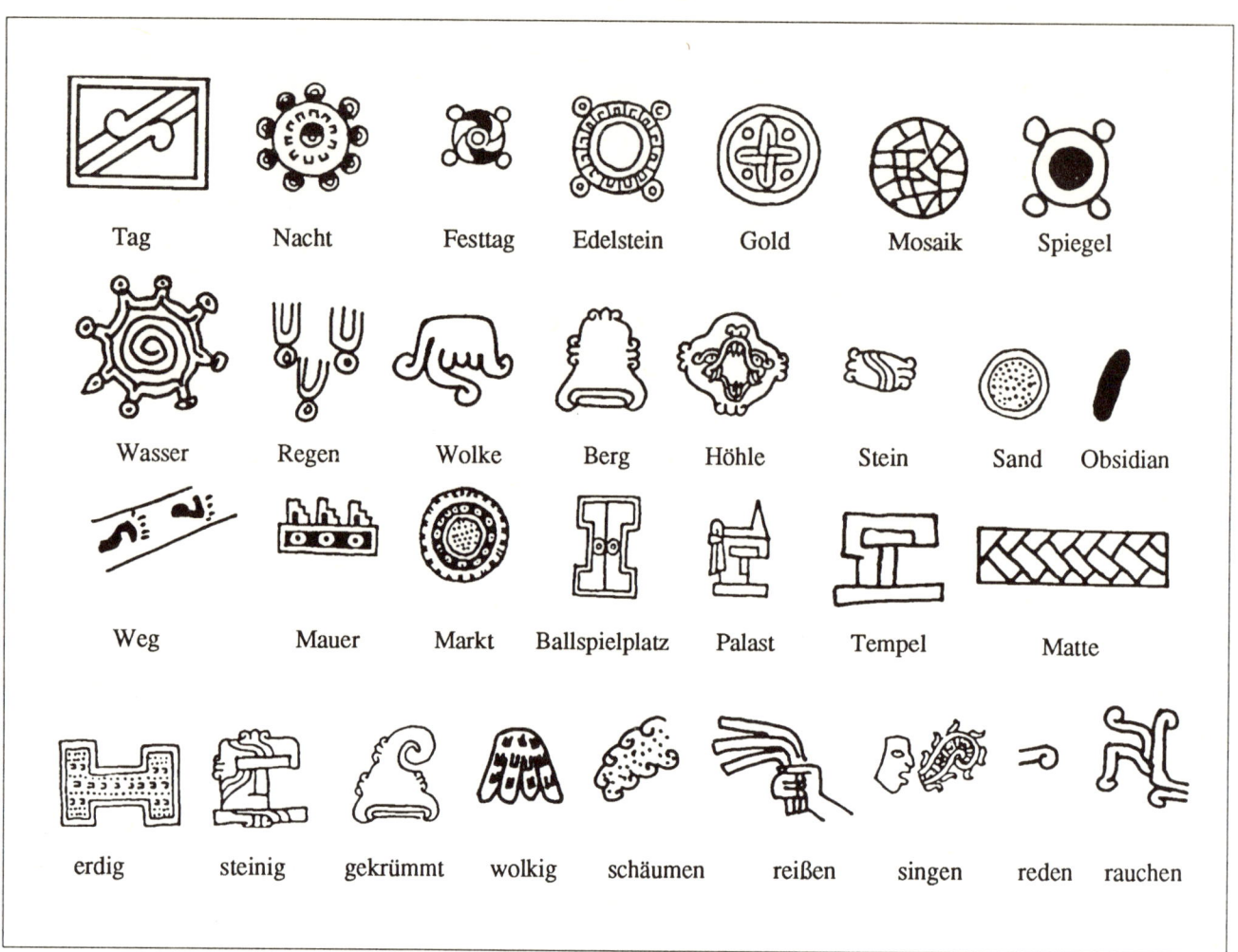

Tag (*ilhuitl*), Nacht (*yoalli*), Festtag (*ilhuitl*), Edelstein, „Jade" (*chalchiuitl*), Gold (*teocuitlatl*), Mosaikschild (*xiuhchimalli*), Spiegel (*tezcatl*) / Wasser (*atl*), Regen (*quiauitl*), Wolke (*mixtli*), Berg (*tepetl*), Höhle (*oztotl*), Stein (*tetl*), Sand (*xalli*), Obsidian (*itztli*) / Weg (*otli*), Mauer (*tenamitl*), Markt (*tianquiztli*), Ballspielplatz (*tlachtli*), Palast (*tecpan*), Tempel (*teocalli*), Matte (*petlatl*).

als Fuß über dem dargestellten Element bezeichnet wird und PANOA, „überqueren" heißt. Eine blaue Fläche mit einem Fuß darüber ist also TEXUPAN - „Blauer (TEXOTL) Ort (-PAN)".

Viele phonetische Schreibungen sind als Komplemente oder Doppelschreibungen anzusprechen, indem sie zur Verdeutlichung neben das Wortbild ein Homonym setzen. Zum Beispiel heißt COAIXTLAHUACAN „Schlangen (COATL)-Ebene (IXTLAHUACAN)". Über das Ideogramm TLALLI („Land", „Ebene"), MILLI („Acker") und IXTLAHUACAN („Ebene") werden Augen (IXTLI) gemalt, dadurch erscheint die Lesart, mit „IX-" beginnend, klar angedeutet. Während viele Symbole multilingual lesbar sind, setzten phonetische Lesungen die Kenntnis der Abfassungssprache des Dokuments voraus.

Wortpatikel für „an" (*nahuac* [*nahua* „sprechen"] in *Cuauhnahuac* , „am Walde"), „in" (*tlan* Zahn), „auf", (*pan* , Fahne) und „-chen" (Verkleinerung: *tzintli* (menschlicher Hinterteil); weiters drei Kombinationen in Ortshieroglyphen wie *Mixtlan*, *Pantepec*, *Tulantzinco* .

Semantische Determinanten sind nicht mitzulesen, sie geben die Kategorie an oder verdeutlichen den Charakter eines Zeichens. TEPOZCOLULA heißt „Ort des gekrümmten (COLOLLI) Beiles (TEPOZTLI)" und wird als ein Berg mit einem gekrümmten Kupferbeil dargestellt. In diesem Fall wird der Berg (TEPETL) selbst also nicht gelesen. In diese Reihe gehören auch „heraldische Elemente" wie der bekannte Adler mit der Schlange auf der Ortshieroglyphe von Tenochtitlan-Mexiko, das Wappenemblem der Vereinigten Staaten von Mexiko. Die Verbindung mit der Mythe von dem durch den Stammesgott gegebenen Zeichen zur Stadtgründung wird gezeigt, für die Lesung selbst spielt dieses piktographische Detail keine Rolle.

Die mixtekischen Ortsnamen sind den aztekischen in Aufbau und Stil sehr ähnlich. Bestehende Unterschiede lassen sich aus dem Sprachcharakter erklären. So besitzt das Mixtekische keinen lokativen Suffix, sondern ein Wort, das „Ort" bedeutet : ÑUU, das durch einen rechteckigen Fries mit Treppenmuster wiedergegeben wird, ähnlich einem Segment aus einer Steinmosaikmauer von Mitla. „Schwarzer Ort", in Nahuatl Tilantongo, heißt ÑUU TNUU, gemalt als Fries mit schwarzem Treppenmuster. Einen Fluß (YUTA) gibt der Querschnitt durch das Gewässer wieder, einen Berg (YUCU) eine glockenförmige grüne Silhouette. Weil „Ebene" (YODZO) homonym mit „große Feder" ist, wird eine solche als Federteppich dargestellt. Es gibt ein lokatives Präfix A-, das als geöffneter Mund aufscheint: AÑUTE - „Sandort", in Nahuatl XALTEPEC, ist „Berg mit Sand" (vgl. S. 178, bzw. Bild S. 178, 1); „Berg" ist dabei mehr eine semantische Determinante. Es findet sich auch „Berg" mit „Mund" (A-), aus dem „Sand" (ÑUTE) hervorkommt, oft als „speiender Berg" angesprochen.

Ein Beispiel für phonetische Schreibung ist die Ortshieroglyphe von NDISI NUU - „Klarer Blick" oder „Klar sichtbar", in Nahuatl TLAXIACO. Der aztekische Name ließe sich als „Ort (-CO) des Sehens (TLACHIA)" übersetzen, auch TLACHQUIAUHCO - „Ort (-CO) des Regens (QUIAHUITL) im Ballspielplatz (TLACHTLI)" ist zu lesen. Der mixtekische Ausdruck NDISI NUU verweist auf die Eigenschaft des „guten Sehens" – einerseits aktiv auffaßbar („Jemand der klar sieht", oder der „Ort, wo man gut sehen kann"), andererseits passiv („was gut gesehen werden kann"), etwa in der Art des spanischen „Buena Vista". Bei dem ikonographisch nicht leicht wiederzugebenden Begriff hilft ein homonymes Wortspiel: NUU heißt „Gesicht, Auge", NDISI „kreuzweise übereinander legen" (Beine oder Balken). Gekreuzte Beine (oder Balken) mit Augen (oder Gesicht) auf einem Fries oder Tempel drückt also die Hieroglyphe NDISI NUU aus, als *Tlaxiaco* einer der wichtigen Orte in der Mixteca. Seit Jahrzehnten steht die Ortshieroglyphe wegen der Augen und der gekreuzten Stöcke als „Observatorium" im Gespräch. Weitreichende Schlüsse über die Sternenschau erwiesen sich als begangener Irrweg (vgl.S. 216).

Codex Bodley, Seiten 32-IV und 15-V. Die Ortshieroglyphe *Ndisi Nuu* als Beispiel für die vermeintlichen „Astronomischen Beobachtungen". Statt „Jaguar trägt Observatorium" ist wohl besser (und richtig) die Lesung „Jaguar von Tlaxiaco" angebracht.

Analog zur Schreibung fremder Götternamen (vgl. im Codex Dresden, S.108 und **64**) wurden auch in der frühen Kolonialzeit Transkriptionen nunmehr europäischer Namen vorgenommen. Der Name des ersten Vizekönigs Mendoza wurde so geschrieben: Maguey (METL) und ein Nagetier (TOZAN) = ME - TOZAN. Fray Juan de Zumárraga, der erste Bischof von Mexiko, verstarb 1548; sein Tod wird im Jahre „4 Rohr" vermerkt, anlautend beigesetzt ist ein Totenschädel (TZONTLI), wie wir ihn von der Hieroglyphe für das Schädelgerüst TZOMPANTLI kennen(Codex Telleriano-Remensis, Seite 46 und 47). Ähnliche Umschreibungen sind COLTIC (etwas Gekrümmtes, hier ein Ring) für Hernán Cortés (COLTIC = CORTES) in dem berühmten Annalenbild des Codex Vaticanus 3738 (Fol. 87r), dann ÇOL-IN (Wachtel) für Doktor Zorita im Codex Osuna, Fol.22 (484), wobei auch hier das „L" für das im Aztekischen fehlende „R" eintritt. Weitere interessante Umschreibungen sind POC-TLI (Rauch) für Doktor Vasco de Poga und für Gallego ein Haus (CAL-LI) und eine Bohne (ETL) = CAL-E, wieder im Codex Osuna, Fol.27 (489). Daß für Cristobal de Olid das Zeichen „OLLIN" gesetzt erscheint (Codex Vaticanus 3738 Fol. 89v) und für Pedro de Alvarado, den die Mexikaner wegen seines blonden Haares mit dem Sonnengott verglichen, eine Sonnenscheibe TONATIUH abbildeten, sind klar lesbare Bildsymbole. In den Umschreibungen der Monatsfestnamen finden sich zusätzliche Beispiele (vgl. S. 98ff).

135

136

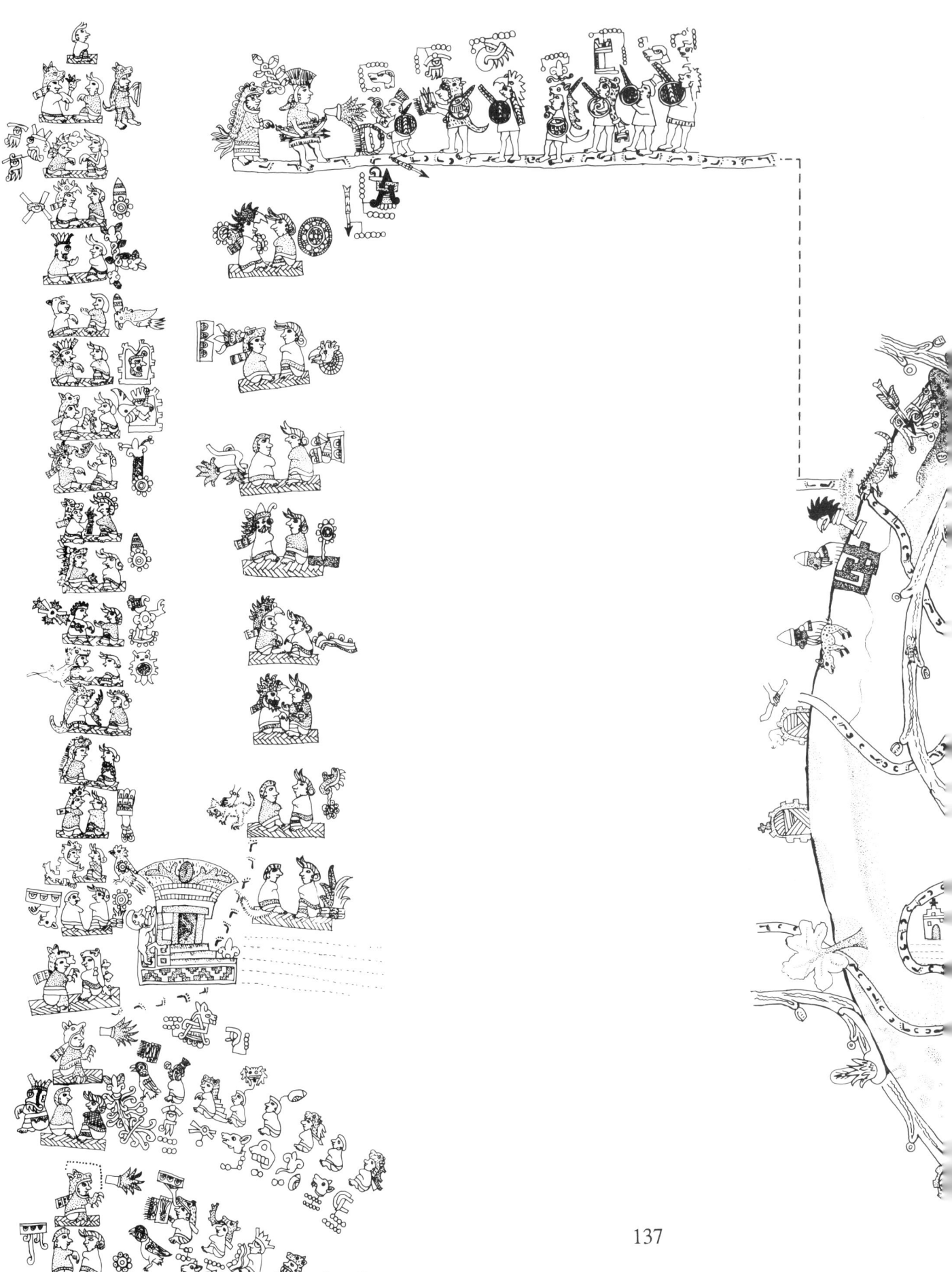

137

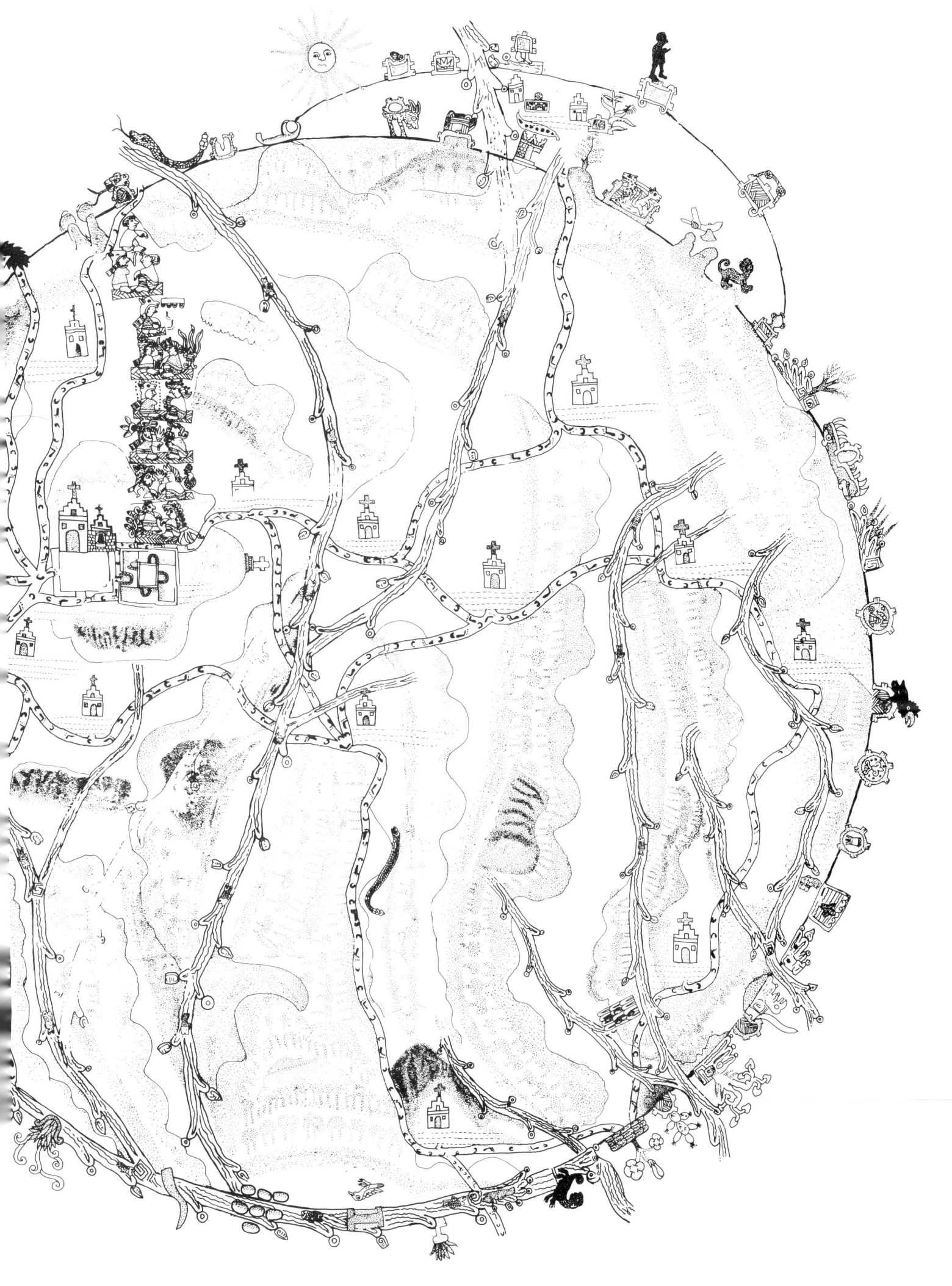

138

139

140

141

Der mixtekische „Rosettestein"

1580 wurden alle Orte des Vizekönigreiches Neu-Spanien aufgefordert, nach einem festge-
legten Fragebogenschema eine Beschreibung der geographischen Lage vorzunehmen, wie über
historische Besonderheiten und ökonomische Verhältnisse zu berichten. Das Ergebnis brachte
eine bis heute noch nicht ausgeschöpfte Fülle an Einzelheiten. Viele der Reporte dieser berühmten
„Relaciones Geográficas" begleiteten Kartenskizzen und Pläne. Eine von diesen sollte besondere Berühmtheit erlangen, weil außer der Darstellung topographischer Gegebenheiten in langer
Reihe eine Herrscherliste in bilderschriftlicher Form aufscheint. Die selben Personen finden sich
in einer inhaltlich zusammenhängenden Gruppe mexikanischer Codices wieder. Nach spanischen
Beischriften auf der Mapa handelte es sich um die Dynastien von Teozacoalco und Tilantongo.
Der mexikanische Gelehrte Alfonso Caso konnte dadurch die Feststellung treffen, daß die
Handschriften historischen Charakter besitzen und der mixtekischen Kultur zuzuordnen sind.

Am Beginn der genealogischen Reihe (Bild **138**) finden wir in Verbindung mit dem
„Schwarzen Ort (*Tilantongo*), wo der Himmelstempel steht", einige der Hauptakteure wieder, von
denen wir schon etliche kennenlernten. Hier stehen die Beinamen aufgelistet, in den anderen
Handschriften waren auch die Kalendernamen vermerkt: „Zwanzig Jaguare" oder Herr 2 Regen
„Regen-Sonne" oder Herr 5 Krokodil und dessen Söhne „Blutender Jaguar" (Herr 12 Bewegung)
und „Tigerklaue" (Herr 8 Hirsch). Ein Sohn des letzteren, Herr 4 Hund „Zahmer Coyote" geht
nach dem Tode seines Vaters (1115) nach Teozacoalco, wo er die Prinzessin Frau 4 Tod „Juwel"
heiratet. Die Ortshieroglyphe „Gebrochener Fries" wurde phonetisch geschrieben. *Chiyo cahnu*
(Teozacoalco) bedeutet „Großer Altar"; *cáhnu* („a" mit hohem Ton) heißt „groß", das homonyme
cahnù („u" mit niedrigem Ton) aber „brechen". „Groß" läßt sich schwer darstellen, deshalb die
Stellvertretung: ein das Mauerwerk einreißender Mann weist auf die gewollte Lesung hin.

135 *San Pedro Teozacoalco*. Ausschnitt aus der Begleitkarte des Berichtes (*Relación Geográfica*) von 1580 an König
Philipp II. Das Original befindet sich heute in Austin, Texas.

136 Das Municipium San Pedro Teozacoalco in einer Panoramasicht, Jänner 1987. Die für das Ortsbild charakteristischen
Berge sind auf der Mapa in Detailtreue wiedergegeben: der Große Berg, der Vogelberg (spanisch als *Pajarito*, „Vögelchen" übersetzt) und der Berg des Seifenkrautes.

137 Die *Mapa de Teozacoalco*, der sogenannte „Rosettestein" der mixtekischen Schrift. 176 : 138 cm. Umzeichnung von
Frans Schoonens, Universität Leiden. Die spanischen Glossen wurden weggelassen.

138 Ausschnitt aus den Genealogiereihen mit den beiden Ortshieroglyphen *Teozacoalco* und *Tilantongo*.

139 Landschaft in der Nähe von Teozacoalco. Hinter den Bergrücken liegt Tilantongo. Charakteristisch sind die Palm-
bäume, die Flechtmaterial für Matten, Hüte, Stricke und Tortillakörbe liefern.

140 Blick auf den Rio de Nochistlan, gesehen von *San Mateo Sindihui* aus. Dieser Ort liegt auf der anderen Seite der *Peña
Colorada*.

141 Die *Peña Colorada* von Teozacoalco aus gesehen. Alle Aufnahmen stammen aus der Trockenzeit (Jänner 1987).

Auf der in der idealisierten Form einer Rundkarte gezeichneten Mapa erfolgte die Ausrichtung nach Osten durch ein oben wiedergegebenes Sonnenbild. In erstaunlicher Präzision sind Berge, Flüsse und Wege eingetragen, dazu erscheinen durch Kirchensymbole die Orte bezeichnet. Am Kreisrand markieren hieroglyphisch dargestellte topographische Punkte die Grenzen des Territoriums. Lediglich der Hauptort San Pedro Teozacoalco zeigt mehr Einzelheiten in Gestalt eines großen Platzes mit Kirche nebst Glockenturm und dem Palast des Kaziken. Die umliegenden Berge sind wirklichkeitstreu abgemalt: der etwa 2500 Meter hohe *Yucu cahno* - „Großer Berg" (im Osten) und der *Yucu nama* - „Berg des Seifenkrautes" (im Süden), zwischen ihnen der bedeutend niedrigere *Yucu daa* - „Vogelberg". Gegenüber der Kirche erstreckt sich die lange Felswand der *Cahua cuehe* – „Roter Felsen" (im Westen). Auf der anderen Seite der Höhe liegt der Ort San Mateo Sindihui. Eine Quelle entspringt hier und ein Bach fließt in westlicher Richtung, um dann über einen Felsen hinab in die untere Ebene zu stürzen, die der Rio de Nochistlan durchzieht. In ost-westlicher Richtung strömt auch der Rio de Peñoles, dieser südlich von Teozacoalco, dem Rio Hondo zu. An der Mündung findet sich ein großer Stein, *Yuu uxa* -„Sieben Steine" genannt. Viele Einzelheiten der Karte fanden bei einer Landbegehung ihre volle Bestätigung. Die kolonialzeitlichen Karten wurden bisher zu wenig von der Forschung beachtet.

Im Osten – oben auf der Karte – ist noch eine weitere Grenzlinie gezeigt. Hier liegt das Dorf Elotepec, das kurz vor 1580 selbständig wurde. Heute bilden die meisten angegebenen Orte selbständige Gemeinden. Wege, realistisch durch Fußspuren und Huftritte gezeichnet, verbinden die einzelnen Orte und führen hinaus zu den benachbarten Städten der Mixteca. Interessanterweise fehlen Wege nach dem Süden in die von Zapoteken bewohnten Landstriche. Aus dem Norden (links), aus Tilantongo, nähert sich ein Fürstenpaar. Es sind Herr 2 Hund „Flechtwerk aus Flintmessern" und Frau 6 Rohr „Gefiederte Schlange", er Prinz aus Zaachila, sie aus Tilantongo gebürtig. Zeremoniell begrüßen sie entgegenziehende Adelige aus Teozacoalco. Als Datum läßt sich das Jahr 10 Haus mit 1321 berechnen. Eine Unzahl von Angaben erschließen sich in der gemeinsamen Lektüre mit den Codices Nuttall und Bodley.

Chronologien und Genealogien

Auf der Grundlage der Mapa de Teozacoalco vermochte Caso unter Heranziehung anderer Dokumente, vor allem der präkolumbischen und frühkolonialen Codices, eine detaillierte Genealogie der mixtekischen Fürsten auszuarbeiten, 1970 posthum erschienen als *„Reyes y reinos de la Mixteca"* - Könige und Königreiche in der Mixteca. Eine komplexe Gesamtschau der lineargenealogischen Folge muß mit dem zyklischen Kalenderrund von 52 Jahren kombiniert und in Einklang gebracht werden, wenn man zu einer absoluten Chronologie der Ereignisse und Einzelbiographien gelangen will. Caso hat sie in großen Zügen gelöst, doch blieben eine Menge offener Fragen und Widersprüche.

198

Als Standard für die Korrelation der mesoamerikanischen Tageszählung mit dem christlich-europäischen Kalender wissen wir aus dem aztekischen Bereich den Tag des Einmarsches der Spanier in die Hauptstadt mit dem 8. November 1519 fixiert, das war der 9. Tag des Monats *Quecholli* ; die „*Noche Triste* ", der verlustreiche Abzug fand in der Nacht vom 30. Juni auf den 1. Juli 1520 statt – zwischen 8 Geier und 9 Bewegung, dem 18. auf den 19. Tag des Monats *Tecuilhuitontli* im Jahre 2 Flint. Das Datum des Falles von Tenochtitlan war der Tag 1 Schlange im Jahre 3 Haus oder der 13. August 1521 nach dem julianischen Kalender, dem Festtag des Heiligen Hypolitus.

Der indianische Kalender besteht bis heute in ungebrochener Tagesfolge weiter, nicht in der Hauptstadt, die im Verlauf des 16. Jahrhunderts einen Hybridisierungsprozeß sondersgleichen erlebte. In den Bergländern des Südens und des Südostens jedoch blieben die „Herren Tage" lebendig; Schultze Jena verdanken wir das Festhalten eines Jahres mit exakten Angaben in alter Tradition, parallel gesetzt zum christlichen gregorianischen Stil (vgl. S. 200).

Die Tagesnamen und daher auch die verwendeten Tageszeichen waren bei den verschiedenen Völkern und in den aufeinander folgenden Kulturepochen unterschiedlich. Bei dem geringen Umfang und der Zufälligkeit der aus dem Zusammenhang gerissenen Belege entziehen sich die Kalender etwa von Teotihuacan, Monte Alban oder Xochicalco der Deutung. Bei den klassischen Mayainschriften haben wir eine solche Fülle an Material mit Kontinuität bis in die postklassische und in die heutige Zeit, daß wir hinsichtlich des Mayakalenders Daten auf den Tag genau zu lesen verstehen. Da die Mechanik bekannt ist, vermögen wir sogar zerstörte Passagen zu rekonstruieren.

Die Benennung der Jahre war bei den verschiedenen Völkern nicht dieselbe, da jeweils andere Tage als Jahresträger gefeiert wurden. Durch den Vergleich verschiedener chronologischer Angaben aus frühkolonialer Zeit konnte Wigberto Jiménez Moreno feststellen, daß das mixtekische Jahr um eine numerische Einheit von jener der Azteken kleiner war. Ein aztekisches Jahr „2 Rohr" entspricht einem mixtekischen „1 Rohr". Das bedeutet also, daß die Azteken den Jahresträger 40 Tage später ansetzten als die Mixteken. Auch innerhalb der nahuatlsprechenden Völker des Hochtales bestehen gleichartige Unterschiede im Jahresstil. Es ist also eine gleichartige Situation vorhanden, wie sie im Europa der Antike und des Mittelalters herrschten und aus jedem Handbuch der Chronologie ersehen werden kann. Verschiedentlich werden mixtekische Kaziken der Zeit um die Konquista sowohl in spanischen Berichten erwähnt, wie sie auch in den Codices mit Daten verbunden werden. Dadurch ist es möglich, die mixtekische Genealogienkette in die christliche Chronologie einzubinden. Dabei bleiben aber noch viele Probleme offen. So gibt es vor allem in der Anfangszeit der mixtekischen Geschichte mehrere Daten, die nicht als chronologische Angaben gemeint sind. Wenn beispielsweise eine neue Dynastie besprochen wird, führt der Autor neben den Ortsnamen der Machtbereiche auch deren mythische Gründungsdaten an. Solche stehen für die einzelnen Kazikasgos ebenso bezeichnend da, wie für Personen

Cauac
Ahau
Imix
Ik
Akbal
Kan
Chicchan
Cimi
Manik
Lamat
Muluc
Oc
Chuen
Eb
Ben
Ix
Men
Cib
Caban
Etz'nab

kauák	*7*	November 1930 1	*1*	21	*8*	11	*2*	31	*9*	20	*3*	Mo 9	*10*	März 1	*4*	21	*11*	10	*5*	30	*12*	20	*6*	9	*13*	Mo 29	*kauák*
axpú	*8*	2	*2*	22	*9*	12	*3*	Januar 1931 1	*10*	21	*4*	10	*11*	Mo 2	*5*	22	*12*	11	*6*	Mai 1	*13*	21	*7*	10	*1*	30	*axpú*
imóš	*9*	Mo 3	*3*	23	*10*	13	*4*	2	*11*	22	*5*	11	*12*	3	*6*	Mo 23	*13*	12	*7*	2	*1*	22	*8*	11	*2*	Juli 1	*imóš*
ík	*10*	4	*4*	Mo 24	*11*	14	*5*	3	*12*	23	*6*	12	*13*	4	*7*	24	*1*	Mo 13	*8*	3	*2*	23	*9*	12	*3*	2	*ík*
axabál	*11*	5	*5*	25	*12*	Mo 15	*6*	4	*13*	24	*7*	13	*1*	5	*8*	25	*2*	14	*9*	Mo 4	*3*	24	*10*	13	*4*	3	*axabál*
kăt	*12*	6	*6*	26	*13*	16	*7*	Mo 5	*1*	25	*8*	14	*2*	6	*9*	26	*3*	15	*10*	5	*4*	Mo 25	*11*	14	*5*	4	*kăt*
kan	*13*	7	*7*	27	*1*	17	*8*	6	*2*	Mo 26	*9*	15	*3*	7	*10*	27	*4*	16	*11*	6	*5*	26	*12*	Mo 15	*6*	5	*kan*
kamé	*1*	8	*8*	28	*2*	18	*9*	7	*3*	27	*10*	Mo 16	*4*	8	*11*	28	*5*	17	*12*	7	*6*	27	*13*	16	*7*	Mo 6	*kamé*
kiéx	*2*	9	*9*	29	*3*	19	*10*	8	*4*	28	*11*	17	*5*	Mo 9	*12*	29	*6*	18	*13*	8	*7*	28	*1*	17	*8*	7	*kiéx*
xaníl	*3*	Mo 10	*10*	30	*4*	20	*11*	9	*5*	29	*12*	18	*6*	10	*13*	Mo 30	*7*	19	*1*	9	*8*	29	*2*	18	*9*	8	*xaníl*
tox	*4*	11	*11*	Dezember Mo 1	*5*	21	*12*	10	*6*	30	*13*	19	*7*	11	*1*	31	*8*	Mo 20	*2*	10	*9*	30	*3*	19	*10*	9	*tox*
ts'i'	*5*	12	*12*	2	*6*	Mo 22	*13*	11	*7*	31	*1*	20	*8*	12	*2*	April 1	*9*	21	*3*	Mo 11	*10*	31	*4*	20	*11*	10	*ts'i'*
bä'ts	*6*	13	*13*	3	*7*	23	*1*	Mo 12	*8*	Februar 1	*2*	21	*9*	13	*3*	2	*10*	22	*4*	12	*11*	Juni Mo 1	*5*	21	*12*	11	*bä'ts*
e	*7*	14	*1*	4	*8*	24	*2*	13	*9*	Mo 2	*3*	22	*10*	14	*4*	3	*11*	23	*5*	13	*12*	2	*6*	Mo 22	*13*	12	*e*
ax	*8*	15	*2*	5	*9*	25	*3*	14	*10*	3	*4*	Mo 23	*11*	15	*5*	4	*12*	24	*6*	14	*13*	3	*7*	23	*1*	Mo 13	*ax*
í'š	*9*	16	*3*	6	*10*	26	*4*	15	*11*	4	*5*	24	*12*	Mo 16	*6*	5	*13*	25	*7*	15	*1*	4	*8*	24	*2*	14	*í'š*
tsakín	*10*	Mo 17	*4*	7	*11*	27	*5*	16	*12*	5	*6*	25	*13*	17	*7*	Mo 6	*1*	26	*8*	16	*2*	5	*9*	25	*3*	15	*tsakín*
axmák	*11*	18	*5*	Mo 8	*12*	28	*6*	17	*13*	6	*7*	26	*1*	18	*8*	7	*2*	Mo 27	*9*	17	*3*	6	*10*	26	*4*	16	*axmák*
no'x	*12*	19	*6*	9	*13*	Mo 29	*7*	18	*1*	7	*8*	27	*2*	19	*9*	8	*3*	28	*10*	Mo 18	*4*	7	*11*	27	*5*	17	*no'x*
tixáš	*13*	20	*7*	10	*1*	30	*8*	Mo 19	*2*	8	*9*	28	*3*	20	*10*	9	*4*	29	*11*	19	*5*	Mo 8	*12*	28	*6*	18	*tixáš*

Die kursiven Zahlen entsprechen der indianischen Tages-Zählung, die anderen Zahlen unseren Monatsdaten. So entspricht dem indianischen Tage 7 *kauák* unser 1. Nov. 1930, dem 1 *kauák* unser 21. Nov., dem 8 *kauák* der 11. Dez. usw.

Korrelation des heutigen Quiché-Kalenders mit dem christlichen Kalender gregorianischen Stils, aufgenommen von Schultze Jena 1930 (Indiana I, S. 33). Die Maya-Hieroglyphen der Tageszeichen wurden mit den Tagesnamen in Yucatec-Maya bezeichnet; links jeweils (unter „a") die Formen der Steininschriften, rechts (unter „b") die der Codexformen.

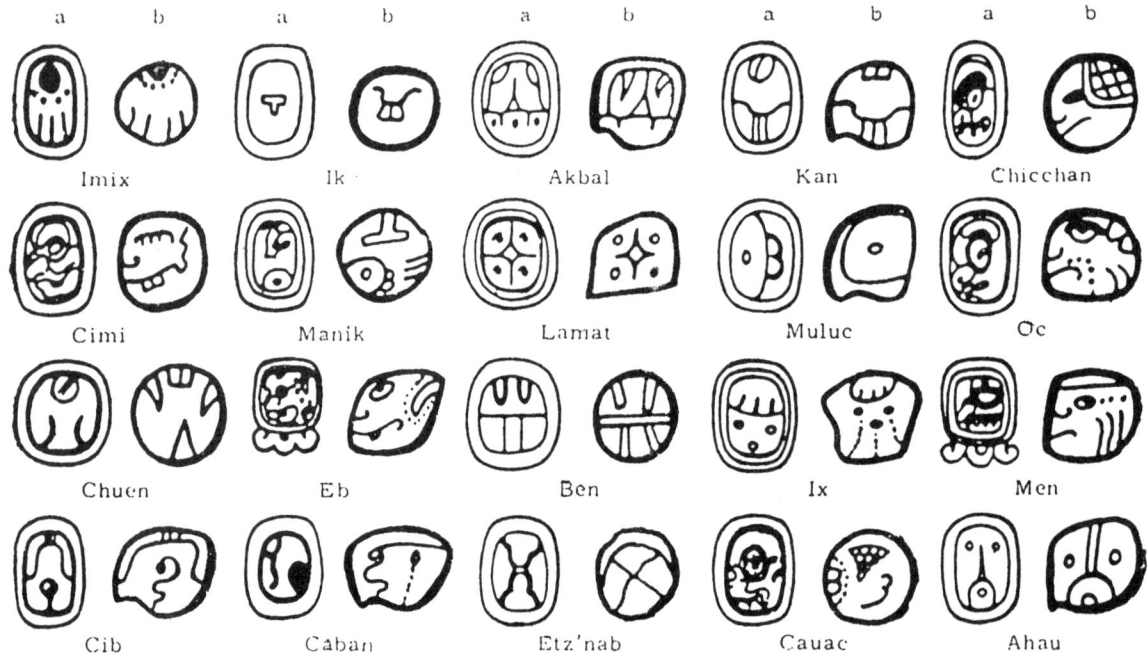

a b   a b   a b   a b   a b

Imix   Ik   Akbal   Kan   Chicchan

Cimi   Manik   Lamat   Muluc   Oc

Chuen   Eb   Ben   Ix   Men

Cib   Caban   Etz'nab   Cauac   Ahau

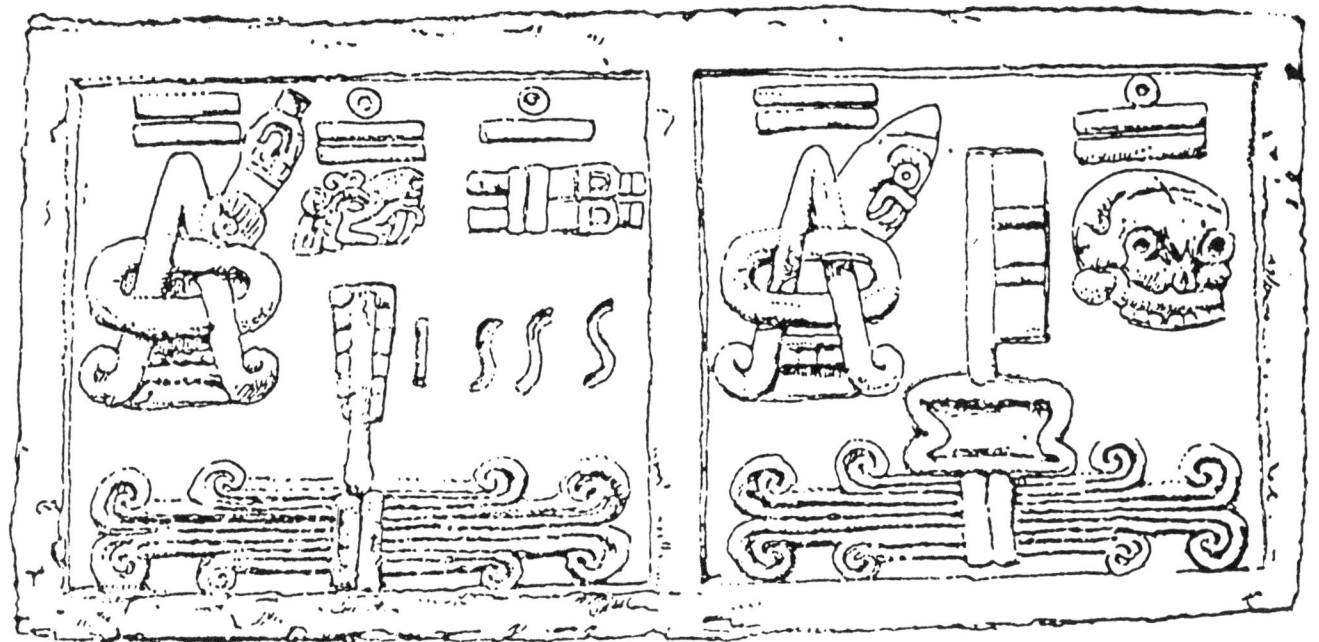

Steinrelief aus dem Dominikanerkloster in Cuilapan im Tal von Oaxaca mit dem Gründungsdatum in beiden Arten der Datenschreibung: das Jahr 10 Rohr mit den Tagen 11 Schlange und 6 Rohr entspricht dem christlichen Jahr 1555. Das zweite Datum (Jahr 10 Flint Tag 11 Tod) wird aller Wahrscheinlichkeit nach den Zeitpunkt der Fertigstellung des Bauwerkes angeben, was dem Jahre 1568 entspräche. Die Inschrift ist in der hinteren Wand der sogenannten „offenen Kapelle" angebracht. Der dreischiffige Bau besitzt gewaltige Dimensionen.
Während weithin Zapoteken wohnen, stellte Cuilapan einen mixtekischen Vorposten dar. Die gebundenen Sprachvoluten sind das mixtekische Zeichen für „Opfer". Auf ihnen steht links ein Obsidianschwert und rechts eine Opferfahne. Caso vermutet in ihnen Symbole für mixtekische Monate, über die wir leider keine weiteren Angaben überliefert haben.

die Kalendernamen. Jeder Ort besitzt heute seinen Patronatsheiligen; dessen Festtag gilt daher als der „Tag des Dorfes". Für den Schriftkundigen war das Auseinanderhalten derartiger in der Form gleichen, aber nach dem Sinngehalt unterschiedlicher Daten eine so selbstverständliche Tatsache, daß sie nirgends besonders Erwähnung finden mußte. Mariano Veytia, einem auf den Spuren Boturinis wandelnden Chronisten, können wir fruchtbringende Hinweise in diesem Sinne verdanken. Er gehört leider zu den Autoren, deren Werke zumeist ungelesen bleiben.

Alfonso Caso faßte in seiner als Pionierleistung anzusprechenden Entzifferungsarbeit mit wenigen Ausnahmen alle verfügbaren Daten als Markierung historischer Ereignisse auf. Sie haben daher sein chronologisches Schema weiter in der Vergangenheit ansetzen lassen, als es dem heutigen Forschungsstand entspricht. Der Meister war sich vieler Widersprüche zwar bewußt, aber erst nach seinem Tode gelang Emily Rabin die Ausarbeitung einer konsequenten Korrektur. Dadurch ist der Caso'sche Ansatz der ersten Dynastien vom 7. in das 10. Jahrhundert versetzt worden; für die Zeit des Herrn 8 Hirsch „Tigerklaue" beträgt die Zeitdiskrepanz ein „mexikanisches Jahrhundert" von 52 Jahren. Demnach liegt sein Todesdatum nicht mehr 1063, sondern 1115. Vor gleichartigen Problemen steht der Zeitansatz für die Geschichte der Tolteken. So wird

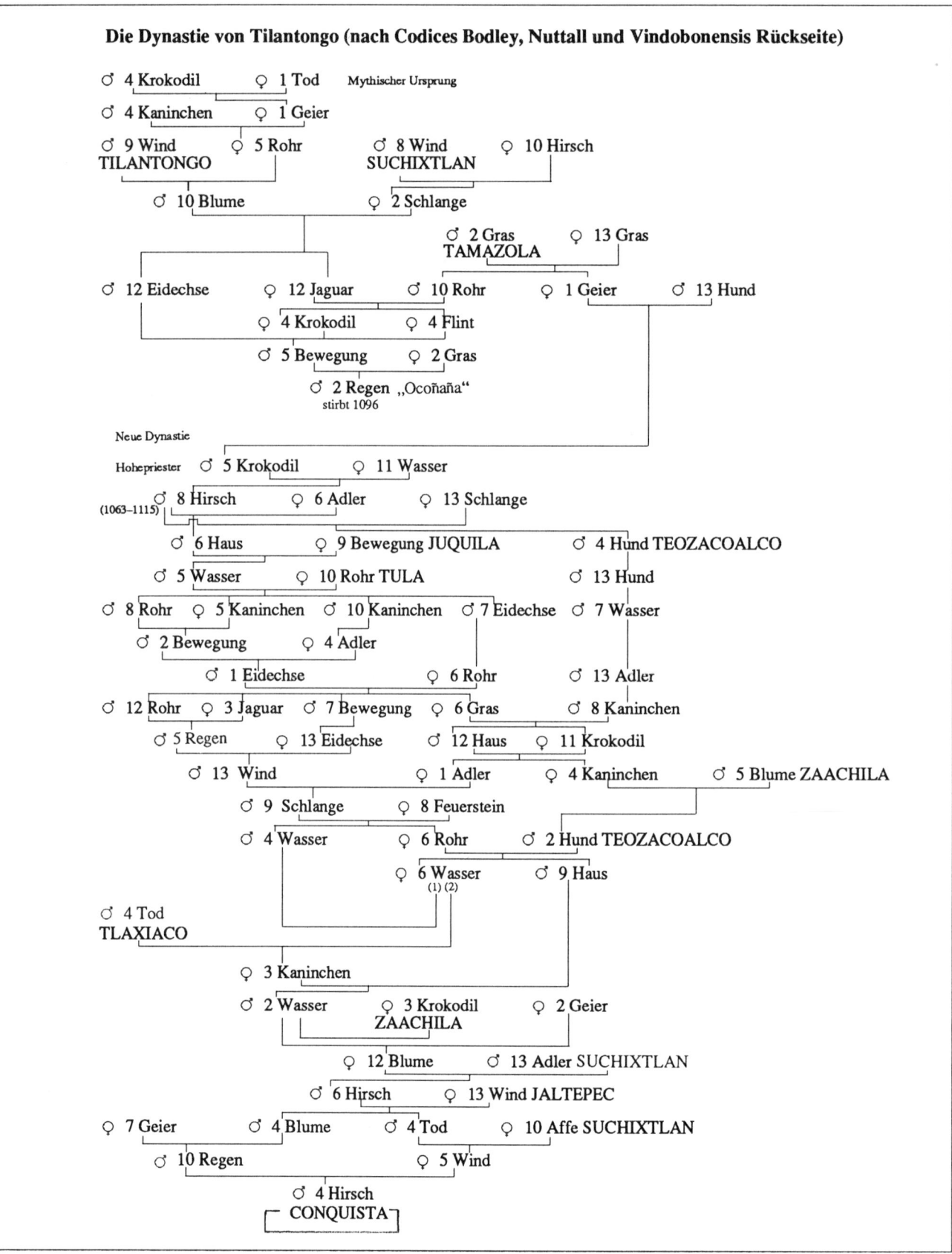

Die Dynastie von Tilantongo (nach Codices Bodley, Nuttall und Vindobonensis Rückseite)

♂ 4 Krokodil   ♀ 1 Tod   Mythischer Ursprung

♂ 4 Kaninchen   ♀ 1 Geier

♂ 9 Wind   ♀ 5 Rohr   ♂ 8 Wind   ♀ 10 Hirsch
TILANTONGO   SUCHIXTLAN

♂ 10 Blume   ♀ 2 Schlange

♂ 2 Gras   ♀ 13 Gras
TAMAZOLA

♂ 12 Eidechse   ♀ 12 Jaguar   ♂ 10 Rohr   ♀ 1 Geier   ♂ 13 Hund

♀ 4 Krokodil   ♀ 4 Flint

♂ 5 Bewegung   ♀ 2 Gras

♂ 2 Regen „Ocoñaña"
stirbt 1096

Neue Dynastie

Hohepriester ♂ 5 Krokodil   ♀ 11 Wasser

♂ 8 Hirsch   ♀ 6 Adler   ♀ 13 Schlange
(1063–1115)

♂ 6 Haus   ♀ 9 Bewegung JUQUILA   ♂ 4 Hund TEOZACOALCO

♂ 5 Wasser   ♀ 10 Rohr TULA   ♂ 13 Hund

♂ 8 Rohr ♀ 5 Kaninchen ♂ 10 Kaninchen ♂ 7 Eidechse ♂ 7 Wasser

♂ 2 Bewegung   ♀ 4 Adler

♂ 1 Eidechse   ♀ 6 Rohr   ♂ 13 Adler

♂ 12 Rohr ♀ 3 Jaguar ♂ 7 Bewegung ♀ 6 Gras   ♂ 8 Kaninchen

♂ 5 Regen   ♀ 13 Eidechse   ♂ 12 Haus ♀ 11 Krokodil

♂ 13 Wind   ♀ 1 Adler   ♀ 4 Kaninchen   ♂ 5 Blume ZAACHILA

♂ 9 Schlange   ♀ 8 Feuerstein

♂ 4 Wasser   ♀ 6 Rohr   ♂ 2 Hund TEOZACOALCO

♀ 6 Wasser   ♂ 9 Haus
(1) (2)

♂ 4 Tod
TLAXIACO

♀ 3 Kaninchen

♂ 2 Wasser   ♀ 3 Krokodil   ♀ 2 Geier
ZAACHILA

♀ 12 Blume   ♂ 13 Adler SUCHIXTLAN

♂ 6 Hirsch   ♀ 13 Wind JALTEPEC

♀ 7 Geier   ♂ 4 Blume   ♂ 4 Tod   ♀ 10 Affe SUCHIXTLAN

♂ 10 Regen   ♀ 5 Wind

♂ 4 Hirsch
CONQUISTA

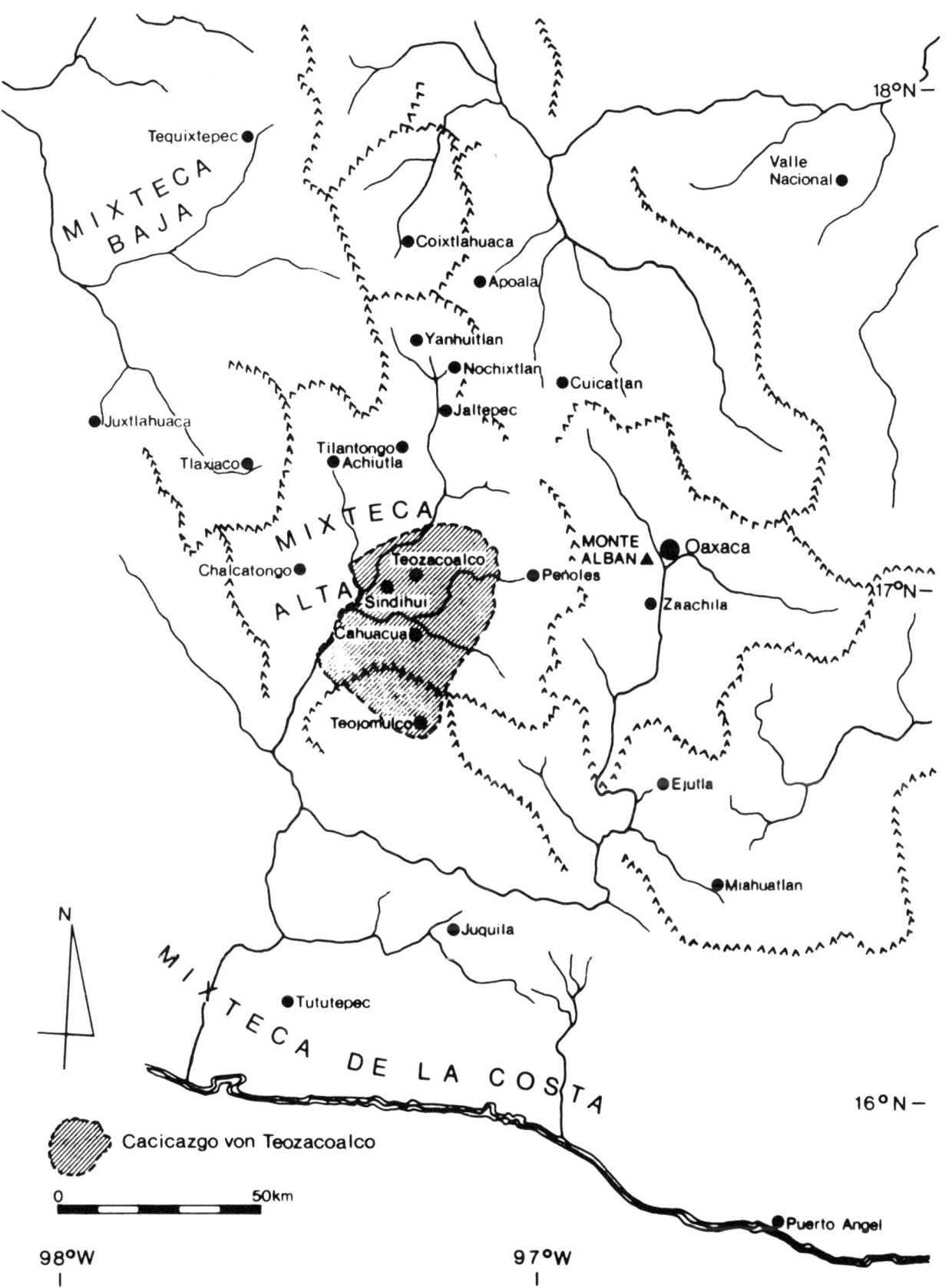

MIXTECA BAJA

Tequixtepec ●

Valle Nacional ●

● Coixtlahuaca

● Apoala

● Yanhuitlan

● Nochixtlan

Cuicatlan ●

● Jaltepec

Juxtlahuaca ●

Tilantongo ●
Tlaxiaco ● ● Achiutla

MIXTECA

^ MONTE
^ ALBAN ▲ — ● Oaxaca

Chalcatongo ●
● Teozacoalco
● Peñoles

ALTA

● Sindihui

Zaachila ●

Cahuacua ●

Teojomulco ●

Ejutla ●

Miahuatlan ●

N

Juquila ●

M I X T E C A   D E   L A   C O S T A

● Tututepec

Puerto Angel ●

▨ Cacicazgo von Teozacoalco

0 ——————————————— 50km

98°W
|

97°W
|

18°N —

17°N —

16°N —

203

uns berichtet, daß die jeweiligen Herrscher 52 Jahre regiert hätten. Wenn das Gründungsdatum bei den Angaben immer wiederholt wird, lassen sich die Verwechslungen von Herrschaftsdauer mit dem mythisch-rituellen Kalendernamen des Kazikasgos verstehen. Auf ein ähnliches Problem scheint die genealogische Reihe der Herrscher von Zaachila zu verweisen, wenn in der Mehrheit 53 Jahre als Regierungsdauer angeführt werden (vgl. S. 168).

Fehlende Tages- oder Jahresscheiben lassen falsche Lebensdauer ansetzen. Dadurch scheinen manche Fürsten erst in hohem Alter zu heiraten und werden dann noch von einer Kinderschar gesegnet. Ordnungsversuche zu genealogischen Angaben im Alten Testament wie solche nach der Inkatradition in Peru sind auf ähnliche Art erschwert bis unmöglich.

Heilige Zahlen und göttliche Zeit bei den Maya

Die Maya waren keineswegs Gefangene ihrer Kalenderordnung. Unsere Fach- und Sachbücher beschreiben das Kalendersystem gerne in Form einer von Mechanik und Automatik beherrschten Zeitmaschine. Mit komplizierten Zahnradmodellen versucht man Klärung zu bieten und erschwert, ja macht den Zugang zum Denken der Maya und ihrem Selbstverständnis der Natur unmöglich, deren zyklisches Geschehen in kleinster Einheit der Tageslauf der Sonne ist. Den Arbeiten von Morley und Thompson, vielfach kopiert, sind die Anschauungsbilder entnommen:

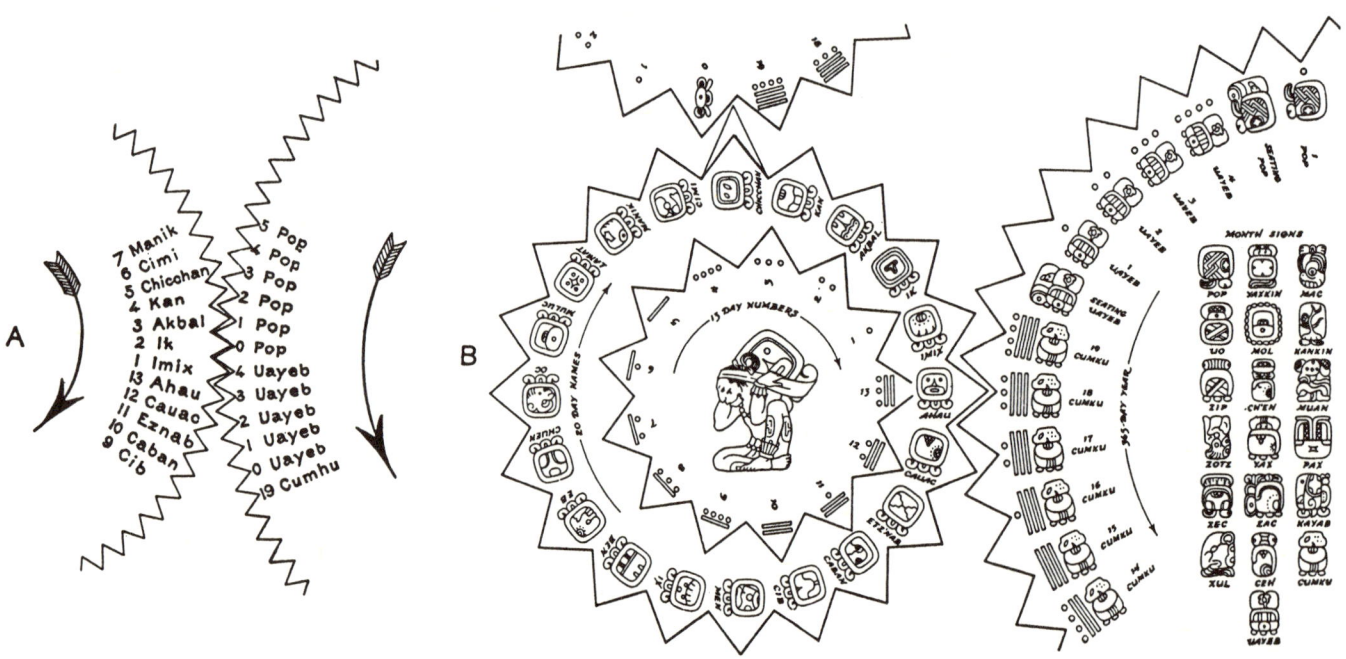

Ein Motiv, zwei Welten: Die Stele D von Copán gehört zu den wenigen Vollfigur-Daten. Es ist der Augenblick gezeigt, an dem die durch die Unendlichkeit der Zeit wandernden Periodengottheiten mit ihrer Zeitspannenlast am Rastplatz (*lub*) einen Augenblick innehalten. Die großen Perioden setzen dann ihren Zug fort, die kleinen wechseln in rascherer Folge. Das Werk des Mayakünstlers steht eingebettet in die Ruhe, Ordnung und Ausgewogenheit, welche wir als Ästhetik des klassischen Maya-Stils schätzen gelernt haben. Das von Jean Charlot eigens geschaffene Frontispiz für J. Eric S. Thompson's „*Maya Hieroglyphic* Writing" – die heute noch als Standardwerk geltende Einführung in die Maya-Kunde – atmet den gekonnten Schwung des an fremden Darstellungen geübten Zeichners, nur M a y a ist es nicht. Unruhe und Unordnung beherrschen die Szenerie; das Unvergleichbare im flächenhaften, seinen Raum füllenden Leben der Maya-Ikonographie wurde zum europäisch-exotischen Mittjahrhundertstil umgemünzt. Es schwingt unverblümt auch das Element der Komik mit, die ein bestimmender Zug der Kunstleistung eines anderen A m e r i k a ist, in dem eigentlich E u r o p a lebt. Das Getümmel ängstigt, bringt die Unruhe, die der Tourist in sich hat, der Einzelforscher, die Darbietungen aus Film und Television. In diesem Spannungsfeld lebt der Indianer von heute.

Von dem die Hochkultur der Maya beherrschenden „unpraktischen Zug" wird immer wieder gesprochen, wenn man den Arbeitsaufwand zur Errichtung von Tempeln, Palästen und Straßen Erfolg und Ergebnis nach abendländischer Sicht gegenübersetzt. Von uns als dumpf empfundene zellenartige Räume spenden Kühle wie Grotten. In der Hitze des Tages mag hier das mitschwingen, was wir als Behaglichkeit empfinden – Kultur und Zivilisation, im Umfeld der Natur. Das Wissen um Ordnung schenkt Sicherheit, nicht Angst. In dem Ausdruck „*Beherrschtsein von der Zeit* " klingt schon abendländische Denkweise an. Wohl selten kann die wiederholt gesetzte Aussage von den zwei einander fernen Welten so treffend aufgezeigt werden, wie in den beiden Sichten der Stele D von Copán – die Umzeichnung nach Maudslay's Tafelwerk und der Ausfluß der gedanklichen Umsetzung und künstlerischen Inspiration durch einen Abendländer.

INITIAL-SERIE in der "Langen Rechnung" (Long Count)
und ERGÄNZUNGS-SERIEN (Supplementär-Serien)

INITIAL SERIES	CUMKU	
	9 BAKTUN	17 KATUN
	0 TUN	0 UINAL
	O KIN	13 AHAU (gehört zur IS)
SUPPLEMENTARY SERIES	Hieroglyphe G (hier: G.) "Gott G. ist der Herr der Nacht"	Hieroglyphe F ??
	Hieroglyphe E und D (hier: "Neumond")	Hieroglyphe C (hier: "2.Stellung)
	Hieroglyphe X, ??	Hieroglyphe B ??
	Hieroglyphe A, (hier: "29 Tage lang")	18 CUMKU (gehört zur IS)

Einleitungs-Hieroglyphe
(mit "TUN" als Hauptelement, dazu
als variables Element die Namenshieroglyphe des jeweiligenMonats:
hier "CUMKU")

BAKTUN
(=144 000 Tage, also) .... 1 296 000 Tage
KATUN
(=7 200 Tage, also) .... 122 000 Tage
TUN
(=360 Tage, also) .... 0 Tage
UINAL
(=20 Tage, also) .... 0 Tage
KIN
(=1 Tag, also) .... 0 Tage
_____
zusammen   1 418 000 Tage
=============================

(so viele Tage sind seit dem Beginn
der Maya-Zeitrechnung vergangen)

G = Namenshieroglyphe der Patronatsgottheit des 9-Tagezyklus (einer der
Bolon-ti-Ku)

F = Bedeutung unbekannt; drückt wahrscheinlich die Funktion von G aus

ED = Angabe des Mondalters

C = Gibt die Stellung des Mondmonats in
der lunaren Halbjahresperiode an

A = Laufender Mondmonat

13 AHAU 18 CUMKU (gehören zur Initial-Serie;
sie geben Tages- bzw Monatsstellung an, die seit dem
Beginn der Zeitrechnung erreicht wurde)

Beispiel für die sogenannte „Lange Rechnung" (*Long Count*) von einem kultisch fixierten Zeitpunkt aus, dem Datum 4 Ahau
8 Cumku [= 13. August 3114 vor Christus]. Die Ostseite der Stele E von Quirigua in Guatemala stammt aus der Blütezeit der
Mayakultur und gibt das Datum 9,17,0,0,0 13 Ahau 18 Cumku an, was fast 1,5 Millionen Tage sind, seit dieser jetzige Zyklus
besteht und sein Geburtsjahr, seinen Fixpunkt hat. Wir kennen in europäischer Sicht ein Alpha und unsere Zeit bewegt sich nach
Omega, bei den Maya aber wird irgend einmal ein neuer Zyklus entstehen. Jede Stelenerrichtung war ein Gründungsfest, vergleichbar den Feuerbohrungen der mixtekischen Handschriften mit allem damit zusammenhängenden Zeremonial. Die heiligen
Gründungsdaten sind dadurch allzeit präsent mit den Schutzgottheiten und den Ahnen.

Grundlage der Zeitrechnung war das „*Tun*" von 360 Tagen mit der Bedeutung in yukatekischem
Maya „kostbarer Stein". Die berühmte Sammlung von Wahrsagetexten des Chilam Balam von
Chumayel enthält einen Bericht von der Erschaffung des Uinal, der 20-Tage - Folge, womit ein
Beitrag zur Ordnung der Welt geschaffen schien. 18 solcher vollständiger „Monate" bilden nun
das „Jahr". „*Tun*" wird oft auch synonym mit „*haab*" gebraucht, das dem 365tägigen Sonnenjahr
angenähert war und in dem auch die unheilvollen 5 Uayeb-Tage Berücksichtigung fanden (vgl.

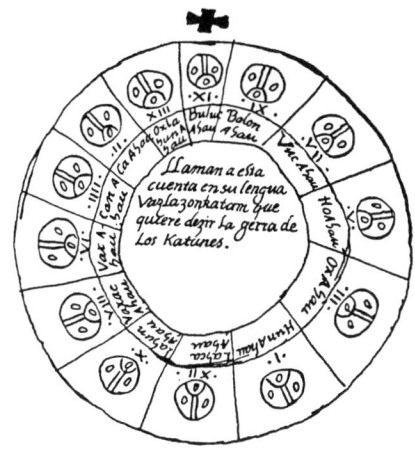

S. 77ff und 101). Die Unterbrechung in der fortlaufenden 20er-Reihe ist demnach keine Inkonsequenz, sondern im Gegenteil eine Anpassung an natürlich empfundene Gegebenheiten. Höhere Einheiten waren das „Katun" und der „Große Zyklus", der die Bezeichnung „Baktun" erhielt. In gleicher Art, wie die 20 Tagesnamen mit 13 Zahlen kombiniert erscheinen, sind es ebenso die höheren Perioden.

13 Katun gehören einem solchen in sich geschlossenen „Katun-Rad" an. Jedes seiner Glieder, benannt nach dem Schlußtag „Ahau" (Herr), konnte wieder seine entsprechenden Prognostien besitzen, über die ein Gutteil der Wahrsagebücher handeln.

Außer den Vollfiguren der Zahlen als Träger ihrer Zeitenlasten (vgl. S. 205) kommen zumeist deren Köpfe wiedergegeben vor, wenn nicht lediglich die sogenannte „Maya-Zahlschrift" benützt wurde. Drei Zeichen genügten, um im vigesimalen oder Zwanzigersystem bis zu Millionenwerte auszudrücken: ein P u n k t für „1", ein B a l k e n für „5" und ein leeres S c h n e c k e n h a u s für „Null". Besser ist es, von einem „Vollendungszeichen" zu sprechen, in gleicher Art, wie wir in der sogenannten Bahnhofszeit „Null Uhr" verwenden. Wir haben Berichte darüber, daß für den Handel auch das reine Vigesimalrechnen Anwendung fand, also mit „1, 20, 400, 8 000, 160 000 usw." gezählt wurde und nicht mit dem kalenderastronomischen Werten „1, 20, **360**, 7200, 144 000 usw.". (Beispiele für die Zahlenschreibung im Positionssystem vgl. unter **64**, und S. 84).

„Ich will nicht!"

Es ist die Mißachtung der Quellen, wogegen sich das historische Empfinden sträubt. Die Bezeichnung der alten Texte als „töricht" oder „konfuse, kritiklose Zusammenschreiberei" ist gleich wie Konzepte von „Tarnkunst", „Ortungskunde" oder „Informationsverschlüsselung" das Zeichen phantasievoller, subjektiver Hineininterpretationen. Andererseits ist es aber so, daß alte Berichte oft nicht aus sich selbst verständlich sind. Man muß sie aber in ihrem ursprünglichen Zusammenhang sehen und sich immer der möglichen Kommunikationsstörungen zwischen Chronist und Gewährsmann bewußt sein. Mißverständnisse gab es früher genau so, wie bei anthropologisch-soziologischen Untersuchungen von heute …

Zwei Beispiele dienen zur Illustration. Der spanische Bischof von Yucatán im 16. Jahrhundert Fray Diego de Landa (1524–1579) hatte den phonetischen Charakter der Maya-Hieroglyphenschrift erkannt. Der Schlüssel zum Verständnis schien ihm einfach. Er forderte einen schriftkundigen Indianer auf, ihm auf seine Art eine Probe niederzuschreiben und buchstabierte ihm entsprechend ein „L" und ein „A" als spanisch „Ele" und „A" - vielleicht wollte er seinen eigenen

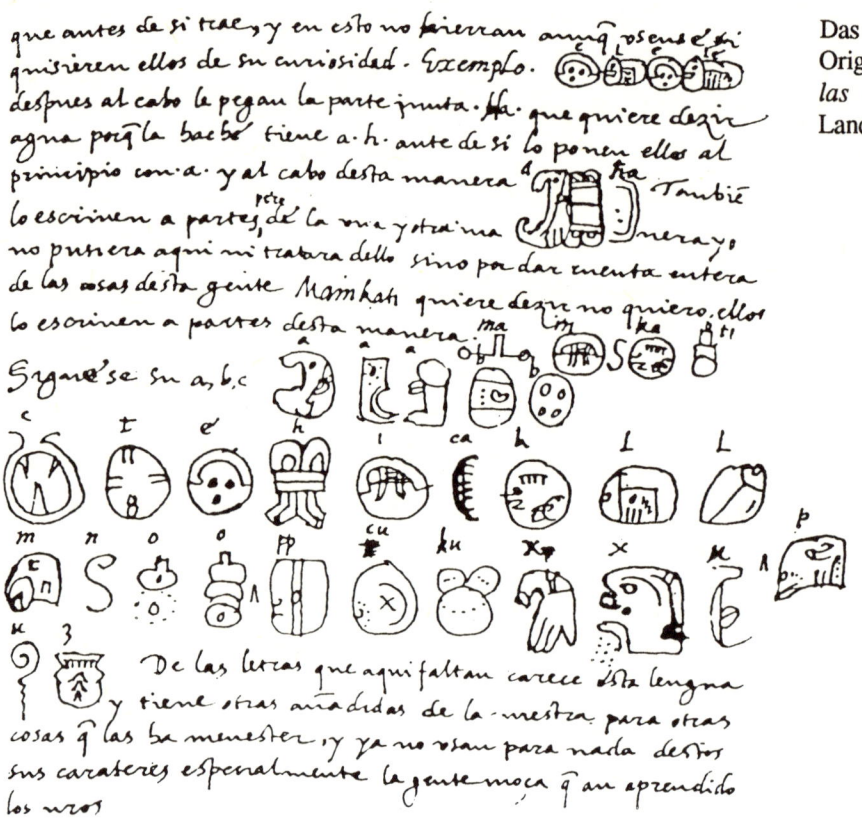

Namen in Mayaschreibweise vor sich haben. Offensichtlich wurde sich der Fragende bald bewußt, daß die ihm vorgeschriebenen Zeichen keine Buchstaben im erwarteten Sinn seien und sich aus verschiedenen Elementen zusammensetzten. Bei falschen Voraussetzungen führen selbst richtige Beantwortungen zu Unverständnis. Der Bischof war offenbar mit dem Ergebnis nicht zufrieden. Auf sein Verlangen kam endlich ein sinnvoller Satz zu Papier. Der Maya schrieb nieder **„Ich will nicht"- MA INKAT** mit seinen Symbolen „*ma - i - n - ka - ti* ". Wir wissen nicht, ob der Informant oder der Forschende ein Zeichen der Frustration setzte. Dann trieb das Mißverständnis weiter dahin. Manche „Buchstaben" ergaben bei deren Wiederholung mehrere Symbole, jedenfalls stand zum Schluß das spanische Alphabet von A bis Z in Maya „ausgedrückt" auf dem Papier. Der Bischof sprach deutlich die Laute vor, mehr oder weniger aspiriert, der Schreiber schrieb entsprechende Silbenzeichen nieder. So erkennen wir eine „Schildkröte" (*ac*) oder einen „Mann" (*ah*) für „a", einen „Weg" (*be*) für „b" und so fort. Das erhaltene Alphabet ist also nicht direkt ein Schlüssel zur Mayaschrift, aber es kann, wie der russische Gelehrte Yuri Knorosov erstmals richtig erkannt hat, trotzdem als Ausgangspunkt phonetischer Lesung dienen, wenn man sich seiner Entstehungsart bewußt ist.

208

Im Abschnitt von den Venustafeln steht auf Seite 108 ein junger Mann, den die Strahlen des Venusgottes getroffen haben. Die entsprechenden „Schriftzeichen" enthalten „Buchstaben" aus dem zur Berühmtheit gewordenen Landa-Alphabet. Ein „Fischschwanz" korrespondiert mit „M", wahrscheinlich aus MEX, „Fisch mit Flossen" und wird als phonetisches Komplement „ME" dem klaren Wortbild des Hauptes einen jungen Mannes vorgesetzt. MEHEN, „junger Mann, Sohn" wäre die zusammenlautende Lesung. Das zweite Zeichen besteht zunächst aus Landas „U", dem „Mond", aber dieses ist auch das besitzanzeigende „sein". Der nächste Hieroglyphenteil wird aus einem Knochendolch gebildet, der etwas durchsticht, nämlich Landas „L" aus „LEE", „Blatt". Durchstechen heißt in Yucatec-Maya „HUPP". In der fortlaufenden Lesung behalten die Symbole einen verschleifenden Lautwert U HU und L, zusammen gelesen UHUL, „sein Durchbohrter". Die hieroglyphische Phase sagt dasselbe wie das Bild: MEHEN UHUL, *„Der junge Mann (Sohn) ist sein Durchbohrter"*.

Das Beispiel zeigt einige Wesenszüge der Maya-Schrift, die mit den Wortkompositionen des Codex Mendoza zu vergleichen sind. Wortprägungen wie „Rebusschrift" für diese Phänomene sind irreführend, weil es sich nicht um spielerische Verklausulierungen, sondern um kommunikationsgerichtete Schrift handelt.

Ein zweites Beispiel ist nicht minder köstlich und aufschlußreich. Es stammt aus dem Sagenkreis um den Untergang des Toltekenreiches. Die „Historia Tolteca Chichimeca" erzählt eine der Ursachen des Falles von Tula. Hier erfahren wir von einem sozialen Konflikt. Der toltekische Fürst Huemac gilt nach verschiedenen Quellen als Zeitgenosse, Vorgänger oder auch Nachfolger Quetzalcoatls. Er erteilte den Nonoalca, einer Bevölkerungsgruppe von Tula-Tollan, die als Palastwache bestimmt wurde, den Auftrag: „Bringt mir eine Frau, die einen Hintern von vier Händen Breite besitzt". Verschiedene Frauen wurden vorgeführt, doch keine entsprach dem Begehr. Als das über die Zurücksetzung verärgerte Volk zu rebellieren begann, bedeutete dies das Ende des Toltekenreiches.

Diese auf den ersten Blick merkwürdige Passage läßt sich mit Hilfe einer kolonialen Quelle aus dem Maya-Bereich erklären: aus den Wahrsage- und Weisheitsbüchern des Chilam Balam, einer Sammlung historisch-mantischer Dokumente, erfahren wir, daß der Adelige sich einer geheimen oder esoterischen Sprache zu bedienen wußte, die als *„Sprache von Zuyua"* bezeichnet wurde. Jeder junge Aristokrat wurde regelmäßig über sein Wissen geprüft. Unter dem Begriff der verlangten „Frau mit dem großen Hinterteil" war ein K ü r b i s zu verstehen. Huemac stellte also eine Examenfrage und die Nonoalca versagten — so wie später die ratlosen Interpreten der Toltekengeschichte.

Drakonische Strafen erwarteten laut Chilam Balam denjenigen, der bei der strengen Prüfung versagte: er wurde aufgehängt, nachdem man ihm die Zunge abgeschnitten und die Augen ausgerissen hatte.

Für und wider „Rebusschrift"

Niemand wird es wohl allen Ernstes einfallen, die zur Namensschreibung verwendeten Lautwerte der frühen ägyptischen Schrift, wie sie die Schminkpaletten des Königs Narmer aufweisen, als rebusartige Spielerei zu bezeichnen (vgl. S. 14), ebenso die verschleifenden Lautungen in den mesopotamischen Texten, wenn etwa „LAND" geschrieben steht: *mâtu+ma+a+tu* – das Ideogramm und zur zweifelsfreien Lesung noch die lautliche Schreibung hinzugesetzt. Genau das zeigen die mesoamerikanischen Schriftsysteme. Warum bezeichnen zahlreiche über Mexiko schreibende Autoren die Schrift als noch embryonal? Was mag wohl Ernst Doblhofer dazu bewogen haben, in seinem verdienstvollen Sachbuch *„Zeichen und Wunder – Die Entzifferung verschollener Schriften und Sprachen"* über die in seinem Buch übrigens nicht behandelten amerikanischen Schriftsysteme von den „düsteren Hieroglyphenfratzen seiner vorkolumbianischen Kulturen" zu sprechen[39]. Der sich durch Jahrhunderte ziehende Streit Pro und Kontra der Inferiorität des Neuen Kontinentes Amerika scheint ein gerüttelt Maß Anteil an der negativen Einschätzung zu haben.

Erst in unserer Zeit ist das intellektuelle Spiel rund um das Verschlüsseln und Entschlüsseln von Sinnsprüchen außer Kurs geraten. Rebusartige Worträtsel galten als beliebter Zeitvertreib vor der Erfindung des Kreuzworträtsels. Zwei Beispiele dieser Gattung wollen es dem Leser nach der Lektüre mesoamerikanischer Texte anheimstellen, ob die alten Schreiber tatsächlich zu vergeheimnisen beabsichtigten:

Links: (viele) „D" um „m" [= **DUMM**] / (Leiter:) „h" statt L + „eit", ohne „er" [= **HEIT**] / (vom Stiefel nur den „-Schaft":) statt „ch" setze „tr" + „aft" [= **STRAFT**] / (von „sechs":) statt „e" lies „i" [= **SICH**] / (verbleibendes) „s" + (Fluß) „Elbe" + „R" [= **SELBER**]:

<u>**Dummheit straft sich selber**</u>

Rechts: (bei „Torte":) statt „T" lies „D", „e" streichen [= **DORT**] / (bei „Widder":) statt „id" lies „o", und trennen [= **WO DER**] / **GEIST** / **IST** / („Rauch":) ohne „R" [= **AUCH**] / **DER** / (Geist „verkehrt":) ohne „T"... **SIEG**:

<u>**Dort, wo der Geist, ist auch der Sieg**</u>

„omite" - getilgt

y e t e o y a i x p a n   t o n a   a   S a n t a   M a r i a
...vor den Augen der Göttin, unserer Mutter, der Heiligen Maria
(*en la presencia del dios que hace el dia* [*omite Santa Maria*])

Neben der Beschäftigung mit den Bilderhandschriften wurde ebenso in den im Laufe des 16. und des beginnenden 17. Jahrhunderts in Neu-Spanien niedergeschriebenen Poesie- und Prosatexten die altmexikanische Geistigkeit zu erfassen gesucht. Eine Fülle von Bestrebungen zur Sammlung und Herausgabe der historischen Quellenwerke der altmexikanischen Literatur liegt vor. Sie stehen alle vor der Schwierigkeit des Verstehens der in den indianischen Sprachen verfaßten metaphernreichen Inhalte und setzen eine Kenntnis der historischen Geschehnisse in dem zu „Neuspanien" gewordenen Altmexiko voraus. Eine der wichtigsten Sammlungen ihrer Art, die in der zweiten Hälfte des 16. Jahrhunderts abgefaßten „*Cantares Mexicanos*", erschienen 1887 durch Daniel Brinton als „*Rig Veda Americanus*" im Druck. Sie wurden aber erst 1957 durch Leonhard Schultze Jena in einer befriedigenden Weise durch Gegenüberstellung von Wortlaut und Übertragung ins Deutsche vorgelegt.

Eine erstaunliche Literaturgattung liegt vor uns. Die Gesänge atmen einen anderen als den von uns erwarteten altindianischen Geist. Es sind großenteils Elegien und Lobpreisungen im franziskanischen Stil, wie uns zwei den Texten der Lieder vorgesetzte Erläuterungen zeigen:

(Lied der Knaben)

Schultze Jena 231	Hier beginnt das Lied von den Knaben oder von den Knäblein, das alte. Es ist wiedererstanden (dort) in Mexiko am Festtag des heiligen Franziskus. Zu unserer Zeit, da wir Knäblein noch im Priesterhause wohnten, ist es komponiert worden. Cototicoto ticoto tiquiti cototiquiti cototiquiti.

(Lobgesang der Frauen auf Christi Auferstehung)

Schultze Jena 257	Gesang der Frauen über die Auferstehung unseres Herrn; gedichtet hat ihn Don Baltasar, unser hoher Schirmherr von Colhuacan, der ihn hier in Azcapotzalco dem Tepaneken, unserem im Unglück geprüften Gebieter, Don Diego de León, gewidmet hat, im Jahre 1536. Ticotico ticotico tocotico tocotico tocotoco tocotico.

Die Lieder entspringen also franziskanischer Missionsabsicht, christliche Endzeitgedanken mit altindianischem Formenschatz zu verschmelzen. Es ist die gleiche Art, wie altindianische Handwerkstechniken im Dienst der Kirche etwa in der Federmosaikkunst neuartige Schöpfungen erlebten, materialisierten Ausdruck fanden. Dem gleichen Gefühl entspringen auch die von der mexikanistischen Forschung sträflich vernachlässigten „*Autos sacramentales*" des frühkolonialen religiösen Dramas, das in seiner Diktion treffend „*Vom Tzompantli nach Golgotha*" genannt wurde[40].

In den Gesängen spiegelt sich die Melancholie des Traumas einer vergangenen Welt, zugleich schwingt auch kindliche Freude und Naturliebe mit. Alles scheint von einer mystisch-monotheistischen Grundhaltung geprägt; es spricht uns die Kraft aus der Einfachheit im Stile eines Thomas von Kempen an. Indianische Autoren legten die Geschichte und Erlebnisse ihres Volkes nieder, gesehen vor ihrem zeitgeschichtlichen Horizont vollkommen verwurzelt und eingebettet in klassisch-antikes und renaissancezeitliches Gedankengut. Für den Vortrag der Liedstrophen dienten die alten Instrumente zur Begleitung: Rassel und Flöte, Schlitztrommel und Standpauke. Der jeweils zu verwendende Rhythmus oder „*Tono*" steht angegeben, wodurch wir als einzigartige sonst nicht erhaltene Quelle die altmexikanische Spielweise besitzen.

Die Inhalte wurden so formuliert, wie man zum Augenblick der Conquista hätte tun und sagen sollen. „Das ist Literatur und nicht Geschichte", formulierte treffend der mexikanische Nahuatlist Garibay über die Wechselgespräche oder „*Colloquios*", welche die berühmten 12 Franziskanermissionare bei ihrer Ankunft 1524 mit aztekischen Vornehmen und Priestern geführt hätten[41]. Solche Kolloquien besitzen in Europa eine lange Tradition von Platon bis Erasmus und Morus. Unbesehen wurden die Fiktionen, als tatsächlich stattgehabt, zu einem Monument der Ereignisgeschichte gemünzt. Ähnlich sollte die literarische Ausgestaltung des Mythos von der erwarteten Wiederkehr des „Weißen Gottes"-Quetzalcoatl die angeblich freiwillige Überlassung der Macht durch Moctezuma an Hernán Cortés legitimieren.

In einem Klagegesang über die Flucht Quetzalcoatls aus der mythischen Stadt Tollan hebt ein Gesang nach Schultze Jena 1957 so an:

Schultze Jena 141f

Tico toco toco tiquitiquiti quiti quito, wird oft wiederholt.

Maiskolben vieler Farben sind entstanden, Sommerblumen aller Art breiten sich aus, sprießen und wachsen vor den Augen der Göttin, unserer Mutter, der Heiligen Maria.

Wasser plätschert, prächtiges Wasserkraut knospt und wächst. Auch ich bin eine Schöpfung des alleinigen Gottes; des Gottes Wohltat ist (über uns) gekommen.

Hier nun in den Bilderschriften lebt Deine Seele, auf der Matte der Bücher singst Du, läßt die Herrscher tanzen. Der Bischof, ja der ist unser ehrwürdiger Vater; dort am Rande des Wassers singen wir.

Er, Gott, hat Dich geschaffen, Blumen haben Dich umhegt, Lieder schreiben Dich (ins Gedächtnis der Menschen). Die Heilige Maria, der Bischof usw.

Die Tolteken schreiben es auf, daß das Buch (ihrer Geschichte) und Deine Seele am Ende sind. Alles Toltekische ist zum Schluß gelangt, nie werde ich hier leben bleiben.

Bei Angel M. Garibay bietet sich 1968 in dessen POESIA NAHUATL im dritten Band die gleiche Passage folgendermaßen dar:

212

Tico toco toco tiquiti tiquiti. Zan ic mocueptiuh

In tlapapal xochicentli niyol, Aya,
nepapan tonacaxochitl moyahua. Aya.
On cuepontimoquetzaco ya anaya, Aya,
Ye teoya ixpan tonan. Aya.   (om. Santa María)
    Atlayahuican aya zan quetzalaxihuitl
tomolihuiyan. Aya.
Ye ni itlachihual icelteotl   (om. ye Dios)
ye ni itlayocol. Ahuaya yehecoya ahuay.
    Zan ca tlacuilolpan nemia moyollo
amoxpetlatl ipan toncuica. Aya.
Tiquimon ya itotia in teteuctin ( ) (om. in obispo ya, etc.)
Aya oncan titlatoa atlitempan. Ayyo.
    Yehuan ( ) mitz yocox, Aya,
xochitla ya mitz tlacatili,
yancuicatl mitz icuiloa ( ).   (om. Santa María in obispo)
    Tolteca ihcuilihuia. Ahaya ayaha.
On tlantoc amoxtli. Ya.
Moyollo, Ya on aya, moch on ahciticac, ooo,
toltecayotl ica ya ninemiz ye nican.

II. *Supervivencia de Cintéotl*

Monólogo de Cintéotl

Nací yo la Mazorca de tintes policromos:
matizada está la florida mazorca:
¡ya vino a abrir sus granos en la presencia
del dios que hace el día!
    En la región de la lluvia y la niebla,
donde las preciosas flores acuáticas abren su corola,
yo soy la hechura del dios único,
soy su creación.
Coro: Sólo entre matices tu corazón vive,
cantas en la estera de musgo,
haces bailar a los reyes,
tú tienes el mando en la ribera del agua.
    El dios te creó, cual flor te dio vida,
te pintó cual un canto.
    Escribían los toltecas: se acabaron sus libros,
Pero tu corazón llegó a ser perfecto.
Cintéotl: Por el arte yo viviré aquí siempre.

Der Autor als „Begründer der modernen Studien der Nahuatl-Literatur im humanistischen Sinne auf der Basis einer guten linguistischen und philologischen Methode", wie ihn das Vorwort des Werkes rühmt, hat eine Fülle von Übersetzungen geschaffen. Unter anderem stammt aus seiner Feder das Standardwerk der aztekischen Literaturgeschichte „*Historia de la Literatura Nahuatl* ". Das Bestreben ging nun dahin, die aus synkretistischem Geist entwachsenen Literaturwerke des jungen Neu-Spanien ihres christlichen Gedankengutes zu entkleiden; das aztekische Substrat sollte dadurch herauspräpariert, herausgefiltert werden. Diese gereinigte Fassung dient nun ihrerseits einer Aberzahl von Studien als Primärquelle, weil sie ja vom Meister geschaffen war – der Text wird ohne Kontext weitertradiert. Die Probe zeigt deutlich, wie der Rekonstruktionsversuch zur Textmanipulation wurde: die „Heilige Maria", das spanische Wort „*Dios*" für Gott und „der Bischof" wurden getilgt, dafür wird der Gesang dem Maisgott Cinteotl in den Mund gelegt.

Wir haben die untrennbare Einheit des uns aus der Umbruchzeit nach der Konquista erhaltenen indianischen Poesiegutes ebenso zu werten und zu schätzen, wie es für die präkolumbischen Codices selbstverständlich erscheint. Der Mystizismus einer längst in die Geschichte der großen Weltutopien eingegangenen Epoche läßt sich nicht ohne weiteres in die vorspanische Zeit zurückprojizieren.

Die Revitalisierung eines aus solchen Projektionen genährten imaginären Aztekentums entspricht eigener Weltflucht und dem ambivalenten Verhalten zu fremden Kulturen. Zwar scheint sie dem Leser die Möglichkeit zur Selbstidentifikation zu bieten, führt aber weg von der Erfassung der historischen Wirklichkeit.

Weg vom Indianer

Im Auslegen seid frisch und munter,
legt ihrs nicht aus, so legt was unter.
Johann Wolfgang von Goethe, „Zahme Xenien"

In der Zeit des heftigen „Babel-Bibel-Streites" in Berlin rang sich Eduard Seler das Kernstück seiner ikonographischen Studien ab: 1904 bis 1909 erschienen die drei Erläuterungsbände zum Codex Borgia. In der vollen Schaffenskraft war der „Altmeister der Mexikanistik" Zeitzeuge der Entdeckung der Sumerer gewesen, ebenso erlebte er die wahren Triumphe, welche innerhalb der Orientkunde die Babylonistik erfuhr. Die Auffindung und die philologische Textaufbereitung erfolgte hier von Sprachen und Völkern, die eigentlich seit urdenklicher Zeit verstummt waren. In Mexiko glaubte man eine ähnlich gelagerte Situation zu sehen. Entsprechend der Thesen vom Untergang der präkolumbischen Kulturen, deren Träger eine Eliteschichte gewesen war, dachte man mit gutem Recht, den lebenden Indianern als Nachkommen der einstigen Unterschichten der Bevölkerung jeglichen Zugang zur Geschichte ihrer Vorfahren absprechen zu dürfen, wie die Bewohnerschaft des Zweistromlandes oder die ägyptischen Fellachen zum archäologischen Fundgut versunkener Kulturen ebenso kaum Aussagen treffen konnten. Altamerika galt als Objekt archäologisch-historischer Studien, neben der für sich stehend die Ethnographie sich mit der rezent vorgefundenen Bevölkerung befassen konnte. Der vermeintliche Traditionsbruch im alten Kulturraum traf in stärkerem Maße eher auf die Forschung selbst zu.

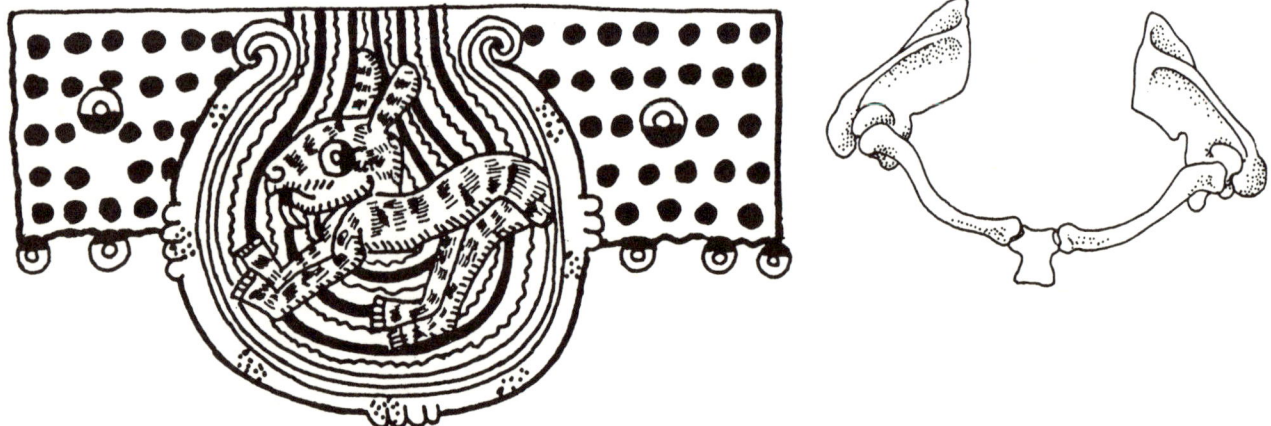

Was ist ein Knochengefäß? Das Mond-Kaninchen soll in einem derartigen Behälter sitzen, das mit Himmelswasser gefüllt ist. Schulterblatt und Schlüsselbein aus einem anatomischen Atlas in einen dreidimensionalen „Mondbehälter" umzumünzen, ist eine erstaunliche Auffassung (entnommen einer wissenschaftlichen Publikation aus Mexiko).

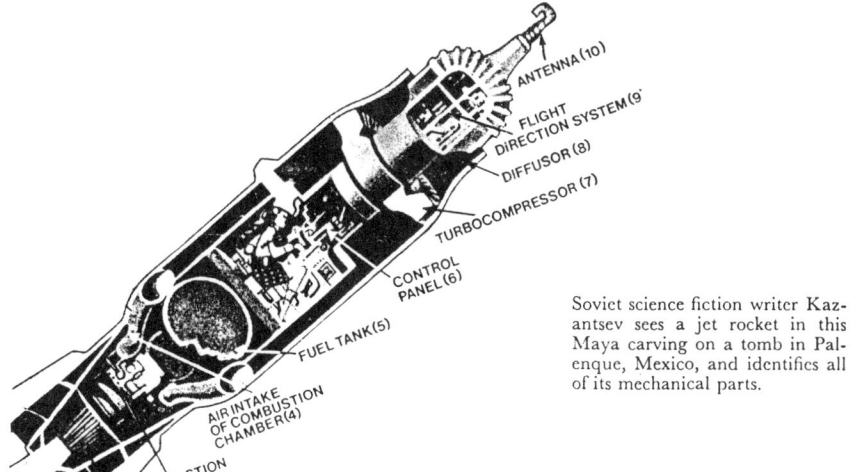

Soviet science fiction writer Kazantsev sees a jet rocket in this Maya carving on a tomb in Palenque, Mexico, and identifies all of its mechanical parts.

TAV. 27 — In alcuni rilievi di Palenque è ben evidente uno strumento che molto lascia pensare ad un televisore, provvisto di immagine sullo schermo e di tre piccole basi di appoggio nella sua parte inferiore. Il disegno di sinistra mostra la divinità che crea l'umo della Sesta Razza, riflesso nel televisore.

Herr Pacal aus Palenque nach der sowjetischen Science Fiction (kommentiert von einem nordamerikanischen Autor); die Phantasterei wurde von Nowotny als „astronautischer Mopedfahrer" apostrophiert. Mayahieroglyphen als Televisoren (entnommen dem Werk eines italienischen Phantastenautors).

Zur bewunderten „*Höllenfahrt der Ischtar*" schien in der „*Höllenfahrt des Planeten Venus*" eine neuweltliche Entsprechung vorzuliegen. Eine der großartigsten Passagen des Codex Borgia wurde von der anerkannten Autorität altmexikanischer Kulturen im Sinne der Astralmythologie gedeutet. Sogar der Stil der Kommentare läßt den Einfluß der zeitgenössischen Vorbilder erkennen. Die junge Disziplin der amerikanischen Sprach- und Altertumskunde, die Seler mit aus der Taufe gehoben und nachhaltig beeinflussen konnte, erschien altweltlichen Befunden gegenüber als ebenbürtig auf. Nach dem Tode Selers erstarrte merkwürdigerweise die Erforschung altmexikanischer Handschriften weitgehend. Das allgemeine Interesse hatte sich auf das Gebiet der Archäologie verlagert. Allzu spröde erschien die allen Pessimismus rechtzufertigende vergebliche Entzifferungsarbeit der mit Bilderrätseln verglichenen Inhalte der Handschriften. Die dargestellten Personen galten fast durchwegs als Götter, wie man dachte, vor verschlüsseltem astronomischen Geheimwissen zu stehen.

Im „Vollendungszeichen" der Maya wurde eine Luftaufnahme des Castillo in Chichen Itzá „erkannt" (aus einer nordamerikanischen Publikation).

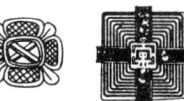

Thus, the Castillo as completion sign symbolizes the completion of the solar year, the cycle of four years and spatial directions, and the 52-year Calendar Round. It is likely that it also represented the consummation of the cycle of the nine Lords of the Night and the Underworld (the Bolon-ti-Ku), and that of the thirteen Lords of the Upperworld (the Oxlahun-ti-Ku), as well as the completion of the 260-day Sacred Almanac. However, with the 91 steps on each of the four stairways, a prime function of solar completion is clearly indicated.

215

By comparing this symbol 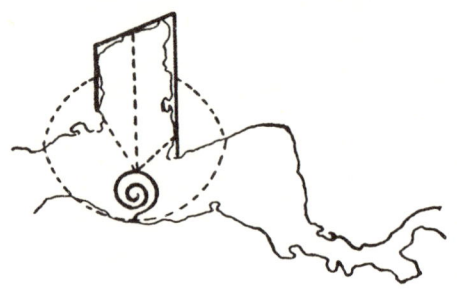 with the shape of the countries immediately south of the peninsula, notwithstanding the changes that are continually taking place in the contour of the coast lines, particularly at the mouth of rivers,[1] by the action of currents, etc., we cannot fail to recognize that the hierogrammatist assumed it to be the sprout of a calabash, the body of which was represented by the lands comprised within the segment of a circle having for radius the half of a line, parallel to the eastern and western shores of the peninsula, starting from Point Lagartos, on the

15-II   15-V
16-V   19-II   19-III

Astronomische Hilfsmittel der Mayas

Links: Der französische Amateurarchäologe Auguste le Plongeon wollte der Hieroglyphe „Süden" eine phantastische Deutung geben: der Grundriß Yucatans in Luftaufnahme oder als Kartenbild sei in ihr von den Maya gesehen worden; dieser erschien ihnen eigentlich in Gestalt eines Kürbiskeimes symbolisiert zu sein (*Queen Móo and the Egyptian Sphinx*, 1896). Rechts: Die Observatorien-Suche begann bei Nuttall zu Beginn unseres Jahrhunderts, unkritisch fortgeführt wird sie bis heute und mit Akribie betrieben. Die Hieroglyphe von Tlaxiaco (vgl. S. 196) wurde sogar zum Emblem einer amerikanischen Archäoastronomischen Gesellschaft erkoren.

Die Astraldeutungen von Seler und seiner Zeit leben bis in unsere Tage weiter, trotzdem inzwischen mit Caso, Nowotny und Proskouriakoff der Durchbruch erzielt wurde. Während des Zweiten Weltkrieges kamen englische Übertragungen der „Gesammelten Abhandlungen" zur Verbreitung, und 1963 erschien der Borgia-Kommentar in spanischer Übersetzung. Die Neuentdeckung der deutschsprachigen Mexikanistik, personifiziert in der Gestalt des Altmeisters, war durch den Fortfall von Sprachbarrieren erfolgt. Der vermeintliche Schlüssel zum Verständnis der Quellen brachte eine wahre Renaissance der Astralistik der Zeit um die Jahrhundertwende hervor.

Zu allen Zeiten haben Menschen versucht, sich das Fremde dadurch vertraut zu machen, indem man es in die eigene Vorstellungswelt einzubinden trachtete. Die aus ihrem lebendigen Zusammenhang gelösten altamerikanischen Kulturen mußten einen wahren Tummelplatz für Deutungsversuche vielfältiger Art abgeben, – heute mehr denn je – sei es unter kulturhistorischen, phänomenologischen oder strukturalistischen Aspekten. Die Palette reicht von der Auffindung verschollener transkontinentaler Kultureinheiten mit ortungskundlichen Methoden bis zur Informationsverschlüsselung, mit deren Hilfe vorgeblich Kultpriester religiös-kalendarisches Wissen vor Unwissenden verbargen. Mythologische Urweisheiten „erschließen" sich in Popol Vuh, Rigveda oder Edda dem Kundigen, wobei die Einzelmotive auf dem Wege wahrer Erkenntnis untereinander austauschbar seien wie die Praktikablen einer Inszenierung. Ägypten oder Babylon, Indien oder China waren die gesuchten alten Mutterkulturen, denen sich im neuweltlichen Bereich nahtlos auch eine amerikanische Urheimat der Kultur gegenüberstellen ließ. Die Alten hätten auch technische Gerätschaften einzusetzen gewußt, von deren Wirkungs-

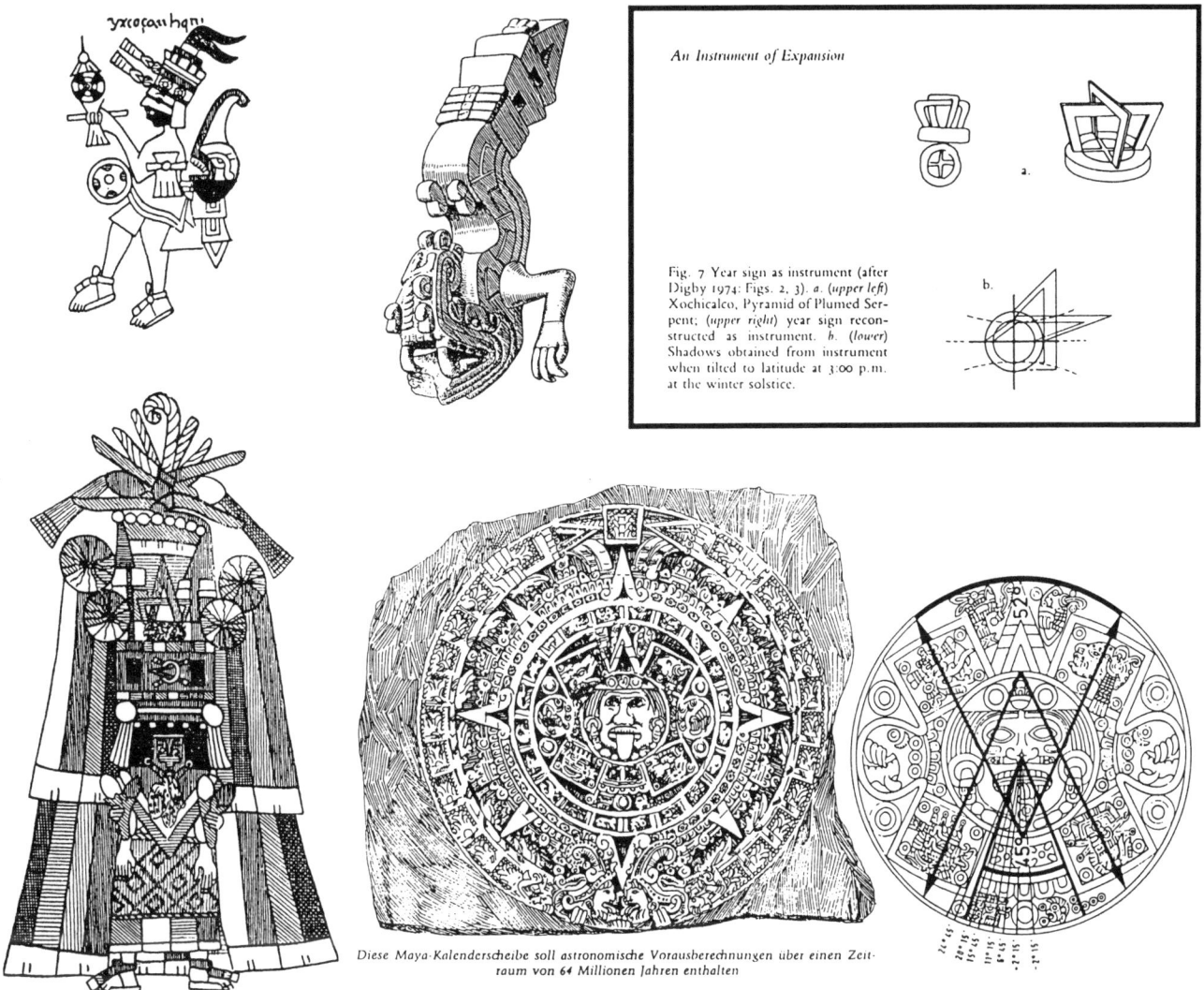

Diese Maya-Kalenderscheibe soll astronomische Vorausberechnungen über einen Zeitraum von 64 Millionen Jahren enthalten

Der Feuergott trägt in der ikonographischen Überlieferung eine Feuerschlange, wie sie bei anderen Gottheiten auch vorkommt. Im Jahressymbol der Mixteken und der Zapoteken tritt das Element ihres Zackenschwanzes auf, ebenso als Kopfputz bei verschiedenen Göttergestalten, vor allem bei Tlaloc und anderen mit Himmelserscheinungen verbundenen Mächten. Das Zeichen scheint so deutlich verankert zu sein, daß Versuche zur Deutung als Vermessungsgerät und Schattenhöhenmesser eigentlich befremden müssen. Im Sonnenstein wird immer wieder ein esoterisches Ortungsgerät oder Theodolit zu sehen versucht (nach deutschen und nordamerikanischen wissenschaftlichen Publikationen).

weise selbst die moderne Industriewelt nur träumen kann. Namentlich ein technisches Zeitalter schafft sich Mythen aus sich selbst, zu denen schließlich auch der messianische Geist des Fortschrittglaubens unserer Tage zählt.

Überaus drastisch nannte Nowotny die bisherigen Wege der Mexikanistik „durch aufgegebene Hypothesen und Theorien bezeichnet wie die alten Karawanenstraßen durch bleichende Skelette".

Wenn von der „Lesung" der altamerikanischen Schrift abgehandelt wird, muß die Sprache auch auf „Fehl-Lesungen" kommen. Viele Deutungsversuche scheinen lediglich auf der Fähigkeit des numerischen Zählens zu beruhen (Karl Anton Nowotny, Bemerkung in einer Diskussion über angebliche Kalenderastronomie). Das linke Beispiel aus einer mexikanischen Publikation will den aztekischen Sonnenstein "lesen" helfen; die rechte Passage soll der „Schlüssel" zur Dekodierung des Codex Laud als hinduistisches Manuskript sein (aus einem wissenschaftlichen Zeitschriftsaufsatz).

Der Zweifel an der Kontinuität indianischer Überlieferungen hat mitunter zu merkwürdigen Blüten geführt. Weither geholte phantastisch anmutende Deutungsversuche führen uns aber nur weiter weg vom Indianer. Gerade der umgekehrte Weg erscheint der gangbare zu sein. Es wurde wohl deutlich zu machen versucht, in welchem Ausmaße die alten Bücher Teil des indianischen Traditionsgutes sind. Im Gegensatz zu einer noch so phantasievollen Esoterik überzeugen wohl die auf indianischer Sicht beruhenden Texte durch Klarheit und Konsistenz. Ein letztes, zusammenfassendes Beispiel dafür, daß Kultformen sich weit in die Vergangenheit zurückfinden und deuten lassen, bietet der Bericht eines indianischen Ethnologen von einer Zeremonie, die heute noch in nahuasprechenden Gebieten im Staate Hidalgo im Brauchtum verankert ist: Reifende Maiskolben werden feierlich mit Musik vom Feld eingeholt. Man schafft sie in Rückenkörben nach Hause, wobei man sich einen Stab aus kolbentragenden Maisstengeln bindet. Ein solches Maiskolbenfest oder *Elotlamanalistli* muß auf einer weit zurückgehenden Tradition beruhen: auf Teotihuacan-Fresken wie im Codex Vindobonensis finden wir Regengottpriester bei Tätigkeiten, welche völlig durch die eben erfolgte Schilderung erklärt werden.[42]

Leonhard Schultze Jena sagte 1944 über das Popol Vuh , daß es als „eine der ältesten Urkunden indianischer Menschen- und Weltbetrachtung, als ein scharf ausgeprägter Zug im Gesamtbild der geistigen Entwicklung des Menschengeschlechtes für immer seinen Wert behalten wird". Dasselbe trifft auf das ganze indianische Schrifttum zu.

Uns Europäern bedeutete es die Abstattung einer Dankespflicht für die bewußt gewordene Bereicherung, welche die Weltkultur durch die Werke der Ahnen der jetzt lebenden Indianer erfahren hatte. Wie die Maya haben die Azteken und Mixteken, gleich anderen Völkern Mesoamerikas bedeutsame Kunstwerke und historische Texte hinterlassen. Auch wenn die geschilderten Ereignisse fernab der großen Entwicklung des Raumes geschahen, in dem wir geflissentlich den Strom der „Weltgeschichte" fluten sehen, liegen nunmehr zugänglich gewordene weitere Kapitel vor, die ihren Platz in einer neuen, wirklich globalen Weltsicht beanspruchen dürfen. Wenn erst in Umrissen erkennbar, stehen wir den Aufzeichnungen von Poesie und Prosa auch in Bilderschrift gegenüber. Gemeinsam mit den Übertragungen in die europäische Schrift der frühen Kolonialzeit sind sie ein Abschnitt Weltliteratur. Nach einem halben Jahrtausend würden wir uns nach den vielen im Laufe der Jahrhunderte mit dem Begriff „Amerika" verbunden gewesenen Fehlsichten anschicken, unser eigentlich immer noch ptolemäisch-mediterran verhaftetes Weltbild endlich zu verlassen.

Anmerkungen

1 Leonhard Schultze Jena hatte 1929-1931 Materialien zu seinem späteren dreibändigen Werk über Texte in Sprachen Mittelamerikas und Mexikos gesammelt (*Indiana I-III*, Jena 1933-1938). Seiner Übertragung des *Popol Vuh* (1944) folgte die Beschäftigung mit dem Werke Sahagúns als *Wahrsagerei, Himmelskunde und Kalender der alten Azteken* (1950) und *Gliederung des alt-aztekischen Volkes in Familie, Stand und Beruf* (1952), wie die Übertragung eines großen Teiles der Liedersammlung der *Cantares Mexicanos* als *Alt-aztekische Gesänge* (1957). Die angewandte Methode, von den rezenten Völkern ausgehend, alle Akribie des historisch arbeitenden - wie wir heute zu sagen pflegen - „Ethnolinguisten" einzusetzen, bedeutete einen Meilenstein in der Erforschung der altamerikanischen Kulturen.

2 Von der spanischen Erstpublikation der Begriffsbestimmung „MESOAMERIKA" in den „Acta Americana" (México 1943) erschien eine englische Übersetzung als Paul Kirchhoff, *Mesoamerica: Its Geographic Limits, Ethnic Composition and Cultural Characteristics*. Heritage of Conquest (Ed. Sol Tax, 1952). Auf das „Handbook of Middle American Indians" (1964-1975; 15 Bände und laufend Ergänzungsbände) als Grundlage der Beschäftigung mit dem mesoamerikanischen Bereich kann hier lediglich verwiesen werden.

3 Oswald Spengler, *Der Untergang des Abendlandes*. München 1922/23. 1. Band: *Welthistorische Perspektiven*, S. 51f. Als zweites Werk biologistischer Kultursicht muß auf das Schicksal der „Gesellschaftskörper" bei Arnold Toynbee, *A Study of History* verwiesen werden. (deutsch: *Der Gang der Weltgeschichte: Aufstieg und Verfall der Kulturen*). Weithin bekannte Theoriegebäude stehen den weniger leicht zugänglichen Ergebnissen der Forschungen aus Archäologie und Geschichte gegenüber. Hinzu tritt die Mentalität, vorhandene Stehsätze drucktechnisch ökonomisch weiterzuverwenden. Offene Irrtümer und aus Profilierungssucht erstellte und verbreitete subjektive Sichtweisen reichen über die Phantastenliteratur bis zu von akademischen Lehrkanzeln verkündeten Inhalten. Vernachlässigte Obsorgepflicht im Dienste der Wahrheitsfindung ist schmerzlich zu empfinden, weil es keine Freiräume für einstweilige Detaildeutungen gibt. Jede aufgestellte Behauptung hat die Gesamtlast der verzahnten Quellensituation zu tragen.

4 Ignacio Bernal, *El Mundo Olmeca* (1968), englisch *The Olmec World* (1969). Zu einem Klassiker der kulturgeographischen Literatur wurde Miguel Covarrubias, *Mexico South. The Isthmus of Tehuantepec* (1946ff); besonders lesenswert u. a. Michael D. Coe, *America's first civilization. Discovering the Olmec* (1968).

5 Carlo T. E. Gay, *Chalcacingo* (1971) und Ignacio Bernal / Andy Seuffert, *The Ballplayers of Dainzú* (1979) sind zwei in Graz erschienene Studien zur Kunde der Olmeken. Publikationen in dieser Art sollen das Programm der monographisch dargebotenen Editionen von Schriftquellen begleiten.

6 Vgl. Alfred M. Tozzer, *Landa's Relación de las Cosas de Yucatan*. Papers of Peabody Museum, Vol. 18 (1941), S. 283.

7 *Haklvytvs Posthumus or Pvrchas his Pilgrimes*. London 1625. Eine Umzeichnung des *Codex Mendoza* findet sich bei Lord Kingsborough, *Antiquities of Mexico*. London 1831-48 [erste photographische Wiedergabe in Schwarz-weiß durch Francisco del Paso y Troncoso, México 1925; Farbfaksimile durch James Cooper Clark, London 1938]. Bezüglich der Beschaffenheit der einstigen Vorlage vgl. S. 192. Die *Matrícula de Tributos* erschien als Farbfaksimile 1980 in Graz .

8 Die Auseinandersetzung um die Natur der Indianer und die Kulturhöhe in der Neuen Welt reicht über Jahrhunderte. Unsere Zeit dünkt sich vielfach erhaben über die hitzigen Polemiken von einst, meist ohne zu ahnen, wie sehr die eurozentren Ismen den gleichen Geist atmen. Der Problemkreis ist weiter gespannt, als ihn die deutschsprachige Beschäftigung mit dem Thema zumeist sieht. Grundsätzlich sind zu Vergleichen heranzuziehen etwa Antonello Gerbi, *La Natura delle Indie nove* (1975; spanisch 1978) und ds., *La Disputa del Nuovo Mondo* (1955; spanisch: *La disputa del Nuevo Mundo. Historia de una polémica 1750-1900*. México 1960 und 1982); auch Benjamin Keen, *The Aztec Image in Western Thought* (1971) bezüglich der gleichsetzenden Formel Azteken = Mexikaner. Sie besitzt eine Parallele in dem einst ohne gewußte historische Zeittiefe gegebenen Konzept „Präinka und Inka-Peruaner".

9 Die *Codices Selecti* erscheinen seit 1960, die *Fontes Rerum Mexicanarum* seit 1976; daneben kamen eine Reihe selbständiger Titel, Quellensammlungen und Wörterbücher heraus (vgl. im Katalog „Americana" des Verlages). Das Maya-Corpus ist seit 1975 im Erscheinen [Editor Ian Graham, Peabody Museum, Cambridge, Mass.].

10 Konrad Theodor Preuss, Zeitschrift für Ethnologie, 55. Jahrgang, Berlin 1923, 1-6. Andere Nachrufe, wie biographisch-bibliographische Notizen vgl. in Ferdinand Anders, *Wort- und Sachregister zu Eduard Seler, Gesammelte Abhandlungen zur Amerikanischen Sprach- und Altertumskunde*. Graz 1965.

11 Manfred Kudlek, *A statistical analysis of dates on Maya monuments to find astronomical inscriptions* [Forschungsbericht auf dem 40. Internationalen Amerikanistenkongreß in Rom 1972. I: 431f].

12 Walter Lehmann in der Einleitung zur Faksimileausgabe Wien 1929, besonders S. 18.

13 Wie weit die Differenz zwischen dem Stand der Forschung und dem einer breiten Öffentlichkeit leicht zugänglichen Informationsmaterial ist, zeigt der 1928 erschienene Band von Walter Krickeberg *Märchen der Azteken und Inkaperuaner, Maya und Muisca* in der Reihe „Die Märchen der Weltliteratur" (Eugen Diederichs Verlag), von dem 1968 eine unveränderte Neuauflage herausgebracht wurde. Die vom Selerschüler übernommenen astralmythologischen Deutungen stehen wie einzementiert als scheinbar zeitlos gültiger Wissensstand.

14 Ein Beispiel bietet die von J. Eric S. Thompson, *A Commentary on the Dresden Codex*, Philadelphia 1972, gegebene Feststellung hinsichtlich der vermeintlichen ästhetischen Gründe des Schreibers des Codex, zur roten Flächenfärbung als Kontrast schwarze Ränder gesetzt zu haben (S. 19: „Page 74 has a black border surely for aesthetic reasons"). Tatsächlich hatte der Lithograph die 1786 bei einer Reparatur angebrachten Kleberänder nicht koloriert, weshalb sie in den Förstemann'schen Editionen schwarz erscheinen (Vgl. im Kommentarband zum einzigen photomechanisch erstellten Farbfaksimile der Handschrift, Graz 1975).

15 Juan de Córdova, *Arte en lengua Zapoteca.* México 1578.

16 Erik Hornung, *Der Eine und die Vielen.* Darmstadt 1971.

17 Hernando Ruiz de Alarcón, *Tratado de las Supersticiones de los naturales de esta Nueva España.* México 1629 (1892, bzw. 1953), S. 99-101.

18 Georg Friederici, *Amerikanistisches Wörterbuch.* Hamburg 1960. S. 304f.

19 Gleiche und auch widersprechende Angaben finden sich bei Sahagún, Durán, Torquemada und Serna.

20 Ein Nachdruck des Werkes von Vicenzo Cartari, *Imagini de gli Dei delli antichi* (Ausgabe Venedig 1647) erschien in Graz 1963.

21 Karl Anton Nowotny, *Tlacuilolli.* Berlin 1961, Tafel 36 und S. 39.

22 Umzeichnung und Transkription nach den *Fuentes indigenas de la Cultura Nahuatl, Textos de los Informantes de Sahagún.* México 1958, S. 140 und 134; Übertragung nach Seler, *Gesammelte Abhandlungen,* II: 477f und 485f.

23 Ferdinand Anders, *Altmexiko und Europa im Lichte der Ideengeschichte.* In: Ethnologische Zeitschrift Zürich, I, 1970, S.14ff.

24 Leonhard Schultze Jena, *Indiana III* (Jena 1938) veröffentlichte nach seinen aufgenommenen Sprachtexten aus der Sierra Madre del Sur (vgl. Anm. 1) zwei hier gekürzt wiedergegebene tlapanekische Gebete um Genesung (S. 145, bzw. 169-171), ebenfalls ein dem „Alten des Berges" darzubringendes Jagdopfer (S. 147). Der vor einem Steinbild des alten Erdgottes ausgebreitete Opfertisch entspricht voll und ganz den heute vielfach noch anzutreffenden Zeremonialtischen bei den Costumbres, etwa wie sie bei den Tepehuas von Picaflores, Veracruz, oder den Otomí von San Pablito, Pahuatlan in Puebla mit den aus Amatepapier geflochtenen oder geschnittenen Muñecos belegt werden (vgl. S. 119).

25 Eduard Seler wollte in seinem Kommentar zum Codex Fejérváry-Mayer (1901) in den Seiten 5-14 [zu denen die hier wiedergegebene Seite 6 (**58**) gehört] eine „veränderte Liste von Hütern der fünf Weltgegenden" sehen. Eine Erklärung wußte er nicht zu geben, und die Beizeichen [in Abbildung **58** von Codex Bologna 29 als Beispiel angeführt] bezeichnete er lediglich als von „abstruser oder esoterischer Bedeutung". Unter starkem Einfluß der Impulse der Forschungen über „Maya-Astronomie", wie sie von J. E. Teeple (z.B. *Maya astronomy.* Washington 1930) ausgingen, ließen J. Eric S. Thompson 1934 in seiner Arbeit *Sky Bearers, Colors and Directions in Maya and Mexican Religion* (Washington 1934) in der „Punkt-Balken - Notierung" neuerdings eine Tabelle von insgesamt 3422 Tagen oder 116 Mondmonaten zu je 29,5 Tagen sehen. Die Ansicht war von den „Mond-Serien" der sogenannten „Ergänzungsserien" auf den Steininschriften inspiriert. Alfonso Caso übernahm die Theorien Thompsons unbesehen [zuletzt in *Los Calendarios prehispánicos* (México 1967)]. Weitere Ausgestaltung erfuhren die Ansichten in den Beiträgen von Thomas Barthel (1972-1975 in den Jahrgängen 21 bis 24 der Zeitschrift „Tribus", Stuttgart), der „Asiatische Systeme" und „Hinduistische Äquivalenzen" im Zuge seiner von ihm angenommenen „Informationsverschlüsselungen" auffinden möchte. Auf die Vorgangsweise, Zahlenwerte in der besagten Notierungsart und Objekte der Darstellungen als verschlüsselte Zahlensymbolträger zu erkennen, aus denen sich dann Multiplikationstafeln „herauslesen" lassen, hat zuletzt Peter L. van der Loo, *Códices, Costumbres, Continuidad*, Leiden 1987, Kap.13) kritisch hingewiesen. Der Autor konnte, inspiriert von den Arbeiten Leonhard Schultze Jenas (1938) und den Hinweisen Karl A. Nowotnys auf „Rituale mit Bündeln abgezählter Gegenstände" und „Darstellungen des Opfertisches" (*Tlacuilolli,* Berlin 1961, 272f), in eigener Feldarbeit die Kontinuität der Überlieferung in Mexiko erneut feststellen. Ungebrochene Kulttradition bei lebenden indianischen Nachfahren steht somit „am grünen Tische" erdachten Versuchen gegenüber, unter Bemühung selbst vermeintlich aufgespürter transkontinentaler Zusammenhänge astrale Lösungen und Deutungen zu geben. Lokal mögliche Interpretation aus dem intakt gebliebenen Traditionsgut wird sogar bewußt negiert, methodisch als unmöglich hingestellt (vgl. die Buchbesprechung zu Nowotny's *Tlacuilolli* in „Tribus").

26 Edition Schultze Jena (1944; wie Anm.1), S. 161ff.

27 Erik Hornung, *Geschichte als Fest*. Darmstadt 1966, S. 50, spricht über das nötige Rüstzeug zur Befragung anderer Kulturen hinsichtlich ihres Geschichtsbildes und notwendiger Reflexionen.

28 Hans Lenz, *Cosas del Papel en Mesoamerica*. México 1984 und ds., *El Papel Indígena Mexicano. Historia y Supervivencia*. México 1948.

29 Eine grundlegende materialkundliche Untersuchung verdanken wir Rudolf Schwede, *Über das Papier der Maya-Codices und einiger altmexikanischer Bilderhandschriften*. Dresden 1912.

30 Peter L. van der Loo, *Rituales con manojos contados en el grupo Borgia y entre los Tlapanecos de hoy dia*. In: Los indígenas de México ... Leiden 1982, 232-243.

31 Fray Bernardino de Sahagún, Buch 7, Kap. 10 (nach Schultze Jena, 1950 [*Wahrsagerei ...*, wie Anm. 1], S. 73f.

32 Fray Juan de Torquemada, *Monarquia Indiana* . Madrid 1723, Buch 6, Kap. 48.

33 Tlapanekisches Gebet aus Guerrero; Leonhard Schultze Jena, *Indiana I*. Seite 167.

34 Der aus Norwegen stammende Carl Lumholtz (1855-1922) führte in den 90er-Jahren im Nordwesten Mexikos mehrjährige Forschungen durch, die zu den Pionierarbeiten der Ethnographie zählen. Sein bedeutendstes Werk ist *Unknown Mexico* (1904), auch spanisch erschienen (*El México desconocido*). Eduard Seler vermerkte die vielfachen Parallelen der angestellten Beobachtungen mit in den Codices anzutreffenden Einzelheiten und widmete ihnen eingehende Untersuchungen (vgl. in den *Gesammelten Abhandlungen*, Band III). Das Weiterleben präkolumbischer Elemente war dadurch eindeutig bezeugt, dennoch kam es mit Fernwirkung bis heute zu einer „Fellachisierung" der Kontinuität - zum Schaden der Erkenntnis mit allen kultur- und gesellschaftspolitischen Konsequenzen.

35 Eine wichtige und grundlegende Arbeit Eduard Selers war der 1920 entstandene Abschnitt „Mythus und Religion der alten Mexikaner" (*Gesammelte Abhandlungen*, IV: 3-167), in wesentlichen Zügen enthalten in Krickeberg 1928 (wie Anm. 13). Die Bedeutung des Mythus als staatstragende Kraft darf nicht unterschätzt werden. Eine Nichtbeachtung angesichts von Fehlinterpretationen, Konjekturen und falschen Sichtweisen käme sprichwörtlich „dem Ausgießen des Kindes mit dem Bade" gleich. Faktisch würde eine Negierung der mythisch-magischen Grundtendenzen einer archaischen Hochkultur durch die soziologisierende „Moderne" mit ihrer Neigung zur Überbewertung materieller bis materialistischer Sichtweisen der Ausgangspunkt zu weiterem Nichtverstehen-Wollens und -Könnens sein. Wenn Seler den Tolteken-Komplex als den „Hauptmythus der mexikanischen Stämme" bezeichnet hatte und seine Betrachtungen mit einem Abschnitt „Uitzilopochtli, der sprechende Kolibri" schloß, besitzen wir Anhaltspunkte zur Genüge.

36 Eduard Seler, *Gesammelte Abhandlungen*, II: 431f.

37 Robert Lehmann-Nitsche, *Studien zur südamerikanischen Mythologie. Die ätiologischen Motive*. Hamburg 1939.

38 Vgl. die Einleitung zu Walter Lehmann, *Sterbende Götter und christliche Heilsbotschaft. Wechselreden indianischer Vornehmer und spanischer Glaubensapostel in Mexiko 1524*. Stuttgart 1949. Das Spektrum der Betrachtung reicht von den historischen Vorstellungen der Zeit der Konquista über die Theorien Humboldts bis zur astralmythologischen Schule; bezüglich der Historizität der Wechselgespräche siehe S. 212.

39 Erschienen in Wien 1957, 1964 auch als Taschenbuch (dtv 161). Die vom Autor eingenommene Position ist charakteristisch für häufig empfundenes Gefühl unverstandener sogenannter „Primitive Art" gegenüber, gepaart mit dem von einem wahren „Ex oriente lux"-Komplex genährten „Anti-Neue Welt-Syndrom" (vgl. Anm.8).

40 Marilyn Ekdahl Ravicz, *From Tzompantli to Golgotha. Early Colonial Religious Drama in Mexico* Washington 1970 und Fernando Horcasitas, *El Teatro Náhuatl. Epocas novohisspana y moderna*. México 1974 fußen großenteils auf der verdienstvollen Reihe „Biblioteca Náhuatl", die Francisco del Paso y Troncoso um die Jahrhundertwende herausbrachte. Sie gibt Primärquellen zur Beschäftigung mit den Kulturelementen der frühen Kontaktzeit.

41 Wie Anm. 38. Hiezu vgl. Angel Maria Garibay K., *Historia de la Literatura Nahuatl*. México 1953/54.

42 Rosendo Hernández Cuellar, *La Religion Naua en Texoloc, Municipio de Xochiatipan, Hgo*. México 1982, S. 74ff.

Literaturhinweise

Hunderte von Publikationen einer großen Autorenschar liegen vor. Die Literaturfülle läßt den Versuch einer umfassenden Zitierung in dem beschränkten zur Verfügung stehenden Rahmen nicht zu. Deshalb muß auf die bestehenden umfangreichen Bibliographien verwiesen werden. Hier können nur wenige Hinweise erfolgen, wobei das Augenmerk neben den benützten wichtigen und grundlegenden Arbeiten vor allem auf die Auswahl weiterführender Buchtitel und Zeitschriftenartikel gerichtet ist; die Angaben über Codex-Ausgaben erfolgt lediglich in Kurzfassung.

Allgemeine Werke: Handbook of Middle American Indians [Vgl. Anm. 2 und unten]; Ignacio Bernal, *Historia de la Arqueología en México*. México 1980; Rafael García Granados, *Diccionario Biográfico de Historia Antigua de Méjico*. I-III, México 1952/53

Mexikanische Codices und Schrift: Einführung und Übersicht bieten: Miguel León Portilla, *Pre-Columbian Literatures of Mexico*. Norman 1969; Maria Sten, *Las extraordinarias Historias de los Códices Mexicanos*. México 1972; Hans Biedermann, *Altmexikos heilige Bücher*. Graz 1971. Edward King, Lord Kingsborough, *Antiquities of Mexico*. London 1831-1848 (Neuausgabe: José Corona Núñez, *Antigüedades de México*. México 1964-1967); Laurette Séjourné, *El Pensamiento Náhuatl Cifrado por los Calendarios*. México 1983.

Faksimile-Editionen. CODEX BORGIA-GRUPPE: Codex Borgia (Vatican): Loubat 1898 (Rom), Kommentar: Seler 1904-1907 (Berlin); 1976 (Graz) - Codex Vaticanus 3773 (B): Loubat 1896 (Rom), Kommentar: Seler 1902; 1972 (Graz) - Codex Cospi (Bologna): Loubat 1898 (Rom), Kommentar: Seler 1906 (Berlin); 1968 (Graz) - Codex Fejérváry-Mayer (Liverpool): Loubat 1901 (Paris), Kommentar: Seler 1901 (Berlin); 1971 (Graz) - Codex Laud (Oxford): 1966 (Graz) - Codex Porfirio Díaz (México): Junta Colombina 1892 (México) - Fonds Mexicain 20 [*Culte rendu au soleil* / Paris]: Lehmann 1905; Kopie: Culto a Tonatiuh (México). CODEX VINDOBONENSIS-GRUPPE: Codex Vindobonensis Mexic. 1 (Wien): Lehmann 1929 (Wien); 1964, ²1974 (Graz); Codex Nuttall (London): Nuttall 1902 (Cambridge, Mass.); 1987 (Graz) - Codex Bodley (Oxford): Caso 1960 (México) - Codex Selden (Oxford): Caso 1964 (México) - Codex Colombino (México): Caso 1966 (México) - Codex Becker I/II (Wien): 1961 (Graz) - Seldenrolle (Oxford): Burland 1955 (Berlin). MAYA-CODICES: Codex Dresdensis (Dresden): Förstemann 1880, 1892 (Leipzig), 1962 (Leipzig), 1975 (Graz) - Codex Madrid (Tro-Cortesianus): 1869/70 bzw. 1892, wie 1930 (Madrid); 1967 (Graz) - Codex Peresianus (Paris): 1864 bzw. 1887 (Paris); 1968 (Graz) - TONALPOHUALLI, THEKEN: Codex Borbonicus (Paris): Hamy 1899 (Paris), 1974 (Graz) - Tonalamatl Aubin (ex-Paris, dzt. Mexiko): Seler 1900 (Berlin) - Codex Telleriano-Remensis (Paris): Hamy 1899 (Paris) - Codex Vaticanus 3738 (A): Loubat 1900 (Rom); 1979 (Graz) - Codex Magliabechiano-Gruppe: Übersicht, vgl. Kommentar Anders 1970 (Graz) [Codex Magliabechiano (Florenz): Nuttall 1904; 1970 (Graz) - Codex Ixtlilxochitl (Paris): Durand-Forest 1976 (Graz) - Códice Tudela (Madrid) 1980 (Madrid)] - Codex Durán-Gruppe: Codex Durán (Madrid): México 1967 (Porrua); Manuscrit Tovar (Paris): 1972 (Graz) - Codex Mendoza (Oxford): 1923 bzw. 1979 (México); 1938 (London) - Matrícula de Tributos (México): 1980 (Graz) - Codice de Yanhuitlan (México): Jiménez Moreno 1940 (México) - Matrícula de Huexotzinco (Paris). Hanns J. Prem 1974 (Graz) - Códice Florentinus (Sahagún, Laur. Medic.Palat. 219-221, Florenz) 1969 (México).

Für ein Gesamtverzeichnis der Codices und Quellen: *Handbook of Middle American Indians* [Besonders Vol. 12-15: *Guide to Ethnohistorical Sources*. Austin 1972-75]. ; Donald Robertson, *Mexican Manuscripts Painting*. New Haven 1959. Fonds Mexicain, Paris: Joaquin Galarza, *Codex Mexicains* (Catalogue). Paris 1974; *Aztlan, Terre des Aztèques. Images d' un Nouveau Monde*. Paris 1976. Mexiko: John B. Glass, *Catálogo de la Colección de Códices*. México 1964; *Los códices de México* (Katalog). Méxiko 1979; Luis Azcué y Mancera, *Códices Indígenas*. México 1966.

Ausgewählte Arbeiten: Alfonso Caso, *Los Calendarios Prehispánicos*. México 1967; Karl A. Nowotny, *Tlacuilolli. Die mexikanischen Bilderhandschriften. Stil und Inhalt.* Berlin 1961; ds., *Der indianische Ritualismus*. Köln 1976; ds., *Über Aufgaben der Mexikanistik*. In: Archiv für Völkerkunde, XIII,S.119-131. Wien 1959; ds., *Die Hieroglyphen des Codex Mendoza*. In: Festschrift Termer, Hamburg 1959; Peter L. van der Loo, *Códices, Costumbres, Continuidad*. Leiden 1987; Maarten Jansen, *La división mántica de las trecenas*. Mexicon VIII:5, S.102-107; Leonhard Schultze Jena vgl. Anmerkung 1.

Speziell zu den mixtekischen Handschriften: Walter Lehmann, *Les peintures Mixtéco-Zapotèques*. Journal de la Société des Américanistes. Paris 1905; James Cooper Clark, *The Story od Eight Deer in Codex Colombino*. London 1912; Richard Long, *The Zouche Codex*. In: Journal, Royal Anthropological Institute, London 1926; Herbert Mary Elizabeth Smith, *Picture Writing From Ancient Southern Mexico. Mixtec Place Signs and Maps*. Norman 1973; Nancy Troike, *The Codex Colombino Becker*. London 1974; Emily Rabin, *Chronology of the Mixtec Historical Codices: An Overview*. Paper presented at the Annual Meeting of the American Society for Ethnohistory. Colorado Springs 1981; Ronald Spores, *Mixtec Kings and their People*. Norman 1967; ds., *The Mixtecs in Ancient and Colonial Times*. Norman 1984; Barbro Dahlgren, *La Mixteca: su cultura e historia prehispánicas*. México 1954; Alfonso Caso, *Reyes y Reinos de la Mixteca*. México 1977-1979; ds., *El Mapa de Teozaculaco*. In: Cuadernos Americanos, VIII-5. México 1949; ds., *El Tesoro de Monte Alban*. México 1969; Maarten Jansen, *Huisi Tacu. Estudio interpretativo de un libro mixteco antiguo: Codex Vindobonensis Mexicanus I*. Amsterdam 1982; ds. *Dzavuindanda, Ita Andehui y Iukano, Historia y leyenda Mixteca*. In: Boletín de Estudios Latinoamericanos y del Caribe, 42, S. 71-89. Amsterdam 1987. Zum Material der Handschriften vgl. in den Anmerkungen 28 und 29 (Lenz, Schwede), bzw. bei Fernando Martínez Cortés, *Pegamentos, gomas y resinas en el México prehispánico*. México 1970.

Azteken, Hochtal von Mexiko in der Kolonialzeit: Charles Gibson, *The Aztecs under Spanish Rule*. Stanford 1964; John Leddy Phelan, *The Millenial Kingdom of the Franciscans in The New World*. Berkeley 1970; Robert Ricard, *Conquête Spirituelle de Mexique*. Paris 1933 (engl.: *The Spiritual Conquest of Mexico*. Berkeley 1966); Joseph Höffner, *Kolonialismus und Evangelium*. Trier 1969; Ferdinand Anders, *Altmexiko und Europa im Licht der Ideengeschichte*. In: Ethnologische Zeitschrift, Zürich, I. Zürich 1970.

Mesoamerikanische Archäologie: Ignacio Marquina, *Arquitectura Prehispánica*. México 1964; W.T. Sanders/B.J. Price, *Mesoamerica, the evolution of a civilization*. New York 1968; Horst Hartung, *Die Zeremonialzentren der Maya*. Graz 1971.

Esplendor del Méxiko Antiguo. Centro de Investigaciones Antropológicas de México. 2 Bde. México 1959 (vgl. Bibliographie im 2. Band, S. 1109–1278: Manuel Carrera Stampa, Fuentes para el Estudio de la Historia Indígena).

Kunstkammern: Karl A. Nowotny, *Mexikanische Kostbarkeiten aus Kunstkammern der Renaissance*. Wien 1960; Ferdinand Anders, *Arte Plumario*. México 1969; ds. und Detlef Heikamp, *Mexico and the Medici*. Florenz 1972; Lauren Toorians, *Codex Vindobonensis Mexicanus I: its history completed*. Codices Manuscripti, Wien1984, S: 87-97.

Olmeken: Vgl. Anmerkung 4. Maya: Sylvanus G. Morley, *The Ancient Maya*. 1946, [4]1983; Merle Greene Robertson, ed. *Palenque Round Table Series (Mesa Redonda de Palenque)*. Vols.1-4: Pebble Beach 1974-79, Vol. 5: Austin 1980, Vol.6-7: San Francisco 1985/86; Linda Schele/ Mary E. Miller, *The Blood of Kings. Dynasty and Ritual in Maya Art*. New York 1986. Linda Scheele, *Maya Glyphs: The Verbs*. Austin 1982; Dennis Tedlock, *Time and the Highland Maya*. Albuquerque 1982 - ds., *Popol Vuh*. New York 1985 - Leonhard Schultze Jena, *Popol Vuh*. Stuttgart 1944; Francis Robicsek, Donald M. Hales, *The Maya Book of the Dead*. Norman 1981; Alfredo Barrera Vásquez / Silvia Rendón, *El libro de los libros de Chilam Balam*. México 1948, [3]1965; J. Eric S. Thompson, *Maya Hieroglyphic Writing. An Introduction*. Washington 1950 ([2]1960); ds., *A Catalog of Maya Hieroglyphs*. Norman 1962 - ds., *A Commentary on the Desden Codex*. Philadelphia 1972; Ferdinand Anders, *Das Pantheon der Maya*. Graz 1963; Michael D. Coe, *The Maya Scribe and his World*. New York 1973; David H. Kelley, *Deciphering the Maya Script*. Austin 1976; über die rezente religiöse Maya-Glaubenswelt vgl. z. B. Benjamin N. and Lore M. Colby, *The Daykeeper. The Life and Discourse of an Ixil Diviner*. Cambridge, Mass. 1981.

Index

Der Hinweis auf Textillustrationen erfolgt durch Asterisken [*], Zahlen in Fettdruck [37] verweisen auf Tafelnummern. Die übliche Schreibung indianischer Namen unterliegt durch die Schwierigkeiten der uneinheitlichen Wiedergabe seit dem frühen 16. Jahrhundert gewissen Inkonsequenzen. Aus der Literatur vertraute Schriftbilder sind linguistisch richtigen Schreibweisen gegenüber aus Gründen der Lesbarkeit und Verständlichkeit bevorzugt eingesetzt worden. Synonym auftretende Schreibungen mit oder ohne „h" kommen vor; vielfach sind sie belassen worden, weil sie auch im Vorlagenmaterial der kolonialen Textstellen auftreten [beispielsweise Tecu(h)tli, Ci(h)uatl, Huehue(Ueue)teotl, Huitzilo(Uitzilo)pochtli, Maya(h)uel, Huipil-Uipil, Na(h)ualli usw.]. Teilweise sind subjektive Schreibungen, auch Falschschreibungen, kulturgeschichtliche Elemente geworden[wie Moctezuma-Moctecuzoma-Montezuma oder Huitzilopochtli-Huitzilobos-Vitzliputzli-Fitzebutz].

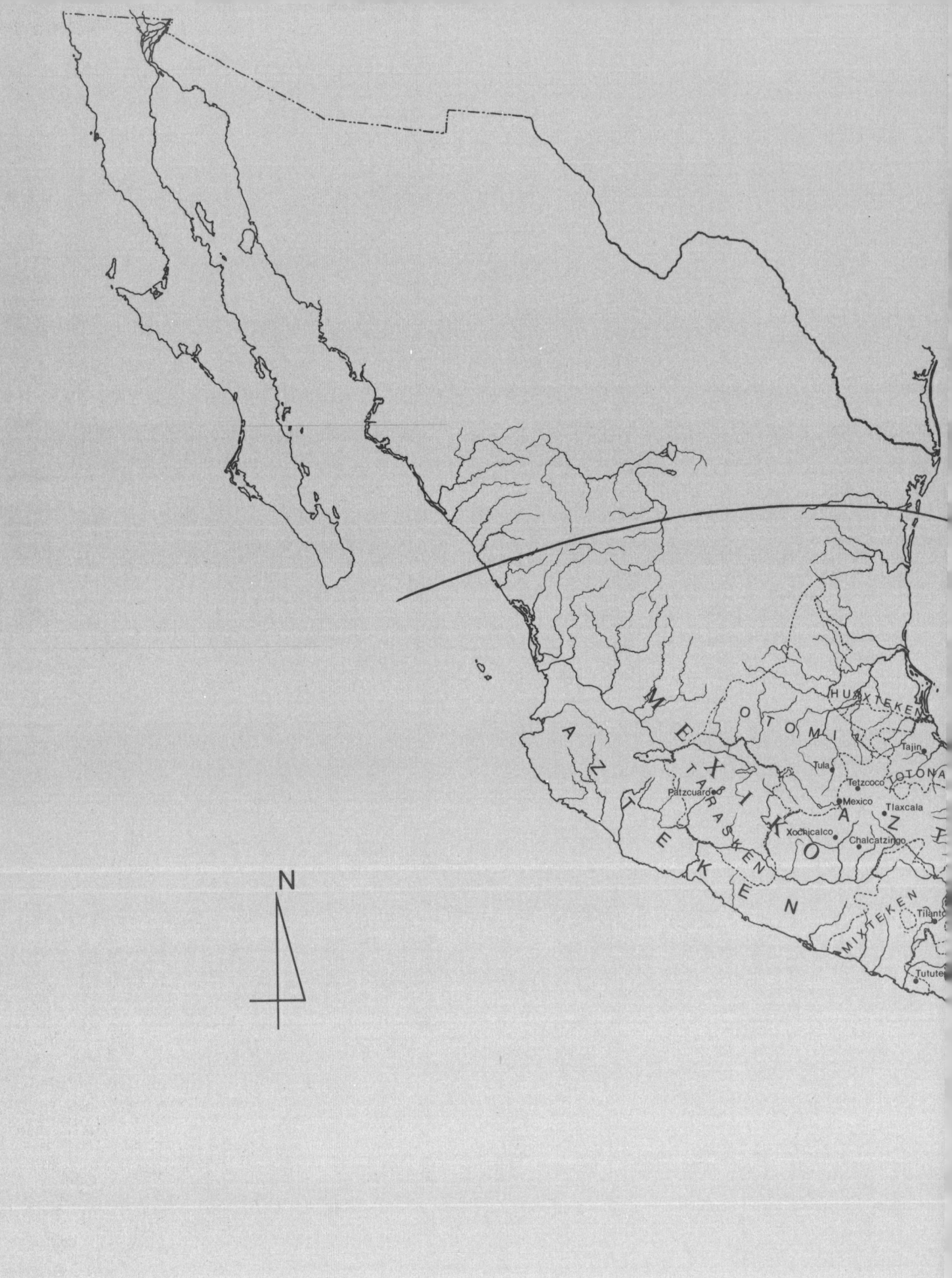

N

HUAXTEKEN

OTOMI

TOTONA

Tajin

Tula

Tetzcoco

AZTEKEN

Patzcuaro

Mexico
Tlaxcala

TARASKEN

Xochicalco

Chalcatzingo

Tilantc

MIXTEKEN

Tututes